JN437709

현지교수가 전하는

미국행정 풀어쓰기

U.S. Public Administration and Policy:
Perspectives from South Korean Scholars

이원희 · 고길곤 · 김태희 · 김도형
김윤희 · 나종민 · 노은주 · 류신규 · 박성호
여정원 · 윤정아 · 이주호 · 정복교 · 허형조

머리말

성찰 없는 행정개혁에 대한 반성을 시작하면서

프랑스 귀족이었던 토크빌(Alexis de Tocqueville)은 미국을 여행하고 나서 1835년 『미국의 민주주의』라는 저서를 발간했습니다. 왕정의 폭압과 신분사회의 질곡으로 경직된 사회에서 살다가 자유와 평등의 이념으로 새로운 국가를 건설하던 미국의 공화정 체제에 감동을 받아 집필된 저서입니다.

이번에 우리가 『현지교수가 전하는 미국행정 풀어쓰기』를 발간하는 것은 미국 행정을 배우자는 목적이 아닙니다. 그리고 미국 행정 방식을 도입하자는 것도 아닙니다. 과거 우리가 부러워하고 또 도입하고자 했던 미국 행정의 의미를 이해하고, 이를 통해 우리 자신을 알기 위한 것이 목적입니다.

우리는 근대화 과정에서 역사발전이 왜곡되었습니다. 자생적 자본주의로의 발전 경로를 따르지 못했고, 책임 있는 시민계급이 형성되지 못했습니다. 일제 식민지에 의한 역사 단절과 6·25 전쟁으로 인한 국토와 의식의 단절이 우리의 역사를 부정하게 하는 원인이 되었습니다.

그래서 한국의 근대화는 외국 제도의 수입으로 시작되었습니다. 무엇보다 미군정기를 지나면서 미국 제도는 한국 행정의 교과서가 되었습니다. 1956년 창설된 한국행정학회는 초기에는 조국 근대화를 위해 미국의 선진 행정제도를 수입하는 것이 중요한 목적이라는 생각이 지배하기도 했습니다.

귤화위지(橘化爲枳)의 시행착오

초라한 한국 사회를 발전시키고자 노력했으나 우리의 이론이 부족했던 시기에 오랜 시간을 통해 근대화 과정을 거친 선진 외국의 다양한 이론과 제도는 한국 사회에 중요한 방향성을 제시하기도 했습니다. 그러나 점차 '성찰 없는 행정개혁', '의미 없는 박스 옮기기 식'의 제도 전이(transfer)에 대한 비판이 제기되었습니다. 국내에서 연구의 경험을 기반으로 한 토착 학자들과 한국의 다양한 사례를 경험하면서 연구 역량을 축적한 신진학자들의 비판이 그러한 맥락입니다.

무엇보다 행정 주도적인 국가발전기에 행정의 수단성이 강조되던 시기와 달리, 우리 사회의 민주화가 진행되면서 기존의 수단적 성격의 행정에 대한 반성이 진지하게 논의되었습니다. 행정이 정치의 진공 상태에서 결정되고 집행될 수 없다는 것은 현대 행정에서는 자명(自明)한 이치로 인정되었습니다. 한국에서는 민주화 이후에 정치권력이 관료 우위의 지위를 확보함에 따라 '관료의 정치화'가 심화되는 모습을 목도(目睹)하면서 행정이 기반하고 있는 현실을 다시 생각하게 되었습니다. '국적 없는 정책수단(stateless policy instrument)'에 대한 비판이 확산되었습니다.

우리 것을 찾기 위해 미국 제도를 다시 돌아본다

우리의 현실을 생각하면서 우리가 활용했던 제도와 이론을 다시 원점에서 검토하는 과정에서 우리가 교과서로 생각했던 미국의 제도를 다시 검토해보기로 했습니다. 미국 행정을 원점에서 다시 생각하는 것은 한국의 제도를 구축하고자 하는 노력의 연장입니다.

저는 2020년 제55대 한국행정학회 회장으로 취임하면서 '수입하던 행정학'에서 '수출하는 행정학'으로의 변화를 주창하였습니다. 한국은 1996년 OECD 회원국으로 가입하였고, 2010년에는 DAC(Development Assistance Committee)에 가입하였습니다. 그래서 원조받던 국가에서 원조하는 국가가 되었습니다.

그러나 한국 행정에는 국적 불명의 다양한 행정이론이 실험되고 있고, 그래서 한국행정학계에서는 정체성 확립을 위한 노력이 진행되고 있습니다. 이 책을 통해 한국 행정이 무엇인지를 찾아보기 위해 미국 행정의 현장을 스케치하려고 합니다.

시민을 위한 행정학을 위하여

이러한 맥락에서 이 책은 몇 가지 의미와 특징을 가지고 있습니다.

첫째, 한국에서 쟁점이 되고 있는 사례를 선정하였습니다. 그러나 내용은 미국의 사례입니다. 무엇보다 미국 제도를 알고 있는 듯하지만, 사실 잘 모르고 있는 부분을 설명하도록 했습니다. 대표적인 것인 인사청문회입니다. 미국의 제도를 수입했지만, 정치적 맥락이 다른 한국에서 우리 식으로 운영하고 있기 때문에 원래의 제도를 찾아서 의미를 확인하고자 했습니다.

둘째, 모든 저자는 미국에서 교수 생활을 하고 있거나 미국에서 교수경험이 있는 한국인 학자들로 구성했습니다. 미국에는 한국인 행정학자로 40여 명의 교수가 활동하고 있으며, 미국 행정학회(American Society for Public Administration) 내에 SKPA(Section on Korean Public Administration)라는 분과를 구성하여 왕성하게 활동 중입니다. 2019년에 처음 제가 아이디어를 제시했을 때, 기꺼이 동의를 하여 주신 네브라스카주립대학의 이주호 회장님께 감사드립니다. 그리고 2020년에 이를 이어받아 잘 마무리를 하여 주신 텍사스주립대학의 김도형 회장님께도 감사드립니다. 무엇보다 어려운 여건에서도 기꺼이 참여하여 주신 13명의 집필자에게 진심으로 감사드립니다. 우리의 쟁점을 이해하고 있으면서 미국의 제도를 설명할 수 있는 능력을 갖춘 분들로 구성되어 있습니다. 이론으로서의 행정이 아니라, 현실을 설명하는 행정을 소개하고자 하였습니다.

셋째, 어려운 이론이나 학술적인 연구의 결과물이 아니라, 시민이 행정을 이해할 수 있는 수준으로 구성했습니다. 행정은 공무원을 위한 학문이 아니라, 시민을 위한 학문이라는 측면을 반영하고자 하였습니다.

이 책은 미국 현지에서 한국인 행정학자들이 전하는『현지교수가 전하는 미국 행정 풀어쓰기』입니다. 우리의 고민을 미국 현장에서 찾아보는 노력입니다. 코로나19가 확산되는 위기의 시기에 태평양을 넘어서 긴밀한 협조를 통해 달성한 결과물입니다. 만남은 없었지만, 학회를 통해 축적된 신뢰와 전문성이 바탕이 되었습니다.

이 책을 통해 한국 행정의 현실과 한국 사회를 새로운 시각에서 생각해보는 계기가 되기를 기대합니다.

2020년 11월
자자들을 대표하여
제55대 한국행정학회 회장
이원희

차 례

서 론

고길곤(서울대학교 행정대학원 교수)

미국 행정에 관심을 가져야 하는 이유는 너무나도 많다. 대한민국 정부수립 이후 한국 행정은 일본 제국주의 잔재를 극복하고 열악한 행정시스템을 개선하기 위해 많은 노력을 하였고, 그 과정에서 선진국의 행정체제를 모방·변형·참고하는 과정을 거쳤다. 우리나라의 많은 법률체계와 행정조직들은 초기에는 일본의 영향을 받았고, 그 이후에는 미국 행정시스템에 영향을 받았다. 그 결과 새로운 정책이 만들어질 때마다 해외 사례를 참고하는 것은 불문율이 되었고, 미국 사례는 당연히 그 중의 하나였다. 문제는 미국 행정을 이해하기 위해서 단순히 법과 제도를 배우는 것으로는 충분하지 않다는 점이다. 미국의 행정시스템이 어떤 맥락에서 발전되어 왔는지를 이해하지 못한다면 미국 행정이 갖고 있는 장·단점을 제대로 이해하고 한국 행정에 적용하는 것은 불가능하기 때문이다. 안타깝게도 미국 행정의 속모습을 전문가의 관점에서 소개한 책들은 찾기 어려웠다. 더군다나 일반시민이나 정책 담당자들이 손쉽게 이해할 수 있는 수준으로 미국 행정이야기를 풀어나간 책은 더욱 찾아보기 힘들었다.

미국 행정이야기를 풀어나갈 때 부딪히는 첫 번째 문제는 미국이라는 나라가 너무 다양하다는 것이다. 캘리포니아에서의 세금과 텍사스의 세금이 다르기 때문에, 똑같이 연봉제안을 받더라도 이를 제대로 고려하지 않으면 큰 손해를 볼 수 있다. 미국은 연방제를 채택하고 있기 때문에 주지사나 시장의 선출과 권한이 매우 상이하고, 대통령과 주지사의 관계 역시 한국과 상이하다. 대통령 선거 절차만 봐도 우편투표 실시 방법과 날짜도 주별로 다르고, 어떤 주는 부재자 투표가 불가능한 주도 존재한다. 따라서 미국 행정을 연방정부의 관점에서만 바라보거나, 혹은 특정 지역을 중심으로 바라보다는 잘못된 편견을 갖게 되는 문제가 발생한다. 두 번째 문제는 행정의 어느 측면을 바라볼 것인가의 문제이다. 행정은 인사, 예산, 혹은 조직구조와 같은 행정활동 이외에도 소방행정, 경찰행정, 보건행정, 전자정부와 같은 다양한 분야의 활동을 포괄한다. 또한 이런 행정은 정치의 영역과도 밀접하게 관련되어 있어서 동일한 행정활동이라고 하더라도 어느 관점에서 보는지에 따라 전혀 다르게 해석될 수 있다. 세 번째 문제는 한국 행정에 주는 시사점을 찾기가 쉽지 않다는 점이다. 미국 행정과 관련된 책과 관련 자료는 무수히 많지만 이것은 대부분 미국 행정을 위한 것이고, 대부분 외국 학자들이 생산한 것들이다. 한국인의 관점에서 미국 행정을 이해하고 이를 한국 행정에 투영하면서 시사점을 도출하기 위해서는 한국 행정도 이해하면서 미국 행정도 이해하는 연구자의 종합적 시각이 필요하다. 이러한 전문가를 찾기는 쉽지않다.

이 책은 미국 행정 '이야기'에 대한 것이다. 미국 행정을 자유민주주의, 연방제, 공화주의, 신공공관리론과 같은 특정 이념이나 이론을 가지고 접근을 하기보다도 '이야기' 형식으로 풀어가면서 최대한 미국 행정의 모습을 묘사하고자 하였다. 이런 이야기는 단순히 미국 행정을 소개하면서 지식 전달을 위한 것을 목적으로 한 것이 아니다. 오히려 미국 행정에 대한 이야기를 나누면서 한국 행정과 소통을 하는 것이 더 핵심적인 목적이다. 이 소통의 과정을 통해 한국 행정이 성취한 것과 부족한 것을 다시 반추(reflection)를 해보는 기회를 가질 수 있기 때문이다.

1. 연방체제와 미국 행정

노은주는 '미국 행정의 서막: 연방제도 및 행정 원리'에서 연방국가로서의 미국 정치체제가 행정 원리 및 미국 행정에 어떤 영향을 미쳤는지를 잘 설명하고 있다. 미국은 중앙정부가 먼저 존재하고 지방정부에게 권한을 위임하는 형태가 아니라 오히려 반대의 형태, 즉 13개 주의 연합(confederation)이 연방(federation)으로 발전한 것이다. 이 점은 한국이나 아시아 국가의 국가 형성과는 큰 차이를 보인다. 아시아의 정부형태는 중국을 통일한 진나라가 시도했던 군현제, 즉 지방을 군과 현으로 나누어 황제가 임명한 관리가 다스리는 중앙집권적 통치제도에 기반을 하고 있다. 물론 진나라 이전에 주나라는 봉건제도를 채택하고 있었으나, 이 봉건제도는 혈연관계에 기반하여 천자가 제후나 왕을 임명하는 방식이었다. 그 결과 중국이나 한국의 역사를 보면 미국처럼 여러 주들이 연방국가를 형성한 체제들은 찾아보기 힘들다. 특히, 한국의 경우는 중앙정부에서 관료들이 파견하여 지역을 통치하는 제도가, 국가체제가 갖추어진 삼국시대 이후로 지속되어 왔다.

중앙집권에 익숙한 한국의 입장에서는 미국의 주들이 1861년 남북전쟁을 제외하고는 서로 싸우지 않고, 미국이라는 연방국가를 유지했는지가 매우 흥미로운 질문이라고 할 수 있다. 그 대답 중의 하나는 노은주가 지적하듯이 권력분립을 통한 견제와 균형을 통해 특정 개인이나 기관에 권력이 집중되지 못하게 함으로써, 다수가 소수를 탄압하지 못하게 만든 헌법 정신에서 찾을 수 있다. 그 결과 대통령이나, 입법부, 사법부 등 특정 권력기구가 권력을 독점할 수 없을 뿐 아니라 연방정부와 주정부의 권한도 분리되어 있으며, 주정부 내부에서 주정부의 권력기구 역시 견제와 균형의 원리에 따라 운영되어 왔다. 따라서 특정한 주가 다른 주의 병합하려는 시도와 행위들은 발생하지 않았다. 지방정부도 카운티, 시정부, 타운십정부, 교육구, 특별구 등 매우 다양하고, 이 정부 간 관계도 단순히 종속과 계층제적 관계로 설명되지 않고 중첩이나 상호 대등에 가까운 관계에 가깝게 운영되고 있다는 것이다.

박성호는 '복잡한 나라의 복잡한(하지만 재미있는) 예산이야기: 미국의 예산과정과 재정구조'에서 연방제 하와 권력분립 상황에서 예산제도의 복잡성을 잘 설명해주고 있다. 행정부가 예산안을 작성하여 입법부로 보내면 입법부는 행정부 예산안을 검토와 참조의 대상으로 간주하기 때문에, 별도의 예산법안을 만들어 예산승인 절차를 거친다. 행정부는 의회의 예산안에 대한 거부권을 행사할 수 있다. 마찬가지로, 소득세는 연방정부의 재원, 소비와 재산세는 지방정부의 재원으로 유지를 해오면서 연방과 지방정부의 세수규모를 6 : 4로 유지하면서 각 정부들이 충분한 세원의 역량을 갖도록 하고 있다. 또한 '50개 주가 50개의 주정부 예산을 갖고 있다'는 박성호의 표현처럼 상호 견제와 균형, 그리고 다양성을 유지하면서 예산제도를 운영하고 있는 것이다. 이러한 복잡한 예산제도는 다양한 예산제도의 실험을 가능하게 하고, 한국의 재무행정에 좋은 참고가 될 수 있을 것이다.

다양한 수준의 정부가 존재하고 예산과정도 견제와 균형, 분권의 원리가 작동하고 있다는 것은 왜 미국 행정에서 관료제가 발전하면서도 교섭과 타협이라는 정책수단이 일반화될 수밖에 없었는지를 보여준다. 관료제는 수많은 이해관계를 가지고 있는 연방정부의 구성원들이 만들어내는 이슈들을 다루고 관리해야 해야 되며, 일관된 규칙을 적용해 공정성을 향상시키고 규칙과 절차를 적용해서 투명성을 높이고, 권력분립에 따른 효율성 상실의 문제를 보완할 수 있는 장점이 있다. 반면, 교섭과 타협 없이 관료제에 의존하는 경우 정치적 정당성 확보가 어렵고 경직적인 행정운영에 따른 비효율성 증대 문제가 발생할 수 있다.

주목할 점은 미국 연방체제의 핵심이라고 노은주가 지적한 권력분립의 원리가 도전을 받고 있다는 점이다. 허형조는 '흔들흔들 삼권분립: 팽팽한 견제와 균형'에서 삼권분립의 원리가 장관을 비롯하여 주요 정부조직 책임자를 임명하는 데 있어서 작동하고 있다는 점을 지적하고 있으면서도, 이 권력분립이 오히려 갈등으로 전환되면서 행정부와 의회와의 갈등이 종종 발견되고 있음을 지적하고 있다. 특히, 오바마(Barack Obama)와 트럼프(Donald Trump) 행정부에서 연방대법관 후보 지명과 의회가 대통령의 인사권을 정치적 이유로 저지한 행위나, 예산과 관련되어 행정부와 의회 간의 갈등으로 35일 간의 연방정부 폐쇄가 발생한 것이 대표적인 예이다. 사실 삼권분립의 전통이 강한 미국에서조차 삼권분립이 위협받는 상황이 발생한다는 것은 한국의 경우에는 이런 현상이 더 종종 발생할 수 있음을 시사한다. 사실 한국에서 대통령에 지나치게 권한이 집중되고, 국회의장이 총리로 임명이 되거나, 인사청문회 등에서 대통령이 국회의 의견에 전혀 구속되지 않고, 중앙정부의 지원 없이는 재정자립을 달성할 수 없는 지방정부의 취약성 등을 고려하면 권력분립의 원칙의 중요성은 더욱 커지고 있다고 할 것이다.

연방제와 권력분립이 실제 행정에 어떤 영향을 미치는지를 잘 보여주는 것이 여정원의 '누가 재난 · 소방의 컨트롤 타워인가?'이다. 이 장에서 여정원은 미국의 재난 ·

소방행정이 가능한 모든 참여자들이 책임을 지고 재난 시에 행동하는 전방위적 접근법(a whole community approach)을 취하고 있다는 것을 지적하면서, 대통령이 이상적인 컨트롤 타워라고 믿는 것이 위험함을 지적하고 있다. 특히, 대통령이 정치적 입장에 따라 정보의 흐름을 통제하고, 관련 전문가의 발언을 부정하고, 연방정부의 재원을 제대로 배분하지 않는 행위를 하는 행위가 미국에서 발생하고 있음을 지적하고 있다. 이상적인 대통령이 컨트롤 타워를 맡을 확률보다는 그렇지 않을 확률이 더 크다면, 미국의 전방위 접근법의 타당성은 컨트롤 타워 접근보다 효율적일 수 있다. 또한 여정원은 각종 재난관리 관련 조직들이 자신들의 팀의 일부라는 점을 강조하면서, 특정 조직이 재난관리의 책임을 지는 것이 아니라 수많은 연방, 지방, 그리고 공동체 재난대응팀(community emergency response team), 자선기관 등이 협력하면서 재난에 대응하고 있음을 지적하고 있다. 주목할 만한 것은 사공이 많아도 배가 산으로 가지 않는 이유를 각 책임자들 간의 체계적인 협력과 조정을 이끌어내는 사건 · 사고 명령시스템(incident command system: ICS)이 작동하기 때문임을 지적하고 있다. 이것은 현장에서 필요한 기능과 모든 영역에서 필요한 기능을 분리하고, 책임자들의 용어를 통일하고 보고체계(reporting system)를 세우며, ICS의 명령체계는 유동적으로 변화할 수 있도록 하고 있다는 점이다.

한국의 경우는 컨트롤 타워에 대한 강력한 믿음이 있기 때문에 전방위 접근법이 비효율적이라고 믿는 경우가 많다. 하지만, 여정원이 지적하듯이 너무 강력한 의무감으로 근본적인 문제해결 능력이 떨어지고, 사회조직, 공동체 시민의 자발적인 역할과 책임이 무력화될 위험도 존재한다. 최근 코로나19 사태에서도 지방자치단체에서 자체적으로 역학조사관을 활용하고 각종 방역정책을 도입하려고 시도를 했음에도 중앙정부와 중앙의 컨트롤 타워의 승인이 없어 정책시행이 지체된 경우가 자주 발견되었다. 이런 점에서 한국에서도 콘트롤 타워 방식의 접근이 유일한 대안처럼 생각해서는 안 될 것이다.

반면, 김도형은 '코로나19로 밝혀진 미국 공공보건의료의 민낯: 미국의 보건의료행정'에서 미국의 보건의료행정을 소개하면서 지방분권적인 연방제를 채택하고 있는 미국에서 감염병 정책을 일괄적으로 집행하기 어렵고, 현실적으로도 적절하지 않기 때문에 결국 신속한 공공보건 리더십 발휘가 어려웠다는 점을 지적하고 있다.

2. 혁신과 변화와 미국 행정

미국의 행정체제는 자율적으로 움직이는 워낙 많은 조직들과 참여자들로 구성되어 있기 때문에, 겉으로 보기에는 비효율적인 측면이 많다. 예를 들어, 운전면허증 하나를 발급받으려고 해도 도로 주행시험까지 통과해도 정식 운전면허증을 받기까지 한 달 이상 걸리는 경우가 흔하다. 정부서비스의 비효율은 자연스럽게 행정개혁의 요구를 촉발시켰고, 미국 특유의 성과관리 시스템을 발전시켰다.

김윤희는 '정부혁신의 원동력: 행정개혁과 성과관리'에서 전통적으로 개인의 권리를 국가에 우선시하는 미국에서조차 큰 정부를 선호하는 경향이 나타나고 있음을 지적하고 있다. 정부의 확대는 필연적으로 정부에 대한 기대를 높이게 되고, 정부성과관리 및 행정개혁의 수요를 증대시키게 된다. 김윤희는 미국의 성과관리에 기반한 행정개혁이 꾸준히 진행되고 있음을 지적하면서, 1993년에 제정된 정부성과관리법(government performance and results act: GPRA) 이후 부시(George W. Bush) 정부의 사업평가측정기법(performance assessment rating tool), 그리고 오바마 정부의 GPRA 현대화법(GPRA modernization act: GPRAMA)에 이르기까지 성과정보를 축적하고 이를 활용하고자 하는 노력을 소개하고 있다. 사실 성과관리에 대한 노력은 한국과 같이 중앙집권적 체계가 강한 국가에서 더 적극적으로 시도된 것이 사실이다. 김윤희의 지적대로 미국의 GPRA와 GPRAMA법은 한국에도 영향을 주어 2001년 「정부업무 등의 평가에 관한 기본법」을 비롯하여 2006년 「정부업무평가 기본법」에도 큰 영향을 주었다. 그러나 성과평가가 주로 피평가기관의 통제의 관점에서 접근됨에 따라 성과평가결과의 활용이 낮은 문제가 한국에서도 발생하고 있다. 성과관리를 통한 혁신과 변화를 추구하고자 하는 미국이나 한국의 노력이 완벽히 만족스럽지 않더라도 끊임없이 변하는 새로운 행정환경에서 행정개혁의 요구는 지속될 것이다.

행정혁신의 대표적인 사례로는 미국의 전자정부가 있다. 이주호는 '정보기술이 행정과 무슨 관계?: 미국의 전자정부와 공공가치'에서 1993년 엘 고어(Al Gore) 부통령이 주도한 국가정보기반시설(National Information Infrastructure)과 국가행정개혁안(National Performance Review)을 통해 전자정부가 본격적으로 시작되고 있다는 점을 지적하고 있다. 미국의 전자정부 노력은 열린 정부, 개방형 데이터 포털, 정보기술을 이용한 시민참여, 전자정부와 인공지능 등을 핵심 쟁점으로 하여 지금도 꾸준히 진행되고 있다. 미국의 경우, 조직 전체가 빠르게 변하거나 새로운 정책이 신속하게 도입되기보다는 상당히 점증적인 변화를 시도하는 경우가 많은데, 전자정부 분야에 있어서는 상당히 적극적으로 혁신노력을 하고 있음을 알 수 있다. 주목할 만한 것은 한국의 전자정부 역시 매우 빠른 속도로 발전하고 있다는 점이다. 미국의 개방형 데이터포털 개념이 도입되자마자 한국에서도 공공데이터포털 개념이 도입되었고, 인공지능을 활용한 각종 소프트웨어도 한국에서 신속하게 도입되고 있다. 온라인 민원처리도 마찬가지이다. 한국처럼 신속한 정보공개요구가 처리되는 나라도 드물며, 특히 대부분의 경우 무료에 가깝게 정보가 제공된다는 것도 큰 장점이라고 할 수 있다. 미국과 한국이 전자정부를 통해 행정서비스의 혁신을 시도하고 있기 때문에, 각종 전자정부 정책의 경험을 공유하는 것은 큰 도움이 될 수 있을 것이다.

김태희 · 윤정아는 '평등을 넘어 다양성 강화로: 미국의 인사행정'을 설명하면서 미국 공무원 제도가 갖고 있는 고용기회균등, 실적주의, 적극적 고용개선조치, 일과 삶 양립정책 등을 제시하면서 미국 인사행정의 다양한 모습들을 설명하고 있다. 한국은 인사혁신처와 같은 단일 기관에 의해 임용시험이라는 제도를 통해 중앙집권적으로 이루어지고 있기 때문에, 미국에서 진행되는 다양한 인사 실험의 경험은 한국 인사행정에도 활용될 수 있는 점들이 많이 있다. 특히, 미국의 다양성 강화를 위한 인사정책은 획일적인 인사관리를 넘어서려고 하는 한국의 인사행정개혁 노력에 도움이 될 수 있을 것이다.

나종민은 '자치경찰시대에 우리가 바라는 경찰의 역할: 미국의 경찰행정'에서 미국의 자치경찰제도가 한국에 도입되는 현상을 비판적으로 바라보면서 미국의 제도가 한국으로 도입될 때 발생하는 문제점을 구체적으로 설명해주고 있다. 그는 미국의 자치경찰제도가 운영될 수 있는 이유는 주민 일상생활과 밀접한 기능이 주, 카운티, 시 등의 지방정부별로 분권화되어 있고, 예산도 자체적으로 충당할 수 있다는 점을 지적하면서, 중앙정부에 의해 일관적으로 경찰조직 책임자가 임명되는 경우 지역사회 중심의 경찰활동이 이루어지기 어렵다는 점을 지적하고 있다. 한편, 문제중심의 경찰활동과 집중형 경찰활동, 지역사회중심 경찰활동의 원칙은 한국에서도 유용할 수 있다고 지적하면서도 미국의 사례는 무조건 옳다라는 생각이 위험함도 지적하고 있다. 그 대표적인 예로, 미국의 학교경찰제도로 실질적 효과가 없는 것으로 나타나고 있었는데, 한국에서는 이를 무분별하게 채택을 한 경우가 바로 그것이다. 결국 미국의 제도를 도입하여 행정혁신을 시도하는 것 자체는 문제는 없지만 한국 사회가 갖고 있는 중앙집권적 체제 하에서는 미국의 분권화된 체제에서 발전한 정책이 작동하지 않을 위험이 있음을 잊지 않아야 할 것이다.

반면, 혁신이 필요함에도 불구하고 제대로 혁신이 이루어지지 않는 영역이 미국 행정에서도 발견된다. 김도형은 '코로나19로 밝혀진 미국 공공보건의료의 민낯: 미국의 보건의료행정'에서 부실한 공공의료, 안일하고 소극적인 감염병 위기관리 대응체계, 낮은 의료접근성과 불평등 및 취약계층 문제, 공공보건 리더십 부재 및 정책갈등 등을 제시하고 있다. 미국 보건행정의 취약성과 달리 한국은 성공적으로 코로나19에 대응한 점은 상당히 긍정적이다. 이때 미국 보건행정이 주로 민간을 중심으로 운영되고, 시장중심의 원리에 따라 운영되었다는 점과 한국 보건행정이 공공성을 강조하면서 공공의료를 중심으로 운영되었다는 큰 차이는 향후 한국의 보건행정의 발전방향에 대한 시사점을 준다고 할 수 있다. 김도형이 지적하듯이 한국이 갖고 있는 고유한 장점은 유지하되, 다른 국가의 실패에서 배운 교훈을 선별적으로 받아들이는 실용적 접근이 필요함을 보여준다.

류신규의 '미국 선거제도와 시사점'에서는 연방제 국가인 미국이 얼마나 다양한 정치체제를 유지하고 있는지를 보여준다. 미국에서는 선거시간부터 우편투표 허용 방식, 선거인단 선출 방식 등 중요한 절차를 연방정부가 획일적으로 규정하기보다는 각 주의 상황에 맞게 제도를 발전시켜 왔음을 확인할 수 있다. 이렇게 다양성을 유지하면서 미국이라는 거대한 정치체제를 유지한다는 것은 미국이 갖고 있는 힘이라고 할 수 있다. 물론 이러한 다양성으로 인해 많은 혼란과 비효율성이 존재할 수 있다. 하지만, 이런 문제를 연방정부가 권위적으로 풀기보다는 지방정부에서 스스로 문제를 풀어가고 있는 것이다. 대통령 선거가 끝난 후에도 승복하지 않는 트럼프(Donald Trump)를 보면서 미국 민주주의의 민낯이 들어났다고 주장할 수도 있지만, 다른 한편으로는 시위가 아닌 법적 절차를 통해서 문제를 해결하는 미국 민주주의의 또 다른 단면을 보여준다고 해석할 수 있을 것이다.

3. 미국 행정의 도전, 그리고 한국에의 시사점

정복교는 '미국 정부는 과연 사회문제를 해결했을까?: 미국의 정책과정 및 참여자'에서 위대한 사회를 표방하던 존슨(Lyndon B. Johnson) 대통령이 1960년대 빈곤과 인종문제 해결을 제안한 이후 왜 2020년 현재 다시 '흑인의 생명도 소중하다(Balck lives matter)'는 운동이 벌어지고 있는지의 문제를 제기하면서 정책과정에 수많은 참여자들이 참여하고 있지만, 여전히 소수의 의견이 제대로 반영되지 못하는 문제가 존재함을 지적하고 있다. 민주주의에서 참여가 핵심이지만 미국 민주주의의 상징이라는 타운미팅에서조차 시민참여가 제대로 이루어지지 못하고 있고, 정당정치에서도 양당체제의 경직성으로 인해 제3의 정치세력이 발전하기 어려우며, 총기규제와 관련한 미국총기협회의 로비에서 나타나듯이 이익집단 정치문제를 제대로 극복하지 못하고 있다.

연방제와 분권화된 미국 행정에서조차 시민참여에 바탕을 둔 행정이 어렵다는 것은 민주주의가 직면한 현실을 잘 보여준다. 한국과 같은 중앙집권적 국가에서는 토론과 타협이 아닌 지시와 통제가 일반적이기 때문에, 시민참여조차 정부에 의해 동원되거나 정치화된 시민'단체'에 의해 이루어지고 있는 것이 현실이다. 이 문제를 극복하기 위해 미국과 한국 행정에서는 지속적으로 시민참여를 유도하기 위해 데이터 개방, 리빙랩, 시민참여를 유도하는 절차와 기관 설립 등을 시도하고 있다. 그러나 시민이 자발적으로 참여하는 하려는 노력이 보편화되지 않는 이상은 소수에 의해 정책의제가 장악되고, 사회문제가 해결되기보다는 무시되는 민주주의의 위기에 직면하게 될 위험이 상존하고 있는 것이다. 어쩌면 이러한 문제가 단순히 코로나 대응의 실패나 행정의 비효율보다 더 심각한 문제라고 할 수 있다.

민주화 이후 한국은 권위적 정부시스템의 문제점을 극복하기 위해 많은 노력을 해왔다. 미국의 자유민주주의, 권력분립, 견제와 균형, 그리고 분권화에 기반한 행정시스템은 한국에 많은 통찰력을 준 것이 사실이다. 이 책에서 소개되고 있는 미국 행정 전반에 대한 소개 정부와 관련 사례들은 미국 행정이 갖고 있는 이러한 특징들에 공감을 한다. 그동안 우리는 미국 행정의 제도를 배우려는 경향이 강했다. 하지만, 미국조차 자신의 구조적인 사회문제를 제대로 해결하지 못하고 있는 것이 사실이고,

이 핵심에는 미국 내의 민주주의의 위기와 관련이 있다. 이것은 단순히 제도의 문제라기보다는 협상과 협력, 그리고 시민참여를 통해 문제를 해결을 하고자 했던 미국 시스템의 장점이 제대로 발휘되지 못하고 있기 때문이다. 즉, 시민참여 제도가 중요한 것이 아니라 협상과 협력을 통해 시민참여의 '과정'이 만들어져 가는 것이 더 중요하다는 것이다. 중앙집권적 행정에 익숙한 한국이 미국 행정의 사례를 통해 배워야 하는 것은 타협과 협상을 통해 공동체의 문제를 해결하는 태도라고 할 수 있다. 민주주의가 절대권력의 장식품으로 전락하지 않기 위해 미국의 초기 지도자들이 끊임없이 강조해 온 견제와 균형의 원리를 코로나19 이후의 시대에 미국과 한국이 진지하게 고민해야 할 것이다.

제1장

미국 행정의 서막: 연방제도 및 행정 원리

노은주(북일리노이대 행정학과 조교수)

"The powers not delegated to the United States by the Constitution, nor prohibited by it to the States, are reserved to the States respectively, or to the people." - Tenth Amendment, 1791

"본 헌법이 연방정부에 위임하지 않았거나, 각 주정부에 금지하지 않은 권한은 각 주정부나 국민이 보유한다." - 미국 수정헌법 제10조, 1791.

2019년 12월 코로나-19(COVID-19)가 중국 우한시에서 처음 확인된 이후 전 세계의 각 정부는 코로나-19의 확산을 막기 위해 다양한 대응계획을 수립 및 이행해 왔다. 한국 정부가 중앙정부 중심의 강력하고 빠른 대처와 전방위적인 코로나 검사를 바탕으로 위기를 극복하고 있는 반면, 미국에서는 연방정부 주도의 일관적인 대처방안보다는 각 주정부를 중심으로 각기 다른 대처방안이 수립·이행되어 왔다. 따라서 재택 명령(Stay-at-Home Order), 여행금지령(Travel Van), 경제회생 정책 등 주요 코로나 관련 정책 또한 각 주 및 지방정부별로 다르게 시행되고 있다. 그렇다면 연방정부와 주정부, 그리고 각 주정부별로 서로 다른 정책으로 인해 야기될 혼란은 없는가? 코로나 사태를 대응하기 위한 연방정부의 역할은 어디까지이며, 주정부의 역할 및 권한은 어디까지인가? 연방정부와 주정부의 정책 기조가 다른 경우의 갈등은 어떻게 해결해야 하는가?

이러한 질문은 비단 연방정부와 주정부의 관계에만 국한된 것이 아니다. 지난 2020년 3월 중순부터 미 전역의 초, 중, 고등학교 및 대학교는 코로나-19 확산으로 인해 문을 닫고 온라인 수업으로 전환하였다. 재택 명령은 주정부 차원에서 주 전역에 이르기까지 영향을 줬던 것에 반해, 8월 새로운 2020~2021년도 새 학기를 앞두고 학교를 다시 여는 것에 대해서는 주정부에서는 가이드라인만을 제시하고, 각 교육구(school district)별로 세부사항들을 결정해서 집행하였다. 이에 따라 같은 주 안에서도 지역별로 대응방식과 절차, 규정이 다르게 적용되고 있다. 그렇다면 주정부 가이드라인은 얼마나 상세하게 명시되어야 하는가? 주정부의 가이드라인이 지역 교육구의 특성에 맞지 않는 경우, 교육구의 재량권은 얼마나 되는가? 향후 학생들의 보건과 교육 전반에 대한 책임은 지역 교육구가 감당해야 하는 것인가? 지방의 결정에 따른 부수적 비용 발생에 대해서 주정부는 어디까지 지원해야 하는가? 전통적으로 주와 지방정부의 역할로 분류되는 교육 분야에 대한 연방정부의 개입은 어디 수준까지가 적정한 것인가? 학교를 개방하는 것에 때문에 발생하게 될 코로나-19의 확산은 지방정부의 책임인가? 주정부의 책임인가? 아니면 연방정부의 책임인가?

이처럼 꼬리에 꼬리를 무는 질문을 하다 보면, 문득 미국이라는 나라, 미국 정부에 대해 문득 궁금해진 이야기들이 가득하다. 연방정부, 주정부, 지방정부… 도대체 미국에는 몇 개의 정부가 있는가? 각 정부의 역할은 어떻게 무슨 기준으로 규정되어 왔을까?

미국에는 연방정부와 50개의 주정부 외에 2017년 기준으로 총 90,075개의 지방정부가 있다. 많은 정부로 구성된 나라, 미국. 정부들 간의 관계가 거미줄처럼 복잡하게 구성되어 있는 나라, 미국. 책 한 권에 담기에는 모자란 『현지교수가 전하는 미국 행정 풀어쓰기』를 여는 첫 번째 장에서는 미국 정부가 어떻게 시작되었으며, 그 뿌리가 어디에 있는지, 어떠한 힘으로 거대한 미국이 움직이는지, 미국 행정의 서막에 대한 이야기부터 하나씩 풀어가보자. 미국 정부를 세운 건국의 아버지들의 이야기부터, 헌법에서 명시하는 정부의 역할, 그리고 『페더랄리스트 페이퍼(The Federalist Papers)』를 통해, 그리고 있는 연방정부와 주정부와의 관계에 대해 알아보도록 한다. 또한 연방정부, 주정부, 지방정부의 역할과 운영에 대해 간략히 살펴보고, 그들 간의 관계가 갖는 중요성에 대해 검토한다. 마지막으로, 많은 정부들로 구성되어 있고 복잡해 보이는 미국 정부를 지난 200여 년 간 지탱해 온 보이는 힘과 보이지 않는 힘에 대한 소개를 통해 앞으로 진행될 미국 정부에 대한 이야기의 시작을 열도록 하겠다.

1. 미국 정부는 언제 어디서 어떻게 시작되었나? 건국의 아버지, 헌법과 페더랄리스트 페이퍼

2020년 8월 19일, 코로나-19 여파로 온라인으로 진행된 2020 민주당 전당대회에서 연설자로 나선 오바마(Barack Obama) 전 대통령은 필라델피아에 위치한 독립혁명박물관에서 영상으로 연설을 했다. 가장 인구가 많은 뉴욕도 아니고, 백악관이 있는 미국 정치의 중심지 워싱턴DC도 아닌 필라델피아를 택한 이유가 무엇일까? 미국인들에게 필라델피아는 어떤 의미인가? 펜실베이니아 주에 위치한 인구 150만 명의 도시 필라델피아. 많은 사람들은 필라델피아를 미국 민주주의의 시작 혹은 자유에 대한 상징으로 생각한다. 미국 정부의 시작에 대한 이야기를 풀기 위해 시계를 약 250년 전으로 되돌려보자.

1776년 뜨거운 6월, 토마스 제퍼슨(Thomas Jefferson)은 필라델피아 하숙집 안에서 글을 쓰기 시작했다. 그 글이 바로 독립선언서(Declaration of Independence) 초안이다. 독립선언서는 제퍼슨을 주축으로 구성된 5인의 위원에 의해 작성되었고, 56명의 대표자들이 필라델피아에서 이 문서에 사인하였다.

> "우리는 모든 인간이 평등하게 창조되었다는 것, 창조주로부터 양도할 수 없는 권리를 부여 받았으며, 그 가운데는 생명, 자유, 행복에 대한 추구가 포함되어 있다는 것을 자명한 진리로 간주한다. 정부는 이러한 권리의 확보를 위해 사람들 사이에 설립된 것이며, 정부의 정당한 권력은 피치자의 동의로부터 추출된다. 어떠한 형태의 정부든지 이 같은 목적을 파괴할 때 인민은 그 정부를 개폐하고 새로운 정부를 수립하는 권리를 갖는다." (독립선언서에서)

이를 바탕으로 드디어 7월 4일, 미국은 독립을 선언한다. 독립선언서는 단순히 독립된 국가로서의 권리를 주장하며 독립전쟁을 정당화하는 것에 그치지 않았다. 독립선언은 국가는 국민의 동의 아래 탄생하고, 주인인 국민 스스로 다스린다는 민주주의의 원칙을 분명하게 명시하고 있으며, 또한 정부의 설립 목적이 국민의 생명과 자유, 행복추구권을 보장하는 데 있음을 뚜렷하게 표방하고 있다. 독립선언서에 명시된 민주주의의 원칙은 향후 연방 헌법 및 각 주의 헌법에 의해 구체화되었다.

독립선언에 이어 전쟁이 한창 중이던 1777년에 소집된 '대륙의회(Continental Congress)'에서는 기존의 헌법적 질서를 명문화한 '연합규약(Articles of Confederation)'을 채택하였다. 하지만, 연합규약에서 규정하는 중앙정부의 역할은 극히 제한적이었고, 이를 통한 13개 주들의 연합 또한 미약한 수준에 불과했다. 예를 들어, 초기의 중앙정부는 조세를 징수할 권한도 없었고, 주들 간의 통상을 조정하는 권한조차 가지고 있지 않았다. 당시 혼란한 국내 · 외 정세를 고려할 때 이러한 약점들이 수면 위로 드러나는 것은 시간문제였던 것이다.

미국연맹이 지도력 결핍으로 인한 문제에 봉착하자 각 주의 대표들은 결국 연합규약을 개정하고자 1787년 5월 다시 필라델피아에 모이게 되었다. 이것이 그 유명한 헌법제정회의(Constitutional Convention)이다. 독립선언서가 작성된 지 11년 만에 각 주의 대표들은 뜨거운 여름, 필라델피아에 다시 모이게 되었다. 이들이 바로 '미국 건국의 아버지(Founding Fathers)'로 불리는 55명의 대표들이다. 3개월에 걸친 뜨거운 논쟁 끝에, 1787년 9월 17일 드디어 연방 헌법은 참석한 12개 주 대표에 의해 승인되었다. 일부 불만이 있던 대표들을 제외한 참석자 41명 중 39명이 서명을 하였다. 물론 모두가 찬성하는 헌법을 만들기란 쉬운 일이 아니었다. 벤자민 프랭클린(Benjamin Franklin)은 당시 분위기를 이렇게 회상하였다.

> "내가 지금 찬성하지 않는 부분이 있다고 해서, 영원히 그것을 찬성할 수 없다고 확언할 수는 없습니다. 이보다 더 나은 것은 기대하지도 않을 뿐더러 이것이 최선이 아니라고 확신할 수도 없기 때문에 나는 이 헌법을 승인합니다." (벤자민 프랭클린)

연방 헌법은 전문과 7개 조(articles) 21개 항(sections)으로 구성되어 있다. 1789년

3월 4일, 헌법이 효력을 갖기 시작한 이래 현재까지 27개의 수정헌법(수정헌법 제27조, 1992년)이 비준되었으며, 수정헌법 제18조를 철폐하는 제21조를 포함하여 총 26개가 효력을 발생하고 있다. 가장 중요한 수정안이라고 한다면, 1791년 확정, 추가된 개인의 자유에 대한 보장을 포함하는 이른바 권리장전(Bill of Rights)인 첫 10개의 수정안을 꼽을 수 있다(<표 1-1> 참조). 수정헌법 제11조 이후의 조항은 개인과 시민의 자유에 대한 확대부터, 참정권 규정, 정부의 구조를 수정하는 등의 다양한 주제를 다루고 있다.

표 1-1 헌법과 권리장전의 요약

헌법(US Constitution)		권리장전(Bill of Rights)	
전문	우리 미합중국 국민은 더욱 완벽한 연방을 형성하고 정의를 확립하며 국내의 안녕을 보장하고 공동의 방위를 도모하며 국민의 복지를 증진하고 우리와 우리 후손에게 자유와 축복을 확보할 목적으로 이 미합중국 헌법을 제정한다.	수정 제1조	종교, 언론, 출판, 집회의 자유
		수정 제2조	무기 소장, 휴대할 권리
		수정 제3조	개인 주거지 내에 군대 숙영 금지
제1조 (입법부)	연방의회는 상원과 하원으로 구성. 의회 선출방식과 의회의 권한에 대한 규정	수정 제4조	부당한 수색, 체포, 압수 금지
제2조 (행정부)	행정권은 대통령에 속한다. 대통령 임기, 선출방식, 권한과 의무에 대한 규정	수정 제5조	피의자 권리보장, 이중처벌 금지, 불리한 진술 강요 금지
제3조 (사법부)	연방대법원과 하급법원의 설치 및 권한에 대한 규정	수정 제6조	신속하고 공정한 재판을 박을 권리, 기소 내용과 근거에 관한 통고 받을 권리
제4조 (주정부)	주정부 간의 상호신뢰와 신용, 연방정부와 주의 상호관계 등에 대한 규정	수정 제7조	민사재판에서 배심원에 의한 재판을 받을 권리
제5조 (헌법수정)	헌법 수정 방법과 절차에 대한 규정	수정 제8조	과다한 보석금이나 벌금 금지, 잔혹하고 비정상적 형벌 금지
제6조 (국가의 지고성)	헌법과 연방 법률이 최고법임을 선언, 연맹규약 하의 채무와 조약은 본 헌법에서도 연방정부에 대한 효력을 가짐.	수정 제9조	본 헌법에 특정 권리를 열거한 사실을, 시민이 가지고 있는 그 밖의 여러 권리를 부인하거나 경시하는 것으로 해석해서는 안 됨.
제7조 (헌법인준)	9개 주의 비준절차 후 헌법의 효력이 발생함.	수정 제10조	본 헌법이 연방정부에 위임하지 않았거나, 각 주정부에 금지하지 않은 권한은 각 주정부나 시민이 보유한다.

헌법이 만들어진 이후에도 13개 주의 인준을 얻어야 하는 큰 과제가 남아 있었다. 헌법제정회의에서는 13개 주 중 9개의 주가 승인하면 새 헌법이 효력을 발생한다고 결정하였다. 헌법 인준을 둘러싼 첨예한 갈등과 대립은 헌법을 지지하며 강력한 중앙정부를 선호하던 연방주의자(Federalists)와 헌법이 개인의 자유 및 주정부의 독립을 파괴할 것이라며 반대하던 반연방주의자(Antifederalists) 사이에 격렬한 논쟁을 야기했다. 이 과정에 헌법 인준 과정에 지대한 영향을 미친 걸출한 논객 세 명이 등장한다. 그들이 바로 제임스 매디슨(James Madison), 알렉산더 해밀턴(Alexander Hamilton), 그리고 존 제이(John Jay)이다.[1] 이들은 1787년 10월부터 1788년 5월까지 헌법 제정 의도를 알리고, 헌법의 채택을 주장하기 위한 85개의 논설을 뉴욕의 신문에 게재하였다. 이 글 모음집을 『페더랄리스트 페이퍼(The Federalist Papers)』라고 부른다.[2] 85편 중 해밀턴이 51편, 매디슨이 26편, 그리고 제이가 5편을 집필하였고, 매디슨과 해밀턴의 공동작 3편이 포함되어 있다. 페더랄리스트 페이퍼는 독립선언서와 헌법과 함께 미국 정치사에 가장 중요한 글로 여겨지며, 헌법의 해석을 위해 인용하는 가장 권위있는 주석서이다. 특히, 페더랄리스트 페이퍼는 미국 정부를 구성하는 핵심요소인 삼권분립, 견제와 균형, 연방주의, 그리고 국민에 의한 정부에 대해 분명히 명시함으로써 미국 정부를 구성하는 근간을 제시하였다.[3]

---

1) 제임스 매디슨은 미국의 제4대 대통령이며, 알렉산더 해밀턴은 미국 초대 재무부 장관을, 존 제이는 초대 대법원장을 역임했다.

2) The Federalist Papers를 번역한 김동영 교수는 이를 '연방주의자 논고'라고 번역하는 것보다는 '페더랄리스트 페이퍼'라고 원 제목 그대로 쓰는 것이 본래의 의도를 더 잘 반영한다고 말한다. 새 헌법이 만들어졌던 당시의 헌법은 연맹적(federal) 성격과 단일국가적(national) 성격을 합성한 것이었고, 이 두 가지의 성격이 합성되어 독자적 정치체제인 연방주의(federalism)로 불리게 된 것은 19세기 중반에 들어서였다. 따라서 페더랄리스트는 새 헌법을 지지하는 사람들을 가리키는 것이지, 현대적 의미로 연방주의자를 말하는 것이 아니기 때문에 '페더랄리스트 페이퍼'라고 하는 것이 적합할 것이다.

3) Hill, C. J., & Lynn, L. E., Jr.(2016). *Public Management: Thinking and Acting in Three Dimensions*. 2nd ed. Thousand Oaks, CA: CQ Press.

2. 미국 정부를 구성하는 주춧돌은?: 삼권분립과 견제와 균형

당시 미국은 식민지 시대와 독립전쟁을 거치면서 각 주의 권한이 상당히 커져 있었다. 심지어 남부 조지아 주에서 북부의 뉴욕 주를 방문하는 것을 이방인들로 가득한 다른 나라에 간다고 생각할 정도였으니, 이런 상황에서 여러 주들을 묶어 하나의 국가로 연합하고, 연방 헌법을 만들고 인준하며, 연방정부를 구성한다는 것은 가늠하기 조차 어려운 일이었는지 모른다. 효율적이며 강력한 정부가 필요하다는 것을 인정하면서도, 한편으로는 지나치게 강한 중앙정부의 탄생이 국민을 통제하고, 각 주의 권한을 제한하는 것으로 귀결되는 것은 아닌가 하는 의구심이 팽배해 있었던 상황이었다. 이런 우려 속에서 헌법제정자들이 제시한 방안으로 등장한 것이 바로 중앙정부와 주정부가 권한을 나누어 갖는 연방제(federal system)이다. 또한 '권력분립'과 '견제와 균형'의 원리를 헌법에 도입함으로써 집권자 개인이나 한 기관에 권력이 집중되어 남용되는 것을 배제하고, 다수가 소수의 권리를 탄압하지 못하도록 조처했다.

미국 정부의 큰 틀을 구성하는 첫 번째 요소는 권력분립이다. 권력분립이란 국가권력을 입법부, 행정부, 사법부에 배분하고, 이 세 기관이 헌법상 동등하며 상호 독립적인 권한을 갖도록 한 것을 의미한다. 매디슨은 페더랄리스트 페이퍼 47편에서 입법부, 행정부, 사법부의 모든 권력이 한 손에 집중되는 것이야 말로 독재라고 말하면서, 권력분립의 원칙은 국민들의 자유 보장을 위한 필수 조건이라고 주장하였다. 권력분립을 통해 각 기관별로 관장하는 영역을 분명히 함으로써, 서로의 전문성을 개발함과 동시에 업무의 중복을 줄이고, 궁극적으로는 정부의 효율성을 증대시키는 데 기여하기도 했다.4)

그러나 헌법제정자들은 권력분립만으로는 거대한 정부로부터 국민들을 보호하는 데 충분치 않다고 보았다. 입법부, 사법부, 그리고 행정부에 의한 권한의 침해는 어떻게 방지해야 하는가? 혹은 서로 다른 기관들이 공동의 목표를 위해 공동행동을 취

---

4) US Department of State(2013). Outline of U.S. Government. Retrieved from https://photos.state.gov/libraries/amgov/30145/publications-english/1310_Outline_of_US_Government_English_TEXT_Low_WEB.pdf

한다면, 국민의 권익은 어떻게 보호할 수 있겠는가? 이러한 문제에 대한 실질적인 안전장치로서 고안된 것이 바로 '견제와 균형'의 원리이다. 3개의 기관들은 각각 나머지 2개 기관을 견제할 수 있는 권한을 가진다. 이를 통해 어느 부서도 절대적인 권력을 행사하지 못하도록 하는 것이다. 이에 대해 페더랄리스트 페이퍼 48편에서 매디슨은 다음과 같이 말하고 있다. "각 부문들이 다른 부문들에 대한 헌법적인 통제를 할 수 있도록 서로 연결되고 융화되어 있지 않는 한, 자유 정부의 본질로서 요구되는 분립의 정도는 실제에 있어서는 충분히 유지되지 못할 것이다." 즉, 권력분립과 견제와 균형의 원리는 상호보완적으로 국민의 권한 및 자유를 보장하기 위해 추구되는 미국 정부 구성의 가장 기본적 요소로서 강조되어야 함을 피력한 것이다.

3. 미국 정부는 어떻게 구성되어 있지?: 연방제

미국 정부, 혹은 미국의 행정의 독특한 특징과 구성을 이해하기 위한 첫걸음은 연방제를 이해하는 것에 있다. 연방제는 헌법에 의한 연방정부와 하위 정부의 권력 배분을 일컫는다. 흔히 연방제를 떠올리면 위에서 살펴봤듯이 주정부 및 지방정부의 통치권 유지 혹은 연방정부의 비대한 권력의 방지를 위한 수단으로만 여기기 쉬운 것이 사실이다. 하지만, 연방제는 미국의 정부 간 관계를 어떻게 정의하며, 각 정부의 역할과 책임의 범위를 규정하는 것과, 행정절차 및 정부조직구조를 어떻게 구성해야 하는지에 대한 틀을 제시하는 포괄적인 개념으로 이해하는 것이 더 바람직하다.[5] 시대와 환경에 따라서 중앙정부와 하위 정부의 관계가 변화하고 발전하듯이 연방제 또한 고정된 개념이 아닌 유동적인 개념으로서 바라봐야 한다.[6]

우선, 헌법에서 규정하고 있는 연방정부와 주정부의 권한에 대해서 먼저 살펴보도록 하자. 연방정부는 헌법에서 명시하고 있는 입법, 사법, 행정권의 고유 권한과 여

---

5) O'Brien, D. M.(1989). Federalism as a metaphor in the constitutional politics of public administration. *Public Administration Review*, 49(5): 411-419.

6) Agranoff, R., & McGuire, M.(2001). American Federalism and the search for models of management. *Public Administration Review*, 61(6): 671-681.

기에서 도출되는 함축적 권한을 가지고 있다. 또한 연방 의회가 "전술한 권한과 합중국의 정부, 부처, 또는 공무원에게 부여된 다른 모든 권한을 집행함에 있어서 필요하고도 적당한 모든 법률을 제정"하는 권한을 가짐으로써, 당시에 예상할 수 없던 문제들에 대해 효율적으로 대처할 수 있는 헌법적 근거를 마련해두고 있다. 마찬가지로 수정헌법 제10조에서는 "헌법이 연방정부에 위임하지 않았거나 주에 대하여 금지되지 않은 모든 권한은 주와 국민에게 유보한다"고 규정한다. 이에 따라 주정부는 연방정부가 침해할 수 없는 권력을 부여받게 된 것이다. 또한 헌법은 특정 분야에 대해 연방정부와 주정부에 대해 동일한 권한을 행사할 수 있게끔 공유 권력에 대해서도 명시하고 있다. 예를 들어, 조세권은 연방정부와 주정부가 동시에 가지고 있는 권한이지만, 주정부는 관세부과권이 없고, 연방정부는 부동산세 부과권이 없다. 이와 같이 헌법에 명시된 연방정부와 주정부의 권한은 <표 1-2>에 정리되어 있다.[7]

표 1-2 헌법에 의한 연방과 주정부 사이의 권한 분배

	연방정부	연방 및 주정부	주정부
부여된 권한	• 국제 및 주간 통상의 규제 • 전쟁 선포 • 화폐 발행 • 우편업무 관장 • 대법원 하위의 법원 수립 • 육군/해군 창설, 유지 • 위의 권한을 행사하는 데 필요하고 적당한 법률의 제정	• 조세부과 및 징수 • 채권 발행 • 법률 제정 및 집행 • 세출 • 공공목적을 위해 적당한 보상으로 사유재산 점유	• 선거 관장 • 지방정부 수립 • 주 내의 통상 규제 • 연방 헌법 수정안의 비준 • 헌법에 의해 연방정부에 부여되지 않았고, 주정부에 금지되지 않은 모든 권한
금지된 권한	• 주간 교역 물품에 대한 관세 • 권리장전에 위배되는 법률 제정	• 귀족 훈작 수여 • 노예제 허용(수정 제13조) • 인종, 피부색 및 노예 경력에 의한 투표권 거부(수정 제15조) • 성별에 의한 투표권 거부(수정 제19조) • 18세 이상 시민에 대한 투표권 거부(수정 제26조)	• 조약, 동맹, 연합의 결성 • 시민의 기본권 제약(수정 제14조) • 화폐 발행 • 계약 의무의 불이행 • 사권 박탈법 • 기타의 소급법

7) 최명 · 백창재(2000). 『현대 미국정치의 이해』. 서울대학교 출판부(p.8)에서 인용함. 연방제에 대한 자세한 논의는 최명 · 백창재(2000) 참조.

하지만, 실제 연방정부와 주정부 사이의 권한 배분의 문제는 <표 1-2>에서와 같이 칼로 무 자르듯 할 수 있는 간단한 문제가 아니다. 연방정부와 주정부의 권한에 대한 논쟁과 갈등은 건국 당시부터 시작되어, 남북전쟁 시기에 이르러서는 노예제도에 대한 주정부 권한을 둘러싸고 극단적 대립으로까지 치닫게 되었다. 결국 북부가 승리하면서 연방의회는 노예해방과 기본권 보장을 위한 헌법 수정안을 인준하며 주정부의 권한을 크게 제한하였고, 연방정부의 정치적·법적 우위가 확립되었다. 하지만, 여전히 국민들의 생활과 직접적으로 관련되는 부분에 있어서는 주정부가 우선적으로 담당하고 있었고, 연방정부와 그 권한이 대등하게 공존하고 있는 형태를 띠게 되었다. 이러한 균형에 균열을 만든 것이 1930년대 경제대공황이다. 당시 루즈벨트(Franklin Roosebelt) 행정부는 뉴딜정책을 통해 주정부나 지방정부 차원에서 해결할 수 없는 사회경제적인 문제들을 해결하는 데 적극적으로 개입하게 시작했으며, 이에 따라 연방정부의 규제 권한도 늘어나고 주정부와의 협력 또한 긴밀하게 이루어지기 시작했다. 심지어 1960년대 존슨(Lindon B. Johnson) 행정부의 위대한 사회(Gr-eat Society) 계획부터 1980년대에 이르기까지 연방정부의 권한이 지속적으로 확대되어, 심지어 주정부와 지방정부에 대한 규제와 간섭이 증가하기에 이르렀다. 연방정부의 압도적인 우위를 종식시킨 것이 1980년대 레이건(Ronald Reagon) 행정부이다. 레이건 대통령은 신연방주의(new federalism)를 표방하면서, 주정부와 지방정부에 지급되던 연방 보조금을 삭감하고 연방정부에 의한 규제를 완화하는 등 중앙정부의 역할을 축소하고자 하였다. 레이건 행정부 이후에는 연방제와 정부 간 관계를 대폭적으로 변화시키는 큰 흐름은 등장하지 않았다.[8]

4. 50개의 주, 어떻게 운영되는가?

헌법이 규정하고 있는 연방제의 대부분은 연방정부의 구조와 역할에 초점이 맞춰져 있다. 하지만, 수정헌법 제10조에서도 드러나듯이, 주정부의 법적 기초 또한 헌법

8) O'Toole, L. J. Jr., & Christensen, R. K.(2013). *American Intergovernmental Relations: Foundations, Perspectives, and Issues*. 5th ed. Thousand Oaks, CA: Sage.

에 의거한다. 건국의 아버지이자 미국 제3대 대통령인 토마스 제퍼슨은 보다 훌륭하고 안전한 정부를 위한 방법은 연방정부, 주정부, 지방정부 간의 적절한 역할 분배에 있다고 피력하면서 주정부와 하위 정부의 중요성에 대해 강조하였다.[9] 따라서 미국 정부가 실제 어떻게 시민들의 삶에 영향을 주는지에 대한 궁금증을 해결하기 위해서는 주정부의 역할에 대한 이해가 필수적이다. 특히, 갈수록 국민의 삶에 직접적으로 영향을 주는 보건, 복지, 교육, 교통, 주택, 지역개발 등의 광범위한 영역에서 연방정부와 주정부, 어느 하나의 중요성 보다는 이들 간의 협력적인 관계가 더 나은 공공정책을 제공하고 실행하는 데 중요한 요소로 꼽히고 있다. 또한 각 주에서는 각기 다른 사회, 경제, 정치적 상황을 고려하여 정책을 수립하고 실행할 수 있는 반면, 그 효과가 국가 전체에 영향을 미치지 않기 때문에, 주정부를 '민주주의의 실험실(laboratories of democracy)'이라고 부르기도 한다.[10] 그 좋은 예가 2006년에 입법된 매사추세츠주 법률(An Act Providing Access to Affordable, Quality, Accountable Health Care)이 오바마 정부의 2010년 '환자보호 및 건강보험료 적정부담을 위한 법률(Patient Protection and Affordable Care Act)'의 모델이 된 사례이다.

주정부도 연방정부와 마찬가지로 행정부, 입법부, 사법부로 구성되어 있고, 각 부는 연방정부의 각 부와 동등한 기능을 지닌다. 우선, 주정부의 행정부에 대해 알아보자. 각 주의 행정부 수장은 주지사(governor)이다. 주지사는 주민들의 직접 투표를 통해 선출되고 임기는 대체로 4년이다.[11] 주지사는 합법적이고 공식적인 집행 권한을 가지고 있지만, 그 권한의 범위와 영향력에 대해서는 주헌법 규정에 따라 다르기 때문에 주별로 큰 차이를 보인다. 텍사스 주지사가 권한이 약한 대표적인 예라면, 하와이나 매릴랜드 주지사의 경우는 강력한 권한을 갖고 있는 대표적인 예이다. 마찬가지로 주헌법에 따라, 각 주정부의 조직구조와 선출방법은 큰 차이가 있다. 각 주의 주지사는 주의회에서 통과된 법률안을 집행하는 역할을 하며, 주정부를 관할하는 역할을 담당한다. 주지사는 주 방위군의 최고사령관이며, 임시 입법회의를 소집하고,

---

9) Thomas Jefferson to Joseph C. Cabell, 2 February 1816, https://founders.archives.gov/documents/Jefferson/03-09-02-0286

10) '민주주의 실험실'이라는 표현은 미국 대법관 루이스 브랜다이스(Louis Brandeis)가 한 말로 유명하다. New State Ice Co. v. Liebmann, 285 U.S. 262, 311(1932).

11) 뉴햄프셔 주와 버몬트 주에서는 주지사의 임기를 2년으로 정하고 있다.

주비상사태를 선포하며, 긴급 상황에 대비한 자금을 지출하는 등의 실질적인 비상 권한을 갖고 있다. 또한 대통령의 권한과 같이, 모든 주지사는 주의회에서 통과된 법안을 거부할 권한을 가진다.

50개 주에는 모두 선출된 대표로 구성된 입법부가 있으며, 연방정부의 의회와 마찬가지로 주의회의 가장 기본적 권한은 바로 법률제정권이다. 또한 주의 예산을 승인하고 조세법을 상정할 수 있으며, 탄핵권을 발동할 수 있다. 네브래스카 주를 제외한 모든 주는 상·하 양원제 입법부를 갖추고 있으며, 대부분의 주에서 상원의원 임기는 4년이고 하원의원 임기는 2년이다. 세부적인 면에서는 차이가 있지만, 국민의 권리나 정부구조 등과 같은 총론에서는 대체로 연방 헌법과 유사한 양식을 따르고 있다. 하지만, 연방 헌법과 달리 각 주의 헌법은 굉장히 세부적이고 광범위하며, 각 세부사항들에 있어서 주별로 차이가 크다. 또한 주헌법의 개정은 쉬운 편이다. 지금까지 150개의 주헌법이 있었고, 대략 12,000번의 개정을 거쳤으며 총 15,000페이지가 넘는 양을 자랑한다고 한다면 주헌법이 얼마나 세세한 지 상상이 가지 않는가.[12)]

주 사법부는 일반적으로 주 대법원과 하급법원으로 구성된다. 마찬가지로 주 사법부도 각 주의 헌법과 법률에 따라서 그 구조와 법관 선출 및 임명이 결정되기 때문에 주별로 차이가 있다. 대법원은 하급법원에서 발생한 오류를 수정하는 데 중점을 두므로 재판을 진행하지 않는다. 주 대법원에서 내린 판결은 일반적으로 구속력이 있지만, 연방 헌법과의 일관성에 대한 문제가 제기되는 경우에는 연방 대법원에 직접 항소할 수 있다.

5. 거미줄같이 복잡하고 다양한 지방정부, 얼마나 많고 어떻게 운영되나?

연방 헌법에서는 지방정부의 법적인 근거나 연방제 안에서의 지방정부의 구조적인 관계에 대해 직접적으로 명시하지 않고 있다. 지방정부의 법적인 권한은 각 주헌

12) The NBER/Maryland State Constitutions Project. http://www.stateconstitutions.umd.edu/index.aspx

법에 따라 결정되기 때문에 각 주는 주의회의 승인에 의해 지방정부를 설립하거나 폐쇄할 수 있으며, 헌장(charter)으로 통제할 수 있는 권한을 가진다. 이에 따라 지방정부의 행정구조나, 선출 여부를 결정하는 것, 혹은 지방정부의 통제권이나 주정부와의 관계 등의 중요한 결정은 반드시 주법에 의거해야 한다. 주정부와 지방정부의 관계를 잘 드러낸 것이 바로 '딜론의 법칙(Dillon's Rule)'이다. 이는 1868년 아이오와 주 대법원장이었던 존 딜론(John F. Dillon)에 의해 선언된 것으로, 지방정부는 주정부의 통제권 하에 있으며, 오직 주정부에서 명시적으로 부여한 권한과 그 행사에 필요한 최소한의 권한, 그리고 지방정부 설립 목적에 절대적으로 중요하다고 여겨지는 권한만을 행사할 수 있다는 것이다. 한편, 주정부의 지나친 권한에 대한 부작용을 막기 위해서 등장한 것이 '자치헌장(home rule charter)'이다. 자치헌장에 따르면, 각 지방정부는 주헌법이나 주법률이 금지하지 않는 사항에 대해서 재량권을 가질 수 있다. 예를 들어, 많은 경우 지방정부의 인사정책이나 지방 재산세 관리는 지방정부가 재량권을 가지고 운영하는 분야이다.

그렇다면 미국에는 얼마나 많은 지방정부가 있는가? 미국은 세계에서 가장 복잡하고 다양한 지방정부를 가진 나라라고 해도 과언이 아니다. 각 주의 지방자치제도는 정책, 운영방법, 관행에 관해서 유사한 점도 가지고 있지만, 주별로 변형된 사례도 많고 차이도 크기 때문에 일괄적으로 설명하는 것이 쉽지 않다. 다양한 미국 지방정부 조직에 대해 이해를 돕기 위해서 가장 많이 쓰이는 분류법은 인구조사국(U.S. Census Bureau)에서 제시하는 5개의 유형이다. 이는 크게 두 가지로 분류할 수 있는데, 첫 번째는 일반목적의 정부(general-purpose governments)로 한 지역을 관할하는 정부를 일컬으며, 카운티 정부(county government), 시정부(municipal government), 타운십 정부(township government)를 포함한다. 두 번째는 특수목적의 지방정부(special-purpose government)로서 구체적인 행정기능을 제공하며, 일반 목적의 정부로부터 운영 및 재정적 독립성을 지닌 별도의 독립적인 특수목적의 정부 단위를 일컫는다. 여기에는 교육구(school district)와 기타 다른 기능을 위한 특별구(special district)가 포함된다.

2017년 기준 지방정부 현황을 살펴보면, 우선 미국 전체에 총 90,075개의 지방정부가 있고, 일반목적의 정부로는 38,779개의 지방정부가 존재하며, 특수목적의 지방정부는 51,296개가 존재한다.[13] [그림 1-1]에서 나타나듯이, 지난 반세기 동안 카운티 정부 숫자는 큰 변화가 없었지만, 시정부는 늘어나고 타운십 정부는 꾸준히 줄어들어 왔다. 가장 큰 변화로는 교육구 수의 급감과 특별구의 급증을 꼽을 수 있다. 특히, 흥미로운 사실 중 하나는 총 특별구의 숫자는 2012년에 비해 2017년에 크게 증가하지 않았지만, 실제로는 5년 동안 1,500개가 넘는 특별구가 신설되었고, 약 1,260개 정도의 특별구가 폐지되었다는 점이다. 특수 지방정부는 일반 지방정부에 비해서 대체적으로 수명이 짧고 교체율이 높은 특성을 지닌다. 그렇다면 미국에는 왜 이렇게 특별구가 많은 것일까? 특별구는 이름 그대로 특수한 서비스를 제공하거나 목적이 있을 때 만들어진다. 또한 새로 개발하는 지역이 있을 때도 신설되며, 혹은 기존에 제공하는 서비스의 질을 높이기 위한 추가 재정이 필요한 경우에도 신설된다. 이는 대부분의 특별구가 추가적인 재산세와 판매세를 부과할 수 있으며, 부채 발행이

그림 1-1 1952~2017년 기준 지방정부 추이

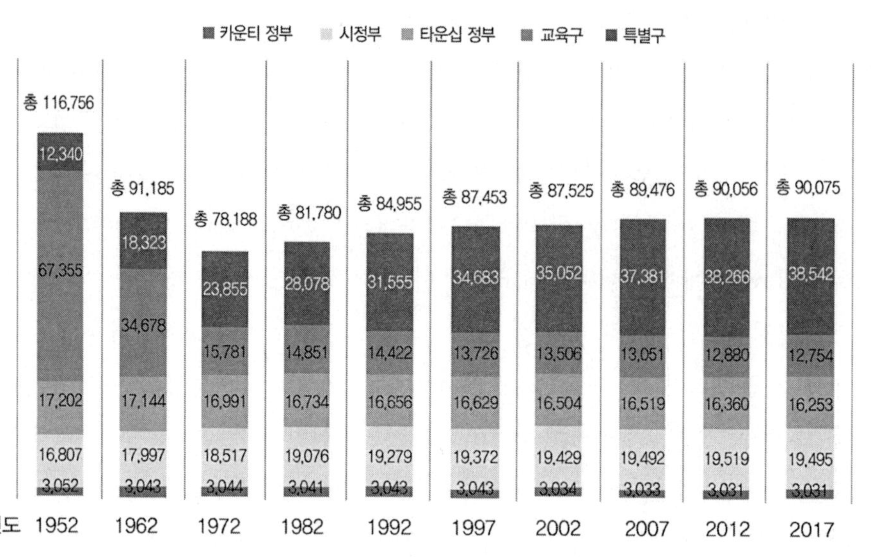

13) 인구조사국에서는 1952년부터 5년마다 전국의 지방정부의 조직과 고용 및 재정상황에 대한 조사를 실시하고 있다. 현재까지 발표된 가장 최근 자료가 2017년 자료이다. 보다 자세한 내용은 웹사이트 참조. https://www.census.gov/programs-surveys/cog.html [그림 1-1]은 인구조사국 자료를 바탕으로 작성되었다. https://www.census.gov/govs/pubs/topic.html#cog 참조.

가능하기 때문이다.

미국에서 특별구가 가장 많은 주는 일리노이 주로 3,204개의 특별구가 있다. 일리노이 주는 시정부(1,297개)가 가장 많은 주이기도 하다. 텍사스 주는 가장 많은 카운티 정부(254개)와 가장 많은 교육구(1,073개)를 가지고 있고, 타운십 정부가 가장 많은 주는 미네소타 주(1,780)이다.

1) 카운티 정부(County Governments)는 어떻게 운영되는가?

미국의 지방정부의 구조는 일반적으로 주-카운티-시 및 기타 하위행정 단위의 계층으로 되어 있지만, 이것도 각 주마다, 그리고 각 주 안에서도 차이가 크기 때문에 일률적으로 설명하는 것이 쉽지 않다. 예를 들면, 뉴욕 주의 뉴욕 시(New York City)는 Bronx, Manhattan, Brooklyn, Queens, Staten Island의 5개의 카운티가 합쳐져서 하나의 시를 이루는가 하면, 캘리포니아 주의 로스앤젤레스 카운티(LA County)의 경우에는 산하에 88개의 시정부를 포함하고 있기도 한다. 심지어 코네티컷 주와 로드아일랜드 주에는 카운티 조직이 없다. 한편, 루이지애나 주에서는 카운티라는 명칭 대신에 패리시(parish)라고 부르며, 알래스카 주에서는 버러(borough)로 지칭한다. 2017년 미국 전역에는 3,031개의 카운티가 있는 것으로 집계되었다.

각 카운티 정부는 주법에 의하여 위임된 역할을 수행한다. 전통적으로 카운티 정부는 재산세를 부과 및 징수하고, 법을 집행하며, 선거를 관리하고, 도로를 관리하며, 토지거래 및 출생 사망 신고 등의 기록을 관리하는 역할을 담당해왔다. 최근 들어 인구가 증가하고 행정이 현대화되면서, 건강 관련 서비스, 오염통제, 대중교통 및 사회서비스 등의 영역에까지 카운티 정부의 권한이 확대되고 있다. 하지만, 그 권한의 실질적 영향력과 미치는 범위는 모두 제각각이다. 버몬트와 같은 일부 주에서는 지방자치단체에 예산을 요청하고 화재 예방서비스를 제공하는 것 이상의 권한을 카운티에 부여하지 않는다. 앨라배마와 같은 주에서는 카운티가 주법에 전례가 없는 무언가를 달성하고자 할 때마다 새로운 법을 작성하도록 규정한다. 하지만, 오하이오 같은 주에서는 주법과 충돌이 없는 한 카운티가 원하는 권한을 행사하도록 허용하기도 한다.

카운티 정부의 조직구조 또한 마찬가지로 주별로 다를 뿐 아니라 같은 주 안에서도 제각각이다. 가장 흔하며 전통적인 카운티 정부구조는 위원회형(commission form)으로, 주로 3~5명의 선출직 위원들로 구성되며, 이들은 행정과 입법 권한을 동시에 가지고 있다. 위원회에서는 카운티의 법령(ordinance)을 제정, 집행하고, 예산을 승인하며, 각 산하 부처의 담당 공무원을 임명한다. 2014년 기준 전체 카운티 정부의 57%가 위원회형 구조를 채택하고 있으며, 대부분은 인구 만 명 이하의 소규모 지역에서 채택하고 있다. 가장 보편적인 형태의 카운티 정부운영 방식임에도 불구하고, 강력한 집행기능 부족으로 주민들에게 효율적인 행정서비스를 제공하지 못한다는 비판을 받아왔다.

이에 대한 대안으로 채택된 유형이 전문관리인의 역할을 강조하는 의회-관리자(council-manager/administrator) 유형의 조직구조이다. 카운티 관리자, 혹은 행정가는 주로 임명직이며, 입법기능을 가진 시의회의 견제를 받는다. 이는 입법권과 행정권을 분리함으로써, 훈련되고 경험이 풍부한 전문관리인이 행정을 맡아 효율성을 높이는 방안으로 도입되었다. 전체 카운티 정부의 27%가 이 유형을 택하고 있으며, 인구 10만 명 이상의 도시의 경우 절반 정도가 채택하고 있는 유형이다. 또 다른 대안은 의회-선출직관리인(council-elected executive) 유형이다. 이 유형은 유권자들이 의회와 함께 관리인도 선출하는 방식을 택하고 있다. 선출직관리인은 카운티 의회에 대한 거부권을 가지고 있기 때문에 그 권한이 상대적으로 강하다고 볼 수 있다.[14] 전체 카운티의 약 16%가 이러한 유형의 제도를 채택하고 있다.

2) 시정부(Municipal Government)는 어떻게 운영되는가?

인구조사국의 분류에 따르면, 시정부(municipal government)는 시(city), 버러(borough), 타운(town), 빌리지(village)로 규정된 지역에 사는 시민들에게 정부 서비스를 제공하기 위해 설립된 지방정부를 의미한다. 시정부는 주로 시장-위원회형(mayor-council form), 위원회-관리자형(council-manager form), 시위원회형(city

14) 카운티 정부 형태에 대한 통계자료는 2014년 ICMA(International City/County Management Association)에서 발간한 2014 County Form of Government Survey 자료를 근거로 작성되었다. 또한 각 카운티 정부의 유형에 대한 설명은 National Association of Counties에서 2009년 발간한 County Government Structure: A State by State Report를 인용하였다.

commission form)의 구조 중 하나로 운영된다.[15)]

시장-위원회형은 연방정부의 대통령-의회의 관계처럼, 선출된 시장과 선출된 시 위원회 의원으로 구성된다. 이러한 형태의 정부는 시장의 권력 행사 범위의 정도에 따라 강한 시장-위원회형(strong mayor-council form)과 약한 시장-위원회형(weak mayor-council form)으로 세분화된다. 강한 시장-위원회형의 경우에, 시장은 시정부의 수장으로서 시정활동에 책임이 있으며, 시 고위공무원의 임용과 해임 권한이 있고, 예산을 준비해야 하는 책임이 있다. 또한 위원회에 대한 거부권을 행사할 수 있다. 시의회는 예산 승인, 결의안 통과, 정부성과 감사, 정책 채택 등의 책임을 가진다. 반면, 약한 시장-위원회형 구조에서의 시장은 명목상 집행권자에 지나지 않는다. 대신 시장의 역할은 위원회 회의에서의 연설, 의례적인 업무를 수행하는 데 그치고, 실제 공무원 임명이나 예산 수립 등의 중요한 기능은 위원회에 집중되어 있다.

위원회-관리자형의 정부에서는 주민이 선출한 위원회가 정책을 만들고, 위원회에서 고용한 전문행정가가 정책을 집행하는 방식을 택함으로써 행정과 정치의 분리를 강조한다. 위원회는 보통 5~9명의 위원으로 구성되고, 그 안에는 시장(혹은 의회장)이 포함된다. 시장은 시 헌장(city charter)에 따라 위원회에 의해 임명될 수도 있고, 주민 선거로 선출될 수도 있다. 위원회-관리자형 정부에서의 위원회는 시장-위원회형 정부에 비해서 일반적으로 그 규모가 작고 초당파적인 특징을 지닌다. 시장과 위원회가 입법기관으로서 정책을 수립하고 예산을 승인하고 세율을 결정하는 역할을 한다면, 전문행정가인 관리자는 예산을 준비하고 집행하며, 인사를 관리하는 등의 시정관리 및 정책집행의 전반적인 책임을 맡고 있다. 이 유형의 정부에서의 시장은 주로 정치적 리더로서의 역할을 맡지만, 실질적인 입법 거부권은 가지고 있지 않다.

마지막으로, 시위원회형의 정부구조는 타운십 위원회형과 마찬가지로 입법기능과 집행기능이 합쳐져 있는 형태를 말한다. 위원들(commissioners)이 정책을 만들 뿐 아니라 시정부의 주요 부서의 정책집행 또한 주도하는 형태이다.

2018년 ICMA에서 시행한 Municipal Form of Government Survey의 결과에 따르면, 응답자의 48.2%가 위원회-관리자형을 택하고 있으며, 38.2%가 시장-위원회

15) 시정부구조에 대한 설명은 Bowman, A. O'M., & Kearney, R. C.(2017). *State and Local Government*. 10th ed. Boston, MA: Cengage Learning을 참조하였다.

형을, 3.2%가 위원회형을 택하고 있는 것으로 밝혀졌다.16) 특히, 위원회-관리자형의 지방정부 형태는 중간 규모에서 대규모의 지방정부에서 가장 많이 채택되고 있으며, 주로 남서부와 대서양연안의 주들에 편중되어 있었다. 한편, 시장-위원회형의 경우에는 5천 명 이하의 작은 도시에서 가장 인기있는 유형으로 조사되었다. 한 가지 재미있는 것은 ICMA 서베이에서 2011년 이후에 해당 지역의 정부구조의 변화가 있었는지에 대해 조사한 결과이다. 3,460개의 지방정부 중에 약 4.8%만이 2011년 이후에 정부구조를 바꾸는 안을 제안했고, 이 중에서 63%가 통과되었다. 통과된 정부구조안의 대부분을 차지하는 것이 바로 위원회-관리자형으로의 전환이었다. 즉, 갈수록 경험과 실력을 갖춘 전문행정인의 중요성이 강조되고 있다는 실례라고 볼 수 있다. 많은 지방행정 연구자들이 지금까지 어느 형태의 정부가 더 나은 성과를 보이며, 예산을 절감하고, 시민들에게 양질의 서비스를 제공하는가에 관해 다양한 관점에서 연구를 진행하고 있다. 물론 어느 하나의 정부형태가 항상 나은 결과를 가져온다고 하는 일반화된 결론은 내릴 수 없지만, 지난 세기를 통틀어 미국 지방정부에서 위원회-관리자형의 정부가 가장 중요하고 혁신적인 지방행정의 발전이라고 하는 데는 이견의 여지가 없을 것이다.17)

3) 타운십 정부(Township Government)는 어떻게 운영되는가?

타운 및 타운십 정부는 미국 직접민주주의의 기원으로써 미국에서 가장 오랜 역사를 자랑하는 지방자치 정부형태라고 볼 수 있다. 타운십 정부는 인구밀도가 낮으며 그 범위가 좁은 지역에 사는 시민들에게 서비스를 제공하고자 하는 목적으로 주정부에 의해 성립되었고, 주민 참여가 활발한 소규모 자치공동체 성격이 강한 특징을 갖는다. 주로 북동부와 중부의 20개 주에 분포되어 있는데, 이 또한 각 주마다 타운십 정부의 성격과 권한 범위도 차이가 있다. 예를 들면, 뉴잉글랜드18)의 타운십 정부는

16) https://icma.org/2018-municipal-fog-survey

17) Carr, J. B.(2015). What have we learned about the performance of council-manager government? A review and synthesis of the research. *Public Administration Review*, 75(5): 673-689.

18) 뉴잉글랜드는 미국 북동부의 메인, 버몬트, 뉴햄프셔, 매사추세츠, 코네티컷, 로드아일랜드의 6개 주를 지칭한다.

비교적 광범위한 권한을 가지고 시정부와 비슷한 기능을 수행하는 반면, 일리노이 주, 인디애나 주, 캔자스 주 등의 중부지방 주의 타운십 정부는 인구밀도가 낮은 농촌지역에서의 도로 관리와 법집행에 그 기능이 제한되어 있다.

타운십 정부는 점점 그 수와 범위가 줄어들 것으로 예측된다. 지방정부 운영의 효율성을 높이고, 세금 낭비를 막고자 타운십 정부를 주변의 시정부나 카운티 정부로 통합하는 방안이 여러 곳에서 추진되고 있는 중이다. 또한 인구가 점차 늘어나는 지역에서는 자동적으로 시정부로 승격이 될 것이고, 인구가 줄어드는 곳에서는 정부 자체가 존폐 위기에 처해지기 때문에 앞으로의 타운십 정부의 미래가 밝다고 보기는 어렵다 .

6. 복잡한 정부 간 관계, 어떻게 이해하나?

지금까지 우리는 미국 정부가 어떻게 시작되었으며, 그 근간을 이루고 있는 연방제와 그에 따른 연방정부, 주정부, 지방정부의 역할과 운영에 대해서 살펴보았다. 많은 정부가 함께 만들어가는 나라, 미국. 그렇다면 정부 간 관계는 어떻게 이해해야 하는가?

연방제도 자체가 각 계층의 정부 간 관계를 토대로 하는 것임에도 불구하고, 정부 간 관계(intergovernmental relations)라는 용어가 처음 미국에 등장한 것은 1930년대 경제대공황 이후였다. 연방주의가 헌법에 의거한 중앙과 지방정부의 권력 배분에 대한 제도적 권위 배분에 그 중심을 두고 있다면, 정부 간 관계는 조금 더 포괄적인 의미로서 연방-주-지방정부 사이에서 발생하는 정책적 상호관계와 영향력 및 책임 배분의 전반으로 이해하는 데 중심을 둔다.[19] 특히, 정부 간 관계에 대한 관심이 증폭된 시기를 살펴보면, 1930년대 뉴딜정책 이후 사회복지국가가 설립되고, 1960년대 미국에서 가난과의 전쟁을 선포하며 국가의 역할을 강조하던 시기와, 1990년대 복지정책의 개혁이 이루어지고, 2000년대 9 · 11 테러 이후 국토 안보 강화에 대한 노력

19) O'Toole, L. J., Jr., & Christensen, R. K.(2013). American Intergovernmental Relations: Foundations, Perspectives, and Issues. Thousand Oaks, CA: CQ Press.

이 극대화되던 시기와 맞물려 있음을 알 수 있다. 이는 사회, 경제, 문화, 외교, 안보, 복지 등의 분야를 막론하고, 복잡한 사회문제를 해결하기 위해서는 정부 간 협력과 유기적인 관계가 반드시 필요하다는 것을 보여주는 단적인 예이다.

정부 간 관계의 대표적인 특성은 상호의존성과 복잡성이다. 첫 번째, 상호의존성이란 하나의 정부가 정책결정에 대한 전권을 가지고 지속적인 영향력을 발휘하는 것이 아니라, 여러 계층의 다양한 종류의 정부구조가 함께 그 권력과 영향력을 공유함을 의미한다. 따라서 상호간의 협력과 이해가 없이는 원활한 정책결정 및 집행이 이루어지기 어렵다. 두 번째, 복잡성은 상호의존적인 정부 간 관계의 성격으로부터 비롯된 것으로, 그 관계의 연결망이 단일하고 일방적인 것이 아니라, 광범위하고 세분화되어 있으며, 유동적이고 변화무쌍하기 때문에 생기는 어려움을 내포한다.

이러한 관계적 특성과 권력 배분의 형태를 바탕으로 제시된 정부 간 관계를 이해하는 세 가지의 모형을 살펴보자([그림 1-2] 참조).[20] 첫 번째, 상호대등 권위형 모형(coordinate-authority model)이다. 상호대등형 관계는 연방정부와 주정부 사이에 분명한 경계가 있고 두 정부의 관계가 독자적이고 자율적인 형태로 권력을 배분하고 있음을 강조한다. 이는 위에서 설명한 딜론의 원칙이 가장 잘 반영된 모형으로, 주정부의 독립성을 강조하면서도 지방정부에 대한 주정부의 법적 우위를 대변하는 정부

그림 1-2 Wright가 제시하는 미국 정부의 정부 간 관계 유형

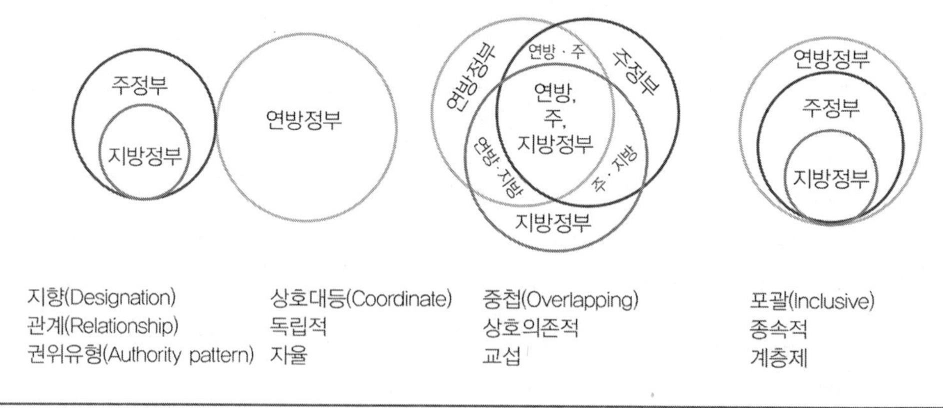

20) Wright, D.(1988). *Understanding Intergovernmental Relations*(3rd ed.). Cengage Learning Inc.

간 기능 배분을 보여준다. 두 번째, 포괄 권위형 모형(inclusive-authority model)에서는 연방정부에서 주정부, 주정부에서 지방정부로 내려갈수록 그 기능과 역할이 작아지며, 그 권한 또한 상위 정부에서 규정하는 범위 안에서의 일부만을 차지하는 것으로 정부 간 관계를 설명한다. 이 모형에서의 주정부나 지방정부는 중앙집권적 중앙정부에서의 정책결정에 지대한 영향을 받을 수 없으며, 이에 따라 주지사나, 주의회, 혹은 시장과 같은 지방자치의 핵심구성원들 또한 그 권한과 기능이 위축될 수밖에 없다. 세 번째, 정부 간 관계 유형은 중첩 권위형 모형(overlapping-authority model)이다. 상호대등 권위형과 포괄 권위형이 양극단에 위치하고 있다면, 중첩 권위형 모형은 그 중간쯤에 위치하고 있다고 보면 될 것이다. [그림 1-2]에서와 같이 정부의 역할의 상당부분에서 연방정부, 주정부, 지방정부의 영역이 중첩되어 있을 뿐 아니라, 그 중첩 영역에 비해 개별 정부의 독자적이고 자율적인 영역은 비교적 크지 않음을 볼 수 있다. 또 하나의 정부가 가질 수 있는 권력과 영향력은 분명한 한계가 있기 때문에, 각 정부는 교섭(bargaining)이나 타협(compromise)과 같은 정책적인 수단을 사용하게 된다.

1960년대 연방정부가 팽창하기 시작하고 정책집행과 행정이 갈수록 복잡해짐에 따라, 얽히고설킨 정부 간 관계 안에서 발생하는 다양한 행정적 문제들과 이슈를 어떻게 다루고 관리해야 하며, 그 가운데의 각 정부의 공무원들의 역할이 무엇인지에 대해 연구하는 정부 간 관리(intergovernmental management)가 공공관리 분야에 독자적인 영역으로서 발전하기 시작하였다. 정부 간 관리가 다루고 있는 영역은 광범위하다. 다른 정부로부터 어떻게 자금을 얻을 수 있는지, 확대된 규제로 인한 부담을 어떻게 대응해야 하는지, 지역간 협력관계 협정은 어떻게 맺어야 하며, 협력사업들은 어떻게 진행해야 하는지 등의 모든 문제들이 정부 간 관리가 다루고 있는 주제들 중 일부이다.[21] 점점 복잡해지는 정부 간 관계 그 안에서 공무원들은 공공 영역의 관리자로서, 빠르게 변화하는 시대의 조류에 발맞출 수 있는 유연성과 적응력을 가지고, 개별 조직의 영역을 넘어 복잡하고 광범위한 문제들을 해결할 수 있는 전문 능력을 키울 것을 요구받고 있다.

---

21) Agranoff, R., & McGuire, M.(2001). American federalism and the search for models of management. *Public Administration Review*, 61(6): 671-681.

7. 미국 정부를 움직이는 보이는 힘은?: 관료제와 행정국가

우리가 살펴본 여러 계층의 다양한 종류의 정부들이 모여 미국이라는 '행정국가(administrative state)'를 이루었다. 미국이라는 거대한 행정국가를 이끄는 보이는 힘은 바로 관료제(bureaucracy)이다. 관료제라고 하면 가장 먼저 떠오르는 것이 비효율적인 행정절차나 산더미 같이 쌓인 서류들, 행정기관에 민원을 넣어도 대답은 함흥차사인 정부와 정부관료들이지 않을까. 하지만, 20세기 초 독일 사회학자 막스 베버(Max Weber)가 처음 관료제를 이야기했을 때는, 관료제야말로 가장 효율적이며 민주적으로 정부를 운영할 수 있는 시스템이라고 보았다. 베버가 말한 관료제의 특징으로는 위계의 서열화, 권한의 명확화, 문서화, 전문성을 지닌 관료 등을 들 수 있다.

관료제는 필연적으로 다양한 계층으로 이루어진 계층제를 기반으로 한다. 하지만, 계층이라고 하는 것이 세분화되어 있으며, 다양하게 얽혀 있기 때문에 그 안에서 조정하고 관리하는 일이란 쉬운 것이 아니다. 특히, 코끼리 같이 거대하고 비대해진 계층제를 기반으로 하는 정부는 변화하는 환경에 빠르게 대응하기 어려울 뿐만 아니라, 시민들의 요구를 충족시키는 것 또한 어려울 수밖에 없다. 이에 따라 정부관료제에서 나타나게 된 것이 바로 관료제의 병폐들이다.

즉, 행정조직이 계층제 중심의 통제 중심적인 조직체계에 의존한다면, 정부 관료제는 본질적으로 병폐를 안고 있을 수밖에 없다.[22] 예를 들어, 정부관료들이 명확하고 정확한 목표를 가지고 있지 않은 경우에 그들은 환경변화에 적극적으로 대응하기보다는 단지 절차나 규율, 법령을 준수하는 데만 몰두하게 될 수밖에 없고, 이는 결과적으로 관료제의 병폐를 재생산해낼 수밖에 없다. 또한 사람들은 누구나 효용 및 이익을 극대화하려는 속성이 있고, 자신의 편의와 이익을 위해 일하는 공무원들은 조직의 전체 목표를 위해 희생하거나 헌신하기보다는 주어진 절차를 따르고 규정에 맞추는 선에서 그 노력의 정도를 조정하게 될 것이다. 조직의 한두 명이 아니라 대부분의 구성원들이 이와 같다면 효율적이고 유동적인 조직문화를 만들어가기보다는 경직되고 비효율적인 조직을 이루게 되는게 자명하다. 마지막으로, 빠른 대응이 필

22) Bozeman, B.(2000). *Bureaucracy and Red Tape*. Upper Saddle River, NJ: Prentice Hall.

요한 상황에서 조직구조가 절차적 중요성을 강조하고 있다면, 상황에 적합한 대응을 하기 어렵게 된다. 이러한 다양한 이유로 관료제의 병폐가 발생할 수 있으며, 결과적으로 시민들에게 더 나은 행정서비스를 제공하는 데 걸림돌이 될 수 있다.

하지만, 모든 절차와 법령, 그리고 계층적 구조와 위계질서가 항상 나쁜 결과를 가져올까? 베버가 주장했듯이 관료제가 행정국가를 이끌어가는 구조적 틀을 제공한다면, 관료제의 병폐에 대해서 비판하는 데 머무를 것이 아니라, 효과적인 관료제, 제대로 일하는 관료제는 어떤 모양이어야 할지 고민해야 하지 않을까? 관료제의 기능이 더 나은 정부를 위한 밑거름이 되기 위해서는 ① 문서화된 절차와 규정이 정부의 책임성과 적법한 권한을 강화하는 데 쓰여야 하며, ② 조직의 절차는 반드시 그 조직의 목적을 달성하기 위해 필요한 것이지 절차 자체가 목적이 되어서는 안 되며, ③ 적절한 수준의 통제를 통해 관리의 효율성을 높이고, ④ 일관된 규칙을 적용함으로써 공공자원 분배의 공정성을 향상시키며, ⑤ 시민들과 이해관계자들로 하여금 절차에 대해 이해하도록 도와서 행정서비스의 투명성을 증진시켜야 할 것이다.[23)]

8. 미국 정부를 움직이는 보이지 않는 힘은?: 공공가치

정부를 정부 되게 하는 힘, 정부와 공공조직의 존재 이유는 바로 '공공가치(public value)'를 창출하는 데 있다. 공공가치는 "시민들이 집합적으로 바람직하다고 여기는 결과물"을 의미한다. 따라서 시민들이 정부에 기대하는 것이 무엇인지를 이해하는 것이 공공가치 실현에 가장 중요한 요소가 된다.[24)] 대표성 있는 정부, 시민의 목소리를 대변하는 정부라면, 민주적 절차 안에서 시민들이 원하고 추구하는 것이 무엇인지에 대해 관심을 가져야 하는 것이 바로 공공성의 시작이기 때문이다. 이는 '국민을 위한 정부'에 대해 강조해온 건국의 아버지들의 신념과 헌법 정신과도 일맥상통한다.

---

23) DeHart-Davis, L.(2009). Green tape: A theory of effective organizational rules. *Journal of Public Administration Research and Theory*, 19: 361-384.

24) Moore, M.(1995). *Creating Public Value: Strategic Management in Government*. Cambridge, MA: Harvard University Press.

또한 시민들의 기대를 만족시키고, 더 나은 행정서비스를 제공하며, 소기의 성과를 거두기 위해서는 바람직한 결과물에 대한 인식, 목표가 무엇인지에 대한 명확한 정립과 함께 이를 달성하기 위한 전략을 수립하고, 처해 있는 사회 정치적 상황에 알맞게 대처하며, 효율적이고 효과적인 운영관리절차를 설계하는 것이 필요하다.

공공가치에 대한 강조는 필연적으로 시민참여를 증진하고 시민의 기대를 충족하는 정부로 연결된다. 그렇다면 시민들의 원하는 것, 혹은 국민여론이라고 하는 것과 공공가치는 어떻게 다른가? 여론은 그 관심사와 방향에 있어서 매우 불안정한 반면, 공공가치라고 하는 것은 다양하고 광범위한 사회구성원들이 공유하는 안정되고 지속적인 성격을 지닌다. 즉, 공공가치는 하나의 국가나 사회, 구성원의 일부, 혹은 한 세대에만 국한된 것이 아니라 이를 넘어서는 보편적인 가치로까지 그 의미를 확장할 수 있다. 따라서 개인적 선호들의 합에 기반한다는 위의 정의보다 더 구체적으로 공공가치란 "① 시민들이 부여받아야 하는 권리, 혜택 및 특전 ② 사회, 국가 및 구성원에 대한 시민들의 의무 및, ③ 정부와 정책이 기반을 두어야 하는 원칙에 대한 규범적 합의를 제공하는 것"이라고 정의될 수 있다.[25)]

공공가치로 꼽을 수 있는 원리로는 어떤 것들이 있을까? 지난 몇십 년 간 많은 학자들이 공공가치에 대해 다양한 분야에서 연구를 진행해왔다. 요르겐센(T. B. Jørgensen)과 보즈만(Barry Bozeman)은 1990년부터 2003년까지 230개가량의 논문을

표 1-3 공공가치의 예

사회에 대한 기여	이해관계로부터 의사결정으로의 전환	행정가와 정치인의 관계	행정가와 주변환경의 관계	행정의 조직 간 관계	공무원의 행태	행정과 시민의 관계
공익 이타주의 지속성	다수결의 법칙 사용자 중심의 민주주의 소수에 대한 보호	정치적 충성도 (책무, 책임성)	대응성, 타협, 이익 간의 균형 경쟁과 협력	적응성, 안정성, 혁신, 생산성, 자기개발	책무성, 전문성, 정직성	개인의 자유에 대한 보장, 법치, 평등, 정의, 시민과의 대화, 사용자 중심

25) Bozeman, B.(2007). *Public Values and Public Interest: Counterbalancing Economic Individualism*. Washington, DC: Georgetown University Press.

바탕으로 72가지 공공가치를 7가지 범주로 분류하고 정리하여 목록을 만들었다. 그 중에 일부를 소개하면 <표 1-3>과 같다.[26]

이와 같은 공공가치의 중요성에 대한 이해와 공감대 형성이야말로 정부 운영의 출발점이 되어야 한다. 국가권력과 정부 권한은 시민들의 손에서 나오는 것이며, 따라서 공공가치에 대한 고찰은 시민지향적 정부로의 이행에 필수 요건인 것이다. 또한 많은 부분에서 공공가치는 단 하나의 공공기관이나, 중앙 혹은 지방과 같은 한 계층의 정부의 힘만으로는 달성하기 어렵다는 것도 인정해야 한다. 국민행복, 국민이 주인이 되는 정부, 공공가치의 실현을 위해서는 중앙과 지방정부와의 협력은 물론이고, 공공부문과 민간부문의 상호협력, 정부와 시민 간의 긴밀한 소통이 반드시 필요하다.

9. 현지교수가 전하는 미국행정 풀어쓰기, 이제 시작이다

지금까지 미국 행정의 역사적 태동과 그 안에서 발전되어 온 미국 정부의 구조에 대한 이야기를 나누었다. 짧다면 짧은 약 250년의 미국 역사의 시작은 전제 왕정에 대항한 민주주의의 시작이었으며, 각기 다른 인종과 문화를 넘어서 하나의 국가를 이루고자 했던 통합의 시작이었다고 해도 과언이 아니다. 미국이란 복잡하고 거대한 나라를 세운 건국의 아버지들의 이야기, 독립선언서와 헌법, 권리장전과 페더랄리스트 페이퍼 등의 미국 역사상 가장 중요한 문서에서 묻어나는 미국이란 나라의 근간, 가치와 철학은 미국 정부의 구조와 운영 원리를 만드는 주춧돌이 되었다. 연방정부, 주정부, 지방정부의 구조와 운영에 대해 간략하게 살펴보면서 우리는 수많은 정부들로 구성되어 있는 미국이란 나라에 놀라고, 거미줄처럼 얽혀 있는 그 관계의 다양함과 복잡함에 다시 한 번 더 놀랄 수밖에 없었다. 하지만, 그 안에서도 톱니바퀴처럼 서로 맞물려 돌아가고 있는 거대한 나라 미국. 우리는 『현지교수가 전하는 미국행정 풀어쓰기』의 첫 페이지를 열면서 미국을 움직이는 힘의 근간인 역사적 뿌리와 공공가치, 그리고 정부를 움직이는 관료제에 대해 살펴보았다.

26) 자세한 공공가치의 목록은 Jørgensen, B., & Bozeman, B.(2007). Public value: Inventory. *Administration & Society*, 39: 354-381. 참조.

이 장이 미국 행정이라는 집을 만들기 위한 기초 토대 작업이라고 한다면, 앞으로 이어질 미국 행정이야기에서는 미국 행정을 이루는 구조물을 하나씩 세워갈 것이다. 총론에서는 미국 국가권력의 핵심인 삼권분립부터, 더 나은 정부를 만들기 위한 혁신의 노력들, 국민들의 삶의 문제를 해결하기 위한 정책결정과 집행과정, 복잡한 나라 미국의 예산과정 및 인사정책과 제도에 대한 이야기를 나눈다. 다음 장에서는 삼권분립, 성과관리, 인사행정, 소방행정, 경찰행정, 보건행정과 디지털 정부에 이르기까지 미국 정부의 주요 기능 및 정책과정에 대해 소개하도록 한다. 『현지교수가 전하는 미국행정 풀어쓰기』 이제 시작이다.

제2장

흔들흔들 삼권분립: 팽팽한 견제와 균형

허형조(단국대학교 행정학과 조교수)

"My idea is that … the Federal government should be organized into Legislative, Executive and Judiciary, as are the State government, and some peaceable means of enforcement devised for the Federal head over the States."

"나는 각 주정부들이 그러하듯이 연방정부도 반드시 입법부, 행정부, 사법부로 나누어져 구성되어야 한다고 생각한다. 그리고 연방정부가 각 주정부에 대해서 법을 집행하는 데 필요한 여러 평화적인 수단들이 갖춰져야 할 것이다." - 1787년 토마스 제퍼슨(Thomas Jefferson)이 존 블레어(John Blair)에게 보낸 편지 중 내용

우리나라에서 정치적으로 힘이 가장 센 사람은 누구일까? 특정한 인물의 이름을 대답할 수도 있지만, 우리는 아마도 대통령이라고 답하는 경우가 많을 것이다. 그렇지만 우리 모두가 알다시피 대통령이라 할지라도 하고 싶은 것들을 모두 할 수 없고, 더군다나 자신의 마음대로 국가를 운영할 수 없다. 따라서 대통령이 가지는 권한과 정치적 힘은 강하지만, 잘못된 방향으로 사용되어서는 안 되기 때문에 의회와 법원이 이를 견제하고 감시하는 것이다. 그렇다면 "전 세계에서 정치적으로 힘이 가장 센 사람은 누구일까?"라는 질문에 대해서는 미국 대통령이라고 말할 수 있을 것이다. 왜냐하면 전 세계에서 정치, 경제, 사회, 문화 등 다양한 분야에 걸쳐 가장 강한 힘을

가지고 있는 나라가 미국이기 때문이다. 그래서 그런지는 몰라도 2019년 7월 23일에 열린 전 미국 학생운동 회의(Teen Student Action Summit)에서 미국 트럼프(Donald Trump) 대통령은 "나는 내가 원하는 것이 무엇이든 대통령으로서 할 수 있다"고 말한 바 있다.[1)]

그렇지만 미국의 대통령이라고 하더라도 마음대로 할 수 없다는 것을 최근 벌어지는 미국 내 정치상황을 보면 쉽게 알 수 있다. 트럼프 대통령이 하고자 하던 많은 정책들이 시작하기도 전에 의회의 견제와 반대에 부딪쳤다. 그리고 정치적 힘을 앞세워 추진했던 일부 정책들도 의회와 법원이 제동을 걸면서 내가 원하는 것이 무엇이든 대통령으로서 할 수 있다는 말이 무색해졌다. 이처럼 정치적으로 힘이 센 미국 대통령이라도 마음대로 하는 것이 불가능한 것은 국가권력이 세 개로 나누어져 있기 때문이다. 미국의 건국자들 중에서 가장 삼권분립에 관해서 많은 의견을 낸 토마스 제퍼슨은 국가권력은 세 개로 나눠져야 하며, 각 권력들은 독립적으로 작동해야 한다고 하였다.[2)] 그리고 모든 권력을 한쪽이 장악하고, 마음대로 권력을 행사하는 전제정치를 격렬히 걱정하였으며, 무제한적인 국가권력은 항상 위험하기 때문에 이를 적절히 통제하고 조절할 수 있는 제도[3)]로써 삼권분립의 원칙을 주장하였다.

1. 국가라는 세발자전거를 지탱하는 3개의 바퀴

현대 사회에서 민주주의 원리가 잘 작동하고 있는 대표적인 국가인 미국의 경우, 국가권력의 운영에 관해서 연방주의(Federalism)와 삼권분립 시스템(Three branches

---

1) C-SPAN(2019, July 23). *Trump says the Constitution says "I can do whatever I want as President."* Retrieved from https://www.c-span.org/video/?c4809509/user-clip-trump-constitution-i-president

2) Faris, David(2020, May 31). The separation of powers is a lie. The *week*. https://theweek.com/articles/843194/separation-powers-lie

3) Balz, Dan(2017, July 28). There are three branches of government, and two are in distress. *The Washington Post*. https://www.washingtonpost.com/politics/there-are-three-branches-of-government-and-two-are-in-distress/2017/07/28/80476086-739f-11e7-8839-ec48ec4cae25_story.html

of government)을 기초로 권력의 견제와 균형이 충실하게 작동하고 있다.4) 기본적으로 미국 연방정부의 국가권력은 3개로 나누어져 있으며, 각각 헌법에서 보장하는 권한과 책임에 따라서 의회는 입법을 담당하고, 정부는 행정을 집행한다. 또 다른 국가권력의 축인 연방법원은 사법을 관장한다. 이로써 3개의 국가권력 축이 카메라를 고정시킬 수 있는 삼각대와 같이 국민을 위한 연방정부가 흔들리지 않도록 각각 역할을 한다.

미국의 행정부(Executive Branch)는 대통령을 중심으로 약 5백만 명에 이르는 연방정부 공무원들로 구성되며, 의회권력인 연방 상원과 하원(Senate and House of Representatives)에서 제정된 입법을 집행하고, 행정 전반에 걸쳐 관리한다.5) 행정부의 최고 책임자인 대통령은 18세 이상의 미국 국민들이 선거를 통해서 선출하되, 각 주별로 선거 결과를 기초로 선거인단(Electoral College System)을 구성하는 간접선거 방식을 채택하고 있다. 이로 인해서, 2016년 대통령 선거의 경우와 같이 전체 국민들을 대상으로 한 선거 결과에서 힐러리 클린턴(Hillary Clinton) 후보가 앞섰음에도 불구하고, 선거인단 투표에서 더 많은 표를 획득한 도널드 트럼프(Donald Trump) 후보가 당선되는 것이 가능하다. 이는 대통령 선거에서 국민들의 투표에 따라 당선이 결정되는 우리나라의 직접선거 방식과는 다르지만, 미국의 헌법(the Constitution)에 명시되어 있는 미국 대통령 선거의 독특한 제도라고 할 수 있다.6)

미국의 대통령은 15개 각 정부부처의 장관을 포함하여 중앙정보부(Central Intelligence Agency), 환경보호청(Environmental Protection Agency)과 같은 연방 정부 기관에 필요한 사람들을 임명하고 배치하는 국가 최고의 인사권자이며, 미국 헌법 제2조에 따르면 법을 집행하고 행정을 최종적으로 담당하는 직책을 수행한다.7) 또한 미국 대통령은 미국 군대 전체를 통솔하는 미국의 최고 군통수권자이다. 미국 행정

4) History(2019, September 3). Checks and Balances. Retrieved from https://www.history.com/topics/us-government/checks-and-balances
5) National Archives(2020a). Three Branches of Government. Retrieved from https://www.trumanlibrary.gov/education/three-branches/three-branches-of-government
6) United State House of Representatives(2020a). Electoral College Fast Facts, History, Art & Archives. Retrieved from https://history.house.gov/Institution/Electoral-College/Electoral-College/
7) White House(2020a). About the White House, Our Government-The Executive Branch. Retrieved from https://www.whitehouse.gov/about-the-white-house/the-executive-branch/

부에는 대통령뿐만 아니라 부통령(Vice President)이 대통령을 도와 국정을 운영하지만, 우리나라에서는 국무총리(Prime Minister)가 이와 비슷한 역할을 담당한다.

미국 부통령은 행정부에서 대통령을 보좌하는 역할을 하는 것과 함께 상원에서 상원의장(President of the United State Senate)으로도 역할을 한다. 미국의 대통령제에서 부통령이 독특하게 가지는 상징적인 지위이지만, 상원에서 표결하여 50대 50으로 찬성과 반대가 동일한 결과가 발생할 경우, 이에 대해서 부통령이 투표권을 가져 부통령의 투표에 따라 최종적인 상원의 의견이 결정된다. 부통령이 상원에서의 투표에 참여한 사례가 최근에 있었다. 2017년 교육부 장관 후보자 베스티 디보스(Besty Devos)에 대한 임명동의안을 상원에서 표결을 하였으나, 찬성과 반대가 50대 50으로 나타나 부통령인 마이크 펜스(Mike Pence)가 상원에 참석하여 찬성에 투표함으로써 임명동의안이 통과될 수 있었다.[8]

우리나라와 다르게 미국 연방정부의 입법을 담당하는 의회는 상원과 하원으로 두 개의 의회가 존재한다. 많은 다른 민주주의 국가들과 같이 미국의 의회는 국민을 대표하여 법과 제도를 만들고, 국민들을 대신하여 행정권력을 감시하고 견제하는 기능을 주로 담당한다. 상원은 50개 주(state) 정부에 2명씩 고르게 배분되어 100명의 상원의원으로 구성되며, 하원은 각 주에 살고 있는 인구 수에 비례하여 배정되고, 현재 435명의 하원의원으로 구성되어 있다.[9] 인구 수에 비례하여 하원의원 수를 배정하기 때문에 알래스카 주, 델라웨어 주, 몬태나 주, 노스다코타 주, 사우스다코타 주, 버몬트 주, 와이오밍 주의 경우는 1명의 하원의원이 주 전체를 대표하지만, 캘리포니아 주는 가장 많은 53명의 하원의원이 대표하고 있다.[10] 상원의원과 하원의원은 개별 주에서 실시되는 선거에 따라 선출되고, 선출 횟수에 제한이 없는 점은 같지만, 한번 선출되면 상원은 6년 간 일을 할 수 있으나 하원은 2년으로 기간이 짧다.

---

8) United States Senate(2017). Roll Call Vote 115th Congress 1st Session. Question: On the Nomination(Confirmation Elisabeth Prince DeVos, to be Secretary of Education). https://www.senate.gov/legislative/LIS/roll_call_lists/roll_call_vote_cfm.cfm?congress=115&session=1&vote=00054

9) White House(2020b). About the White House, Our Government–The Legislative Branch. Retrieved from https://www.whitehouse.gov/about-the-white-house/the-legislative-branch/

10) United States House of Representatives(2020b). Directory of Representatives. https://www.house.gov/representatives

다음으로, 사법(the Judicial)을 관할하는 연방법원은 대법원(Supreme Court)과 9명의 대법관으로 구성된다. 미국의 연방대법원은 의회에서 만들어진 법이나 정부에서 집행하고 있는 법에 대해서 헌법에 따라 판단하는 기능을 수행한다. 헌법에 기초하여 법률을 해석하고 위반 여부를 판단하기 때문에, 우리나라의 경우와 비교할 때는 대법원과 헌법재판소의 기능을 포괄하는 것으로 이해할 수 있다. 예를 들면, 2019년 말에 하원에서 발의되어 2020년 2월까지 상원에서 진행된 도널드 트럼프 대통령에 대한 탄핵심판[11]의 심리를 관장하고 진행한 사람은 존 로버트 대법원장(Chief Justice)이었다.

민주주의 국가에서 삼권분립이 가지는 가장 중요한 기능은 상호 견제와 균형에 따른 올바른 국가 운영이라고 할 수 있다. 대통령이 행정부를 대표하여 의회에 대해서 가지는 주요한 견제 수단은 법안제정 거부권이다. 이는 의회에서 통과된 법률안에 대해서 대통령이 서명함으로써 법으로 제정되는 것이 일반적인 것에 반해, 대통령이 거부권을 행사하여 의회의 법률제정권을 견제하는 것을 의미한다.[12] 그러나 의회는 상원과 하원에서 3분의 2의 찬성을 통해 다시 법률안을 제정하는 경우에는 대통령의 거부권을 무효로 할 수 있다. 이는 의회에 부여한 대통령에 대한 견제와 힘의 균형을 위한 제도적 장치로 이해할 수 있다. 그리고 의회는 대통령이 임명하는 고위 공직자들에 대한 동의권을 통해서 대통령의 인사권에 대한 견제와 균형을 갖춘다. 예를 들어, 백악관에서 근무하는 고위 공직자들 중에서 예산관리처장(Director of the Office of Management and Budget)의 경우는 상원의 임명동의안이 요구된다. 그리고 15개 부처의 장관들도 대통령의 임명과 상원의 동의를 거쳐 업무를 시작할 수 있다. 이와 같이 상원이 가지는 대통령의 인사 지명에 관한 임명동의안은 대통령의 행정권에 대한 견제와 권력 균형을 이루는 수단으로써 유용하다.

이와 더불어 의회가 정부에 대해서 가지는 또 다른 힘의 균형과 견제 수단은 조약체결 비준 동의권이 있다. 다른 국가들과의 외교활동을 통해서 대통령은 조약 또는 협약 등을 체결할 수 있다. 그러나 이러한 조약이 미국 내에서 국내법과 동일한 효력

11) United States Senate(2020). Roll Call Vote 116th Congress 2nd Session. A resolution impeaching Donald John Trump, President of the United States, for high crimes and misdemeanors.
12) White House(2020a). About the White House, Our Government–The Executive Branch. Retrieved from https://www.whitehouse.gov/about-the-white-house/the-executive-branch/

을 갖기 위해서는 상원에서 3분의 2의 동의가 있어야 한다. 삼권분립을 통해 의회가 정부에 대해서 가지는 견제와 균형의 제도적 수단이 있는 것과 마찬가지로 행정부를 대표하는 대통령 또한 다양한 제도적 수단들을 가진다. 예를 들어, 집행명령권(executive orders)을 발동하여 집행담당자에게 직접적인 명령을 할 수 있으며, 구체적이고 세부적인 지시를 내릴 수 있다. 이와 함께 탄핵을 제외한 연방 범죄를 저지른 자에 대한 형량을 사면해주거나 감형할 수 있는 권한이 있다. 그러나 사면권 및 감형권에 대해서는 구체적인 제한이나 조건들이 없는 것이 우려로 지적된다.

대통령이 가지는 권한과 함께 미국 헌법은 대통령의 책임 또한 규정하고 있다. 예를 들어, 언제나 의회와 협력관계를 유지하고, 의회에 정보제공을 위한 시정연설(the State of the Union)을 해야 할 의무가 있다. 취임식이 있는 연도를 제외하고, 관례적으로 미국의 대통령은 매년 1월에 의회에서 시정연설을 함으로써 향후 국정운영 방향과 중점 시책에 대해서 설명하고 의회의 협조를 구한다.

미국 헌법 제1조는 의회에 독보적인 입법권을 보장하고 있다. 그리고 앞서 살펴본 바와 같이 일부 대통령의 인사권에 대한 동의를 요구하고 있으며, 국정운영에 관한 감사와 조사를 의회가 주도적으로 실시할 수 있는 법적 권한을 부여하고 있다.[13] 추가적으로 전쟁 선포권을 의회에 둠으로써 가능성은 낮으나, 전쟁과 관련한 행정권의 남용을 사전에 방지하고 있다. 구체적으로 의회가 가지는 권한을 살펴보면, 하원은 세입과 관련한 법안을 제안하는 강한 권한을 행사할 수 있다. 그리고 정부 또는 법원에서 근무하는 연방정부 공무원에 대한 탄핵을 추진할 수 있으며, 대통령 선거에서 선거인단 투표가 동률일 경우에는 대통령을 선출할 수 있는 권한 또한 가진다.

이에 반해, 상원은 대통령이 지명한 인사에 대한 동의권을 가지며, 정부가 외국 정부나 국제기구들과 체결한 조약들에 대한 비준권을 견제 수단으로 활용할 수 있다.[14] 또한 하원에서 통과된 탄핵안에 대해서 심리를 진행함으로써 탄핵에 대한 최종적인 결정을 내릴 수 있는 권한을 가지고 있다. 하지만, 상원의 대통령 인사에 대한 임명동의권과 조약체결에 관한 비준권은 다음의 두 가지 경우에는 일정한 조건이

13) Weimer, D. L., & Vining, A. R.(2017). Policy analysis: Concepts and practice. Taylor & Francis.
14) White House(2020b). About the White House, Our Government-The Legislative Branch. Retrieved from https://www.whitehouse.gov/about-the-white-house/the-legislative-branch/

추가적으로 충족되어야 한다. 첫째, 부통령에 관해서는 하원에서도 부통령 당선에 대한 승인이 있어야 한다. 둘째, 조약의 내용들 중에서 외국과의 무역에 관한 사항이 포함된 경우에는 하원의 승인이 사전에 요구된다.

삼권분립의 한 축을 담당하는 의회에 대해서 미국의 헌법은 상당한 권한과 역할을 부여하고 있다. 대표적으로 모든 입법권은 의회에 있으며, 법률을 제정하거나 현재 집행되고 있는 법을 고치는 것은 전적으로 의회가 담당한다.15) 행정을 집행하는 정부기관들에서 규제나 기타 관련 법령을 제정할 수는 있으나, 이 또한 의회에서 제정된 법률의 테두리 안에서 가능하다는 점에서 정부의 입법에 관해서는 의회가 다른 삼권분립의 주체들보다 우위를 가지고 있다. 미국에서 의회의 입법권 행사는 연방정부의 연간 예산에 관한 법률 제정이 상당한 효력을 갖는다. 우리나라와 달리 미국의 경우에는 예산안이 법률안으로서 지위를 갖기 때문에 의회의 권한과 역할이 강하다. 예산안에는 필수적인 정부의 행정에 소요될 것으로 예상되는 지출액 수준이 제시되며, 이는 세금과 관세 등으로 거두어들이는 세입으로 충당한다. 만약 정부의 지출액에 비해서 세입이 상당히 적은 경우에는 의회에서 그 차이만큼 외부로부터 돈을 빌릴 수 있도록 승인해준다.

입법권과 예산배정 권한에 못지않게 의회가 가지는 포괄적인 국정조사권, 자료 및 증거 요구권, 청문회 개최권 등도 주요한 정부에 대한 견제 수단들이다. 미국이 이러한 의회의 권한과 정부에 대한 견제의 실효성을 담보할 수 있는 이유는 무엇보다도 의회에 협조하지 않을 경우에 따르는 법적 처벌이 상대적으로 강하기 때문이다. 예를 들어, 의회의 출석 요구를 거부할 경우에는 의회에 대한 모욕죄로 법적 처벌을 받으며, 심한 경우에는 구금에 처해지는 법정 형량을 감수해야 한다.

미국 의회의 권한들 중에서 앞서 살펴본 입법으로 상징되는 법률 제정권, 예산 책정권뿐만 아니라 대통령의 권한에 대한 정부감시권(oversight of the executive branch)이 삼권분립을 지탱하는 주요한 요소이다.16) 의회는 정기적이고 주기적인 정부에 대한 감시를 통해서 행정부를 견제할 수 있으며, 대통령의 법 집행과 규제 시행

---

15) United States House of Representatives(2020c). The House Explained. The Legislative Process. https://www.house.gov/the-house-explained/the-legislative-process

16) White House(2020b). About the White House, Our Government-The Legislative Branch. Retrieved from https://www.whitehouse.gov/about-the-white-house/the-legislative-branch/

의 재량권을 적절히 통제할 수 있는 균형을 이룰 수 있다. 일반적으로 의회의 정부에 대한 감시는 청문회 제도를 통해서 이루어지며, 미국 의회에서는 상임위원회들 중에서 하원의 정부 개혁 및 감시 위원회(House Committee on Oversight and Government Reform)와 상원의 국토안전 및 행정위원회(Senate Committee on Homeland Security and Government Affairs)가 주로 담당하고 있다.

이에 더하여 미국 의회는 정부에 대한 조사를 담당하여 하원의원과 상원의원들의 입법활동을 도와주는 정부책임처(Government Accountability Office)를 두고 있다. 일반적으로 재무부 장관(Secretary of Treasury)과 예산관리청장(Director of the Office of Management and Budget)이 의회에 제출하는 예산지출내역이나 재정보고서에 대해서 점검하고, 감사하여 의견을 의회에 제시하는 역할을 담당한다.17)

삼권분립에 따른 입법, 행정, 사법이라는 3개의 축 가운데 덜 중요하게 논의되고 있으나, 사법을 담당하는 법원 역시 의회와 정부를 상대로 견제와 균형의 원리를 달성하고자 다양한 역할을 수행하고 있다. 입법을 담당하는 의회의 구성원과 정부를 대표하는 대통령은 국민들의 선거를 통해서 선출되는 데 반해, 법원은 일반적으로 대통령의 지명과 연방 상원의 임명 동의라는 과정을 통해서 구성된다. 미국 헌법 제3조에 의하면, 연방정부의 사법을 담당하는 기관의 형태와 구조에 대해서는 의회에 상당 부분 재량을 부여하고 있다. 현재 미국 연방대법원은 1명의 대법원장과 8명의 대법관(Associate Justice)으로 총 9명의 대법관이 미국의 최고 사법기관으로 역할하고 있다.18)

국가권력의 삼권분립에 따라 연방 판사(Federal judge)는 하원에 의한 탄핵 제안과 이어 상원의 심리에 따른 탄핵 확정으로만 물러나게 된다. 이에 대해 법원이 가지는 힘의 균형을 위한 제도는 연방 판사들과 연방 대법관들의 경우 특별한 임기의 제한이 없다는 것이다. 따라서 이들은 사망, 자기 의사에 따른 은퇴, 상원에 의한 탄핵 확정이 없을 경우에는 계속해서 사법을 담당하는 공무원으로서 근무하게 된다.19) 이

17) Government Accountability Office(2018a). The History of GAO: GAO Past and Present, 1921 through the 1990s. Retrieved from https://www.gao.gov/about/what-gao-is/history/

18) White House(2020c). About the White House, Our Government-The Judiciary Branch. Retrieved from https://www.whitehouse.gov/about-the-white-house/the-judicial-branch/

19) National Archives(2020b). America's Founding Documents, Constitution of the United States. Retrieved from https://www.archives.gov/founding-docs/constitution

처럼 근무 기간에 제한을 두지 않는 것은 사법 집행이 선거나 정치적 고려가 배제된 채 공정하고 정의롭게 이루어져 사회적 가치를 높이는 데 그 의의가 있다.

2. 고래싸움에 새우등 터지는 미국의 정부와 의회 사이의 갈등

미국 정부의 권한과 역할은 입법, 행정, 사법이라는 삼권분립의 원칙에 근거한다. 그러나 최근 들어 국가권력 간의 견제와 균형이 무너지고 있다는 우려와 걱정이 따르고 있다. 앞서 살펴본 바와 같이 미국에서는 행정부, 의회, 법원이라는 3개의 국가 권력이 서로 견제하면서 힘의 균형을 맞추어 국가를 운영해왔다. 이는 간단하지만 강력한 상호 동등한 세 개의 정부(Three coequal branches of government)로 설명할 수 있다.[20]

미국 내에서 삼권분립의 원칙이 훼손되고 있는 상황들로 인하여 사람들의 우려가 표출되고 있다.[21] 지금까지 벌어진 삼권분립에 대한 우려는 대체적으로 대통령의 독단적인 행정 권한[22]과 이에 대한 의회의 견제로 인한 행정부와 입법부 간의 갈등[23]에 따른 것으로 볼 수 있다. 특히, 강하게 표출되고 있는 대통령과 의회 하원 간의 갈등은 이전에 볼 수 없었던 정치적 갈등[24]으로 심화되어 견제와 균형의 원리를 갖추지 못하는 모습으로 비춰지고 있다. 2016년 연방대법관의 임명에 관한 당시 행정부와 의회 상원 사이의 갈등이 권력분립의 원칙에 논란을 불러왔다.[25]

---

20) Heaphy, M. E.(1975). Executive Legislative Liaison. *Presidential Studies Quarterly*, 5(4): 42-46.

21) Page, B. I., & Gilens, M.(2020). *Democracy in America?: What has gone wrong and what we can do about it*. University of Chicago Press.

22) BBC News(2017, February 6). Taking on Trump: Is the US facing a constitutional crisis? *BBC News Service*. https://www.bbc.com/news/world-us-canada-38881119

23) Paulsen, M.(1994). The most dangerous branch: Executive power to say what the law is. *Georgetown Law Journal*, 83(2): 217-346.

24) Milligan, Susan(2019, April 19). Out of Balance: Political polarization is creeping from the executive and legislative branches to the judiciary-fueling a dangerous level of tension in government. *U.S.* news. https://www.usnews.com/news/the-report/articles/2019-04-19/mueller-report- sets-up-another-test-of-the-balance-of-powers

25) McKeever, R. J.(2020). Advice and consent: The politics of Supreme Court appointments. In *The United States Supreme Court*. Manchester University Press.

2016년 3월 오바마 대통령은 스칼리아(Antonin Scalia) 연방대법관의 사망에 따라 공석이 된 연방대법관 자리에 갈랜드(Merrick Garland) D.C. 연방 상소법원장을 지명하였다.[26] 그러나 의회 상원의 다수당이었던 공화당 지도부에서는 연방대법관 지명자에 대한 임명동의안을 처리하지 않을 것임을 명백히 하였다.[27] 왜냐하면 오바마 대통령의 임기가 마지막 해인 점과 대통령 선거가 실시되는 연도이기 때문에, 현재 공석이 된 연방대법관에 대한 임명은 다가오는 대통령 선거에서 당선이 된 차기 대통령이 임명하는 것이 옳다는 것이었다. 결국 상원에서 임명동의안이 처리되지 않아 오바마(Barack Obama) 대통령의 지명은 2017년 1월에 만료[28]되었으며, 대통령으로 당선된 트럼프(Donald Trump) 대통령은 임기를 시작하자마자 닐 고서치(Neil Gorsuch)를 연방대법관 후보로 지명하였다.[29]

이로 인해서, 대통령이 지명한 대법관 후보자에 대해서 의회가 가지는 임명동의권에 대한 논란이 있었으며,[30] 더 나아가 정치적인 상황에 따라서 임명이 되는 판사들에 대한 판결의 공정성에 대한 시비[31]로 이어졌다. 권력분립의 원칙의 훼손과 관련하여 당시 상원의 다수당인 공화당 지도부가 비판을 받는 것은 대통령의 인사권에 대해서 정치적인 이유를 들어 임명동의권을 전혀 행사하지 않았기 때문이다.

---

26) White House(2016). Remarks by the President on the Passing of the U.S. Supreme Court Justice Antonin Scalia. Office of the Press Secretary. https://obamawhitehouse.archives.gov/the-press-office/2016/02/13/remarks-president-passing-us-supreme-court-justice-antonin-scalia

27) Binder, S. A., & Maltzman, F.(2002). Senatorial delay in confirming federal judges, 1947-1998. *American Journal of Political Science*. 190-199.

28) Bravin, Jess(January 3, 2017). "President Obama's Supreme Court Nomination of Merrick Garland Expires." *Wall Street Journal*. https://www.wsj.com/articles/president-obamas-supreme-court-nomination-of-merrick-garland-expires-1483463952

29) Government Publishing Office(2018). Confirming Hearing on the Nomination of Hon. Neil M. Gorsuch to be An Associate Justice of the Supreme Court of the United States: Hearing Before the Committee on the Judiciary, United States Senate. S. HRG. 115-208, Washington DC, the United States Senate of the Judiciary Committee.

30) Johnson, T. R., & Roberts, J. M.(2004). Presidential capital and the Supreme Court confirmation process. *The Journal of Politics*, 66(3): 663-683.

31) Chemerinsky, Erwin(2016, April 6). What If the Supreme Court Were Liberal? With a possible Merrick Garland confirmation and the prospect of another Democrat in the Oval Office, the left can't help but dream about an ideal judicial docket: abortion rights, voting rights, campaign finance … *The Atlantic*. https://www.theatlantic.com/politics/archive/2016/04/what-if-the-supreme-court-were-liberal/477018/

또한 트럼프 행정부는 의회 하원의 다수당인 민주당 지도부와 계속해서 갈등을 빚고 있다.[32] 대표적인 예는 멕시코와의 국경 부근에 장벽을 세우고자 하는 트럼프 행정부와 이에 대한 예산을 배정할 수 없다는 의회 하원 사이의 갈등으로, 2018년 12월부터 2019년 1월 25일까지 정부가 멈추는 사태가 발생한 것이다.[33] 앞서 살펴본 것처럼 미국 연방정부의 예산은 의회를 통해서 확정되기 때문에 대통령과 의회의 갈등으로 많은 국민들이 피해를 입는 부작용이 두드러졌다.[34] 기존의 연방정부 폐쇄와 비교할 때, 이는 35일 간 이어져 최장 연방정부 폐쇄였다는 오명을 떠안았다.

이와 같은 갈등은 지속되어 트럼프 행정부는 행정집행에 관한 정보를 의회에 제공하던 기존의 협력적 관계를 거부함으로써 헌법에서 제시하는 권력분립의 원칙을 위협하였다. 예를 들어, 많은 정부 관계자들이 의회에서 발급한 출석요구서에 불응하고, 대통령의 권한에 대해서는 의회의 견제를 방해할 목적으로 행정명령을 발동하는 등 매끄럽지 못한 의회와의 관계를 지속해왔다.[35] 의회가 가지는 행정부에 대한 감시활동을 대통령이 거부하는 것은 또 다른 차원의 위험한 상황으로 대통령제(presidency)를 몰아가는 것이다. 그리고 민주주의 정부는 권력분립의 원칙에 따른 견제와 균형(checks and balances)을 갖춰야 하며, 의회가 정부에 대해서 가지는 가장 효과적인 견제수단은 의회의 행정감시권이다.[36] 이러한 갈등에 관해서 미국 연방대법원은 의회는 권한과 책임을 성실히 수행하기 위해서는 반드시 행정부로부터 관련 정보를 얻을 수 있어야 하나, 행정부 또한 행정 집행에 있어서 일정 수준의 비밀유지가 필요한 경우가 있다고 판결하였다. 다시 말해서, 헌법에서 보장하는 의회의 권한과 책임은 행정부의 그것들과 유기적으로 연결되어야 한다고 해석하였다.

---

32) Liptak, Adam(2019, May 7). Clash Between Trump and House Democrats Poses Threat to Constitutional Order. *The New York Times*. https://www.nytimes.com/2019/05/07/us/politics/trump-democrats.html

33) Emma, Caitlin(2020, July 24). House passes massive spending bill in bid to thwart election year shutdown. *Politico*. https://www.politico.com/latest-news-updates/government-shutdown-2019

34) Baker, S. R., & Yannelis, C.(2017). Income changes and consumption: Evidence from the 2013 federal government shutdown. *Review of Economic Dynamics*, 23: 99-124.

35) Mayer, K. R.(1999). Executive orders and presidential power. *The Journal of Politics*, 61(2): 445-466.

36) Evans, D.(1994). Congressional oversight and the diversity of members' goals. *Political Science Quarterly*, 109(4): 669-687.

3. 미국 정부책임처의 이중 역할: 의회의 든든한 조언자, 정부에 대한 매서운 감시자

미국의 정부책임처는 의회의 감시견(congressional watchdog)이라는 별명에 걸맞게 우리나라의 감사원과 유사한 기능을 수행하는 기관이다. 정부책임처는 의회조사국(CRS), 의회예산처(CBO), 기술평가원(OTA)과 함께 의회에 소속된 4대 입법 보조기관에 해당하며, 행정부에 대한 견제와 국가권력 간의 균형을 위한 회계, 평가, 조사를 담당한다.[37] 다시 말해서, 세금이 어떻게 쓰이는지 조사하고, 객관적이고 신뢰할 수 있는 정보를 의회와 연방정부기관들에 제공함으로써 보다 효율적으로 예산집행이 이루어지는 것은 물론 연방정부가 예산을 적절히 절감할 수 있도록 돕는다.

정부책임처는 의회의 상임위원회 또는 소위원회에서 요청하거나 법률 또는 위원회 자료에서 규정한 업무들을 담당하고, 정부책임처장(Comptroller General)의 권한으로 연방정부의 지출과 회계에 관한 연구나 조사를 수행하는 역할을 한다. 구체적인 주요 역할은 의회의 행정감시권을 지원하는 것이기 때문에 다음의 업무들을 수행한다. 첫째, 연방정부기관의 운영관리와 관련해서 연방정부 기금이 효율적이고, 효과적으로 쓰이는가를 감사한다. 둘째, 연방정부기관들이 역할을 함에 있어서 불법 또는 편법에 해당하는 혐의가 있는가를 조사한다. 셋째, 정부가 수행하고 있는 정책 또는 사업이 목표를 어느 정도 달성하는지에 관해서 보고한다. 넷째, 정책분석 및 평가를 실시하고, 이와 관련하여 의회가 고려할 사항들에 대해서 대략적인 방안을 제시한다. 다섯째, 법률적 결정과 의견을 제시하여 의회의 행정감시를 지원한다. 여섯째, 의회와 연방정부기관장을 대상으로 정부를 보다 효율적이고 효과적으로 만들 수 있도록 조언해준다.[38]

정부책임처는 예산회계법 1921(Budget and Accounting Act of 1921)에 따라 처음에는 General Accounting Office로 출범하였으나, 2004년 법률안의 개정으로 인하여 Government Accountability Office로 기관명을 변경하였다. 일반적으로 정부책임

37) Government Accountability Office(2018b). The History of GAO: How GAO Built Its Dream House. Retrieved from https://www.gao.gov/about/what-gao-is/history/

38) Government Accountability Office(2018c). The History of GAO: Working for Good Government Since 1921. Retrieved from https://www.gao.gov/about/what-gao-is/history/

처장은 상원과 하원의 양대 정당으로부터 구성된 8명의 검증위원회에서 확정한 명단(최소 3명 이상) 중에서 정치적 성향이 없는 전문가로 대통령이 지명하고, 상원의 임명동의안 통과로 한 번의 15년 임기를 시작한다. 그리고 임기가 보장되기 때문에 대통령이 사임하도록 할 수 없으나, 의회의 탄핵 절차를 통하거나 기타 중대한 사유로 인하여 상원과 하원의 공동 결의를 통해서만 사임이 결정된다. 이로써 정무적으로 임명되는 정부책임처장이라고 할지라도 임기를 확실하게 보장함으로써 어떠한 정치적 고려도 관계없이 독립적으로 직무를 수행할 수 있도록 하였다. 그리고 15년 단임의 임기는 종신직(lifetime appointment)으로 이해할 수 있는 법관들을 제외하고, 입법부와 행정부 내에서 가장 긴 기간으로써 그만큼 정부책임처장이 갖는 중요성과 책무가 반영된 것으로 파악된다.[39)]

우리나라와 달리 미국의 정부책임처는 의회에 소속되어 있으나, 독립적으로 정치적 성향에 관계없이 의회를 위해 일하는 기관으로 이해할 수 있다. 앞서 권력분립의 원칙에서 나타난 것과 같이 미국은 의회에서 예산안을 전적으로 담당하고 법률안의 형식을 띠기 때문에 예산집행에 대해서 감사하고 평가하는 업무를 자연스럽게 의회에 둘 수 있었다. 그리고 정부책임처의 조직 목표는 객관적인 정보에 기초한 평가와 분석을 통해 정책과 연방정부기관들의 업무 효율성을 높이는 것이기 때문에, 우리나라의 감사원과 달리 의회에 속하는 것이 합리적으로 판단할 수 있다. 특히, 정부책임처가 만들어질 때 근거가 되었던 예산회계법 1921이 크게 작용하였다. 왜냐하면 이 법이 제정된 취지는 제1차 세계대전 시기 동안 급격히 증가한 국가부채에 대해서 우려한 의회가 지출을 통제함으로써 연방정부의 재정관리 수준을 개선시키기 위한 목적이 반영되었기 때문이다.[40)]

이에 따라 대통령은 연방정부의 연간 예산에 관한 자료를 의회에 제공해야 하는 의무가 생겼으며, 진행되고 있는 정부정책들이나 기타 사업들에 대해서도 책임감을 높이는 방안을 제안하도록 하고 있다. 이로 인해서, 기존 재무부(Department of the Treasury)가 담당하여 수행하던 정부 사업들에 대한 감사(auditing), 회계(accounting),

---

39) Tidrick, D. E.(2017). A Conversation with US Comptroller General Gene L. Dodaro. *The CPA Journal*, 87(4): 16-22.

40) Government Accountability Office(2018a). The History of GAO: GAO Past and Present, 1921 through the 1990s. Retrieved from https://www.gao.gov/about/what-gao-is/history/

청구(claims) 기능이 의회의 정부책임처로 이관되었다. 이 점에서 미국의 정부책임처와 같이 독립적으로 업무를 수행하지만, 행정부에 소속되어 있는 우리나라의 감사원과 비교한다면 정부책임처는 의회가 지출통제권과 행정감시권을 강화하기 위해 원래 행정부(재무부)에 소속되었던 업무들을 가져오면서 생긴 조직으로 이해할 수 있다. 즉, 정부책임처를 행정부에서 독립적인 기관으로 자리매김할 수 있도록 연방정부의 재정이 어떻게 쓰이고 있는지 광범위하게 조사할 수 있는 권한을 부여하였다.

미국의 정부책임처와는 달리 우리나라의 감사원은 행정부에 속하며, '공직에 활력을 불어넣고 국민에게 힘이 되는 감사원'이라는 조직 비전을 가지고 있다. 따라서 감사원이 표방하는 조직의 임무는 회계검사와 직무감찰을 통한 공공부문의 책임성 확보와 성과제고이다. 그리고 민생안정, 경제활력, 건전재정, 공직기강을 4대 감사운영 기조로 하고 있는 것으로 볼 때, 회계감사 기능뿐만 아니라 공직사회에 대한 직무감찰권을 가지고 있는 권력기관이다.41) 감사원이 가지는 직무감찰권은 감사원의 상징인 마패(馬牌)와 관련이 있으며, 역사적으로 살펴보면 삼국시대부터 이어진 사정부(司正府), 어사대(御史臺), 사헌부(司憲府)의 전통을 감사원이 따르는 것으로 이해할 수 있다. 다시 말해, 감사원이 민간의 억울함을 풀어주고 탐관오리들을 감찰하던 암행어사의 역할을 담당하기 때문에, 이들의 신분 증표였던 마패를 감사원의 상징으로 사용하고 있다.

그러나 미국의 정부책임처는 직무감찰권은 가지고 있지 않다. 정부책임처의 조직목표는 입법 보조기관으로서 회계감사, 정책평가, 행정조사를 통해서 의회의 행정부에 대한 견제와 균형을 지원하는 것이다. 따라서 정부책임처는 공직사회에 대한 자료를 수집하고 분석함으로써 의회가 공직사회에 대한 문제점을 지적할 수 있도록 지원한다. 대표적인 예로는 2020년 8월 14일 정부책임처에서 발표한 국토안전부(Department of Homeland Security) 장관의 임명과 관련한 법률 위반에 대한 보고서가 있다. 미국 연방정부 공석 개혁 법안(Federal Vacancies Reform Act of 1998)에서 정한 정부책임처의 역할은 관련 기관들의 정보를 수집하고, 이를 활용하여 직무수행에 있어서 어떠한 위법한 사실이 있었는가에 대해서 의회에 보고하는 것이다.

이 보고서에 따르면, 2019년 4월 10일 당시 국토안전부 장관인 크리스티엔 닐슨

41) 감사원(2020). 감사원 기관소개 및 원훈과 상징. http://www.bai.go.kr/

(Kirstjen Nielsen)이 사임했으나, 공석이 된 장관의 업무를 대행할 공직자(acting secretary)가 올바르게 지정되지 않았던 것으로 조사되었다. 왜냐하면 당시 장관의 권한을 대행할 것으로 지명된 공직자였던 채드 울프(Chad Wolf)와 케네스 쿠치넬리(Kenneth Cuccinelli)가 장관직 승계 관련 규정에 맞지 않았기 때문이다.[42] 또한 이 보고서는 의회에 보고된 것뿐만 아니라 이에 대해서 국토안전부 감찰관(Inspector General of DHS)이 검토할 수 있도록 전달되었다. 따라서 정부책임처가 우리나라의 감사원과 달리 직무감찰권을 가지고 있지 않으며, 관련 보고서를 통해서 의회와 해당 기관의 감찰관에게 정보를 제공하는 수준이나, 정부책임처에 주어진 연방정부에 대한 광범위한 자료수집과 조사과정을 통해서 직무감찰에 해당하는 수준의 역할을 한다고 할 수 있다.

4. 우리나라 삼권분립: 누구와도 너무 가까워서는 안 되는 팽팽한 삼각관계

미국 정부와 마찬가지로 우리나라의 정부 또한 국가권력의 권한과 역할을 입법, 행정, 사법이라는 삼권분립의 원칙에 근거한다. 그러나 우리나라는 단어에서 알 수 있듯이 일반적으로 정부(Government)를 행정부(Executive Branch)로 오해하는 경우가 종종 있다. 우리나라는 짧은 시기에 민주화와 산업화를 동시에 달성한 모범적인 민주주의 국가라고 할 수 있지만, 이로 인해서 대통령을 비롯한 행정부의 역할과 권한이 입법부와 사법부에 비해서 상대적으로 강한 것으로 판단할 수 있다.

권력분립의 원칙은 일반적으로 입법부, 행정부, 사법부로 국가권력이 나누어 있다는 것을 의미한다. 그리고 세 개의 권력이 국가권력을 나누어 가짐으로써 어느 한쪽으로 권력과 힘이 쏠리지 않고, 서로 견제와 균형을 통해서 국민들을 위한 민주적인 국가권력의 행사를 추구한다. 이로써 국가권력들 사이에 서로 견제하고, 균형을 유지하여 민주주의를 발전시킬 수 있다. 다시 말해서, 국가권력을 세 개로 나누어 국가

42) Government Accountability Office(2020). Department of Homeland Security-Legality of Service of Acting Secretary of Homeland Security and Service of Senior Official Performing the Duties of Deputy Secretary of Homeland Security, B-331650, August 14, 2020. Washington, DC 20548.

를 운영하는 것은 권력이 한곳으로 집중되어 독단적으로 국가를 다스리거나 국민들의 의견과는 달리 국가권력이 잘못 행사될 수 있기 때문에 이를 사전에 방지하고자 함이다.

우리나라는 헌법이 처음 제정된 제헌 헌법부터 지금의 제5공화국에 이르기까지 대체적으로 충실하게 권력분립에 입각한 헌법을 가진 것으로 평가된다. 그러나 앞서 논의한 바와 같이 국가원수인 대통령에게 권력이 집중되고, 행정부의 권한과 역할이 증가하는 추세가 나타났다. 예를 들어, 제4공화국은 대통령이 국가원수로서 막강한 국가긴급권을 발동할 수 있도록 하였으며, 이 권한의 행사를 견제할 수 있는 어떠한 제도적 장치가 입법부와 사법부에 없었기 때문에, 상대적으로 행정부가 우월한 지위를 가졌던 것으로 평가한다.

위와 같은 대통령으로 국가권력이 집중되는 것에 대해서 많은 비판이 있었으며, 권력분립의 원칙을 충실히 반영한 헌법으로써, 제5공화국은 권력 분산적 대통령제를 채택하여 현재에 이르고 있다. 대통령은 국가원수나 행정권의 수반으로서 입법권과 사법권이 가지는 국가권력에 대해서 대등한 입장을 취하게 되었으며, 입법, 행정, 사법이라는 세 개의 국가권력이 서로 견제와 균형을 통해 법치주의를 추구하고, 우리나라의 민주주의 발전에 기여하고 있다.

우리나라의 입법권은 국회(National Assembly)에 주어져 있으며, 대한민국 국회는 국민의 대표기관으로 법률을 만들거나 기존 법률들을 변경하여 국민들이 안전하게 생활할 수 있도록 한다.[43] 상원과 하원으로 양원제를 채택하고 있는 미국과는 달리 한 개의 의회로 구성되어 있어 단원제를 채택하고 있으며, 현재 국회의원 정수는 300명이다. 우리나라의 행정부는 대통령을 최고 책임자로 하며, 정부기관들을 중심으로 국회에서 정한 법률들을 집행하고, 행정서비스를 국민들에게 제공한다. 그리고 사법부는 대법원이라는 최고 사법기관을 중심으로 대법원장과 13명의 대법관으로 구성되며, 법률을 해석하고 이를 통해 국민들이 생활에서 겪는 분쟁들을 해결한다.[44]

---

43) 국회(2020). 국회 소개: 국회의 권한과 역할. https://www.assembly.go.kr/views/cms/assm/assembly/asswork/asswork0101.jsp

44) 대법원(2020). 대법원 소개: 대법원의 구성. https://www.scourt.go.kr/supreme/composition/cons/index.html

우리나라의 현재 삼권분립의 원칙에 따른 정부구조를 세세하게 살펴보면 다음과 같다. 첫째, 국민들을 대표하여 국가의 중요한 의사결정을 담당하는 기관은 국회다. 다른 여러 민주주의 국가들과 마찬가지로 우리나라의 국회는 선거를 통해 선출된 국민들의 대표들로 구성되며, 이들은 국가의 법률을 제정하고, 국가 예산의 편성은 물론 정해진 예산이 올바르게 집행되는지를 감시하는 역할을 담당한다. 그리고 일반 국정 전반에 걸쳐 삼권분립의 한 주체로서 행정부와 사법부를 견제하고, 힘의 균형을 갖춰 안정적인 국가 운영이 가능하도록 한다.

국회를 구성하는 국회의원은 국민들의 선거를 통해서 선출되며, 2020년 현재를 기준으로 선거에 출마할 수 있는 사람은 만 25세 이상의 대한민국 국민으로서 임기는 4년이다. 국회의원 선거구에서 유효투표의 다수를 얻은 자를 당선인으로 결정하는 지역구 선거로 253명을 선출하고, 정당별 득표비율에 따라 의석을 나누는 비례대표로 47명을 선출함으로써 전체 국회의원 수는 300명으로 구성한다. 지역구는 인구 수에 비례하여 획정되기 때문에 지역별로 국회의원의 숫자는 다르다.

둘째, 우리나라의 행정을 담당하는 행정부는 대통령이 중심이 되어 청와대와 중앙부처로 대표할 수 있다. 미국의 행정부와 같이 의회인 국회에서 결정된 법률과 기타 관련 제도들을 집행하고, 국가 행정을 주도적으로 담당함으로써 권력분립의 원칙에서 또 다른 하나의 축을 맡고 있다. 2020년 현재 우리나라의 정부조직은 18부처 5처 17청, 2원 4실 6위원회로 구성되어 있으며,[45] 대통령은 만 18세 이상 국민들의 직접선거를 통해서 선출한다. 미국의 선거인단제도와 같은 간접선거를 실시하지 않기 때문에 국민들의 의견과 선택이 직접적으로 선거에 영향을 준다. 일반적으로 우리나라의 대통령이 가지는 권한은 미국의 대통령과 유사하게 국군통수권, 공무원 임면권 등이 있다. 그러나 부통령이 아닌 국무총리가 대통령을 도와 국정을 운영하기 때문에 의원내각제(Parliamentary cabinet system) 요소를 같이 가지는 대통령제를 채택하고 있다.

우리나라에서 대통령에 비해 상대적으로 국무총리의 업무나 중요성이 덜 부각되는 것이 사실이지만, 우리나라 헌법 제71조에 따르면 대통령이 궐위되거나 사고로 인하여 직무를 수행할 수 없을 때에는 국무총리, 법률을 정한 국무위원의 순서로 그

45) 청와대(2020). 청와대 조직도. https://www1.president.go.kr/about/organization

권한을 대행한다. 따라서 최근 2017년 국회에서 대통령에 대한 탄핵소추안이 통과된 날부터 국무총리가 대통령의 권한을 대행하였다. 참고로 미국은 헌법 제25조에 따라 대통령이 궐위되거나 사망 또는 사임으로 자리를 유지할 수 없을 경우에는 부통령이 대통령이 된다.

셋째, 우리나라의 사법을 관할하는 사법부는 통상적으로 법원으로 불리며, 법원은 헌법에 따라 원칙적으로 모든 법적 분쟁을 심판한다. 예외적으로 헌법과 관련한 일부에 대해서는 헌법재판소가 담당하고, 국회가 국회의원에 대한 자격심사와 징계처분을 담당한다. 대법원은 우리나라의 사법부 내에서 최고 법원으로 지위를 가지며, 대법원은 대법원장을 포함하여 14인이 대법관으로 구성된다. 참고로 대법관 중에서 보임되는 법원행정처장은 재판에 관여하지 않는다. 법원의 직무는 민사재판, 형사재판 등으로 다양하나, 삼권분립의 원칙에 따른 행정부와 입법부에 대한 견제와 균형과 관련해서는 행정심판과 헌법 관련 심판이 주를 이룬다.

법률의 위헌여부에 관한 최종적인 심사 권한은 헌법재판소에 있지만, 심사과정에서 법원과 헌법재판소는 역할을 분담하고 있다. 예를 들어, 적용해야 할 법률의 위헌여부가 재판의 전제가 되는 경우, 해당 사건을 담당하는 법원은 법률이 위헌이라고 판단할 때에 직권 또는 당사자의 신청에 의한 결정으로 헌법재판소에 위헌여부 심판을 제청한다. 그리고 행정소송은 행정청의 처분 및 권력적 사실행위 등과 재결에 대하여 취소를 구하거나 무효 확인을 받기 위한 것으로, 최근 국민의 권리구제에 대한 실효성을 확보하기 위해 행정소송의 대상이 점차적으로 확대되는 추세다.

앞서 살펴본 바와 같이 미국의 연방대법원은 법률과 헌법에 대한 최종 결정을 담당하지만, 우리나라는 대법원과 더불어 헌법과 관련한 결정을 담당하는 헌법재판소를 두고 있다. 헌법재판소는 헌법재판소 소장을 포함하여 9명의 재판관으로 구성되며, 헌법재판소가 담당하는 헌법재판제도는 오늘날 자유민주주의 국가에서 국가권력의 남용으로부터 국민의 기본권으로 보호하고, 정치권력을 헌법의 틀 안에서 작용하게 함으로써 헌법을 실현하는 헌법수호의 중요한 수단이다.[46] 헌법재판소는 권력분립의 원리에 따라 국회, 대통령, 법원과 더불어 헌법이 부여한 권한을 행사한다. 헌

46) 헌법재판소(2019). 헌법재판소 소개. 헌법재판소 안내책자. https://www.ccourt.go.kr/cckhome/kor/ccourt/intro/selectIntroBookList.do

법재판소는 헌법 제111조 제1항에 따라 다섯 가지 권한을 가지고 있다. 헌법재판소는 법원이 제청한 법률의 위헌여부, 탄핵, 정당 해산, 국가기관 및 지방자치단체의 권한쟁의사항에 대해서 심판하며, 공권력 행사 혹은 불행사로 인한 기본권침해여부(권리구제형 헌법소원)와 법원이 위헌성을 인정하지 않은 법률의 위헌여부(위헌심사형 헌법소원)를 심판한다.

삼권분립의 원칙에 따라 상호 견제와 균형이 제대로 작동하여야 국가권력이 잘못 사용되거나 과도하게 이용되는 경우가 발생하지 않는다. 다음에서는 권력분립에 따른 우리나라 국가기관 사이의 견제와 균형을 국회와 법원을 중심으로 알아본다. 왜냐하면 헌법에서 규정하고 있는 대통령을 비롯한 행정부의 권한과 역할은 권력분립의 원칙에 따른 법치주의를 명확하게 함으로써 헌법과 법률에 의하기 때문이다. 참고로 우리나라의 대통령제가 가지고 있는 독특한 특성은 앞서 살펴본 국무총리뿐만 아니라 미국의 대통령제와 달리 정부에 법률안을 제출할 수 있는 권한이 있다는 것이다. 일반적으로 정부가 법률안을 제출할 수 있는 권한은 의원내각제를 채택하고 있는 국가들에 있는 권력구조에 따른 것이나, 우리나라 헌법의 경우에는 대통령제를 채택하고 있음에도 불구하고 정부에 법률안 제출권을 부여하고 있다.

우리나라 대통령은 헌법 제53조 제1항에 따라 국회에서 의결된 법률안에 대해서 의결 후 15일 이내에 공포해야 한다. 하지만, 법률안에 이의가 있을 경우에는 15일 이내에 이의서를 붙여 국회로 다시 보내 재의결을 요구할 수 있다. 이는 미국의 대통령이 가지는 법안제정 거부권으로 쉽게 이해할 수 있다. 그러나 국회에서 재의결하여 재적의원 과반수의 출석과 출석한 의원 3분의 2 이상이 찬성할 경우에는 의결에 따라 법률로서 확정된다. 이와 함께 우리나라 정부는 회계연도마다 예산안을 편성하여 회계연도 시작 90일 전까지 국회에 제출해야 한다. 그리고 국회는 이를 심의하고 확정함으로써 예산결정과정에서 국민들의 의사를 반영하는 것뿐만 아니라 국가의 중대한 재정집행을 적절히 통제하여 행정부에 대한 견제와 감시를 성실히 수행한다. 이와 더불어 국회는 정부의 재정집행에 관해 결산심사권, 기금심사권, 계속비 의결권, 예비비지출 승인권, 국채동의권, 국가의 부담이 될 계약 체결에 의한 동의권 등을 가지고 있다.

국회는 대통령뿐만 아니라 국무총리, 국무위원, 행정각부의 장 등 기타 법률이 정한 공무원을 대상으로 탄핵소추권을 가진다. 탄핵소추가 국회에서 의결된 경우에는 헌법재판소의 탄핵심판이 있을 때까지 권한행사가 정지된다. 예를 들어, 노무현 대통령과 박근혜 대통령의 경우에 국회에서 탄핵소추가 의결되어 이로부터 헌법재판소의 결정 이전까지 권한행사가 정지되었으며, 이에 따라서 국무총리가 대통령 권한대행으로서 이를 대신하였다. 그리고 국회는 국무총리와 국무위원을 대상으로 직무집행상의 위법행위는 물론 정치적 무능 또는 정책결정상의 과오가 있는 경우 해임을 건의할 수 있는 국무총리와 국무위원에 대한 해임건의권을 가진다. 그러나 이는 법적 구속력은 없어 대통령의 해임행위를 강제하지 못하지만, 권력분립의 원칙에 따른 입법부가 가지는 행정부에 대한 견제 수단으로 이해할 수 있다. 또한 국가권력 사이의 균형을 위해서 국회는 출석요구권과 질문권을 가지며, 이는 본회의나 해당 위원회의 요구가 있을 때에는 국무총리, 국무위원 또는 정부 위원이 출석하여 답변해야 하는 의무를 부여하는 것이다.

이와 더불어 국회가 정부에 대해서 가지는 또 다른 힘의 균형과 견제 수단은 조약체결 비준 동의권이다. 이를 통해서 국회는 행정부가 체결한 조약이 국민의 권리나 의무와 국가 재정에 미치는 영향에 대해서 견제하고, 국가권력의 균형을 맞추는 것이다. 국회가 조약의 체결 및 비준에 대한 동의권을 행사하는 것은 조약이 국민의 권리 및 의무와 국가 재정에 상당한 영향을 미칠 뿐 아니라 국내법과 동일한 효력을 가지므로, 이에 대한 국민적 합의를 형성하기 위함이다. 국회는 상호원조 또는 안전보장에 관한 조약, 중요한 국제조직에 관한 조약, 우호통상항해조약, 주권의 제약에 관한 조약, 강화조약, 국가나 국민에게 중대한 재정적 부담을 지우는 조약 또는 입법사항에 관한 조약의 체결 및 비준에 대해 동의권을 가진다.

대표적으로 정부가 2018년 10월에 제출한 한미 자유무역협정 개정 의정서 비준동의안을 국회가 12월에 의결하여 재적 의원 204명 가운데 찬성 180명, 반대 5명, 기권 19명으로 가결한 바 있다. 최근인 2020년 1월에는 정부의 호르무즈(Hormuz) 독자 파병 결정에 따른 국회 비준 동의 여부가 논란을 낳았다. 청해부대의 단순 임무영역의 확장이기 때문에 비준이 필요가 없다는 정부와 여당의 주장에 임무의 성격이 변화하는 것이므로, 국회의 비준 동의가 있어야 한다는 야당의 주장이 벌어졌다. 앞서 살펴본 다양한 국회의 행정부 견제 및 균형의 수단에 못지않게 중요한 것은 국정

감사 및 조사권이다. 우리나라 국회는 국정감사와 국정조사를 통해 국정운영의 실태를 정확히 파악하고 입법과 예산심의를 위한 자료를 수집하며, 국정의 잘못된 부분에 대해서 지적하거나 바꾸도록 함으로써 입법뿐만 아니라 예산심의, 국정통제 기능을 효율적으로 수행하도록 한다.

삼권분립의 원칙에 따른 우리나라의 헌법은 미국의 헌법과 비슷하게 국회에 상당한 권한과 역할을 부여하고 있다. 헌법 제40조에 의하면, 명시적으로 입법권은 국회에 속하는 것으로 한다. 권력이 한곳에 모이면 함부로 사용될 위험이 커지고, 국민들의 기본권이 침해될 수 있기 때문에 우리나라 헌법은 권력분립의 원칙에 따라 삼권분립을 통해 국가권력 기관을 각각 따로 두어 서로 견제하도록 하고, 주어진 권한에서 벗어나는 권한행사가 발생하는 것을 막고 있다.

입법, 행정, 사법의 삼권분립에 따른 국가권력 중에서 우리나라의 사법부에 해당하는 대법원은 심급제도의 최고법원으로서 상고사건과 재항고 사건을 최종적으로 심판하는 권한을 갖는다. 우리나라 대법원은 국회와 정부를 견제하고 이들과 힘의 균형을 위해서 다음과 같은 제도적 수단들이 있다. 법원은 법률이 헌법에 위반되는지 여부가 재판의 전제가 된 경우에는 헌법재판소에 제청하여 그 심판에 의하여 재판하고, 행정부인 정부가 만든 명령이나 규칙 또는 처분이 헌법이나 법률에 위반되는지 여부가 재판의 전제가 된 경우에는 대법원이 이를 최종적으로 심사할 권한을 가진다. 이를 통해서 국회가 만든 법률이나 정부가 집행하는 명령, 규칙 등이 헌법과 법률에 맞도록 이루어질 수 있는 법치주의를 실현하는 데 기여한다. 최근 국회가 정치사회적 문제들을 스스로 해결하지 못하고 사법부의 판단에 기대는 것에 대해서 우려가 많다.

그리고 우리나라는 헌법을 지키고 실현해야 하는 국가기관 등이 헌법을 침해할 위험이 있을 경우, 이를 둘러싼 법적 다툼을 해결하기 위해 헌법재판소를 두고 있다. 헌법소원심판의 사례로는 최근 변양균 전 청와대 정책실장이 개정 전 공무원연금법 제64조 제1항 제1호 등이 위헌이라고 제기했던 바 있다. 구체적으로는 해당 법률조항에 대해서 법원에 위헌법률심판 제청을 신청했으나, 법원이 받아들이지 않자 헌법소원을 냈다. 그러나 헌법재판소는 공무원이 재직 중 금고 이상의 형을 받은 경우 퇴직급여·퇴직수당 일부를 줄여 지급하도록 하면서도 나중에 특별사면·복권을 받은 경우에 취급을 달리하도록 정하지 않은 공무원연금법 규정에 대해 헌법에 어긋나지 않는다고 판단했다.

우리나라와 미국에서 논란이 되고 있는 삼권분립의 원칙 훼손에 관해서는 차이가 존재한다. 미국은 권력분립의 원칙과 관련하여 행정부와 입법부 간의 권한과 책임의 배분에 관해서 논란이 일고 있다면, 우리나라의 경우에는 인사권을 중심으로 권력분립의 원칙이 훼손될 것을 염려하는 상황으로 이해할 수 있다. 그러나 우리나라와 미국에서 벌어지는 권력분립의 원칙에 관한 사회적 논의들이 갖는 공통점은 대통령의 권한이나 역할이 다른 두 권력인 입법부와 사법부에 비해 상대적으로 많다는 점으로 판단된다.

최근까지 우리나라에서는 1987년 개정된 헌법이 현재와 같은 제왕적 대통령제를 낳았다는 정치적 비판과 함께 기존 헌법을 개정하여 국가권력구조를 개편하려는 움직임이 지속되고 있다. 대체적으로 현행 대통령이 가지는 헌법적 권한과 역할이 삼권분립의 원칙에 따른 다른 두 기관인 입법부와 사법부에 비해 과도하게 많다는 인식들을 공유하고 있다. 특히, 대통령이 처한 정치적 상황이 다른 국가권력과의 통합과 협력은 고사하고, 권력분립에 따른 견제와 균형도 어렵도록 하는 현재의 문제점이 우선적으로 해결되어야 할 것이다. 그리고 대통령이 가지는 수많은 권한들을 내각의 국무총리와 함께 나누어 책임을 지는 것으로써, 일정한 권력을 대통령이 가지면서도 국무총리가 실질적으로 행정을 담당하는 우리나라의 체제에 적합한 권한 분립이 행정부 내에서 이루어져야 할 필요성이 제기된다.

헌법에 따른 권력분립의 원칙을 충실히 따라 법치주의(法治主義)를 구현하기 위해서는 다음과 같은 원론적이지만 기본적인 국정운영의 환경이 갖춰져야 한다. 첫째, 국회가 국민의 대표기관으로서 권력의 오남용이 발생하지 않도록 정부를 충실하게 견제하고, 건전하게 비판하는 데 역할을 해야 한다. 둘째, 사법부를 책임지는 법원과 헌법재판소 등의 독립성을 실질적으로 보장해야 하며, 법원 또한 국가권력으로부터 국민을 보호하는 최후의 보루로서 책임을 가져야 한다. 셋째, 대통령과 행정부처는 행정을 집행하는 데 정치경제적 이해관계에 따른 입장을 취하기보다는 국민을 위한 자세를 갖춰 민주정부로서 주어진 책무를 성실히 수행해야 한다.

국가권력이 민주주의와 법치주의를 달성하기 위해서는 반드시 삼권분립이 올바르게 갖춰져야 할 것이다. 다시 말해, 입법부인 국회는 입법부의 역할과 권한에 충실하여야 하며, 행정부인 정부도 정부다워야 하는 것은 물론 사법부 또한 사법부 본연의 주어진 역할에 따라 서로 견제와 균형이 필요하다. 다시 말해, 국회는 효과성과 투명성을 충족하는 입법활동과 더불어 정부를 감사하고 조사하는 역할을 중점적으로 수행한다. 그리고 정부는 책임성과 전문성을 가지고 국정운영에 임해야 하며, 사법을 담당하는 법원은 법치를 확고히 하는 중립성과 정당성을 갖춰야 할 것이다.

5. 가기 어렵지만 반드시 가야 할 길, 삼권분립의 확립

우리나라의 국가권력은 법치주의를 지향하고, 민주적으로 운영하기 위해서 정부의 권한과 역할을 입법, 행정, 사법으로 삼권분립의 원칙에 근거하고 있다. 그러나 대통령을 중심으로 하는 행정부에 권력이 집중되고, 권한과 역할이 증가하는 것에 대한 우려와 비판이 지속되어왔다. 국가권력 중에서 국민들을 대표하여 국가의 중요한 의사결정을 담당하는 기관은 국회다. 다른 여러 민주주의 국가들과 마찬가지로 우리나라의 국회는 선거를 통해 선출된 국민들의 대표들로 구성되며, 이들은 국가의 법률을 제정하고, 국가 예산의 편성은 물론 정해진 예산이 올바르게 집행되는지를 감시하는 역할을 담당한다.

행정부는 대통령이 중심이 되어 청와대와 중앙부처로 대표할 수 있다. 미국의 행정부와 같이 의회인 국회에서 결정된 법률과 기타 관련 제도들을 집행하고, 국가 행정을 주도한다. 일반적으로 우리나라의 대통령이 가지는 권한은 미국의 대통령과 유사하게 국군통수권, 공무원 임면권 등이 있다. 그러나 부통령이 아닌 국무총리가 대통령을 도와 국정을 운영하기 때문에, 의원내각제 요소를 같이 가지는 대통령제를 채택하고 있다.

우리나라의 사법을 관할하는 사법부는 통상적으로 법원으로 불리며, 법원은 헌법에 따라 원칙적으로 모든 법적 분쟁을 심판한다. 앞서 살펴본 바와 같이 미국의 연방대법원은 법률과 헌법에 대한 최종 결정을 담당하지만, 우리나라는 대법원과 더불어 헌법과 관련한 결정을 담당하는 헌법재판소를 두고 있다. 삼권분립의 원칙에 따라 상호 견제와 균형이 제대로 작동하여야 국가권력이 잘못 사용되거나 과도하게 이용되는 경우가 발생하지 않는다.

우리나라와 미국에서 논란이 되고 있는 삼권분립의 원칙 훼손에 관해서는 차이가 존재한다. 미국은 권력분립의 원칙과 관련하여 행정부와 입법부 간의 권한과 책임의 배분에 관해서 논란이 일고 있다면, 우리나라의 경우에는 인사권을 중심으로 권력분립의 원칙이 훼손될 것을 염려하는 상황으로 이해할 수 있다. 예를 들어, 최근 삼권분립의 원칙과 관련하여 논란이 되었던 대통령의 인사권 행사는 2019년 12월에 이루어진 정세균 총리 지명이 있다. 왜냐하면 총리 지명자가 제20대 국회 전반기 국회의장 출신이었을 뿐만 아니라 현직 국회의원이었기 때문이다. 국회법의 겸직 금지에 관한 조항에 따르면, 의원은 국무총리 또는 국무위원 직 외의 다른 직을 겸할 수 없다. 다만, 다음 각 호의 어느 하나에 해당하는 경우에는 그러하지 아니하다(국회법 제29조 제1항). 그럼에도 불구하고 삼권분립의 원칙이 훼손되었다고 평가하기보다는 입법의 권위나 위상이 낮춰지는 것에 대한 우려와 걱정은 충분히 가능하다고 할 수 있다.

결론적으로, 헌법에 따른 권력분립의 원칙을 온전하게 이루어져야 하며, 입법부인 국회는 입법부의 역할과 권한에 충실하여야 하며, 행정부인 정부도 정부다워야 하는 것은 물론 사법부 또한 사법부 본연의 주어진 역할에 따라 서로 견제와 균형이 필요하다. 그러나 무엇보다 중요한 것은 국가권력의 삼권분립의 원칙을 적절히 감시하고, 적극적으로 국정에 대한 의견을 국민들이 표현하는 것이다.

제3장

정부혁신의 원동력: 행정개혁과 성과관리

김윤희(펜실베니아주립대 행정대학 부교수)

"The greatest danger in times of turbulence is not the turbulence–it is to act with yesterday's logic." – *Peter Drucker*

"격동의 시대에 가장 큰 위험은 격동이 아니라 어제의 논리로 오늘을 대처해 가는 것이다."
– 피터 드러커

아침에 일어나는 순간부터 우리의 일상은 인식하고 있던 인식하지 못하고 있던 정부서비스를 접하고 있다. 이른 아침에 공사장 또는 잔디 깎는 기계 소리같은 성가신 소음을 듣지 않는 것은 정부가 소음활동을 규제하고 있기 때문이다. 정부는 살기 좋은 환경을 제공하기 위해 규제를 비롯한 교육, 보건, 치안, 교통, 우편, 국가 안보 등의 다양한 서비스를 제공하고 있다. 이처럼 정부는 수천 개의 정책사업, 서비스, 행정 개입 등을 통해 개인이 단독으로 하기 힘든 일들을 수행해 왔다. 정부는 보다 나은 정부조직 운영과 공공서비스 제공을 위해 변화를 모색해 왔다. 시대에 따라 행정개혁의 근간이 되는 원칙들도 변화했지만, 현대적 의미의 행정개혁은 "do more with less"라는 구호 아래 적은 자원으로 주어진 업무를 수행하는 것이 강조되어 왔다. 좋은 거버넌스를 구현하기 위한 미국 정부의 노력과 이에 상응하는 성과관리는 어떻게 변화해 왔을까?

미국 정부의 재편은 '혁신'과 '효율'을 지향하면서 환경변화와 사회문제에 대응해 왔다. 행정개혁을 위한 전략은 시기에 따라 차이가 있지만 효율적 정부조직 운영과 보다 나은 행정서비스의 제공이라는 목적 하에 인사관리와 예산을 중심으로 개혁을 시행해 왔다. 이와 더불어 초기 행정개혁 노력들은 행정부에 더 많은 권한을 부여하기 위한 방안을 시도했다. 1990년대부터 정부조직의 재창조를 위한 노력들은 경쟁과 성과논리를 강조함으로써 공공부문 역시 무한경쟁 환경의 예외가 될 수 없음을 공고히 했다. 미국 정부의 행정개혁은 시대 변화를 신속히 감지하고, 이에 걸맞은 정부역할을 조율해 가는 과정의 연속이라고 할 수 있다.

정치적, 관념적 논리의 따라 작은 정부 또는 큰 정부가 지속적으로 논의되어 왔지만, 브루킹스(Brookings) 연구소의 정부개혁 역할에 관한 시민 선호를 2007년과 2018년을 비교한 결과를 살펴보면, 보다 많은 행정서비스를 제공하는 큰 정부를 선호하는 경향이 파악되었다.[1)] 특히, 9 · 11 테러사태, 허리케인과 산불로 인한 재난, 코로나 바이러스 팬데믹 등을 경험하면서 예측이 어려운 사회문제를 해결하고 사회변화를 주도적으로 이끌어 갈 수 있는 능력 있는 정부에 대한 기대가 커지고 있다.

경쟁력 향상을 위한 정부의 노력은 업무수행의 생산성, 효율성, 효과성 등의 가치를 강조하게 되었으며, 이로 인해 성과에 대한 관심이 높아졌다. 성과관리체계에 대한 이해 없이는 의미 있는 행정변화와 개혁을 기대하기는 어렵다. 공공부문에서의 성과 개념은 민간부문에 비해 복잡하기에 능력주의(meritocracy)에 입각한 성과논리를 단순히 적용하기는 어렵다. 그럼에도 불구하고, 정부가 추구하는 행정 목표를 달성하기 위해서는 정책과 프로그램의 효과를 평가하지 않고서는 정부의 현 위치를 파악하고 보완을 위한 피드백을 반영하기 어렵다. 이 장에서는 미국 정부의 주요 행정개혁의 쟁점과 성과관리체계의 특징을 살펴보고, 한국 정부에 줄 수 있는 시사점을 이야기하고자 한다.

---

1) Light, Paul. C.(August 10, 2018). *Introducing the next government reform majority: What Americans want from reform in 2018*. Governance Studies, Brookings. Retrieved from https://www.brookings.edu/research/introducing-the-next-government-reform-majority-what-americans-want-from-reform-in-2018/

1. 개혁은 선택이 아니라 필수

초기 미국 정부의 개혁방향은 정치와 행정의 교차관계를 살펴보면 이해가 빠르다. 행정부의 역할을 둘러싸고 정치적 책임이 우선되어야 하는지, 또는 관리 능력이 우선되어야 하는지에 따라 행정개혁의 재량권 범위와 추진사항이 달라져 왔다. 산업화가 진행됨에 따라 그 이전까지 엽관제(spoils system) 하의 낭비와 부패가 만연했던 정부체계로는 빠르게 변화하는 사회를 감당하기 힘들었다. 이러한 비효율과 부패를 억제하기 위해 전문적, 경쟁적, 그리고 비정치성향의 방식으로 정책을 이행하고 관리할 수 있는 정부가 절실해 졌다. 19세기 후반, 정치국가의 특성인 소극적 정부역할로 인한 문제점을 해결하기 위해 우드로 윌슨(Woodrow Wilson)은 정치-행정 분리라는 극단적 방안을 주장했던 것이다. 행정부는 정치 사안에 대한 해답을 찾기보다는 전문적, 과학적, 효율적 접근방식을 활용해 경제 및 사회문제들을 수정하고 해결하는 것이 주요 과제라고 인식했다.

이러한 행정기능의 전문화 및 체계화 논리를 뒷받침할 수 있는 개혁 노력들이 시작된 19세기 후반부터 관료국가, 행정국가, 그리고 신행정국가로의 패러다임 변화에 따라 행정개혁을 위한 쟁점도 변화해 왔다. 시기별로 주도된 행정개혁 목표가 동일하지는 않았지만, 행정력 강화, 효율화, 시장원리 도입, 경쟁력 향상, 기업 경영기법 적용, 수요자 우선, 공공서비스 품질 향상, 성과중심 등이 개혁의 기본 원칙으로 자리잡았다. 특히, 행정개혁을 논의하기 위한 주요 블루리본위원회들(Blue Ribbon Commissions)의 의제만 살펴봐도 개혁의 방향을 파악할 수 있다. 1912년 테프트(Taft)위원회를 시작으로 20세기에 설립된 주요 블루리본위원회들은 획기적 행정변화를 도모하기 위해 행정부를 관리할 수 있는 대통령의 역량 향상, 행정부의 재조직, 또는 사업의 축소 및 관리 개선에 의한 효율성 향상을 이룰 수 있는 실질적 현안을 제시해 왔다.

미국 행정부 역할과 영향력이 본격적으로 확대될 수 있는 계기가 된 1930년대 대공황 이후의 주요 행정개혁 내용을 행정 강화와 양적 확대 중심인 시기와 재창조시기로 구분해서 살펴볼 것이다.

1) 크고 강한 행정: 행정기능의 강화와 양적 확대

루즈벨트(Franklin Roosebelt) 행정부(1933~1945)는 대공황으로 야기된 경기침체 및 사회문제를 극복하기 위해 1933년에서 1939년 동안 뉴딜(New Deal)정책을 추진했다. 뉴딜은 공공 사업, 정책 프로그램, 재정개혁, 규제를 통해 정부가 적극적으로 시장에 개입할 수 있는 시대를 열었다. 이로 인해, 행정부의 기능과 자원 규모가 양적으로 크게 확대되었으며, 시장실패를 해결하기 위해 규제에 의한 간접 개입보다 국가 사업 등의 수단을 통해 직접 개입을 시도했다. 또한 정치권의 간섭을 최소화하면서 대통령이 개혁에 필요한 정책을 주도적으로 개발할 수 있는 행정 대통령직의 발전에 중요한 토대를 마련했다. 뉴딜은 행정부를 통제할 수 있는 권한이 대통령에게 집중됨으로써 지속적이고 체계적으로 행정개혁을 강행할 수 있게 한 제도적 유산으로 평가될 수 있다.

행정부의 기능 확대와 관련된 개혁 원칙들 중 하나인 대통령의 행정권한 강화를 위한 일환으로, 1937년 "행정관리에 관한 대통령위원회"[일명 브라운로우위원회(Brownlow Committee)]의 보고서는 대통령 행정실(Executive Office of the President: EOP) 신설을 권고했다. 대통령이 대폭 늘어난 행정관리 업무를 처리할 수 있도록 지원해 줄 수 있는 백악관 직원 확대는 필요한 것이었다. 백악관 직원의 기능은 행정조치가 필요한 사항이 대통령에게 제기되었을 때, 부처에서 전달한 모든 관련 정보를 신속하게 확보해 대통령이 책임있는 결정을 할 수 있도록 도와 주며, 결정이 된 후 관련 부서에게 즉시 알릴 수 있도록 지원해 주는 것이다.[2] 1939년에 제정된 정부재조직법에 의해 EOP가 설립되었으며, 예산회계법에 의해 재무부에 속해 있던 예산청을 대통령직속 기관으로 이관했다. 이러한 개혁 조치들은 대통령이 예산, 회계, 그리고 인사에 대한 통제를 더 많이 할 수 있게 됨으로써 행정부처를 효과적으로 운영할 수 있는 기반을 마련해 주었다.

정부 역할의 확대는 최신의 효율적이고 효과적 관리를 위해 조직개편을 필요로 한다. 미국 연방정부 역사상 1939년 전후를 기점으로 대대적인 조직개편이 이루어졌다. 브라운로우위원회의 보고서는 조직개편의 기본 목적들을 잘 대변해 주고 있다.

2) Brownlow, L., Merriam, C. E., & Gulick, L.(1937). *Administrative management in the government of the United States*. Washington, DC: President's Committee on Administrative Management.

즉, 행정조직의 개편은 민주주의가 제대로 작동할 수 있도록 경제적 운영, 중복 및 불필요한 기능 제거, 단순하고 균형적 형태, 높은 보수와 나은 일자리 제공이 달성 목적인 것이다. 이로 인해, 1939년에 당시 100개의 부처들로 구성된 행정부를 업무와 기능에 따라 통・폐합해 12개의 큰 부서들로 재편성했다. 1차(1947~1949)와 2차(1953~1955)에 걸친 후버위원회 역시 대통령의 부처 관리권한을 강화하기 위한 조직개편과 인사관리 개혁을 제안했다.

1969년 닉슨(Richard Nixon) 행정부의 "행정조직에 관한 대통령자문위원회"[일명 애쉬위원회(Ash Council)]의 주 임무는 행정조직을 검토하고 관할권 중복으로 인한 문제를 완화하고 프로그램 수행에 있어 부처의 효과성을 향상시킬 수 있도록 구조조정을 권장하는 것이었다. 대통령직속 기관인 예산청을 관리예산처(Office of Management and Budget: OMB)로 확대 개편한 사항이 가장 주목할 만한 조직개혁이다. 환경보호부처의 설립도 애쉬위원회의 권고로 이루어졌다. 이후 연방정부구조는 1984년까지 부분적 개편만 이루어졌으며, 1984년 이후 별다른 조직개편없이 안정적 체제를 유지하고 있다. 사실 조직구조의 안정화 이면을 살펴보면, 1984년 이후부터는 대통령의 행정조직 개편 권한이 연방의회로 넘어가 견제와 균형 논리에 의해 행정조직의 변동이 쉽지 않기 때문이라고 해석할 수 있다. 즉, 기능에 의한 행정조직 개혁이라기보다는 정치적 이해 및 상징적 의미가 클 경우 행정조직의 개편이 이루어져 왔다.

행정개혁의 주요 목적 중 하나인 정부 효율성은 책임있는 행정수반, 전문 관료에 의해 운영되는 체계적 조직, 완벽한 재정 시스템 등이 바탕이 되어야 한다. 효율성 제고는 예산개혁과 밀접한 관련을 가지고 예산과정 변경 또는 예산 절감을 위한 정책변경에 중점을 두었다. 1930년대의 평균 연방정부의 세입과 세출 규모는 각각 국내총생산(GDP)의 5%와 10% 정도였지만, 대공황과 제2차 세계대전을 겪으면서 연방정부의 재정 규모는 급증했다. 1944년에는 연방정부의 세입과 세출은 GDP의 20.5%와 42.7%까지 연방정부 재정 역사상 최고치를 기록했다.[3] 이후 연방정부의 세입과 세출은 2019년까지 GDP의 15~20% 범위 내에서 변동하고 있다. 재정의 효율적 관리를 위해 1965년 닉슨 행정부의 기획 예산제도(Planning Programming Budgeting

3) Office of Management Budget(2020). Historical tables. Retrieved from https://www.whitehouse.gov/omb/historical-tables/

System: PPBS), 1977년 카터(Jimmy Carter) 행정부의 영기준 예산(Zero Based Budgeting: ZBB) 등의 기법이 도입하기도 했다.

1982년 레이건(Ronald Reagon) 행정부의 "비용통제에 관한 민간부분조사"[일명 그레이스위원회(Grace Commission)]는 연방정부의 낭비와 비효율에 초점을 두고 지출을 절감할 수 있는 방안을 제시했다. 하지만, 그레이스위원회의 권고사항들은 민간부문의 관리방식을 행정부문에도 적용한다면 보다 효율적인 업무수행이 가능하다는 전제 하에 공공서비스에 다소 적대적인 제안과 과장된 비용절감 효과 제시 등으로 인해 정부책임처(Government Accountability Office: GAO)로부터 실효성이 제기되었다. 1987년 카터 행정부의 "공공서비스에 관한 국가위원회"[일명 볼커위원회(Volcker Commission)]는 행정부의 조직개편보다는 관리능력 향상에 중점을 둔 안건을 제안했다. 정부의 효과적 운영을 위해서는 지속적 투자가 필요하다는 전제 하에 공무원 급여인상, 지속적 교육 및 훈련, 각 부서에 인사권 위임 등을 권고했다.

2) 작고 유능한 행정: 경쟁력 강화와 기업가정신 확대

1990년대 초반 비대해진 정부의 비효율화가 비판을 받으면서 공공부문도 민간부문처럼 업무혁신을 시도해야 한다는 주장이 본격화되었다. 이러한 움직임은 1960년대 후반부터 미국 사회가 직면한 심각한 정치적, 사회적 문제들을 해결하기 위한 노력들과 동일 선상에 있다. 미국 행정학계의 가장 상징적 학술 운동인 1968년 미노브룩(Minnowbrook)회의를 시작으로 신행정패러다임은 사회 전반에 새로운 인식의 변화를 가져왔다. 이로 인해, 거대하고 하향식 정부로 인한 권력 남용, 책임감 저해, 지나친 규제, 경직되고 신속한 대응 부재 등의 병폐를 줄이기 위한 대안들이 모색되었다. 복잡한 사회문제, 급변하는 환경, 그리고 다양한 요구에 효과적으로 대처하기 위해서는 정부 위주가 아닌 여러 이해관계자들과의 협력을 통해 정부의 책임성을 확보해야 하며, 행정운영을 위해 시장 경쟁원리를 도입해 생산성을 높여야 하며, 국민이 만족할 수 있는 공공서비스를 제공할 수 있어야 하며, 정책결정에 시민참여를 확대해 신뢰성을 증진할 수 있어야 바람직한 행정변화를 이끌어 낼 수 있는 것이다.

이런 시대적 현실을 반영하기 위해 클린턴(Bill Clinton) 행정부(1993~2001)는 '재창조' 슬로건과 함께 작고 경쟁력있는 행정부를 지향하는 행정개혁을 추진했다. 클린턴 행정부의 1993년 정부성과보고서(National Performance Review: NPR)는 “From red tape to results: Creating a government that works better and costs less”라는 명칭에서 보여주듯이 연방정부 행정업무의 재창조를 위해 384개의 권고사항과 1,250여 개의 구체적 이행계획을 제시했다. 광범위한 행정개혁을 단행하기 위해 정부성과보고서가 기준으로 삼은 네 가지 원칙들은 다음과 같다: ① 관료적 형식주의 축소, ② 고객 우선, ③ 공무원에게 권한 부여, 그리고 ④ 근본적 감축 등이 있다. 네 가지 원칙들은 개별적으로 분리된 목적이 아니라 공공서비스의 수요자인 국민의 입장에서 만족한 결과를 제공할 수 있는 행정혁신을 공통으로 추구하고 있다. 다시 말해, 1960년대부터 높아져 가는 연방정부에 대한 국민의 불신을 해소하기 위한 이미지 쇄신의 의도 또한 반영되어 있다.4)

정부성과보고서는 부대통령 고어(Al Gore)를 중심으로 250명의 연방정부 경력직 공무원, 주정부 및 지방정부 공무원, 자문가, 그리고 인턴이 참여해 작성되었다. 1993년 12월에 클린턴 대통령은 대략 11.6%에 해당하는 연방정부 인력의 252,000명 감축, 내부 규제의 50% 축소, 소비자에 대한 서비스규정 제정 등을 포함한 16개 지침에 서명했다. 과거 행정개혁을 위한 이념과 유사하게 민간부문의 원칙이 정부관리를 크게 향상시킬 수 있다는 점을 부각했다. 그래서 고객우선 원칙은 재창조를 위한 주된 과제이며 해당 부처의 고객과 그들의 선호를 파악하기 위해 많은 노력을 기울어야 한다고 제언했다. 행정부처는 의회 또는 상관보다는 수요자에게 책임감을 가져야 하는 것이다. 이를 위해 권한 위임과 하위 공무원에게 의사를 결정할 수 있는 권한 부여 등의 구체적 이행사항들은 당연한 결과라고 할 수 있다. 부처 단위로 고용과 해임의 인사권을 행사할 수 있게 된 것이다. 지속적 행정개혁을 위해 개혁 결과를 1995년 예산안에 반영했으며, 1997년에는 균형예산을 편성하기도 했다.

다른 민간부문 관련 개혁원칙은 서비스 제공자 간의 경쟁과 공공서비스 제공의 우수성을 권장하는 것이다. 적은 비용으로 생산성을 높이기 위해 민영화 또는 민관협력 등을 통해 비용절감과 낭비를 줄이고자 했다. 1980년대 이후 민영화는 정부를 비

4) Gore, A.(1993). From Red Tape to Results: Creating a Government That Works Better and Costs Less. Report of the National Performance Review. Washington, DC: Office of the Vice President.

롯한 민간부문이 빈번하게 내세우는 전략으로 공공서비스 소유권 또는 서비스관리의 일부 또는 전체를 민간부문으로 이전함으로써 정부의 비효율적 사업운영을 개선해 비용절감, 세입 창출, 서비스 품질향상, 정부 규모 축소 등에 기여하고자 했다. 또한 제한된 정부예산으로 추진하기 힘든 새로운 사업과 기존 프로그램의 관리 등을 민간자본을 활용해 해결하고자 했다.

1995년 연방지원시설 민영화법(Federal-aid Facility Privatization Act)의 제정은 주정부와 지방정부가 연방정부로부터 지원을 받아 운영하는 공공시설이 원래 용도로 계속 사용되는 한 연방정부에 지원금을 상환하기 않고 민영화를 추진할 수 있게 했다. 민영화가 추진된 부문은 유료 도로 및 교량, 전기 및 수도 등의 공과서비스, 교정서비스, 복권, 대출, 공항 등이 대표적이다. 다른 국가들에 비해 미국은 연방, 주, 지방정부 모두 교정서비스의 민영화 정도가 높은 편이다. 수감시설뿐만 아니라 교도관도 민간기업이 관리한다. 낙후되고 부족한 수감시설, 비용 절감 등의 문제를 해결하기 위한 교정서비스의 민영화는 예상과 달리 장기차원에서 보면 비용절감이 높지 않고 부적절한 교정교육 등의 부작용때문에 민영화 효과에 대한 논란이 많다.

이후 부시(George W. Bush) 행정부와 오바마(Barack Obama) 행정부의 정부개혁 원칙들도 클린턴 행정부에서 추진한 개혁의 연장선이라고 볼 수 있다. 부시 행정부는 결과와 시민중심의 성과 높은 정부를 구현하기 위해 인적자원의 전략적 관리, 민간부문과 경쟁 확대, 재정성과향상, 전자정부 확대, 예산과 성과의 통합 등이 주요 개혁방안이었다. 오바마 행정부는 열린 정부를 주축으로 능률적 정부를 실현하기 위해 행정기능의 재정비했다. 1984년 그레이스위원회 이후 의회만이 행정조직에 대한 개편을 개안할 수 있었기에, 부시, 클린턴 행정부는 조직개편에 의한 행정개혁보다 기능과 제도 향상에 초점을 둔 개혁을 시도했다. 오바마 행정부는 6개 통상 부처의 통합안건을 의회에 제출하면서 대통령의 행정조직 개편권한의 회복을 요구했지만 허용되지 않았다.

앞서 살펴본 것처럼 정부개혁을 위해 추진된 원칙들은 연방정부를 비롯한 주정부 및 지방정부를 포함한 전체 공공부문에 적용되었다. 고어 부통령과 정부성과보고서 지지자들은 연방정부는 프로그램이 작동하지 않도록 설계된 것 같은 조직이라고 과장되게 표현하기도 했지만,[5] 그만큼 행정기능을 수행함에 있어 비효율적이고 비효과적인 문제들이 산재해 있었다. 행정개혁 노력들은 성공적 결과로 마무리되기도 했지만 예측하지 않은 결과와 함께 실패로 끝나는 경우도 많다. 예를 들어, 작은 정부를 만들기 위한 개혁 노력은 지속적으로 추진되었지만 아이러니하게도 GDP 대비 정부의 세입과 세출 규모는 큰 정부 시기 이래 축소되지 않고 비슷한 수준을 유지하고 있는 경우가 대표적이다. 정부인력 규모 역시 감소없이 일정수준을 유지하고 있는 추세이다. 이처럼 행정개혁 시도들이 언제나 보장된 결과를 초래하지는 않았지만, 급변하는 환경변화에 대응하면서 좋은 행정으로 거듭나기 위해 정부 역할과 역할수행 방법은 진화하고 있다.

2. 성과로부터 자유로운 정부, 예외는 없다

1990년대부터 세계적으로 대유행을 불러일으킨 성과관리방법과 성과측정기법은 지금까지도 연방정부의 주요 관심 분야이다. 다른 선진국들보다 먼저 범정부차원의 성과측정을 시작한 미국 연방정부의 성과관리는 성과 관련 정보를 이용해 책무성(accountability) 향상, 시민만족도 향상, 예산분배지원, 재정 자원절약, 의사결정 개선 등이 주된 목표다. IBM 정부 비지니스 센터는 2040년까지 향후 20년 간 정부관리가 어떤 방향으로 나아가야 할 지에 대한 대안을 제공하고자 경력직 공무원과 행정 전문가 대상의 설문조사, 그리고 문헌분석 등을 토대로 지난 20년 간 연방정부 관리부문 발전에 가장 중요한 여섯 가지 변화들을 정리했다.[6] 그 중 하나가 바로 성과관리이며, 연방정부의 성과관리 의제는 프로그램 활동 및 산출물(outputs) 측정에 초점을 두다가 점차 임무 결과(outcomes)의 달성으로 옮겨 왔다. 공공부문의 성과관리는 민간부문에 비해 훨씬 복잡하기에 연방정부의 성과관리 프레임워크는 시행착

---

5) Pfiffner, J. P.(1998). The American tradition of administrative reform. In Cho, Y. H., & Frederickson, H. G.(eds.). *The White House and Blue House: Government Reform in the United States and Korea*, 1-29. Lanham, MD: University Press of American.

6) Abramson, M. A., Chenok, D. J., & Kamensky, J. M.(2018). *Government for the Future: Reflection and Vision for Tomorrow's Leaders*. Lanham, MA: Rowman & Littlefield Publishers, INC.

오를 거쳐 개발되고 제도화되어 왔다. 이로 인해, 행정부가 바뀔 때마다 성과관리제도는 성공적으로 전환이 이루어져 왔다.[7)]

지난 반세기 동안 성과 개념은 연방정부 행정개혁과 밀접하게 연관되어 있다. 명시적으로 성과라는 개념을 앞세우지는 않았지만, 행정개혁을 위해 도입된 전략기획, 목표관리(Management of Objectives: MBO), ZBB, 종합품질관리(Total Quality Management: TQM), 벤치마킹, 아웃소싱, 성과측정 등은 성과향상이 궁극 목표라고 간주할 수 있다. 1960년대에 국방부에서 도입한 PPBS는 행정개혁을 위해 성과를 직접적으로 예산에 반영한 기법이었다. 하지만, 다른 연방부처들은 1993년 정부성과결과법(Government Performance and Results Act: GPRA)이 통과되기 전까지 사실상 성과와 관련된 의제가 없었다. 비효율적으로 관리되고 운영되는 연방정부 프로그램과 기능에 대한 책임을 제고하기 위해 제정된 GPRA는 연방정부 성과관리와 성과평가 발전에 획기적 이정표가 되었다. GPRA는 연방정부 부처들이 전략계획, 연간성과계획, 성과측정 지표와 방법, 그리고 연간성과보고서의 개발을 의무화하고 성과결과를 예산편성에 반영해 정부운영을 개선하고자 했다. 다수의 주정부 또한 행정업무 기능을 향상시키기 위해 GPRA와 유사한 법률을 채택했다.

GPRA는 앞에서 논의한 클린턴 행정부의 재창조 행정개혁을 구현하기 위한 강력한 도구로써, 1993년 3월에 제정되어 2000년부터 연방부처들이 본격적으로 성과관리 조들을 이행하기 시작했다. 1994년과 1996년 기간 동안 OBM가 승인한 70여 개의 시범 프로젝트들을 시행해 성과계획, 측정, 보고를 위한 체계적 관리과정을 개발하기 위해 많은 노력을 기울였다. 그 후 연방부처들은 1997년에 전략계획서, 1998년에 성과계획서, 그리고 2000년에는 성과보고서를 처음으로 제출했다. 하지만, 연방부처들의 GPRA에 대한 불신과 적용상의 번거로움 때문에 시행 효과가 만족스럽지 않았다. 업무기능과 프로그램 운영에 있어 산출과 결과 측정에 지나치게 중점을 둔다거나, 성과에 대한 정보가 체계적으로 정책결정 또는 예산에 반영되지 않는 점 등이 대표적인 문제점으로 제기되어 왔다. 성과관리체계를 효과적으로 개발하고, 활용하고,

---

7) Kamensky, J. M.(2018). Managing performance. In Abramson, M. A., Chenok, D. J., & Kamensky, J. M., *Government for the Future: Reflection and Vision for Tomorrow's Leaders*, 61-89. Lanham, MA: Rowman & Littlefield Publishers, INC.

운용하는 방법들에 관한 교훈을 기반으로 오바마 행정부는 성과관리체계를 강화하고자 2010년에 GPRA를 개정한 정부성과결과현대화법(GPRA Modernization Act: GPRAMA)을 발표했다. GPRAMA는 GPRA의 실수와 실패를 시정하고 행정부의 성과관리 지침에 대한 의회의 통제를 재확립하고자 했다.

정부의 성과를 관리한다는 의미는 무엇일까? '성과' 그 자체는 다소 모호한 용어로 단순하게 정의하기 어렵다. 조직이 누구에게 성과를 제공해야 하는지에 따라 성과를 바라보는 시각이 달라지기에 공공부문처럼 이해관계자가 광범위한 경우, 공공성과관리의 제도화는 도전적 과제임에 분명하다. 성과관리의 핵심 내용은 전략계획과 성과측정을 통해 성과 관련 정보를 생성하고, 이런 정보를 의사결정에 반영하는 피드백 루프 형식의 과정으로 이해할 수 있다. 다음에서는 미국 정부의 성과관리제도적 변화와 특징을 1994년부터 2000년까지의 초창기, 2001년부터 2010년까지의 확장기, 그리고 2011년 이후부터의 제도화 시기로 구분해서 살펴보고자 한다.

1) 성과정보 생성의 일상화

성과관리의 초기 단계는 성과정보를 생성해서 제공할 수 있는 관리체제를 일상화하는 과정으로 GPRA가 제정된 후 본격적으로 적용되기 이전까지의 시기이다. 주요 활동은 각 부처가 GPRA의 요구사항 이행에 필요한 통상적 순서와 방법을 개발에 초점을 두고 다음의 세 가지 사항들의 개발이 요구되었다: ① 전략계획, ② 연간성과계획, 그리고 ③ 성과보고서 등이 있다. 전략계획서는 최소한 3년에서 5년 기간의 계획으로 임무기술문(mission statements)과 장기 목표를 포함한다. OMB의 Circular No. A-11는 세 가지 방식들을 자세히 설명하고 있다. 전략계획서에 포함되어야 할 구성요소는 ① 포괄적 부처 임무기술문, ② 일반목표와 목적, ③ 목표와 목적을 달성하는 데 사용될 수단과 전략에 대한 설명, ④ 연간성과계획에 포함된 성과목적과 전략계획에 포함된 일반목표와 목적과의 관계에 대한 설명, ⑤ 일반목표와 목적 달성에 영향을 주는 핵심요인의 식별, 그리고 ⑥ 사용된 프로그램 평가에 대한 설명과 향후 평가 일정 등이 있다.

연간성과계획서는 부처 예산안과 함께 제출되며 예산안을 바탕으로 전략계획서와 연계되어 작성되어야 한다. 성과계획서의 필수 구성요소는 ① 회계연도의 객관적이고 계량화된 형태의 성과목표와 지표, ② 성과목표를 달성하는 데 필요한 운영과정, 숙련기술, 과학기술, 인력, 정보 또는 다른 자원에 관한 설명, 그리고 ③ 측정된 성과 가치를 검증하고 증명할 수 있는 방법에 관한 설명 등이다. 세 가지 필수요소 이외에도 필요에 의해 추가할 수 있는 선택요소들은 ④ 부처의 전략계획에 대한 미미한 조정에 대한 설명, ⑤ 성과 관련 연구와 분석에 관한 정보, 그리고 ⑥ 관리 유연성을 제공하기 위해 행정요구사항의 면제요청 등이다.

성과관리체계의 핵심 논리는 향후 성과를 향상시키기 위해 책무성과 학습기회 제공에 가치를 두고 있기 때문에 성과보고서는 이런 의도를 구현하기 적합하다. 또한 성과보고서를 통해 부처의 활동결과를 국민, 의회, 공무원에게 알릴 수 있는 중요한 기회이기에 전달할 내용을 쉽고 간결하게 작성하도록 요구한다. 성과보고서는 다섯 개의 필수요소, 그리고 해당 사항이 있는 경우는 사업평가와 비연방 당사자의 기여도를 부가 설명할 수 있는 일곱 개의 선택요소로 구성되어 있다. 성과보고서를 작성하기 위한 필수요소는 ① 연간성과계획 목표에 명시된 예상 성과와 실제 성과비교, ② 달성하지 못한 성과목표와 이유를 설명, ③ 달성하지 못한 성과목표의 달성을 위한 계획과 일정 또는 해당 목표의 달성이 실현성이 없다고 결론했을 경우, 이에 대한 대안을 제시, ④ 달성한 성과를 고려해 현재 회계연도의 성과계획에 대한 평가, 그리고 ⑤ 최소 4년 간의 실제 성과정보 등이 있다. 나머지 선택요소들은 프로그램 평가, 비연방 당사자의 활용, 미공개로 분류된 부록, 성과정보의 품질, 예산정보, 세금 지출 분석, 행정 요구의 면제 등에 대한 내용이다.[8)]

2) 성과정보에 대한 수요 확장

성과관리 확장기는 성과정보 공급측면에서 인프라 구축에 중점을 둔 초기 단계에서 성과정보의 수요를 고려한 성과정보 이용의 확장으로 전환되는 과정으로 GPRA 현대화법이 이행되기 이전까지의 시기이다. 확장 단계는 정보수집과 사용에 관한 보다 정교한 방식을 개발하는 데 주력한다. 부시 행정부는 2001년에 발표된 대통령관리의제(President's Management Agenda)의 주요 정책 중 하나로 예산과 성과의 통합

8) Office of Management Budget(2000). Preparing and submitting budget estimates. Retrieved from https://clintonwhitehouse5.archives.gov/media/pdf/A11-00.pdf

을 강조했다. 이는 지속적으로 제기되었던 GPRA에 대한 비판 중 하나인 성과정보의 낮은 예산배분 활용도를 시정하기 위한 조치라고 할 수 있다. 성과와 예산의 연계를 강화하기 위해 OMB는 2002년부터 사업성과 평가도구인 사업평가측정기법(Program Assessment Rating Tool: PART)을 도입했다.

채점시스템인 PART는 4개 부문별로 25개 질문으로 구성되어 있다: ① 사업목적 및 설계-목적의 명확성과 다른 사업과의 중복 확인, ② 전략 기획-사업의 연간목표 및 이를 측정할 수 있는 성표지표의 유무 확인, ③ 사업관리-사업 성과개선 노력 유무, 그리고 ④ 사업성과와 책무-전략기획에서 제시한 성과목표의 달성 정도 등이 있다. 각 항목은 4단계(예: 큰 정도, 작은 정도, 아니오)로 측정되어 최종 0에서 100 사이의 종합점수를 산출한다. 종합점수에 따라 각 사업은 5개 등급(효과적, 적당히 효과적, 적당, 입증되지 않은 결과, 비효과적)으로 구분된다.

PART는 1,000개의 개별 사업평가에 사용되었으며, 각 부처는 예산의 정당화를 입증하기 위해 평가 질문에 자체평가하는 형식이다. PART 최종 평가는 OMB 예산담당관이 결정하지만, 각 부처의 사업담당자가 사업을 자체 진단할 수 있는 기회를 제공함으로써 부처가 성과지표 및 방법을 개발하는 데 도움이 된다. GPRA가 연방부처별로 고유의 평가모형, 평가지표개발, 그리고 성과측정방법을 허용한 반면, PART는 표준화된 평가방법으로 사업 간의 비교평가를 가능하게 했다. OMB는 PART 점수에 근거해 사업관리자에게 책임을 부과하고 자금지원 결정을 할 수 있도록 했다. 투명성과 책무성을 제고하기 위해 PART의 평가결과와 예산배정 현황을 국민에게 공개하도록 했다.

하지만, PART 효과와 평가방법에 관한 다수의 문제점들이 제기되었으며, 성과지표의 객관성 결여, OMB 예산담당자의 전문성 부족 및 주관적 판단개입, 개별 부처의 의견반영 부족, 평가대상 선정기준의 불명확, 낮은 예산 반영정도, 평가를 위한 자원부족, 조직의 장기 목표 및 전략과 연계 부족, 평가점수체계의 한계 등이 주요 비판내용이다. GAO의 보고서는 사업성과 관리 및 예산결정에 있어 PART의 기여도는 분명하지 않다고 평가했다.[9] 예를 들어, 실제로 PART 평가결과가 우수한 사업들

9) U.S. Government Accountability Office(2008). *Government Performance: Lessons Learned for the Next Administration on Using Performance Information to Improve Results*. GAO-08-1026T.

의 예산 증가 사례 또는 그 반대의 사례를 찾아보기 어렵다. 평가결과가 예산결정에 실제로 이용되기보다는 사업 비교를 위해 활용되는 경우가 많았다. 2008년에 마지막으로 수행된 이후, 오바마 행정부에 들어와서는 사용하지 않았다. 대체방법으로 사업관리를 위한 성과정보 사용에 초점을 둔 최우선순위 성과목표 등의 방식들이 이용되었다.

결과지향적 전략 성과관리의 필요성과 함께 민간부문의 균형점수표(Balanced Scorecard: BSC) 기법은 1996년 노스캐롤라이나 주의 Charlotte 지방정부가 처음으로 채택했으며, 2001년 OMB는 BSC기법을 응용한 행정부관리점수표(Executive Branch Management Scorecard: EBMC)를 제시했다. 일명 신호등점수표라고 불리는 이 기법은 부시 행정부가 제시한 다섯 개의 대통령관리의제를 기준에 따라 세 단계로 평가하는 것이다. 모든 기준을 충족한 경우의 녹색 등급, 부분적 성공일 경우에는 노란색 등급, 그리고 하나라도 부정적 상황이 존재할 경우는 빨간색 등급으로 구분된다. 2002년에 발표된 26개 부서 및 기관의 130개 개혁과제에 대한 최초의 EBMC 결과는 녹색 등급 2개, 노란색 등급 32개, 그리고 빨간색 등급 96개였다.[10] 국립과학재단의 혁신과제 다섯 개 중 두 개가 녹색 등급을 받았다.

이후 국방부를 비롯한 여러 연방기관이 BSC 기법을 업무 성격과 목적에 따라 다양한 형태로 변형해서 사용하고 있다. 균형점수표모형은 조직의 비전과 전략을 재무성과, 소비자인식, 내부경영과정, 학습과 성장 등의 네 가지 관점에서 평가해 현재의 조직성과뿐만 아니라 미래의 운영성과도 예측할 수 있는 정보를 제공하고자 한다. PART와 비교해 보면, BSC는 부처 핵심 분야의 성과지표를 실현 가능한 전략적 관점에서 개발하고 성과평가와 예산과정에 지속적인 피드백이 이루어지는 시스템구축에 초점을 두고 있다. BSC가 정부 성과향상에 긍정적 효과를 가져왔지만 다른 성과관리 개혁 방법들처럼 책임자와 조직구성원들의 지속적 노력이 필요하다.

행정부관리점수표 또는 GPRA에 근거한 성과목표와 측정을 보완하기 위해 시도된 PerformanceStat 기법은 1994년 뉴욕 시 경찰청의 CompStat를 시작으로 2000년대에

Washington, DC: U.S. Government Printing Office.

10) Office of Management Budget(2002). Agency scorecards. Retrieved from https://georgewbush-whitehouse.archives.gov/omb/budintegration/agency_scorecards.html

다수의 지방정부, 주정부, 그리고 연방부처가 이 방식을 채택했다. PerformanceStat은 부처별로 핵심 성과측정에 관한 대시보드를 구축하는 방식으로 정부성과개선을 위해 목적과 동기부여, 책임과 재량, 데이터와 분석, 피드백과 후속 조치 등을 최대한 활용하려는 노력의 집합체라고 할 수 있다. PerformanceStat의 성공요인은 모두에게 공유된 정확하고 시기 적절한 정보, 자원의 신속한 배치, 효과적 전술과 전략, 그리고 지속적인 후속조치와 평가에 달려 있다.[11] PerformanceStat은 모형 또는 제도가 아닌 실제 결과를 만들어내기 위한 리더십과 관리전략으로 정의할 수 있기에,[12] PerformanceStat을 유지하려는 책임자의 지속적 이해와 노력이 필요하다. 실제로 이 방안은 책임자가 조직을 떠나면 무용지물이 된 경우가 많다.

3) 성과정보 활용의 제도화

성과관리 제도화 단계는 GPRA를 재정비한 GPRAMA 이후의 기간으로 정책집행과 사업을 개선하기 위해 성과정보의 효과적이고 실질적 활용에 중점을 두었다. 이를 위해, 이전에 시도된 다양한 방식과 교훈을 바탕으로 보다 안정적 성과관리체계, 부처 간 협력기반 거버넌스 구조, 디지털 환경, 성과정보 활용, 데이터기반 의사결정 등의 새로운 변화를 반영하고 있다. 성과관리 제도화 단계의 가장 큰 특징은 성과정보 생성을 위한 체계와 절차에 중점을 두기보다는 의사결정에 성과정보를 활용하는 방식의 초점을 두고 있다. 그동안 정부의 성과 관련 정보는 행정부뿐만 아니라 의회에서도 활용되는 편이 아니였다.[13] 오바마 행정부의 개방정부 패러다임은 정부의 책임성과 투명성을 확보하기 위해 성과정보를 공개함으로써 정보이용을 활성화하고자 했다. GPRA에 없었던 평가결과 정보를 Performance.gov 플랫폼에 공개하도록 했다.

GPRAMA는 GPRA의 문제점을 보완하고 현대화하기 위해 성과정보의 활용도를 높이고 범정부 차원의 성과관리제도로 정착시키는 것이 주된 목적이다. GPRA와 비

11) Behn, R. D.(2014). *The PerformanceStat Potential: A Leadership Strategy for Producing Results.* Washington, DC: Brookings Institution Press.

12) Behn, R. D.(2008). The seven big errors of PerformanceStat. *Policy Briefs.* Rapport Institute for Greater Boston and Tauman Center for Stae and Local Government, Harvard University.

13) U.S. Government Accountability Office(2008). *Government Performance: Lessons Learned for the Net Administration on Using Performance Information to Improve Results.* GAO-08-1026T. Washington, DC: U.S. Government Printing Office.

교해 5년 단위의 부처별 전략계획 수립 주기가 대통령 임기와 조율되어 4년 단위로 변경된 것처럼 달라진 사항도 있지만, 성과관리 개념과 체계가 대폭 수정되었다기보다는 기본구조의 유지 또는 부분 개량에 의해 이전에 제기된 개혁 관련 문제해결에 여력을 투자하고자 하는 의도가 반영되었다. GPRAMA 이후에도 부처별 연간 성과계획과 결과보고서는 작성해야 하며, 의회 예산 설명서 제출 시 같이 보고되어야 한다. GPRA는 부처별로 성과전략계획 및 성과측정을 허용함으로써 부처의 자율성은 보장되었지만, 범부처 차원의 정책문제를 공동으로 책임지고 해결하기 위한 부처 간 조정 및 협력을 이끌어내기에는 한계가 있었다.

GPRAMA는 범부처 차원의 우선순위 목표를 설정한 후, 이를 달성하기 위해 개별 부처가 어떻게 기여할 수 있는지에 관한 성과계획을 요구한다. 이때 사용되는 평가지표들은 부처 간 동일하도록 명시하고 있으며, 범부처 차원의 목표별로 책임자가 지정되어 성과계획과 성과목표를 분기별로 검토하도록 했다. 범부처 차원의 우선순위 목표의 도입 그 자체만으로도 의사결정 시 성과데이터 이용 가능성이 높아진다고 평가받고 있다.[14] 또한 성과 관련 의제를 조정하기 위해 부처별 성과책임자로 구성된 범부처 성과개선위원회를 신설했다. 이처럼 공통 목표에 있어 부처 간 경계없이 업무를 수행할 수 있도록 부처 권한을 명확히 하고, 부처 간 목표책임자를 위임했으며, 책무성 확보를 목적으로 공개될 부처 간 목표에 대한 분기별 진행평가를 의무화했다.

또한 부처별로 2년 내로 성취가 가능한 우선순위 목표를 다섯 개 이하로 선정해야 한다. 과다한 목표설정은 조직이 추구해야 할 목표를 불명확하게 인식하게 만들고, 이로 인해 조직원들의 목표성취 동기가 낮아지게 되며 또한 책임자의 관심도 멀어지게 된다. 결국은 의사결정을 위한 성과정보의 활용이 낮아지게 되는 것이다. 범부처 차원의 우선순위 목표와 동일하게 부처별 우선순위도 책임자가 선정되며 분기별 검토대상이다. 부처별 분기 검토는 기관장, 최고운영담당관, 성과개선 담당관, 그리고 관련 목표책임자가 수행한다. 필요한 경우에는 외부 공무원도 포함되기도 한다. 효과적 데이터기반 검토를 위해선 정기 회의, 주요 목표에 초점, 기관장 참여와 헌신,

---

14) Moynihan, D. P., & Kroll, A.(2016). Performance management routines that work? An early assessment of GPRA Modernization Act. *Public Administration Review*, 76(2): 314–323.

학습과 문제해결을 위해 다양한 조직구성원의 참여, 관련있고 시기 적절한 정보, 데이터분석이 가능한 조직원, 분석가능한 양질의 데이터, 이전 회의에서 제기된 문제에 대한 후속 조치, 긍정적 보강, 건설적 피드백, 분석과정 설정 등이 필요하다.[15)]

GPRA의 시행으로 성과와 관련된 정보의 부재는 어느 정도 해소되었지만 성과정보를 활용하는 측면에서는 법의 시행이 20년이 지난 시점에서도 제한적이었다. 성과정보 활용의 활성화를 전면에 내세운 GPRAMA는 성과관리체계 또는 제도개선에 초점을 두기보다 성과관리의 집행과정에 중점을 두고 정보활용을 개선하고자 했다. 성과정보에 대한 이해관계자들의 관심이 높으면 성과정보 활용이 촉진될 수 있다는 전제 하에 성과보고를 연 1회에서 수시보고 형태로 변경, 성과진행사항을 점검할 수 있도록 분기별 검토, 성과목표별 책임자 선정, 성과정보의 공개 등의 방안을 시도했다. 정보공개를 할 경우, 연방정부의 대시보드와도 연계되어야 한다. Performance.gov는 부처별 데이터와 범부처 우선목표 데이터로 구분해 부처별 전략과 우선목표, 그리고 범부처 우선목표의 성과를 주요 지표에 따라 평가한 결과를 공개하고 있다. 2020년 현재 Peorformrance.gov는 보다 새롭게 시각화되고 상호작용이 가능한 대시보드형식으로 부처별 성과측정과 주요 데이터를 제공하고 있다.

2000년대 중반부터 효과가 있을 사업을 탐색해서 예산을 지원하는 증거기반행정을 추구하기 시작했다. 축적된 행정정보를 의사결정에 유용하게 활용하는 방안을 강조해온 오바마 행정부의 정보자원관리와 증거기반 정책평가 등은 성과관리의 쟁점으로 설정했다. 2014년 디지털책임과 투명성에 관한 법률(Digital Accountability and Transparency Act of 2014: DATA Act)은 재무데이터의 활용성을 높이기 위해 재무데이터의 공통 표준화를 명시했다. 2018년 대통령관리의제는 데이터를 전략적 자산으로 정의하고 경제성장, 연방정부의 효율성 증대, 감시 촉진, 투명성 증진하기 위해 연방 데이터전략 개발을 강조했다.[16)] 2018년 증거기반정책기본법과 기본법의 일부인 OPEN(Open, Public, Electronic, and Necessary) 정부데이터법이 2019년에 1월에 제정되어 행정데이터를 공개함으로써, 다양한 이해관계자들과 함께 정보를 활용

15) Hatry, H. P., & Davies, E.(2011). *A Guide to Data-Driven Performance Review.* Washington, DC: IBM Center for the Business Government.

16) Office of Management Budget(2018). President's Management Agenda. Retrieved from https://www.performance.gov/PMA/Presidents_Management_Agenda.pdf

해 행정문제를 해결하고자 했다. GPRAMA 시행 초기인 GAO의 조사에 의하면 이해관계자들의 관심도와 성과정보 이용은 이전과 차이를 보이지 않았다.17) GPRAMA의 성과정보 데이터 수집 및 배포체계는 성과정보 활용을 촉진하기에는 아직까지 충분하지 않지만 성과관리가 과거의 단기개혁이 아닌 진행형임을 인식시켜 변화를 지속하게 할 수 있다.

3. 한국 정부에 주는 시사점

공공부문의 개혁은 새로운 아이디어와 방법의 적용과 함께 유행처럼 변화해 왔다. 재정성과개혁을 위해 야심차게 도입된 PART 기법처럼 일정기간 동안 효력을 발휘하고 사라진 사례도 다수이다. 하지만, 개혁방법과 우선순위는 달라졌지만 행정개혁의 취지와 방향이 대폭 변한 건 아니었다. PART 기법도 영구 폐지가 아니라 다른 형태로 정부운영을 개선하기 위해 명맥을 이어가고 있다. 행정개혁의 배경과 목적은 장소와 시대를 불문하고 크게 다르지 않다. 진부한 질문이겠지만 개혁의 지향점은 어디인지, 무엇을 위한 개혁인지, 누구를 위한 개혁인지 등에 대한 답변을 토대로 개혁의 진행사항을 점검하고 개선을 유도하는 책무성을 확보할 수 있는 성과관리가 수반되어야 한다.

연방정부는 정치, 경제, 사회 전반의 환경변화로 야기된 문제를 해결하기 위해 정책, 제도 등의 소프트 인프라 개혁을 통해 효율적으로 목표를 달성하는 방안을 모색해 왔다. 연방정부는 1939년에 대규모 조직개편을 단행한 이후 지금까지도 유사한 조직구조를 유지하면서 정책의 지속성에 무게 중심을 두고 개혁을 단행해 왔다. 물론 1984년 이후부터 의회만이 정부조직 개편을 제안할 수 있는 정치적 배경 때문에 행정조직 개편이 어렵지만, 이로 인해 연방정부의 개혁방향은 조직개편보다 내용변화에 중점을 두고 추진해 왔다. 이와 달리 한국 정부는 정권이 교체되거나 큰 사건이

17) U.S. Government Accountability Office(2014). *Enhanced Goal Leader Accountability and Collaboration Could Further Improve Agency Performance*. GAO-14-639. Washington, DC: U.S. Government Printing Office.

있을 때 조직개편이 우선되어 왔다. 조직개편의 경직성과 유연성은 좋고 나쁨의 문제가 아니다. 조직개편의 필요성, 업무의 연속성, 효과 등에 관한 논의가 사전에 평가된다면 목표달성을 위해 보다 합리적 조직체계를 마련할 수 있다. 조직개편은 여러 측면에서 비용이 큰 투자이기에 외형상의 변화를 통한 조직구조와 운영과정의 개선이 언제나 최선의 선택은 아닐 것이다. 이해관계자인 공무원들은 통합, 분리, 신설, 재편성 등의 조직개편으로 인한 개혁효과를 낮게 평가하거나 부정적 인식이 높은 편이다. 이에 따라 추진 목표를 달성하기 위해 행정기능과 행태변화에 초점을 두고 개선을 시도해야 한다. 또한 시행 중인 정책, 사업, 방법 등은 어느 정도 결과가 나올 때까지 지속하도록 보장되어야 한다.

연방정부를 비롯한 주정부와 지방정부는 성과평가를 통한 책무성과 정보환류를 명확히 함으로써 개혁의 완성도와 효과성을 높이는 데 중점을 두었다. 정부는 해야 할 일들을 많이 하는 것이 최선이 아니라, 효율적으로 정책을 수행 및 목표달성 여부에 중점을 둬야 한다. 이를 위해, 연방정부는 시행된 정책과 사업의 성과를 체계적으로 관리하고 측정하는 방안에 중점을 두고 정부운영을 개선해 왔다. 행정부에 따라 성과측정 단위는 변화해 왔는데, 클린턴 행정부는 부처 단위, 부시 행정부는 사업 단위, 그리고 오바마 행정부는 전략결과에 중점을 두고 성과관리제도를 발전시켜 왔다. 성과결과를 예산편성에 반영하기 위해 PPBS, PART, EBMC, BSC 등의 기법을 적용해 개혁효과를 정착시키려고 노력해 왔다. 이러한 기법들이 항상 기대했던 만큼 문제를 해결해 주지 않았지만 전략목표와 성과지표개발에 중점을 둔 성과관리 방향은 바람직하다.

한국 정부의 성과관리제도는 GPRA와 GPRAMA의 영향을 받아 유사한 특징과 절차로 구성되어 있다. 2001년에 「정부 업무 등의 평가에 관한 기본법」을 제정해 중앙과 지방정부의 기관별 정책평가를 처음으로 시작한 이래 성과관리체계를 개선해 오고 있다. 2006년 「정부업무평가 기본법」이 제정되면서 통합적으로 국정 관리를 위해 중앙행정기관의 주요 현안과제를 평가하는 특정평가와 모든 중앙행정기관의 자체평가를 시행하고 있다. GPRAMA 이후 연방정부가 범부처 차원의 우선목표 달성에 초점을 두고 다양한 이해관계자를 성과평가과정에 포함한 것처럼, 한국 정부의 정부업무평가제도 역시 정책목표의 명확성과 평가의 적절성을 확보하기 위해 범부처 차원의 우선목표 선정 및 측정지표 개발에 다양한 이해관계자가 참여할 수 있는 방안들을 보다 다양화할 필요가 있다. 정부업무평가제도의 실효성에 대한 공무원인식이 상대적으로 낮은 편인데, 이러한 이유는 평가에 필요한 자료 준비에 소요되는 업무량에 비해 실제로 공무원이 성과평가를 수행할 수 있는 권한과 평가결과의 환류가 효과적으로 활용되지 않기 때문이다. 공무원의 참여와 성과관리 책임을 명확하게 확대시킬 수 있는 성과관리체계를 수립해야 할 것이다. 연방정부의 성과관리체계와 비교해 보면 한국 정부의 성과평가의 환류는 보상체계와 밀접하게 연관되어 있어 각 부처는 페널티를 피하기 위해 평가대상분야 및 평가지표가 다루고 있는 업무만 치중하게 만드는 경향이 있다.

행정개혁과 성과평가결과에 관한 정보의 낮은 활용은 어느 국가를 막론하고 당면한 과제이다. 2018년에 대통령관리의제를 기반으로 발표된 개혁계획은 의사결정과정에 증거를 제공하는 것은 훌륭한 거버넌스의 중요 구성요소이기에 각 부처는 효과적으로 증거를 통합하기 위해 학습문화와 지속적 개선을 위한 인프라와 노력의 필요를 강조하고 있다. 2019년 1월부터 시행된 2018년 증거기반정책기본법에 근거해 각 부처는 증거역량과 관행을 강화하기 위해 문제를 해결할 수 있도록 다년 간의 학습의제를 설정 및 활용, 그리고 부처의 평가활동 및 학습의제 등을 감독하고 OMB에 보고할 평가전담자의 지정을 요구하고 있다.[18] 이처럼 연방정부의 개혁은 21세기 디지털시대에 적합한 방향으로 정보 이용의 현대화를 통해 효율화를 높이려고 하고 있다. 성과데이터를 활용해 새롭고 검증되지 않은 정책 및 사업의 효과를 평가해 한정된 자원의 효율적 배분이 가능하기 때문이다. 한국 정부도 행정데이터의 공유 및 활용 등을 통해 비효율을 사전에 예방할 수 있는 체계를 검토할 필요가 있다.

18) U.S. Government Accountability Office(2014). *Enhanced Goal Leader Accountability and Collaboration Could Further Improve Agency Performance*. GAO-14-639. Washington, DC: U.S. Government Printing Office.

제4장

미국 정부는 과연 사회문제를 해결했을까?: 미국의 정책과정 및 참여자

정복교(뉴저지 Kean대학 행정학과 조교수)

"The Great Society rests on abundance and liberty for all. It demands an end to poverty and racial injustice, to which we are totally committed in our time. But that is just the beginning."

"위대한 사회는 모두를 위한 번영과 자유에 의존합니다. 이를 위해 빈곤과 인종에 기반한 부정의를 종식시켜야 합니다. 우리 모두 전적으로 헌신하고 우리의 모든 시간을 할애해야 합니다. 그리고 이는 단지 시작일 뿐입니다." - 린든 존슨(Lyndon B. Johnson) 대통령, 1964년 5월 22일 미국 미시간대학교 졸업식 초청 연설 중[1)]

미국 사회는 해묵은 난제를 안고 있다. 인종 갈등과 빈부 갈등에 의한 흑인의 소요와 이에 대한 임기응변적 대응이 지난 반세기 넘게 반복되어 왔다. 2020년 5월 25일 미국 미네소타 주 미네아폴리스에서 조지 플로이드(George Floyd)라는 이름을 가진 한 흑인 남성이 위조지폐 사용 혐의로 한 백인 경찰에게 체포 당하는 과정에서 무릎으로 8분 46초 간 목을 짓눌리는 조치를 당하게 되고, 결국 목숨을 잃게 되는 비극이 발생하게 된다. 이는 인종 갈등이라는 미국 정부와 사회의 아킬레스건을 건들

1) Johnson, L.(1964). "Commencement Address at the University of Michigan," May 22nd, LBJ Museum of San Marcos, Inc. Available at http://lbjmuseum.com/university-of-michigan/

[사진 4-1] Black Lives Matter 플라자

백악관 앞 16번가 구역에 워싱턴DC 시에 의해 공식적으로 지정된 Black Lives Matter 플라자.
[출처] 워싱턴DC 시장 바우저(Muriel Bowser)의 트윗 중(#BlackLivesMatter).

게 되고, 미국 전역으로 '흑인의 생명도 소중하다(Black Lives Matter)'라고 불리는 흑인민권 운동으로 퍼져 나가게 되었다. 더 나아가, 경찰 폭력에 대한 저항을 넘어서서 인종적 정의(racial justice)를 표방하고, 사회 깊숙히 뿌리박혀 있는 구조적인 인종 편견(structural racism)과 구조적 빈곤에 대한 개혁을 요구하게 되는 계기를 만들었다.

경찰 진압과정에서의 인종 편견에 대한 논란, 구조적 불평등에 의한 빈곤에 대한 논의는 미국 내에서 전혀 새롭지 않다. 가까이는 2014년 미국 미주리 주 퍼거슨(Ferguson)에서 발생한 경찰 총격에 의한 마이클 브라운(Michael Brown)의 사망과 경찰의 목조르기로 질식사한 뉴욕 시의 에릭 가너(Eric Garner)의 사례 등이 촉발시킨 시위 등에서 보듯 유사한 사건들이 매우 빈번히 발생해 왔다.

이러한 갈등과 시위가 판박이처럼 반세기도 넘게 지난 1960년대에도 발생했다는 사실을 아는가? 1965년 8월 미국 캘리포니아 주 로스앤젤레스 남부 와츠라는 흑인 노동자 계층이 주로 거주하는 마을에서 백인 경찰이 한 흑인 청년을 음주 운전 혐의로 체포하는 과정에서 물리적 충돌이 발생하고, 잠적해 있던 인종 갈등의 뇌관을 건들게 되면서 로스앤젤레스 근방에 대규모의 흑인 소요 사태가 발생했다. 이 소요는 단순한 우발적 사태가 아니었다. 이는 흑인사회의 빈곤, 차별, 경찰의 부적절 대우 등에 대해 억눌려 있던 불만이 폭발하게 되면서 발생한 사건으로, 와츠폭동(Watts Riot) 혹은 와츠저항(Watts Rebellion)으로 불리는 이유이기도 하다.

그럼 이를 해결하기 위한 시도는 없었을까? 미국 정부는 과연 그동안 무엇을 하고 있었을까? 놀랍지 않게도 미국 행정부도 이 문제를 정확히 인지하고 있었고, 그 대표적인 예가 1960년대의 위대한 사회(Great Society)를 표방한 린든 존슨(Lyndon B. Johnson) 대통령의 대대적인 정책수립이다. 앞서 예로 든 1960년대 로스앤젤레스에서 발생한 흑인폭동과 시위는 당시 미국 정부로 하여금 문제의 원인과 대책에 대해

고민하게 만들었다. 이 장 서두의 인용에서 보듯, 1964년 존슨 대통령은 미시간대학 방문 시 이루어진 연설을 통해, 위대한 사회의 건설을 제시하고, 미국의 빈곤과 인종 문제 해결을 제안하기에 이르렀다. 그 일환으로 교육, 의료, 실업문제, 도시문제, 농촌빈곤, 교통문제 등 산적한 문제 전반을 해결하고자 각종 정부정책들을 쏟아내고 집행하기 시작했다. 존슨 대통령 이후에도 수많은 정부와 행정부의 수반들이 동일한 문제에 봉착하고, 그때마다 이를 해결하겠다고 공언을 했지만, 여전히 문제가 반복되고 있다. 그럼 이러한 수많은 정책들은 실효를 거두지 못한 것일까? 아니면 사회문제 해결을 위한 제대로 된 논의와 결정, 집행, 평가가 이루어지기는 한 것일까? 과연 미국 정부는 그간 어떤 사회문제들을 해결하고자 했고, 누구의 목소리와 입장을 반영해 왔을까? 미국 정부 내에서 어떤 과정을 통해 문제가 안건으로 공식화되고, 정부 정책결정을 하게 되며, 더 나아가 실제 정책집행으로 이어지게 되는 것일까?

이 장은 미국 정부가 지난 반세기에 걸쳐 되풀이되는 사회문제를 제대로 시정하지 못했다면, 과연 어떤 과정에서 어떠한 요소가 걸림돌로 작용했기 때문인가를 살펴본다. 이를 위해, 미국 정부의 정책과정(정책의제설정, 정책결정, 정책집행, 정책평가)에 따라 그 요인을 이해하고, 정책참여자의 범주와 실제를 심층적으로 살펴본다. 미국의 되풀이되는 사회문제가 한국 정부와 행정에 던지는 함의가 무엇인가를 검토하며 장을 마무리한다.

1. 정책학의 태동, 시동은 걸었지만…

정부정책(public policy)은 사회문제를 해결하기 위한 정부 공식의사결정의 결정체이다. 풀어서 말하면, 정부가 사회문제에 대해 해결책을 제안하고, 결정하며, 집행·평가하는 과정에서 정부가 취하는 일련의 조치를 일컫는다. 저명한 정치학자 케틀(Donald Kettl)이 그의 저서, 『행정과정의 정치(*Politics of the Administrative Process*)』에서 밝혔듯이, 정책결정은 행정부 활동의 핵심이다.[2] 정부조직이 행정의 기본 건축

2) Kettl, D. F.(2016). *Politics of the Administrative Process*. CQ Press.

구조물(basic building block)이라면, 정책결정은 핵심이 되는 행정 조치(central administrative action)이다. 정부종합청사는 세워져 있는데, 정부가 정부정책을 세우지 않는 경우, 의사당은 세워져 있는데, 법안이 전혀 나오지 않는 경우를 상상할 수 있겠는가. 정부폐쇄(government shutdown) 등의 일시적인 경우라면 몰라도, 이는 상시적으로는 불가능한 일이다. 물론 일시적인 경우라고 해도, 미국 정부가 2018년 말에 경험한 것처럼 한달이 넘게 지속된다면 이야기는 좀 달라지겠지만 말이다.

미국 연방정부 정책의 일례로, 미국의 빈곤문제와 교육정책을 결합한 Head Start 프로그램을 들 수 있다. 미국의 빈곤격차가 미국 빈곤층 가정의 아동 교육 기회 박탈에서 발단하고, 이것이 장기적으로 미국 사회의 발전과 복지에 크게 저해요소로 작용하고 있다고 판단한 존슨 정부가 1965년 처음 도입한 정책이 바로 Head Start 프로그램이다. 초기아동교육(Early Childhood Education), 의료, 영양, 양육 관여 서비스 등을 저소득층 가정과 아동들에게 제공하는 것이 주요 골자이다. 빈곤과의 전쟁(War on Poverty)이라는 큰 틀 안에서 고안된 이 프로그램은 빈부격차의 고착화의 원인으로 아동발달 단계 초기 교육의 기회의 불평등을 지목한다. 몇 단계에 걸쳐 수정 및 확장을 거쳤지만, 65년이 지난 지금까지도 시행되고 있는 것을 보면 정말 장수하고 있는 정부 프로그램 가운데 하나라고 할 것이다.

미국의 정책학이 1960년대 이후 미국 사회의 흑인폭동과 빈곤문제를 해결하는 과정에서 태동하게 된 것도 그러한 맥락에서이다. 정책학은 사회문제를 해결하는 정부의 기능과 활동을 분석하는 학문이기 때문이다. 이에, 정책학은 문제해결을 위한 적실성(relevance)을 중시하게 된다. 정책학은 처방적 접근을 취하게 되는 동시에 정책과정을 따라가며 이를 분석 · 평가하는 과정에서 실증적 접근도 결합하게 된다.[3] 이렇듯 정책학은 현실에 천착해 현실의 문제를 실제로 해결하려 하는 학문이다.

정책학은 비단 과거의 학문이 아니다. 과거라면 과거라고 할 수도 있는 1960년대까지 정책학이 거슬러 올라가지만, 그 중요성은 오늘에 이르러 더욱 강조되고 있다. 최근 IBM 센터에서 발간한 『미래를 위한 정부』라는 저서를 보면, 최근 20년 간 정부

3) Dror, Y.(1968). *Public Policy-Making Re-Examined*. San Francisco: Chandler Pub, Co.; Lasswell, H. D.(1951). "The policy orientation." D. Learner & H. Lasswell(eds.). *Policy Sciences*. Stanford: Stanford University Press.

가 변화해온 궤적이 잘 요약되어 있다. 주요 경향으로 다음의 일곱 가지가 제시되고 있다.[4] 디지털화(going digital), 데이터 활용(using data), 성과관리(managng performance), Social Media와의 연계(linking social media), 협력적 운영(becoming collaborative), 위험진단(assessing risk) 등이 그것이다. 이 중 눈여겨 볼 부분이 바로 데이터를 활용한 정부정책 결정과 운영이라는 부분인데, 곰곰히 생각해 보면 정책학 태동기에 중시한 실증 데이터의 분석에 맞춘 과학적 개입과 문제해결이라는 점에서 맥이 닿아 있음을 알 수 있다. 이렇듯 정책학은 과거, 현재, 미래를 공존시키는 학문이다. 그리고 그 공통분모에 '사회문제' 해결을 위한 실증적 처방이라는 요소가 자리하고 있다.

정부정책 및 프로그램을 진단하고, 이를 지속할 것인가를 결정하는 다양한 기준을 다음 두 가지 질문으로 요약해 물을 수 있다. 첫째가 과연 이 정부정책 혹은 프로그램들이 문제해결 자체에 기여를 했는가이고, 둘째가 다른 대안과 비교해 문제해결에 보다 효과적으로, 효율성을 보이며, 형평성에 맞게 문제해결을 도모했는가이다. 만약 정부의 정책들이 지난 반세기 동안 효과를 잘 내었다면, 그리고 정책 본연의 목표를 정책과정이 잘 뒷받침했다면, 정부가 지속적으로 공을 들이고 있는 사회문제들의 상당부분은 해결되거나 진척의 기미를 보여야 하지 않을까? 이 장은 과연 어떠한 걸림돌들이 미국의 적실성 있는 정부정책들의 도입과 시행, 개선을 저해하는 요소로 작용했을까 하는 의문에 다시금 천착하게 된다.

2. 미국의 정책과정, 어떻게 이루어져 있길래?

정책과정은, 의제를 설정(agenda setting)하는 단계, 정책을 결정(decision-making)하는 단계, 정책을 집행(implementation)하는 단계, 실행 결과를 평가(evaluation)하는 단계로 이루어진다. 물론 정책과정은 그다지 단순하지 않다. 서술한 바와 같이 한 문장으로 단선적 관계마냥 늘어 놓을 수는 없다. 각 단계는 서로 꼬리를 물고 순환되

4) Abramson, M. A., Chenok, D. J., & Kamensky, J. M.(2018). *Government for the future: Reflection and vision for tomorrow's leaders*. IBM Center for the Business of Government.

고(cyclical), 다층·다영역 간 상호작용이 혼재(multi-level and multi-sectoral interaction)하며, 표면에 내세워지는 합리적·과학적인 분석보다 현실에서는 진흙탕 속 힘겨루기(muddling-through)가 주되게 이루어지거나, 만족 수준에 맞추어 최적 수준을 정하는(satisfying & optimizing decision) 결정이 주로 이루어지는 것이 현실이기도 하다. 이러한 양상이 비단 미국에만 국한된 것은 아니다. 다민족으로 이루어지고, 개인주의와 개인의 자유가 공공의 질서 이상으로 강조되며, 상호 견제와 균형을 통한 제도적 민주화가 공고화된 미국의 경우 더욱 뚜렷하다고 할 것이다.

1) '흑인의 생명도 소중하다'는 운동은 왜 2020년에서야 벌어지고 있나?

정책의제설정론이란 공식석상에서 논의되는 의제 자체를 누가 선점하고, 누구의 입김이 크게 작용하는가를 보는 학문이다. 어떤 논의를 표결에 부칠지 사전에 결정하는 단계에서 권력을 지닌 자의 목소리가 크게 반영될 수밖에 없다. 표면상으로 제시되는 바와 달리 미국은 결코 평등한 사회가 아니다. 물론 돈이 많으면 로비를 통해 우호적인 선택을 살 수 있다는 점에서 자본주의적 평등이 존재한다고 하면 달리 할 말은 없겠지만 말이다. 미국에서 있는 자와 없는 자 간의 불평등은 가히 우려할 만한 수준이다. 소득분배의 불평등을 측정하는 지니계수(Gini Coefficient)에 따르면, OECD 국가 중 미국은 칠레, 멕시코, 터키 다음으로 높은 불평등 수준을 보이고 있다.[5] 정치적 파워를 가진 자와 갖지 못한 자 간의 비형평적인 대우는 한국보다 더 뚜렷하다. 미국의 경우, 특히 인종에 의한 불평등과 격차가 거의 구조적으로 고착화되어서 이를 시정하고자 하는 노력조차 미약한 실정이다. 최근 경찰의 폭력 진압에 의한 '흑인의 생명도 소중하다'는 운동의 영향으로 이러한 불평등한 대우와 억압에 대한 항의가 사회 저항 운동처럼 확장된 사례는 오히려 이례적인 것으로 보면 된다. 미국의 경우, 흑인 가정의 경우 빈곤율이 타 인종 가정을 상회하고, 흑인 아동의 경우 심각한 수준의 학력격차를 보이고 있으며, 범죄 수행으로 인한 수감률 또한 절대적으로 높

5) 미국의 지니계수는 2017년 자료 기준 0.39로, OECD 국가 가운데, 네 번째로 높은 수준의 소득불평등을 드러내고 있다. 이 자료에 의하면, 한국의 소득불평등 수준은 2017년 자료기준 0.35로 OECD 국가 중 불평등도가 높은 국가군에 속한다. 자세한 통계 수치는 이 사이트에서 참조할 것. OECD (2020). Income inequality(indicator). OECD Social and Welfare Statistics. https://data.oecd.org/inequality/income-inequality.htm(2020년 10월 15일 기준 OECD 공식 웹사이트 자료에 기반함)

다. 가령, 아동빈곤율의 예를 보면, 2018년 기준 미국 아동 6명 가운데 한 명이 빈곤 상태이며, 가난한 아동의 73%는 유색 인종이었고, 특히 흑인 아동의 경우 3명 가운데 한 명, 히스패닉 아동의 경우 4명 가운데 한 명이 빈곤 상태에 처해 있는 것으로 나타났다. 백인 아동의 경우 11명 가운데 한 명이 빈곤 상태인 것과 대비되는 결과이다.[6] 미국 시카고대학교에서 수행한 2018년 범죄수감가족력(Family History of Incarceration Survey) 패널 조사에 의하면, 미국 흑인 성인의 63%가 직계 가족 중 교도소 혹은 구치소에 수감된 경험을 갖고 있는 것으로 드러났다. 동일 조사항목에서 백인은 42%, 히스패닉은 48%로 여전히 높지만 흑인 비율보다는 낮게 나타났다.[7]

이러한 불평등 문제를 해결하려는 노력이나 정책이 개별적으로 수행되어 오기도 했지만, 이를 구조적이고 시스템적 편견에 의한 문제로 보기 시작한 것은 최근에서의 일이다. 미국의 탄생과 함께 상존해 온 인종 간 편견과 불평등 속에서 이를 시스템적 문제로 보기 시작하는 데 근 두 세기가 걸린 셈이다. 그 이유를 설명하는 다양한 시각이 있겠지만, 기득권 사회의 편견과 구조적 불평등을 공론화하기가 그만큼 어렵다는 사실의 반증이기도 할 것이다. 다시 말해, 무엇을 논의할지(what to discuss)의 결정 이상으로 무엇을 논의하지 말아야 하는지(what not to discuss)를 결정하는 숨은 권력, 이 숨은 강자가 미국 사회의 혁신적인 변화를 막아온 걸림돌이 되어 온 것으로 보는 설명이 가능할 것이다.

2) 정책, 과학적 분석의 산물 혹은 밀고당기기식 협상의 산물?

정책과정을 바라보는 크게 두 가지 시각이 있다. 하나는 과학적 합리분석주의(scientific rationalism)이고, 다른 하나는 정치적 점증주의(political incrementalism) 시각이다. 양자는 상시적으로 혼재한다. 물론 정책결정과정을 설명하는 이론과 시각은 이보다 훨씬 다양하다. 개인의 시각에서 의사결정의 합리성과, 조직과 회사 차원에서의 의사결정은 다르다는 점에 일부학자들은 주목하기도 했다.[8] 심지어, 어떤 학

---

6) Children's Defense Fund(2020). The State of America's Children 2020, https://www.childrensdefense.org/wp-content/uploads/2020/02/The-State-Of-Americas-Children-2020.pdf

7) Enns, P. K., Yi, Y., Comfort, M., Goldman, A. W., Lee, H., Muller, C., … & Wildeman, C. (2019). What percentage of Americans have ever had a family member incarcerated?: Evidence from the family history of incarceration survey(FamHIS). Socius, 5, 2378023119829332

자들은 정책과정의 혼란함을 일컬으며, 쓰레기통 모형(Garbage Can Model)이라고 일컫기도 한다.9) 한편, 앨리슨(Graham Allison)에 따르면, 정책과정은 하나의 시각으로 풀어내기는 어려우며, 정책결정과 합리성의 주체를 기준으로 합리적 개인, 조직과정, 혹은 관료정치적 시각으로 풀어낼 수 있다고 한다.10) 이 장에서는 이러한 수많은 이론을 일일이 열거하고 그 내용을 이론서처럼 풀어내지는 않고자 한다. 선택과 집중을 위해, 구체적 정책 사례와 관련 쟁점을 중심으로 심층 해부를 해보고자 한다.

정책과정이 과학적 의사결정의 산물이라기보다 밀고당기기식 타협의 결과물이라는 사실을 보여주는 예로, 미국의 총기구매 규제 법안 상정과 표결을 들 수 있다. 총기구매 시 신원조회를 확대하는 방안을 두고 민주당과 공화당은 첨예한 대립을 보여왔다. 일부 예외 의원들을 제외하고, 민주당은 신원조회 확대에 찬성하는 반면, 공화당은 반대하고 있다. 대립이 지속되는 가운데, 절충안을 끌어내고 표결에 부친 예가 없는 것은 아니다. 가령, 2013년과 2015년에 표결에 부쳐졌다가 결국은 부결이 된 '총기구매 시 신원조사 확대' 법안을 보면, 어떻게 정책이 다양한 이익집단의 요구에 의해 절충되고, 대립을 보이는 양당 간에 타협되는지를 잘 보여준다. 가령, 2013년 웨스트버지니아의 조 맨친(Joe Manchin III) 민주당 의원과 펜실베이니아의 팻 투미(Pat Toomey) 공화당 의원은 '총기구매 시 신원조회 확대'방안을 두고 절충안을 끌어내었다.11) 이 법안에 따르면, 총기상뿐만 아니라 온라인이나 총기 박람회를 통해 총기구매 시에도 구매자에 대한 신원조회를 의무화하도록 규정하도록 규정하고 있다. 그런데 흥미로운 것은 이 절충안이 기존의 총기규제를 완화한 조항을 동시에 포함하고 있다는 점이다. 가령, 가족 간 거래를 할 때는 이러한 신원조회가 면제되며

---

8) Cyert, R. M., & March, J. G.(1963). A behavioral theory of the firm. Englewood Cliffs, NJ, 2(4): 169-187.

9) Cohen, M. D., March, J. G., & Olsen, J. P.(1972). A garbage can model of organizational choice. *Administrative Science Quarterly*, 1-25.

10) Allison, G. T., & Zelikow, P.(1971). *Essence of decision: Explaining the Cuban missile crisis*, 327(729.1). Boston: Little, Brown.

11) 이 절충 법안의 골자와 요지는 아래의 페이지를 통해 참고할 수 있다. https://www.washingtonpost.com/blogs/wonkblog/files/2013/04/Manchin-Toomey.pdf; 미국의 총기규제 신원확대방안을 둘러싼 법안 도입 노력과 좌절의 기록은 다음의 기사에서 요약해 보여주고 있다. https://billypenn.com/2019/08/07/the-nra-hates-pat-toomey-but-he-still-cant-get-background-checks-passed/

인터넷을 통해 1년에 5개 이상의 총을 판매하는 것을 규제하는 조항도 사라졌다. 이것이 단순 우연의 일치일까? 이 절충안의 승리를 가져오기 위해, 치열하게 벌어졌을, 테이블 아래의 협상과 법안 이면에 존재했을 이익집단 로비의 장면이 그려지지 않는가? 물론 이 법안은 결국 상원 표결에서 부결되었기에, 절반의 승리에 그쳤다고 할 수 있지만, 이익집단의 치열한 저지공세에도 불구하고, 양당 간 합의를 통해 표결에 부쳐졌다는 것만으로, 역사적 사건으로 기록되고 있다.

3) 잃어버린 연계 고리: 정책집행

작심삼일이라는 말이 있다. 한 개인이 결심을 하지만, 실행은 어렵고, 그 실행을 지속하기는 더욱 어렵다는 것을 뜻한다. 물론 그 이유와 사정은 다양할 것이다. 이는 개인 차원의 현상을 설명한 말이지만, 이를 조직 차원 혹은 정부 차원으로 확대하면 논의는 더한층 복잡해진다. 그 집행을 가로막는 장애요소는 훨씬 거대해지고, 정교해지며, 복잡해질 수밖에 없다.

매우 흥미롭게도 이렇게 중요하다고 생각되는 정책집행에 대한 관심도 1970년대 이후에야 이루어졌다.[12] 하그로브(Erwin Hargrove)라는 학자가 '잃어버린 연계 고리(missing link)'라는 용어를 쓰면서 집행 단계의 중요성에 주목을 하게 되었다. 수많은 정책결정을 반복하고도 성과를 보이지 못하고, 문제해결을 이루지 못하는 근원으로 집행에 주목하기 시작했음을 의미한다. 흥미로운 것은 그 이후 한 세대도 넘게 지난 2000년대 말, '여전히 잃어버린 연계 고리(still the missing link)'라는 말로, 정책결정이론과 차별되는 집행 및 거버넌스의 중요성이 현대적 시각에서 재조명받고 있다는 사실이다.[13]

린드블룸(Charles E. Lindblom)이라는 학자는 정책결정 단계에서의 밀고당기기식 싸움이 정책집행 단계에까지 이어지며, 정책집행 단계에서도 결정이 이루어진다고 지적하였다. 집행 단계에서도 이해관계자들이 자신의 이익을 관철하기 위해 영향을

12) Hargrove, E. C.(1975). *The Missing Link: The Study of Implementation of Social Policy.* Washington, DC: *Urban Institute*. Mimeo.
13) Robichau, R. W., & Lynn, Jr, L. E.(2009). The implementation of public policy: Still the missing link. *Policy Studies Journal*, 37(1): 21-36.

행사하려 함을 지적한 말이다. 이 견해에 따르면, 이해관계와 맞물린 영향력 행사에 따른 열매가 바로 눈앞에 보이는 집행 단계에서 권력 갈등은 보다 치열할 수 있다는 뜻이다.14)

정책집행과 관련하여 연방제의 요소를 빼놓을 수 없다. 이 책의 서두에서 다루었지만, 연방제를 이해하지 않고 미국의 정책과정을 제대로 이해하기 어렵다. 연방제의 이해를 돕기 위해 한국의 경우를 먼저 살펴보자. 대한민국 헌법 제1조를 기억하는가? "대한민국의 주권은 국민에게 있고, 모든 권력은 국민으로부터 나온다"(대한민국 헌법 제1조 제2항). 주권은 국민에게 있다는 것이 핵심이고 국민이 주인이라는 것이다. 정권의 정당성을 부여하는 원천이 단일하고 명확한 것이다. 그런데 만약 이 주권이 두 갈래로 나뉘어 서로 다른 위계에 있는 두 정부가 서로 합법성과 정당성을 주장한다면 이야기는 달라지지 않겠는가. 미국의 연방제가 바로 그러한 경우이다. 미국의 연방정부는 물론 주정부도 헌법을 가지고 있다. 뿐만 아니라 이 책 제1장에서 밝혔듯이, 미국의 연방 수정헌법 제10조는 주와 국민에 유보된 권한을 명시적으로 규정하고 있어서, 주는 사실상 광범위한 권한을 행사하는 정당성을 부여받고 있다. 따라서 국민은 연방정부의 주인이기도 하고, 주정부의 주인이 되기도 하는 셈이다. 국민을 위해 봉사하는 정부가 두 개라 좋지 않을까 하는 생각을 할 수도 있지만, 만약 이 두 위계의 정부 간 역할 분담이 불분명하고, 서로 다른 생각이나 이념으로 협력하지 않게 된다면 오히려 문제가 될 수도 있다. 미연방 헌법에 따르면, 연방정부의 권한으로 명시한 경우, 주정부의 권한으로 명시한 경우도 있지만, 동시 권한 규정(concurrent power)으로 정한 경우가 많을 뿐만 아니라, 연방과 주정부 사이에 어느 정부가 우선권을 갖는가에 대해 명시하지 않고 모호하게 밝힌 경우가 많아 정책과정에서 갈등과 긴장의 요소로 작용하는 것이 사실이다. 물론 한국의 경우도 지방자치제가 실현되면서 중앙정부와 지방정부 간 조정과 협력이라는 과제가 대두하고 있는 것이 사실이지만, 어찌 독자적 헌법을 갖춘 미국의 연방정부와 주정부 간의 갈등 정도에 비하겠는가.

미국의 연방제에 따르면, 각 주정부들은 독자적 헌법을 가지고 있으며, 독자적 정

---

14) Lindblom, C. E.(1959). The science of "muddling through." *Public Administration Review*, 79-88.; Lindblom, C. E.(1980). *The Policy-making Process*(2nd ed.). Sydney: Prentice-Hall.

책결정 및 집행 권한을 가지고 있다. 연방정부 차원의 정책 등의 경우에 결정과 재원 마련은 연방정부가 담당하더라도, 집행은 주정부나 지방정부에서 담당하는 경우가 많다. 연방정부, 주정부, 지방정부 단계의 집행부 수장, 그리고 양 의회(상원, 하원)가 다른 당에 의해 장악되어 있을 때에 정책집행을 방해하는 요소는 더 크게 작용하게 마련이다.

혹자는 연방제의 장점으로, 연방정부 단계에서 수행하기 어려운 정책들을 주 단위에서 시험해 볼 수 있는 정책 유연성을 꼽는다. 그리고 주민들에게 가까이 존재하는 주정부가 주민들의 요구와 이해관계에 보다 적극적으로 반응할 수 있는 민주성이 거론되기도 한다. 이러한 장점을 뒤집어서 해석하면, 연방정부 차원의 정책결정이 일사분란하게 주정부 단위에서 실행되기가 어려운 것을 반증한다. 주 단위의 법제와 기관들이 상이해 복잡성이 크다는 점, 행정 관할구역의 경계가 모호하다는 점, 정부 간 정책집행 비용이 중복되어 사용될 수 있고 책임성의 소재도 불분명하다는 점, 조정 비용이 증가한다는 점, 서비스 제공의 불평등 정도가 커진다는 점 등이 연방제의 단점으로 지적된다. 이들 연방제의 단점들은 정책과정, 특히 정책집행과정의 어려움을 반영하는 것으로 보아도 무방할 것이다.[15]

4) 정치와 과학의 딜레마: 근거에 기반한 정책결정이 과연 이루어지고 있나?

정책평가 과정에서 과학적으로 데이터를 분석하고, 결과를 정책문제 자체의 해결뿐만 아니라, 정책과정 자체의 개선을 위해 쓰는 것이 필요하다. 근거에 기반한 정책결정이 최근 정책과정에서 중요한 과제로 대두되었다. 앞서 논했지만, 정책과정을 과학적 합리성으로 해석하는 시각과 정치적 공학으로 해석하는 두 시각에 차이가 존재한다. 린드블룸은 진흙탕 속의 과학(science of muddling through)이라는 용어를 써서 정책과정 내에 존재하는 정치적 갈등과 절충을 논했다.[16] 이는 다시 말하면, 합리성이라는 기준 자체가 천편일률적으로 적용되는 것이 아니라 초점을 어디에 두는가에 따라 다르게 해석될 수 있다는 점이다. 이러한 근본적 시각 차이를 줄이면서 정책 효과를 극대화하려면 어떻게 해야 할까?

15) Smith, K. B., & Greenblatt, A.(2019). *Governing states and Localities*. CQ Press.
16) Lindblom, C. E.(1980). *The Policy-making Process*(2nd ed.). Sydney: Prentice-Hall.

근거에 기반해 정책결정을 내리는 노력을 통해 이들 두 시각 간의 격차를 줄이고, 정책효과를 최대화하는 결과를 도모할 수 있다. 앞서 언급한 『미래를 위한 정부』라는 저서를 보면 앞으로 정부의 정책과정이 나아가야 할 바를 암시해 주고 있다. 주요 경향 일곱 가지 중에, 디지털화, 데이터 활용, 성과관리, 위험진단 등 네 가지 요소가 실증데이터 활용에 기반한 정책과정 확립의 중요성을 잘 보여준다. 사회문제 해결을 위한 실증적 처방이 정책과정의 핵심이다. 따라서 과학적으로 정책결정의 논리를 뒷받침하고, 이를 최종 평가 단계에서 재평가하며, 정책 자체 및 정책과정의 개선으로 이어지게 하는 노력이 더없이 중요하다고 할 것이다.

3. 미국의 정책과정, 누가 참여하길래?

과연 미국의 정책결정에는 누가 참여할까? 공식적 의사결정의 참여자로 연방정부의 경우 대통령과 행정부, 연방의회, 연방의 사법부가 주요 정책에 직·간접적으로 영향을 미치게 된다. 주정부 차원에서는 주지사, 주행정부의 부처와 공무원들, 주의회, 그리고 주의 사법부가 영향을 미치게 된다. 이 장에서는 참여자 개개의 구체적 영향과 사례를 일일이 나열하지는 않고자 한다. 왜냐하면 공식적 결정과 영향에 대한 부분은 이 책의 앞선 장에서 행정체계의 구조와 과정을 다루면서 상당부분이 직·간접적으로 다루어졌고, 기존의 행정학·정책학 교과서들에서도 매우 상세하게 설명을 하고 있기 때문이다. 따라서 이 장에서는 비공식적 참여자들이 전체 정책과정에 미치는 영향과 사례에 초점을 맞추어 논의를 전개하고자 한다. 이를 통해 정책과정이 보이지 않는 곳에서, 표면화되지 않은 개입을 통해 영향을 받음을 보여주고자 한다.

비공식적 권한을 지닌 정책과정 참여자로는 크게 정당, 이익집단, 일반시민, 언론매체, 학자를 위시한 전문가 집단 등을 꼽을 수 있다. 미국의 정치와 행정을 이해함에 있어 200년을 넘게 이어온 양당제를 이해하는 것은 필수이다. 수많은 신생 정당이 탄생하고 소멸하며, 설립된지 한달도 채 지나지 않은 신생 정당이 국회의 절대 다수를 차지하기도 하는 등 역사적 시기에 따라 지속적인 역동성과 변화를 보여준 한국과 달리 미국의 정당제는 두 개의 주요 정당에 의해 지배되어 왔다고 해도 과언이 아니다. 미국의 양대 정당 출신 정치인들이 연방, 주, 지방정부 차원에서 정책결정 및 집행에 주요 영향을 미치게 됨은 물론이다. 가령, 주요 정부의 정책이라고 할 만한 교육정책, 사회복지정책, 환경정책, 의료정책 등이 그것이다. 이 정책 모두 각기 다른 정부 레벨에서 행정부와 입법부 간 조율을 거쳐 법안으로 입안되고, 예산으로 편성되며, 구체적인 집행은 행정부에서 관할하게 된다. 이 과정에서 양당은 공식·비공식 통로를 통해 당의 이념과 선호에 맞는 방향으로 정책이 입안되고 시행되도록 영향력을 행사한다.

1) 버니 열풍(Bernie Fever)은 무엇을 반영할까?

미국의 양당제는 미국의 정치와 행정을 안정화시키는 역할을 하기도 하지만, 부작용도 있다. 미국의 양당은 최대득표 전략을 위해 점차 중위자의 선호를 반영하는 방향으로 수렴해 왔으며, 따라서 중도 표심에서 벗어난 획기적인 정책이나 법안은 전략적으로 논의에서 배제되어 올 수밖에 없었다. 미국에서 물론 독립적인 선호를 가진 투표자들(independent voters)이 존재하지만, 미국 선거 역사상 양당 사이에서 중립·독립적 위치를 표방한 정당의 후보가 대선에서 승리하거나 주요 주의 입법, 행정부를 장악한 사례가 없다. 이 때문에 많은 주민들과 국민들의 차별화된 선호관계를 반영하는 입안들이 정책으로 도입되는 것이 원천적으로 차단되어 있는 구조이다. 최근 미국 대통령 선거 예비선거에서 독립적인 의제와 진보적 이념 지향을 가지고, 당내 경선에서 돌풍을 일으킨 버니 샌더스(Bernie Sanders) 버몬트(Vermont) 상원의원의 경우는 매우 예외적인 경우로 볼 수 있다. 다만, 이 경우에도 양당제의 구조적 한계를 뛰어넘지 못해 제3후보로 나서는 대신, 샌더스 상원의원은 양당제의 한 축인 민주당 경선을 통해서 입후보를 할 수밖에 없었다. 일반 대통령 선거에서의 당선 가능성을 고려해 현실적인 선택을 한 셈이다. 결국 그 양당제의 굴레 때문에 경선에서의 돌풍에도 불구하고, 당내 경선의 벽을 넘지 못하고 좌절하게 된다. 당의 안정적 유지와 일반 대선 투표에서 중간 표심을 잡아야 한다는 절대 명제를 지키고자 하는 당지도부와 긴장관계를 형성하고, 결과적으로 힐러리 클린턴(Hillary Clinton) 후보에게 대선 후보 자리를 내주게 되었다.

2) 미국식 총선 낙선 · 당선 운동의 대명사, 전미총기협회

미국 정부의 정책과정에서 비공식 참여자인 이익집단의 영향을 무시할 수 없다. 단순한 말로 보이는 것만이 전부는 아니다. 다시 말해, 정책결정을 위한 공식 모임과 표결에서 드러나는 발언과 활동이 정책결정과정의 전부를 보여주지 못한다. 미국의 경우 정책결정과정에서 이익집단의 자금력과 로비의 영향력이 막강하게 발휘되고 있다. 그 대표적인 예가 전미총기협회(National Rifle Association: NRA)이다. 미국 정치 및 행정의 의사결정은 물론, 미국 사회의 단면을 가장 적나라하게 보여주는 사례이다. 일반 개인의 총기 소지가 허용되지 않는 한국인의 입장에서, 미국 사회를 이해하기 어렵게 만드는 부분 중의 하나가 바로 끊이지 않는 미국의 대형총기난사 사건이다. 거듭되는 초 · 중 · 고등학교, 쇼핑몰, 극장 등 공공장소에서의 대형총기피해에도 불구하고, 총기소지 불법화는커녕, 총기구매 과정에서 예외없이 신원조회를 의무화하는 조치(Universal Background Check)가 의회의 표결에 조차 붙여지지 못하고 있는 실정이다. 미국의 퓨리서치센터에 따르면, 미국의 절대다수 국민이(85%) 총기규제에 보편적 신원조회를 찬성하고 있다.[17] 그럼에도 불구하고, 총기규제에 대해 미국의 의회가 규제법안을 통과시키지 못하고 있는 이유는 바로 전미총기협회라는 거대한 이익집단이 뒤에서 압력을 행사하고 있기 때문이다. 총기규제협회가 미국 정치에 쏟아 붇는 자금은 가히 천문학적이다. 2016년의 경우, 전미총기협회는 4억 천이백만 달러(한화로 대략 4천 8백억 원)가량을 로비 관련 활동에 지출했다. 아마도 이 금액이 어떤 정도의 규모인지 다소 감이 오지 않을 수도 있다. 다소 엉뚱한 비교 같지만, 이 총금액은 서울시가 2020년 획기적으로 내세운 청년 지원 사업의 총금액 4,900억 원과 맞먹는다.[18] 서울시가 야심차게 시행하고 있는 이 사업에 할당된 예산은 사회 출발의 불평등 선에 선 청년 지원을 위해 청년 수당을 3만 명에게 지원하고, 학자금 대출 및 금융 · 주거 지원을 하며, 취업난 · 학자금 대출로 어려움을 겪는 서울시의 저소득 청년 지원을 모두 합한 금액과 맞먹는다. 이는 또한 2019년 서울시의

17) PEW Research Center(2013). "Most Support Background Checks for Gun Purchases," January 31st, Available at https://www.pewresearch.org/fact-tank/2013/01/31/most-support-background-checks-for-gun-purchases/

18) 서울시, "서울시 2020년 예산안 39조 원 역대 최대 편성," 서울정보소통광장, https://opengov.seoul.go.kr/

시민참여예산 700억 원의 7배에 달하는 금액이다. 시민참여예산이란 사업의 제안, 심사, 결정 전 단계에 걸쳐 시민이 중심이 되어 운영하는 예산이다. 엉뚱한 비교같이 들리겠지만, 이는 발상의 전환을 위해 의도적으로 비교한 수치이다. 총기사고로 미국에서 매년 초·중·고등학교에서 수많은 어린 학생들이 목숨을 잃고, 가족들을 실의에 빠지게 하고 있음에도, 그 나락에서 빠져 나올 방향으로 자금이 쓰이는 것이 아니라 문제를 더 심화시키는 방향으로 미국 내 자금의 편중이 이루어지고 있음을 말하고자 함이다.

유의할 점은 이 금액은 직업 정치인들의 선거 당선을 위해 후원금을 쏟아 붓는 정치활동위원회(Political Action Committee) 소속의 조직으로 지출하는 액수를 포함하지 않은 금액이다. 가령, 미국은 연방 선거에 영향을 미치고자 자금을 지출하는 단체들을 연방정부선거위원회에 등록하는 것을 의무화했다. 전미총기협회는 정치활동위원회를 통한 선거자금지원으로 2016년 한 해 5천 4백만 달러(한화 635억 원)를 훌쩍 넘게 지출했다. 미국연방선거위원회 자료에 따르면, 전미총기협회는 2016년 의회의원 선거에서 223명의 공화당 후보와 9명의 민주당 후보를 지원했다. 이 투자는 큰 성과를 냈다. 전미총기협회가 정치활동위원회를 통해 당선 운동을 벌인 절대 다수의 의원들이 당선되었고, 이들이 낙선 운동을 벌인 후보들이 상당수 고배를 들어야 했다.[19] 물론 이들의 당선·낙선 운동이 결정적으로 영향을 주었다고 검증할 만한 자료는 없다. 한 가지 눈여겨 볼 점은 전미총기협회는 2016년 대선에서 힐러리 클린턴의 낙선을 위해서 1,976만 달러(한화 232억 원)의 금액을 지출함과 동시에, 도널드 트럼프의 당선을 위해 1,145만 달러(한화 134억 원)의 금액을 지출했다. 전미총기협회가 쪽집게였던 것일까, 아니면 이들의 자금 자체가 결과 자체를 그들에게 유리하게 유도한 것일까? 과학적 인과관계를 검증할 수 없는 가설 수준에 불과하지만, 만약 이 이익집단이 지출한 366억 원이 2016년 대선의 향방을 가르는 데 결정적인 요인으로 작용했다면, 전미총기협회는 미국의 운명을 넘어서서 전 세계와 국제사회의 현재와 미래에 무시하지 못할 정도의 영향을 미친 것으로 봐도 틀린 말은 아닐 것이다. 이 이익집단의 물량공세에 가까운 지원을 받고 당선된 정치인이 이 집단의 이익에

19) Center for Responsive Politics(n.d.). "National Rifle Association recipients, 2016," https://www.opensecrets.org/outsidespending/recips.php?cmte=National+Rifle+Assn&cycle=2016

반하는 법안을 입안하거나 찬성하기는 쉽지 않을 것이기 때문이다.

4. 시민참여는 대안이 될 수 있을까?

1) 미국판 반상회, 19세기의 타운미팅, 오늘에도 작동하고 있나?

"Town-meetings are to liberty, what primary schools are to science."
- Alexis de Tocqueville, Democracy in America

"초등학교에서 과학을 가르치듯, 타운미팅은 우리에게 자유를 가르친다."
- 알렉시스 드 토크빌, 『미국의 민주주의』 중

미국 민주주의와 시민참여의 원형을 제시해 주는 고전으로 토크빌(Alexis De Tocqueville)의 『미국의 민주주의(*Democracy in America*)』가 꼽힌다. 프랑스의 25세 귀족 출신 법관이었던 토크빌은 1831년 9개월 간 미국 기행을 하고 프랑스로 돌아가 19세기 미국 사회를 답사한 책을 출간한다. 토크빌은 미국의 잭슨(Andrew Jacken) 대통령을 비롯해 주요 인사들과의 만남, 그리고 각종 공공기관 방문을 통해, 자신이 통찰한 미국 민주주의의 모습을 저서에 담는다. 토크빌은 미국 사회의 탐구를 통해 19세기 새로 등장한 정치의 모델인 민주주의를 탐구하고자 했으며, 이 책은 그러한 의미에서 민주주의의 교과서로 불리운다. 토크빌이 미국을 돌아보던 시기의 미국은 보통선거권을 확립하고, 대중민주주의를 표방하던 잭슨 대통령 하에 있던 시기로, 대중민주주의를 표방하며 일반주민의 정치 참여를 적극 장려하던 시기였다. 토크빌의 미국 사회에 대한 탐구와 묘사는 이러한 시기적 특성을 반영한 것으로 이해된다.

[사진 4-2] 19세기 토크빌의 『미국의 민주주의』

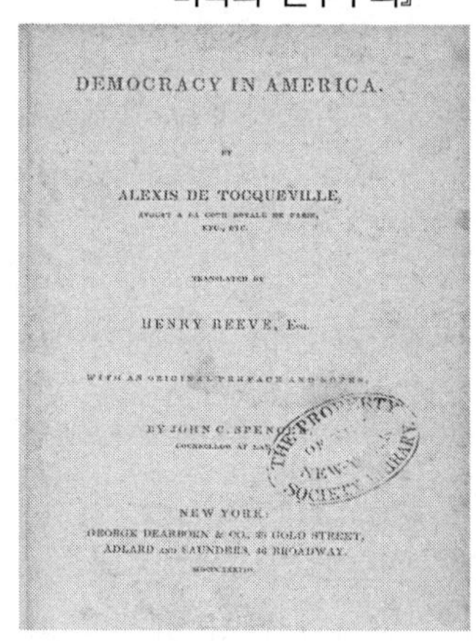
DEMOCRACY IN AMERICA.

BY

ALEXIS DE TOCQUEVILLE,

TRANSLATED BY

HENRY REEVE, Esq.

BY JOHN C. SPENCER,

NEW YORK:

출처: 토크빌의 『미국의 민주주의』 표지, 1838년 뉴욕 출간.

19세기 토크빌은, 타운미팅에서 풀뿌리 정치 참여를 통해 공동의 문제를 해결하고, 정치와 분리된 사적 공간인 교회에서 토론의 장을 마련하고 있는 것을 보았다. 가령, 1633년 코네티컷에서 가장 오래된 도시인 윈저에 청교도들이 정착할 당시, 자유인으로 간주되는 모든 타운의 사람들은 미팅에 참여할 의무가 있었다. 타운은 타운미팅을 이용해 필요한 법원의 명령과 법률이 발표하기도 했다. 초기 오두막에서 열렸던 미팅은 이후 윈저의 First Church로 옮겨져서 개최되었다.[20] 뿐만 아니라 토크빌은 당시 미국의 사회에 대해, 사적 이익 추구에 매몰되지 않고 공공성을 추구하는 자발적 결사체들이 민주주의를 안정적으로 제도화시키고 있다고 묘사했다. 아래에 토크빌이 타운정부와 타운미팅에 대해 묘사한 부분을 보자.

[사진 4-3] 뉴잉글랜드 타운미팅의 장소

출처: 코네티컷 주 윈저 시의 제일교회(First Church), 역사적으로 가장 오래된 타운미팅 장소 중의 한 곳.

"[타운] 정부는 주민들에 의해 운영되며, 주민들의 취향에 맞는다. 왜냐하면 주민들이 실제로 정부에 참여하기 때문이다. 뉴잉글랜드의 주민들은 타운이 자주적이고 자유롭기 때문에 타운에 애착을 갖는다. 주민들은 타운의 업무에 적극적으로 협조하며, 타운은 주민들에게 복리를 제공한다. 그들은 타운에서 일어나는 모든 일에 참가한다. 그들은 자기 손이 닿을 수 있는 작은 영역 안에서 정부의 일을 한다." (토크빌의 『미국의 민주주의』 중).

일부 주들에서는 350년 전 미국 정착시기 원형에 가까운 타운미팅을 여전히 운영해 오고 있다. 뉴잉글랜드가 그러한 경우로, 타운미팅은 여전히 절대 다수의 시정부들에서 지방정부의 주요 의사결정을 하고 시정을 운영하는 핵심 기제이다.[21] 매사추

20) New England Historical Society(n.d.). "The First Town Meeting Still Going in Six States," https://www.newenglandhistoricalsociety.com/oldest-town-meeting-6-states/

21) 타운미팅의 정의와 유례에 관련하여서는, 다음 사이트들을 참조. New England Historical Society (n.d.). "The First Town Meeting Still Going in Six States," https://www.newenglandhistoricalsociety.com/oldest-town-meeting-6-states/; Editors of Encyclopaedia Britannica(2013). "Town meeting," https://www.britannica.com/topic/town-meeting

세츠 주 등의 경우에서 보듯 대표제 타운미팅(representative town meeting) 형태의 경우, 등록된 유권자는 회의에 참석하여 발언할 수 있음은 물론 투표까지 할 수 있다. 이는 주민의 선호관계를 직접 반영하기에, 직접민주주의적 요소를 유지하고 있는 것으로 평가받는다.

그렇다면 타운미팅 신화(myth) 혹은 교과서적 이상론의 이면은 없을까? 낮은 주민의 참석률로 인해 타운미팅이 제 기능을 발휘하지 못하는 것은 문제로 지적된다. 타운미팅을 위한 의결정족수를 채우지 못해 미팅을 시작하지 못하는 경우가 허다하다. 가령, 매사추세츠 커뮤니티의 경우 타운미팅의 참석률이 평균 5%에 불과해 대표성에 의문이 제기 되고 있다.[22] 웃지 못할 현실로 매사추세츠의 경우, 타운미팅이 주로 프로하키, 농구 플레이 오프 시즌 등과 맞물려 진행되기에, 마을 사람들이 타운미팅 대신 프로 스포츠 관람에 열중하는 현상이 보고되기도 하였다.

이러한 저조한 참여율의 현실을 악용해, 정책결정 및 집행과정이 정부 측이나 정책 제안자 측에 유리하게 진행되도록 의도하기도 한다.[23] 가령, 뉴잉글랜드의 타운미팅을 이용해 특별한 이해관계를 가진 집단 혹은 관료집단이 논의와 투표를 주도하는 등의 부작용이 발생하고 있다. 이러한 부작용은 지방관료들의 힘이 커지면서 더욱 크게 부각될 조짐이다. 타운의 크기가 증가하고, 복잡성이 높아지면서, 계획, 예산책정, 엔지니어링, 컴퓨터 및 기타 기술 분야의 전문가들이 시정을 압도하고 있다. 타운 주민들로부터 발의된 안건이 거의 없기 때문에, 관료 및 전문가 우위의 타운 운영은 더욱 공고해진다. 이론적으로 타운미팅은 타운 내 일반주민들이 엘리트들과 맞설 수 있는 유일한 장치이며, 타운의 주민들이 관료와 특별한 이익으로부터 통제권을 잡을 수 있게 하는 메커니즘이라는 것을 생각할 때, 이는 이론과 실제가 판이하게 다를 수 있음을 암시한다.

토크빌은 19세기 당시 미국의 사회상을 두고 민주주의의 이상적 원형을 제시한

22) DeSantis, V. S., & Renner, T.(1997, April). Democratic traditions in New England town meetings: Myths and realities. In *Annual Meeting of the Midwest Political Science Association*, April, Vol. 12.

23) Preer, R.(1986). "Town Meetings Don't Work," The Washington Post(July 13), https://www.washingtonpost.com/archive/opinions/1986/07/13/town-meetings-dont-work/6a9b954f-b266-4e02-9aaf-6c64899c3c34/

것으로 평가하였다. 한편으로, 자발적 결사체에 의해 민주주의가 뿌리를 내릴 수 있는 토대를 지녔지만, 동시에 언제든 다수의 전횡을 낳을 수 있고, 이는 민주주의적 전제정(democratic despotism)으로 치우칠 수 있는 위험성을 내포하고 있다고 보았다.[24] 토크빌은 시민이 자신의 개별적인 이익에 매몰되어, 공공성에 대해 무관심해질 때, 시민이 자신이 속한 공동체에 대한 애정과 관심을 잃어 버리는 순간, 민주주의의 위기가 온다고 지적하였다. 이러한 토크빌의 지적은 마치 2020년 오늘의 미국사회에 경종을 울리는 것 같다. 미국민들은 개인의 경제적 이익과 사회의 번영을 가져온다고 하는 대중영합주의적 정치적 모토에 열광하며, 다양성과 인본의 가치에 쌓아 올린 미국의 근본 토대마저 저버린 한 지도자를 택했다. 그 결과 미국은 외부적으로 세계 지도자 국가로서 도덕적 위상을 상실함은 물론, 내부적으로 민주주의 국가건국의 기초가 된 가치들 자체마저 훼손되는 과정을 목도하고 있다. 19세기 토크빌이 통찰한 미국 민주주의의 이상과 역설, 그 경계가 백지장 한 장 차이라는 것, 그리고 그 경계가 무너지는 것은 시민성의 실종에서 온다는 것을 보여주고 있는 오늘의 미국을 보면서, 시공을 넘어서서 한 사회의 내부를 꿰뚫어본 한 지성의 통찰력에 일종의 전율을 느낀다.

2) 21세기 토크빌

시민참여의 가장 일반적인 형태로는 앞서 제시한 바와 같이 특정 정책결정을 위한 지역주민의 참여인 타운미팅, 특정 사안에 대해 시민들의 광범위한 의견을 수렴하는 공청회, 개개인의 참여 외에 비영리·비정부 조직을 통한 정책과정 참여 등 다양하다.

미국에서 정부정책을 수립하고 집행하는 데 있어, 현재 21세기에는 시민의 참여가 어느 정도 이루어지고 있을까? 앞서 살펴보았듯이, 타운미팅은 그 명맥을 유지하고 있지만, 상징적으로 운영되는 경우가 대부분이고, 21세기 미국의 시민참여의 전모를 보여준다고 할 수는 없다. 그렇다면 미국에서 시민참여를 위한 21세기형 타운미팅

24) 토크빌이 논한 민주적 전제정이란, 정치, 경제, 사회 면에서 대중영합주의(populism)의 양상을 보이며, 정치 본연의 임무보다 대중의 인기와 선거에서의 득표를 늘리는 데에 주안점을 두게 되는 것을 의미한다.

혹은 대안장치들에는 어떤 것들이 있을까? 우리 모두 21세기 토크빌이 되어보는 것은 어떨까?

21세기 토크빌이 되기 위한 선행 학습으로, 정책과정에서 시민들의 참여가 중요시되는 근거를 짚어볼 필요가 있다. 일반시민들이 정책과정에 참여할 수 있는 경우로는 첫째, 정책의제설정 단계에서 의제형성 자체에 참여하는 경우, 둘째, 정책집행 단계에서 정책대상 집단으로서 정책집행에 참여하고 피드백을 주는 경우, 셋째, 정책평가 단계에서 외부평가의 한 참여주체로 참여하는 경우 등이다. 시민참여가 정당화되는 근거는 행정이론에 따르면, 크게 두 가지이다.[25] 첫째, 시민참여는 전체적인 행정집행 비용을 줄이고, 행정서비스의 효과성을 높인다는 점이다. 둘째, 시민참여는 정치적 대표성을 반영하고, 대의민주주의의 한계를 보완한다는 점이다. 시민참여는 대의민주주의가 가지는 한계를 보완하는 직접 민주주의적 발상이다.

앞서 예로 든 IBM의 미래 정부의 예견에 따르면, 정부는 시민주도(citizen-driven)로 이루어지게 되며, 조직 간 경계는 더욱 약화된다.[26] 시민을 대상으로 하는 서비스들의 경우 좀 더 개개인에 맞게 맞춤형화되며, 모든 수준의 정부를 아우르게 된다. 이 과정에서 네트워크화된 팀이 보다 투명한 서비스 전달 과정을 이끌게 될 것이다.

미국의 정부책임처는 연방기관들의 사례를 중심으로 시민참여 및 효과적 정책집행을 위한 개방 혁신 전략을 다섯 가지를 선별해 발표했다.[27] 5대 전략으로는 첫째, 크라우드소싱과 과학적 근거에 기반한 시민참여(crowdsourcing and citizen science), 둘째, 아이디어 창출(ideation: idea generation), 셋째, 개방형 데이터 협력(open data collaboration), 넷째, 개방형 대화(open dialogue), 다섯째, 시상 · 경연 및 도전 기회 제공(prize competition or challenge) 등을 꼽았다.

이 다섯 가지 개방형 혁신 전략들을 통해서 파악할 수 있는 점은 개방성과 혁신의 요소가 강화되어 있다는 점이다. 시민을 들러리 세우는 식의 상징적 동원이 아니라, 데이터 수집, 교환, 분석 등을 통한 전문가적 기여에 초점을 두고 있음을 알 수 있다.

---

25) 정정길(2001). 『행정학의 새로운 이해』, 서울: 대명출판사.

26) Abramson, M. A., Chenok, D. J., & Kamensky, J. M.(2018). Government for the future: Reflection and vision for tomorrow's leaders. IBM Center for the Business of Government.

27) Government Accountability Office(2016). Open Innovation: Practices to Engage Citizens and Effectively Implement Federal Initiatives, GAO-17-14.

표 4-1 연방기관들에 의해 활용된 시민참여를 위한 개방형 혁신 전략

전략의 유형	상세 내용
크라우드소싱과 과학적 근거에 기반한 시민참여	연방기관들은 특정 과제를 수행할 개인/시민들의 자발적 지원을 위한 요청 공고를 냄. 이들 기관들은 과학적 근거에 기반한 과제 수행을 개인들에게 요구함. 가령, 데이터 수집, 분석, 해석, 결과 보고 등이 이에 해당함.
아이디어 창출	연방기관들은 개인·시민들에게 특정 이슈나 문제해결을 위한 아이디어를 제안할 것을 요구함. 이들 참가자들은 다른 참여자의 아이디어에 대해 의견을 제시할 수 있고, 투표를 통해 아이디어에 대한 지지와 선호 관계를 표현할 수 있게 허용됨.
개방형 데이터 협력	연방기관들은 참여자들이 공공 데이터를 공유하고, 탐색하며, 분석하도록 장려함. 이를 통해 참여자들은 연구를 수행하고, 데이터를 시각화해 보여주며, 데이터에 접근하고 활용할 수 있는 앱과 웹사이트를 제작할 수 있게 됨.
개방형 대화	연방기관들은 시민, 전문가, 이해관계자들로부터 정보, 관찰자료, 의견 등을 수집하고 상호 의견을 나눔.
시상·경연 및 도전 기회 제공	연방기관들은 문제를 식별하고, 이에 대한 해결책을 모색하거나 달성하고자 하는 목표를 설정함. 참여자들에게 해결책을 제시할 것을 요청하고, 참여자들이 제시한 제안을 평가하고 수상자에게 시상을 함.

출처: 정부책임처의 열린 정부 계획 및 자료 분석, 정부책임처 보고서(17-14).

아울러, 시민참여 및 참여자의 기여가 폐쇄적 구조로 이루어지는 것이 아니라, 공개경쟁 및 공모 등에서 보듯 열린 구조로 진행되는 것을 엿볼 수 있다. 뿐만 아니라 정책과정의 과학화 합리화에 기여할 수 있는 형태와 방향으로 개인·시민 참여자들에 대한 요구가 이루어지고 있음을 파악할 수 있다.

이외에 정부책임처는 이 전략을 실행하기 위한 일곱 가지 실천과제를 별도로 선정해 발표했다. 이들 실천과제로는 첫째, 시민참여와 정부기관의 역량에 적합한 전략을 선택한다. 둘째, 정책 및 프로그램의 목적과 성과를 명확히 정의한다. 셋째, 외부 이해관계자 및 잠재적 파트너를 파악하고, 이들과의 교류를 활성화한다. 넷째, 정책 및 프로그램을 위한 집행 계획을 개발하고, 참여자를 모집한다. 다섯째, 정책 및 프로그램의 집행과정에서 참여자 및 파트너와 교류를 한다. 여섯째, 관련 데이터를 평가·수집하며, 결과를 보고한다. 일곱째, 관심있어 하는 파트너와 참여자를 중심으로 한 커뮤니티를 유지한다.

21세기형 시민참여를 보여주는 사례로 정부책임처가 검토한 6개 기관 15개의 개방형 혁신 프로그램 및 정책을 살펴보고 있는데, 이 장에서는 이 중 두 가지 예를 들기로 한다. 첫 번째 예는 미항공우주국(National Aeronautics and Space Administration: NASA)의 Asteroid Data Hunter 챌린지를 통한 민관합동의 애플리케이션 개발이다.

NASA는 2014년부터 소행성 탐지 프로그램의 정확성을 개선하기 위해, 천체과학자 인력의 활용 범위를 확장하고, 민간부문과의 협력을 강화했다. 민간 출신 과학자들이 소행성탐지 알고리즘 개발에 경쟁적으로 참여하고, 챌린지 형태를 통해 우수한 애플리케이션의 개발에 기여했다. 이 사례의 핵심은 미국 엘리트 중심 국가기관의 최고봉이라 일컬어지는 미항공우주국이 민간부문의 두뇌를 빌려 효율적이고, 효과적인 정책목표 달성을 추구하고자 하였다는 점이다. 시민의 참여를 단순히 정치적인 공학으로 간주하거나 단순 상징적으로 활용하려는 시도와는 상반되는 참신하고 열린 발상이라고 할 것이다.

두 번째 예는 시민참여의 주축 세대를 뚜렷이 함과 동시에 맞춤형 시민참여를 추진한 미국 시애틀시의 사례이다. 이 사례에서 눈여겨 볼 점은 20년 종합계획을 수립하고 추진함에 있어 그 중심이 되는 밀레니엄 세대의 참여와 기여를 극대화했다는 점이다. 종합계획을 수립하는 단계부터 밀레니엄 등 정책의 타깃 그룹이 참여함으로써, 정책수립의 적실성 제고를 통한 정책 효과가 증대됨은 물론, 정책의 집행 비용까지 절감하는 효과를 가져올 수 있다. 가령, Seattle 2035 주제선정을 위한 온라인 설문조사를 실시했으며, 소셜미디어을 통한 시민참여의 수단도 적극적으로 활용했다. 동시에, 정책과정 참여에 제약을 안고 있는 시민들을 대상으로 한 맞춤형 시민참여 방안도 동시에 제공하는 노력을 기울였다. 한편, 시애틀 시가 소재한 워싱턴 주의 경우 워싱턴주 성장관리법(Washington State Growth Management Act)에서 종합발전계획 수립 시 시민참여를 의무화하고 있음은 눈여겨 볼 대목이다.

5. 2020년, 존슨과 트럼프의 가상 토론

"Together, We Will Make America Strong Again.We Will Make America Wealthy Again. We Will Make America Proud Again. We Will Make America Safe Again.And, Yes, Together, We Will Make America Great Again."

– January 20, 2017, President Donald Trump's Inauguration Speech

"다 함께, 우리는 미국을 다시 강하게 만들 것입니다. 우리는 미국을 다시 부유하게 만들 것입니다. 우리는 미국인임을 다시 자부하게 될 것입니다. 우리는 미국을 다시 안전하게 만들 것입니다. 우리는 다 함께 미국을 다시 위대하게 만들 것입니다."

– 2017년 1월 20일, 트럼프 대통령의 취임연설 중

2020년 미국, 트럼프 정부 또한 '위대한' 미국을 논하고 있다. 다만, 1964년 존슨 대통령이 함축한 의미와 전혀 다른 방향으로 대통령의 대선과 재선을 위한 핵심 모토로 활용하고 있다. 반세기 전 인종차별과 빈곤격차를 해소하고자 위대한 사회(Great Society)의 건설이라는 모토가 활용되었다면, 2020년에는 오히려 대통령의 재선을 위해 인종 갈등을 부추기고 극대화하는 정치 캠페인의 일환으로 활용되고 있다. 트럼프 대통령이 내세우는 '미국을 다시 위대하게(Make America Great Again)'라는 모토의 경우, 반이민 정책, 흑인・유색 인종・소수자 배제 정책을 통해 과거 백인 중심의 기득권과 질서를 유지하는 데, 그 핵심이 존재한다. 아울러, 국제사회・교역의 측면에서는 미국 제일주의를 표방하며, 국제사회의 질서와 합의에 반해 자국 중심의 이익을 지키고자 하는 데 그 주안점이 놓여 있다.

코로나 바이러스로 바야흐로 많은 것들이 가상으로(virtual) 이루어지는 세상이다. 현재 이루어지는 대부분의 가상미팅들이 공간을 넘는 가상의 미팅이라면, 여기에 시간을 넘어서는 가상의 미팅을 제안해 본다. 만약, 반세기를 뛰어 넘어 두 대통령을 한 단상에 세워 두고 토론을 붙인다면 어떨까? 반세기 전 존슨 대통령이 "당신은 위대한 사회를 건설(Build Great Society)하는 데 동참할 것입니까?"하며, 미시간대학의 강단에서 실제로 청중에게 동참을 권유하며 물었다. 이에 대해 2020년 트럼트 대통령이 "네, 미국을 다시 위대하게 만들기 위해 장벽을 건설하겠습니다(Build the Wall)"라고 응답하고 있는 것은 아닐까?

6. 한국 정부는 과연, 혹은 어떻게 다를까?

이 장의 미국 정책과정에 대한 설명과 논의가 한국 정부와 행정에는 어떠한 함의를 주는 것일까? 한국 정부는 어떤 면에서 미국의 정책과정과 같고, 어떤 면에서 다를까?

이 장에서는 공익의 실체설과 과정설의 관점에서 시사점을 찾아보고자 한다. 앞서 논의했지만, 정책결정은 합리적인 의사결정 과정으로 해석될 수도 있고, 본질적으로 정치적인 타협의 과정으로 이해할 수도 있다. 이는 공익론의 논의와도 맞닿아 있다. 공익의 실체론에 따르면, 단순한 집합 이상의 의미를 지닌 공동체가 존재한다고 보며, 사익의 단순한 집합이 아닌 공익이 존재한다. 반면, 공익의 과정론에 따르면, 공익은 대립되는 집단 이익들이 타협되는 과정에서 결과물에 지나지 않으며, 이를 넘어서는 실체란 존재하지 않는다.28)

1) 이익집단 정치를 넘어선 공익집단의 다양화

미국과 마찬가지로, 한국 정부의 정책결정과 집행 또한 합리적 분석보다는 이익집단의 목소리에 좌지우지 된다는 우려가 존재하고 있는 것도 사실이다. 한국의 이익집단 정치는 악으로 인지되고 매도의 대상으로 언급되어 온 것이 사실이다. 한국의 경우에도 미국처럼 로비스트 집단 자체를 제도화하려 한 시도가 있었던 것이 사실이지만, 국민정서상 이익집단 정치를 공식화는 데 이르지는 못했다. 그럼 여기에서 국민의 정서라는 것이 무엇일까? 저자가 보기에 한국인의 사고에는 사익의 합과 대비되는 공익이라는 실체가 존재한다고 인식하는 것이 다수인 것으로 보인다. 철저한 자유주의와 개인주의에 입각해 형성되고 운영되는 미국 사회에서 로비스트 제도화가 정서상 적합하게 수용되었다면, 한국의 경우에는 이전부터 공익(public interest)과 공동체(community interest)를 중시해온 경향이 있다. 물론 사회는 변화하고 사회구성원의 인식도 변화하지만, 이러한 역사적 전통으로 인해 미국식 이익집단 정치의 제도화가 정서상 맞지 않았거나, 시기상조였을 수도 있다. 한국의 경우에는 이익집

28) 정정길(2001). 『행정학의 새로운 이해』, 서울: 대명출판사.

단 정치(interest group politics)보다는 공익집단(public interest groups)의 다양화를 통해 건설적이고 발전적인 모델을 설정할 수 있지 않을까 하는 제안을 해본다. 한국인의 사고를 살펴보면, 선과 악을 구별하는 윤리론을 사적 영역에서의 선택뿐만 아니라 공적 영역에서의 집합적 결정에 적용하는 경향이 많았다. 한국의 토론 문화에서 타협이 어렵고, 한국의 집단 결정에서 분열이 잦은 이유 중의 하나이기도 할 것이다. 공익(public interest)이 하나가 아니라는 생각, 공익의 양태와 스펙트럼이 다양할 수 있다는 것을 받아들이는 시각의 관용이 필요하지 않을까 하는 생각을 한다. 이는 기존의 절대론적 윤리 철학에, 공리주의(utilitarianism)와 문화적 상대주의(cultural relativism) 시각을 접합하는 것을 의미한다.

2) 미래지향적 시민참여: "시민참여는 협력의 과학입니다"

시민참여를 정치적 공학으로만 해석하고 이를 갈등 조정의 측면으로 생각하는 사고는 일면의 논리를 지니지만, 협소한 시각이며 과거지향적이다. 시민참여를 통한 전문성의 증대, 증거 및 정보의 수집, 새로운 아이디어의 제시, 정책형성과정에서 타깃 집단의 의견 수렴을 통한 향후 정책 효과성 증대, 투명성 증대를 통한 책임성의 제고, 장기적 집행 비용의 감소를 통한 정책 효율성 향상 등은 과학적 합리성의 제고로 읽히는 항목들이며, 미래지향적이다. 이러한 미래지향적 시민참여를 위해서는 민관이 공동의 목표를 가지고 함께 머리를 맞대는(braining-storming style), 열린(open) 혁신적(innovative) 협력이 필요하다. 한국의 COVID-19 대응의 사례를 보면, 정부는 위기 상황에서 신속하고, 유연하며, 효과성 있는 정책수립과 집행을 담당했다. 그 한편으로 민간부문을 적극 지원하고, 민간부문의 제안과 기여를 적극적으로 유도했으며, 공청회 및 협의회 등을 통해 민간부문과 시민의 참여를 적극적으로 이끌어냈다. 가령, 한국 정부는 포스트코로나 시대의 혁신 성장을 위한 데이터개방 및 활용을 위해 민관협력의 공공데이터 전략위원회를 가동했고,[29] 청년마을 구축 및 청년활력 지원 공모사업을 통한 민간의 아이디어를 활용했다.[30] 뿐만 아니라 코로나

29) 국무조정실 · 행정안전부(2020.5.6). "공공데이터로 포스트코로나 시대의 혁신성장을 지원," 보도자료.

30) 행정안전부(2020.5.12). "청년마을 구축 및 청년활력 지원사업," 보도자료.

상황에 맞추어 온·오프라인을 연계해 국민과 공무원 간 열린 포럼을 개최했으며,[31] 민관합동 코로나 19 치료제 백신 개발을 위한 범정부 실무추진단을 발족했다.[32] 이들 예에서 보듯, 한국의 코로나 위기 대응을 정부 일방의 정책형성과 집행으로 보는 것은, 대응 과정의 한 단면만을 보는 것이다. 오히려 한국 정부는 정책과정에서 시민을 공동의 파트너로 적극 활용했으며, 이를 통해 위기 상황 하에서 장기적 정책역량을 키우는 방향으로 나아갈 수 있었다.

3) 민주주의의 이상과 역설 사이: 정책과정의 합리성과 행정가치론의 상생적 통합

토크빌은 미국의 민주주의가 이상을 지켜 나갈지, 아니면 역설의 방향으로 나갈지를 결정하는 열쇠를 시민사회가 쥐고 있다고 했다. 이 통찰력은 시간과 공간을 가로지르는 명제이다. 토크빌의 조언은 21세기 한국에도 고스란히 적용된다. 시민사회가 어느 정도 주체성을 가지고 지역문제 해결에 참여하는지, 시민이 주인으로서 정책문제에 지속적이고 애정어린 관심을 갖는지, 시민이 자유와 공공성의 가치를 동시에 소중히 아끼고 지켜내는지가 한국 민주주의를 성숙시켜 나가는 열쇠가 될 것이다. 또한 이 과제 수행이 정책과정의 합리성(정치와 과학의 통합) 제고를 통해, 정책의 효과성, 효율성, 형평성, 민주성을 아우를 수 있는 지름길이 될 것이다.

---

31) 행정안전부(2020.5.28). "코로나19 이후, 행정이 가야 할 길을 묻다," 보도자료. 행정안전부.
32) 보건복지부(2020.4.17). "민관합동 코로나19 치료제·백신개발 <범정부 실무추진단>발족," 보도자료. 보건복지부.

제5장

복잡한 나라의 복잡한(하지만 재미있는) 예산이야기: 미국의 예산과정과 재정구조

박성호(앨라배마주립대 정치학과 조교수)

"It is one of the happy incidents of the federal system that a single courageous state may, if its citizens choose, serve as a laboratory; and try novel social and economic experiments without risk to the rest of the country." - Fomer Justice Louis D. Brandeis

"한 용감한 정부가 하나의 실험실로서 새로운 사회적 · 경제적 실험을 시도하는 것, 만일 그 실험이 시민들의 선택에 기반하고 다른 정부들에 위험을 초래하지 않는다면 그것이 바로 연방주의가 만들어 낼 수 있는 행복한 사건 중 하나가 될 것이다." - 루이스 브랜다이스(전 미 대법관)

류현진 선수는 미국 메이저리그 야구에서 투수로 활약하고 있다. 2013년부터 총 6년 간 로스앤젤레스 다저스팀에서 활약한 류 선수는 2019년 이적을 결정했다. '괴물'이라는 별명에 걸맞게 6년 간 큰 활약을 보였기 때문에 메이저리그 내 많은 팀들이 류 선수를 영입하기 위한 경쟁에 참여했다. 기존 소속팀이던 로스앤젤레스 다저스를 비롯, 텍사스 레인저스, 미네소타 트윈스, 토론토 블루제이스 등 내노라 하는 명문 구단들이 다양한 조건을 제시하며 류 선수의 선택을 원했다. 당시 미디어의 큰 관심을 받았던 부분은 당연히 류 선수의 연봉이었고, 관련하여 다양한 뉴스들이 한동안 이어졌다.

그 중 흥미로운 내용이 있었다. 바로 류현진 선수의 팀 선택에 따라 세금을 제한 연봉 실수령액이 달라진다는 것이었다. 예를 들어, 캘리포니아 주에 위치한 로스앤젤레스 에인절스 구단과 텍사스 주에 위치한 텍사스 레인저스 구단을 두 가지 선택지로 비교해보자. 총연봉 220억 원(약 $2,000만)을 가정할 때, 로스앤젤레스 에인절스에 합류할 경우 텍사스 레인저스에서 받을 수 있는 금액에 비해 약 29억 원(약 $266만)이 적은 연봉 실수령액을 갖게 된다는 것이었다. 물론 류 선수가 최종적으로 캐나다 토론토에 연고를 둔 블루제이스 팀으로 이적을 결정했기 때문에, 계산된 29억 원의 차이는 큰 의미가 없었다. 하지만, 같은 나라 안에서 지역과 소속 구단만 달라지는 것인데 실연봉수령액에 큰 차이가 생긴다는 점은 여전히 의아하다. 아마도 우리나라에서는 그런 일이 일어나지 않기 때문일 것이다. 자연스럽게 한 가지 질문을 떠올리게 된다. 미국에서는 왜 그럴까?

답을 먼저 이야기하자면, 미국은 복잡한 나라이기 때문이다. 앞서 제1장에서 다루어진 바와 같이, 미국은 매우 다양하고 많은 정부들의 합으로 구성되어 있다. 종의 다양성이 생태계 복잡성을 가져오는 것과 같이, 미국을 구성하는 다양하고 많은 정부들은 복잡한 정부구조를 만들어낸다. 그 많은 정부들이 서로 다른 예산과정(절차, 예산결정의 원리, 예산제도 등)과 재정구조(수입 · 지출, 자산 · 부채 구조 등)를 채택한다면, 미국의 정부예산(들)은 필연적으로 복잡해질 수밖에 없고, 위에서 말한 29억 원의 차이는 그 복잡성의 결과인 것이다. 물론 복잡성 — 특히, 다양성에 기반을 둔 —이 나쁜 것은 아니다. 다양하고 복잡한 구조 속에서 개별 정부는 더 작은 범위의 시민들을 위해 일할 수 있게 된다. 그것은 시민들의 서로 다른 선호를 더 잘 파악하는데 기여할 수 있고, 그에 따라 개별 정부는 자신의 자원 즉, 세금을 더 효율적으로 사용할 수 있다. 문제는 복잡하기 때문에 이해하기가 어렵다는 것이다. 주인(principal)으로서 시민이 대리인(agent)인 정부의 씀씀이를 이해할 수 없다면, 주인은 대리인을 적절하게 감시하고 통제할 수 없게 된다.

이 장의 목적은 미국의 복잡한 정부예산과정과 그 결과로서 정부재정구조를 쉽게 설명해 독자의 이해를 돕는 데 있다. 나아가, 하나의 사례로서 미국의 복잡성을 이해하려는 노력은 한국의 정부예산 및 재정관리에 대한 시사점을 제공할 것이다.

1. 복잡한 예산도 첫걸음부터

미국의 정부예산(들)은 다양하고 그로 인해 복잡하지만, 다행스럽게도 두 가지 기본 원리에 공통적 근간을 둔다. 그 기본원리를 이해하는 것으로 복잡한 미국의 정부 예산과정과 재정구조를 이해하기 위한 첫걸음을 내딛어 보자. 먼저, 미국의 다양한 정부들은 나름의 특징적인 예산과정들을 가지나, 네 단계의 순환적 절차를 기본으로 한다. 다시 말해, 네 단계의 기본 절차에서 크게 혹은 작게 분화된 형태로서 각자의 예산과정을 갖는 것이다. 기본 절차로서 순환적 네 단계는 다음과 같다: 예산편성, 예산의결, 예산집행, 감사 및 보고.

예산편성 단계는 다음 회계연도를 위한 예산안을 준비하는 과정이다. 미국의 정부들은 일반적으로 행정부 예산편성주의(executive budgeting)를 따른다. 이전 장에서 다루어 진 바와 같이, 삼권분립의 원리에 따라 개별 정부는 통상 세 개의 기관, 즉 행정부, 입법부, 사법부로 나누어진다. 행정부 예산편성주의는 세 기관 중 행정부가 예산편성 단계에서 중추적 역할을 함을 의미한다. 행정부의 상대적 전문성에 대한 기대이면서, 동시에 예산과정에서 행정부의 책임성을 강화하려는 노력의 일환으로 볼 수 있다.

예산편성 단계에서 행정부는 크게 세 가지의 이슈를 다룬다. 먼저, 다음 회계연도에 발생할 지출의 내용과 규모를 결정한다. 행정부는 통상 행정부 책임자 직속의 별도 예산기구나 행정부 내 예산부처(예: 예산실, 예산처 등)를 갖는데, 행정부의 책임자(예: 대통령, 주지사 등)는 행정부 예산기구나 부처의 도움을 받아 예산편성지침[1]을 수립하고 이를 각 부처에 전달한다. 지침을 받은 각 부처는 각자의 예산요구서를 작성하여 예산기구나 부처에 제출한다. 이때 각 부처는 예산요구의 타당한 이유를 설명할 수 있어야 한다. 행정부 책임자와 예산기구는 제출된 개별 예산요구서를 바탕으로 부처별 세부적 지출 내용과 규모를 파악하고, 필요에 따라 조정한다. 동시에 개별 부처의 예산요구와 정부운영 전반에 필요한 관리적 지출의 합으로써 총지출의

1) 행정부 예산편성지침은 예산편성의 목표와 방향성, 효율성과 투명성 제고 방안, 예산항목별 편성 원칙 및 관련 법규 등 다양한 내용을 포괄한다. 한 예로, 사우스캐롤라이나 주 행정부의 최근 예산편성지침을 다음 링크를 통해 확인해 볼 수 있다: https://www.admin.sc.gov/budget/budgetplanningdocuments

규모를 확인하고, 필요한 경우 거시적·중장기적 계획에 따라 조정한다.

이 과정에서 행정부는 한 가지 어려운 질문에 봉착한다: '어떤 기준으로 X만큼의 돈을 A목적 혹은 B목적에 배분해야 할까?'[2] 이 질문에 답하기 위해 미국의 정부들은 오랜 시간 다양한 원리와 제도를 개발하고 사용해 왔다. 개별 정부에 따라 특정한 하나의 원리 혹은 두 제도 이상의 혼합된 형태를 사용하는데, 대표적인 네 가지 제도는 아래와 같다.

- 항목별 예산제도(line-item budgeting): 가장 오래된 예산제도로서, 예산을 정책(사업 혹은 프로그램) 중심이 아닌 기관별·품목별(예: 교통부의 인건비, 비품 구입비)로 분류한다. 지출 항목의 파악이 쉬어 감시와 통제에 용이하다. 하지만, 예산과 정책의 직접적 연결성이 떨어지고, 지출의 이유를 알기 어렵다. 전년도 예산에서 일정한 액수를 증가시키는 형태로 새 예산을 편성하는 점증주의적 성격이 강하다.
- 영기준 예산제도(zero-based budgeting): 항목별 예산제도의 한계를 극복하기 위해 예산을 정책 중심으로 편성한다. 다만, 해마다 모든 정책의 예산을 영(zero)으로 재설정하고 예산편성을 시작한다. 기존 및 새로운 정책을 모두 고려하여 새로운 우선순위를 매기고, 그에 따라 예산을 편성하기 때문에 점증주의적 성격이 상대적으로 약하다. 하지만, 매 해 모든 정책의 내용과 우선순위를 새로 검토해야 하기 때문에 시간과 자원의 소모가 많다.
- 기획 예산제도(planning programming budgeting): 예산을 정책 중심으로 편성한다. 특히, 전통적인 예산편성 방식이 정부정책의 중·장기적 계획과 목표를 반영하지 못한다는 반성에 기초한다. 정부의 계획과 정책목표에 맞춰 예산의 우선순위를 결정하는 원리로서, 목표지향적으로 정책과 예산을 연결한다는 장점이 있다. 하향적이며 집권적, 즉 의사결정자가 중심의 예산편성이라는 단점이 있으며, 시간과 자원의 소모가 많다.
- 성과기반 예산제도(performance-based budgeting): 예산을 정책 중심으로 편

2) Key, V. O.(1940). The lack of a budgetary theory. *The American Political Science Review*, 34(6): 1137-1144.

성한다. 단, 기존의 제도들이 투입(input)에 초점을 맞춘 반면, 이 제도는 이전의 산출(output) 및 결과(outcome)를 평가하여 새로운 예산편성에 반영한다. 정부정책의 중·장기적 목표와 계획, 그리고 그에 따른 정부정책과 성과에 기초하여 예산을 이해할 수 있다. 하지만, 정부의 정책 중 성과평가가 모호한 영역이 존재하며, 이 경우 성과와 예산의 논리적 연결성을 확보하기 어렵다. 또한 시간과 자원의 소모가 많다.

행정부가 다루어야 할 세 가지 이슈 중 두 번째는 다음 회계연도를 위한 정부의 수입을 예측하는 것이다. 기본원리는 기존의 인구통계학적, 사회경제적, 제도적 정보들에 기초하여, 다음 해의 인구 및 사회·경제활동의 규모와 양상을 예측한다. 그 정보를 활용하여 다음 회계연도의 수입을 예측하고, 필요에 따라 세율 및 단위 가격 등을 조정해 최종적으로 예상 수입을 결정한다. 이 기본원리의 실제 활용 방식은 정부별로 매우 다양하다. 가장 간단한 예로, 어떤 행정부는 일정 비율로 인구 및 사회·경제활동의 규모가 증가 혹은 감소할 것으로 단순 예측하고, 정부 수입에도 같은 원리를 적용하여 전년도 대비 일정 수준의 변화폭을 일괄 적용하는 방식으로 수입을 예측한다. 반대로 어떤 행정부는 매우 복잡한 예측 방식을 택하는데, 여러 분야의 전문가들을 모아 수리적 혹은 계량적 예측모형을 개발하여 사용하기도 한다. 각 정부의 역량과 자원 수준, 제도적·정치적 선호에 따라 행정부의 수입 예측의 방식은 달라진다.

마지막 이슈는 지출과 수입 사이에 불균형이 발생한 경우, 이를 어떻게 다룰 것인가에 대한 문제이다. 예를 들어, 지출이 수입을 초과할 것으로 예상되는 경우, 행정부는 추가적으로 부처별 지출을 줄이거나 예상 수입을 늘리는 방법을 생각해볼 수 있다. 경우에 따라 행정부는 부채의 발행 또는 보유자산을 활용하는 방법을 고려할 수도 있다. 반대로 수입이 지출을 초과할 것으로 예상될 경우, 행정부는 예상 수입을 줄이는 안이나 수요가 높은 정책에 추가로 예산을 배정하는 안을 생각할 수 있다. 혹은 장기적인 관점에서 초과 수입을 예비비로 편성하거나, 정부 자산에 대한 투자를 꾀하는 것도 행정부의 고려 대상이 될 수 있다. 즉, 각 정부의 여건과 계획에 따라 다양한 방법이 고려될 수 있으나, 중요한 점은 행정부의 예산편성에 과정에서 이 마지막 이슈가 반드시 다루어져야 한다는 것이다.

이렇게 총 세 가지 이슈에 대한 고민의 결과로서 행정부는 예산편성안을 작성한다. 작성이 완료된 편성안은 이제 입법부로 보내지게 되며, 예산의결 단계를 거치게 된다. 의결단계는 예산편성안에 대한 검토로 시작된다. 이때 입법부는 통상 위원회 구조를 채택하는데, 입법부 의원들은 예산위원회 및 정책 분야별 다양한 상임 및 특별위원회 소속으로 행정부 예산편성안을 미시적 · 거시적으로 검토한다. 예산 법률주의에 따라 통상 행정부 예산편성안은 검토와 참조의 대상이며, 법률적 지위를 갖지 않는다. 다시 말해, 입법부는 행정부 예산편성안을 참조하되 별도의 예산 법안을 만들어 예산의 승인 절차를 진행한다. 이때 입법부와 행정부 사이에서 예산 법안의 내용에 대한 다양한 협상(negotiation)이 진행된다.

이후 과정에서는 두 가지 다른 경우가 발생할 수 있다. 첫째, 협상이 잘 이루어진다면 입법부는 협상 내용에 맞게 예산편성안을 수정하여 새로운 예산 법안을 작성하고, 그것을 승인하여 행정부로 보낸다. 이 법안에 행정부 책임자가 서명을 하게 되면 예산의결 단계는 완료된다. 이 경우가 아니라면, 둘째, 입법부는 예산 법안을 승인하여 행정부 책임자에게 보내게 되고, 행정부 책임자는 예산 법안 중 일부에 대한 거부권(veto)을 사용한 후 예산 법안에 서명하여 의결 단계를 종료한다. 행정부 책임자의 거부권은 포크배럴(pork barrel)로 종종 묘사되는 입법부의 선심성 예산을 견제할 수 있는 장치로 여겨지나, 다른 한편으로는 행정부 책임자에게 막대한 권한을 주는 수단으로 평가되기도 한다. 이에 따라 미국 내 일부 정부의 입법부는 행정부 책임자의 거부권을 다시 한 번 기각할 수 있는 권한을 갖기도 하는데, 이 경우 입법부의 기각을 존중하여 입법부 최종안을 의결한다. 어떤 경우를 따르든, 의결 단계는 새 회계연도의 시작일 이전에 종료되는 것이 이상적이다. 그렇지 않으면, 해당 정부는 셧다운(shutdown)에 돌입하게 되며, 일부 혹은 많은 기능이 일시적으로 정지한다. 셧다운은 입법부와 행정부가 예산안에 합의하여 의결하면 종료된다.

예산의결 단계가 종료되면 예산집행 단계가 시작된다. 흔히 말하는 회계연도는 이 집행 단계를 의미한다. 즉, 회계연도의 첫 날이 집행 단계의 시작일이며, 마지막 날이 집행 단계가 끝나는 날이다. 예산집행 단계의 가장 두드러진 특징은 분권화된 구조로서 행정부 내 각 부처가 의결된 예산의 집행에 직접적인 책임성을 가지되, 이를 감시하고 관리하는 중앙시스템이 존재한다는 것이다. 다시 말해, 의결된 예산을 계획에 맞게 사용하는 것의 일차적 책임은 각 부처 및 부처의 장에게 있으나, 행정부 내 예산기구가 이 집행과정을 검토하고 관리한다. 이에 따라 각 부처는 예산의 집행계획 및 변경사항, 사용내역 등에 대해 예산기구에 긴밀하게 보고해야 하며, 예산기구는 이를 확인, 승인 및 검토하여 정부 전반의 예산관리에 관한 책무성을 확보한다.

예산집행이 종료되면(즉, 회계연도가 끝나면), 마지막 단계인 감사와 보고 단계가 시작된다. 행정부의 예산기구는 회계연도 종료 후 한 해의 살림살이를 정리하여 재정보고서를 작성하게 된다. 이때 한 해의 수입과 지출은 물론 부채 및 정부 자산에 대한 내용을 포함하여 재정보고서를 작성한다. 작성된 재정보고서는 별도의 감사기관으로 보내지며, 감사기관은 그에 대한 감사를 시행해 의견서를 제출하게 된다. 감사기관의 유형은 다양한데, 어떤 정부의 경우 선거에 의해 뽑힌 독립적 감사관을 갖기도 하며, 또 어떤 정부는 별도의 공공 감사기관이 없어 민간 감사나 내부 행정부 감사에 의존하기도 한다. 감사가 완료되고 감사 의견서가 제출되면, 행정부는 재정보고서와 감사 의견서 모두를 납세자 및 대중에게 보고하게끔 권고된다. 통상 정부 홈페이지를 통해 공개된다. 이상의 네 단계를 모두 마치게 되면 예산과정의 한 주기가 끝난 것이며, 새로운 예산편성 단계로부터 다음 주기를 시작하게 된다.

미국 정부예산(들)의 두 가지 기본원리 중 나머지 하나는 재정연방주의(fiscal federalism)이다. 재정연방주의는 본래 정부 계층 간 재원과 기능의 구분, 그리고 정부 간 재정적 관계에 관한 다양한 연방주의적 형태를 포괄하는 용어이다. 다양한 형태 중 미국식 재정연방주의는 높은 수준의 분권화(decentralization)를 그 핵심적 특징으로 갖는다. 즉, 정부의 재정 및 기능 구조가 중앙집권적(centralization)이 아닌 지방 분권적이라는 의미이다. 이러한 특징은 정부의 지출기능, 세원, 그리고 정부 간 재정보조 및 이전의 측면에서 보다 구체적으로 이해해 볼 수 있다.[3)]

먼저, 정부 기능 측면에서 미국식 재정연방주의를 이해해보자. 일반적으로 정부의 기능은 사회보장, 교육, 안전, 경제개발 등 광범위하다. 미국식 재정연방주의는 이러한 광범위한 기능들을 정부 계층별로 어떻게 나누고 있을까? 연방정부의 주요 기능은 안정화(stabilization)와 재분배(redistribution)로 표현되며, 보건, 사회보장, 국방

---

3) Musgrave, R. A.(1959). *The Theory of Public Finance*. New York, NY: McGraw Hill.

등을 포함한다. 주 및 지방정부의 주요 기능은 자원의 배분(allocation)으로 묘사되는데, 주정부들은 교육, 보건, 교통 및 수송, 교정의 기능을 주로 담당하며, 지방정부들은 주로 사회안전(경찰 및 소방), 교육, 공원 및 오락, 주택 등의 기능에 초점을 둔다. 이는 한 특정 정부 계층이 집권적으로 많은 기능을 수행하는 것보다, 각 정부 계층이 기능들을 나누어 수행하는 것이 효율적이고 효과적으로 사회문제를 해결하고 공공서비스를 제공하기에 적합하다는 미국 재정연방주의 핵심적 믿음에 기반을 둔다.

하나의 예를 들어보면, 경찰 및 소방 업무는 주로 지방정부 차원에 집중되어 있다. 이는 각 지역별 사회안전에 대한 수요와 선호, 그리고 관련 문제의 특징이 다르기 때문에 상위 정부보다는 각 지방정부가 담당하는 것이 보다 정확하게 수요를 파악하고 신속하게 문제에 대응할 수 있다는 기대를 반영한다. 다른 예로, 대학교육(혹은 고등교육)의 경우 주정부들이 주로 담당하는데, 이는 대학교육이 갖는 정(+)의 외부효과로 설명할 수 있다. 대학교육의 효과는 노동시장 건전성, 임금상승, 안전성 향상 등 막대하다. 또한 그 효과는 일반적으로 한 지역 내로 국한되지 않고 여러 지역에 걸쳐 나타난다. 따라서 한 지방정부가 대학교육 서비스를 제공한다면 이웃 지방정부는 별도의 대학교육을 제공하지 않고도 그 긍정적 효과를 누릴 수 있고, 이는 무임승차(free riding)의 결과를 가져온다. 즉, 대학교육을 제공하는 지방정부는 필요 이상으로 비용을 투입하게 되는 것이고, 이는 비효율을 초래할 수 있다. 따라서 이러한 기능은 보다 넓은 범위를 포괄하는 주정부 차원에서 담당하는 것이다.

정부 세원의 측면에서 미국식 재정연방주의를 논의해보자. 통상 정부의 3대 주요 세원은 소득(income), 소비(sale), 재산(property)이다. 미국의 연방, 주, 지방정부는 주요 세원을 어느 한쪽이 독점하지 않고 나누어 사용한다. 분권화된 구조와 권한을 위해 각 정부 계층이 충분한 세원 역량을 갖추어야 한다는 연방주의적 믿음이 반영된다. 미국 재정연방주의 역사는 소득세를 연방정부의 주요 세수로, 소비세와 재산세는 각각 주정부와 지방정부들의 주요 세수로 보아왔다. 이에 따라 연방정부와 주·지방정부의 세수 규모는 약 6:4로 꾸준히 유지되어 왔다. 한국의 경우, 국세와 지방세 비율이 전통적으로 8:2 수준임을 감안하면, 미국의 분권적 구조가 두드러진다.

그렇다면 왜 연방정부는 소득세를 사용하고, 주와 지방정부들은 각각 소비세와 재산세를 사용할까? 연방정부가 재산세를 사용하고 주와 지방정부들이 각각 소득세와 소비세를 사용하면 안되는 것인가? 이는 세원의 이동성(mobility)을 고려하면 이해하기 용이하다. 예를 들어, 지방정부들이 소비세를 사용하면 한 지방정부의 소비세율에 비해, 바로 이웃한 지방정부의 소비세율이 상대적으로 낮은 경우가 생길 수 있다. 이 경우, 사람들은 대부분 소비세율이 낮은 지방정부 쪽으로 이동하여 재화를 소비하고자 하는 동기를 가질 수 있고, 세원의 이동은 매우 급격할 것이다. 만일 소비세를 주정부에서 걷는다면? 사람들은 더 낮은 소비세율을 찾아 주의 경계를 넘나들어야 하기 때문에 이는 상대적으로 어려운 일이 된다. 소득세의 경우도 마찬가지이다. 높은 소득세를 피해 지방정부 사이를 이동하는 것은 상대적으로 쉬울 수 있으나, 국가 사이를 이동하는 것은 상대적으로 어렵다. 따라서 연방정부에서 소득세를 사용하는 것이 보다 정확한 세수를 예측하고 확보하는 데 도움이 된다.

이러한 기능 및 세원의 구분은 정부 효율성에 대한 기대에 기반을 두나, 현실적으로 완벽하지는 않다. 한 가지 중요한 이유는 각 정부 계층이 일부 중첩적 기능을 수행해야 하는 영역이 필연적으로 존재한다는 것이다. 연방정부와 주정부 사이의 보건기능 혹은 주정부와 지방정부 사이의 교육기능(특히, 유치원에서 고등학교까지의 교육)이 대표적인 예이다. 이러한 경우 각각 별도로 기능을 수행하는 것보다는 지원 및 집행 등의 역할을 구분하여 함께 기능을 수행하는 것이 보다 효율적일 수 있다. 또 다른 이유로, 주요 세원의 구분에도 불구하고 일부 정부들이 불가피한 이유로 자원이 부족하게 되는 경우를 들 수 있다. 이는 근본적인 세원 부족의 문제일 수도 있고, 경기침체나 재난 등의 이유일 수도 있다. 이 경우, 필수적인 공공서비스 공급에 차질이 생길 수 있기 때문에 상위 정부나 이웃 정부들이 도움을 제공할 수 있어야 한다.

이러한 상황들에 대비하여 미국의 정부들은 다양한 정부 간 재정보조 및 이전 방식들을 개발해 왔고, 이는 미국식 재정연방주의의 주요 특징 중 하나이다. 대표적인 방식으로 세원의 공유를 들 수 있는데, 실제로 50개의 주 중 33개주는 지방정부로 하여금 특별소비세를 걷을 수 있도록 허용하여 자신들의 세원을 공유한다. 또한 포괄 보조금(block grants), 조건부 보조금(categorical grants) 등 다양한 정부 간 재정보조 및 이전 방식들이 존재한다. 재정의 보조 및 이전은 필연적으로 제공자의 수혜자에 대한 적절한 감시와 통제로 이어지게 되는데, 다양한 감시와 통제 방식이 존재한다는 점 또한 미국식 재정연방주의의 주요 특징 중 하나이다.[4)]

지금까지 미국 정부예산(들)의 두 가지 기본원리에 대해 알아보았다. 두 가지 기본원리를 바탕으로 아래에서는 연방정부, 주정부, 지방정부별 세부적인 특징에 대해 이야기해 보고자 한다.

2. 그 큰 정부가 멈출 수 있다고?: 연방정부의 예산

2020년 현재 전 세계는 코로나 바이러스에 의해 많은 고통을 겪고 있다. 미국도 물론 예외는 아니다. 2020년 1월 20일 첫 확진자가 워싱턴 주에서 확인된 이후 코로나 바이러스는 전국으로 급격히 확산되었다. 다른 여러 나라에서와 마찬가지로 코로나 바이러스는 미국에 경제적 · 사회적으로 지대한 영향을 미치고 있는데, 이에 대응하기 위한 목적으로 연방정부는 현재까지 총 네 번에 걸쳐 응급 재정정책을 입안하고 시행했다. 그 중 하나가 3월 27일에 도입된 Coronavirus Aid, Relief, and Economic Security Act로 대부분의 국민에게 일인당 약 132만 원($1,200)의 긴급재난지원금을 지급하는 내용을 포함한 약 2,500조 원($2조 3천억) 규모의 법안이었다. 안타깝게도 네 번의 응급 재정정책 이후로도 미국에서 코로나의 확산세는 꺾이지 않았고, 연방정부는 재정지원을 확대하기 위해 추가적인 법안의 도입을 시도했다.

민주당(Democratic Party)은 5월 12일 약 3,300조 원($3조) 규모의 Health and Economic Recovery Omnibus Emergency Solutions(HEROS) Act를 제안했다. 하원에서 제안된 이 법안은 현재 의회의 최종 승인을 얻지 못해 수개월째 계류 중이다. HEROS Act에 대한 승인이 보류된 상태에서 공화당(Republican Party)은 7월 새로운 법안을 상원에 제시하는데, 그것은 Health, Economic Assistance, Liability Protection and Schools Act이다. 이 법안 또한 현재 의회에서 계류 중이다. 흥미로운 점은 이 두 개의 법안이 서로 다른 것임에도 불구하고 실제 내용에서는 매우 유사한 부분이

4) 한 예로, 연방정부의 주 및 지방정부에 대한 포괄 보조금은 통상 일정한 자격요건과 성과보고의 의무를 수반한다. 보다 구체적인 사례로서 미국 보건후생성의 지역 정신건강 서비스에 대한 포괄 보조금 제도에 대한 설명은 다음 링크를 통해 확인 가능하다: https://www.samhsa.gov/grants/block-grants/mhbg

많다는 것이다. 여러 가지 의문이 생긴다. 왜 한 법안을 수정하거나 조정하는 형태로 합의를 하지 않고 각각 두 개의 유사한 법안을 제안해 경쟁할까? 왜 어느 한 법안도 의회를 통과하지 못하고 계류 중일까? 무엇보다도 2천조 원, 3천조 원와 같은 큰 돈을 써야 한다는 근거는 어디서 나오는 것일까? 연방정부의 예산을 설명하는 데 이러한 '정보'와 '정치'의 역할은 매우 중요하다. 그러므로 두 가지 키워드를 중심에 두고 이후의 논의를 이해하길 제안한다.

연방정부의 예산편성 단계는 행정부 예산편성주의를 따른다. 행정부 책임자는 대통령이며 별도의 예산기구로 관리예산처(Office of Management and Budget: OMB)를 갖는다. OMB의 전신은 재무부(Department of the Treasury) 산하 기관 중 하나였던 예산국(Bureau of the Budget)이다. 1921년에 조직된 예산국은 대통령에 대한 직접적 보좌 기능을 강화하기 위한 목적으로1939년 정부조직 개편 1차 계획에 의해 재무부 산하에서 새로 신설된 대통령실(Executive Office of the President)로 이동되었으며, 1970년 정부조직 개편 2차 계획에 의해 예산국에서 OMB로 명칭이 변경되었다. 기존의 예산국이 말 그대로 예산에 대한 기능만 담당했던 것이 반해, 대통령의 행정・정책관리 기능과 예산의 긴밀한 연계성을 확보하고자 하는 노력의 일환으로 명칭과 기능의 변경을 꾀한 것이다.

OMB의 도움을 받아 대통령은 매해 4월 경 각 부처에 예산편성지침을 보낸다. 예산편성지침을 받은 각 부처는 5월에서 9월 사이 예산요구의 정당성에 대한 설명을 포함한 각자의 예산요구서를 작성한다. 각 부처의 예산요구서는 9월 중순경 OMB에 제출되어야 한다. 9월부터 12월까지 대통령과 OMB는 바쁜 시간을 보내게 되는데, 각 부처의 예산요구를 검토하고 정책목표, 중・장기적 계획과 전망, 정부 전반의 관리적 지출규모에 대한 '정보'에 기초하여 개별 예산요구를 수용하거나 조정하는 것이 그들의 주요 역할이다. 이러한 이유로 OMB와 일반 부처들의 관계는 흔히 지휘, 통제, 중재, 조율의 혼합된 형태로 설명된다.[5] 주요 예산편성 원리로서 연방정부 행정부는 성과기반 예산제도를 사용하는데, 이는 1940년대에 처음 사용되기 시작하여 1993년 정부성과결과법(Government Performance and Results Act)과 2002년 사업성과 평가도구(Program Assessment Rating Tool)의 도입 등을 거쳐 발전되어 왔다.

---

5) Mikesell, J.(2013). *Fiscal Administration*. Boston, MA: Cengage Learning.

또한 OMB는 이 기간 동안 정부의 예상 수입을 확인해야 하는데, 재무부 산하의 세제정책실(Office of Tax Policy)에서 제공하는 예측 정보를 활용하여 예상 수입을 추정한다. 세제정책실은 인구구조, 국내총생산, 노동시장 건전성, 임금 및 소득, 국제 정세, 조세제도 등의 다양한 정보를 고도화된 거시경제 모형을 통해 분석함으로써 예상 수입 결정에 도움을 준다. 예상 수입과 예상 지출에 대한 정보가 확보되면, 대통령 및 OMB는 수입과 지출 사이에 발생할 수 있는 차이를 어떻게 관리할 것인가에 대한 문제를 다루게 된다. 행정부는 매년 수입과 지출의 균형을 맞추어 재정건정성을 확보하기 위한 여러 가지 방안을 고안하는데, 이러한 노력에도 불구하고 통상 총지출이 총수입을 초과하는 상황을 겪게 된다. 이는 연방정부가 헌법 및 법률로 정해진 바에 따라 의무적으로 지출해야 하는 예산(mandatory expenditure, 예: 사회보장 예산 등)의 수요가 매년 증가하기 때문이며, 이전 혹은 현 대통령의 정치적 의제 설정에 따른 재량지출(discretionary expenditure, 예: 국방비 등)의 증가 때문이기도 하다. 이에 따라 행정부의 예산편성안은 일반적으로 부채 발행 및 관리에 대한 내용을 포함한다.

이상의 내용을 포함한 예산편성안 작성이 완료되면, 대통령은 그것을 입법부, 즉 연방의회(Congress)로 송부하여 의결 단계를 시작한다. 법적으로 정해진 기한은 2월 첫 번째 월요일이다. 행정부 예산편성안에 대한 검토 절차는 의회예산실(Congressional Budget Office: CBO)로부터 시작되는데, CBO는 행정부의 OMB와 비교되는 의회의 예산기구라 할 수 있다. CBO는 나름의 정보와 방식을 이용하여 다음 회계연도에 대한 경제적·사회적 예측 정보를 생산하며, 이를 바탕으로 정부예산에 대한 별도의 전망을 내놓는다. 또한 이 별개의 전망을 기준으로 행정부 예산편성안에 대한 평가를 진행해 통상 2월 15일까지 의회의 상·하원 모두에 공유한다. 이제 상·하원 각각은 위원회체계를 활용하여 예산편성안을 검토하는데, 상임 및 특별 위원회별로 관련 행정부처의 예산을 미시적으로 검토하고 그에 대한 평가를 진행한다. 통상 6주 정도의 검토기간을 갖는다.

이 과정에서 핵심적인 역할을 하는 것은 상·하원의 예산위원회들(budget committees)이다. 상·하원은 각각 상임위원회로서 예산위원회를 가지고 있는데, 각 예산위원회는 CBO의 전망 및 평가보고서를 기준으로 행정부 예산편성안을 거시적으로 검토한다(예: 총지출의 규모 등). 또한 다른 위원회의 분야별 검토 내용을 취합하고, 이를 바탕으로 상·하원 공동 예산결의안(budget resolution)의 작성 및 채택을 주도한다. 예산결의안은 정부예산에 대한 의회 버전의 청사진으로서, 향후 5년 간 총수입 및 지출의 규모, 각 기능별 예산 구성 등에 대한 상원과 하원의 공통적 선호를 반영한다. 예산결의안은 이후 단계에서 행정부 예산편성안에 대한 수정 및 승인의 근거가 되므로, 통상 4월 15일까지는 채택되어야 한다. 예산결의안을 작성하고 채택하는 과정에서 상원과 하원은 행정부에 대한 질의를 할 수 있으며, 만일 이전 연도의 예산결의안이 올해에도 문제없이 부합한다면 새로운 결의안을 채택하지 않을 수 있다.

이제 예산의결 단계 중 승인 절차에 돌입하게 된다. 위에서 이야기한 바와 같이, 예산법률주의에 따라 의회는 행정부 예산편성안을 참조하되, 별도의 예산 법안을 작성하고 승인해야 한다. 연방의회 승인 절차의 특징적인 점은 인가(authorization)와 책정(appropriation)의 두 가지 트랙으로 진행된다는 것이다. 상·하원의 각 위원회들은 해당 정책 분야의 인가 법안에 대한 책임과 권한을 갖는데, 인가 법안들은 주로 정부정책 및 사업을 담당하는 조직의 구성 및 운영, 구체적인 집행 사업 및 활동에 대한 정의, 의무와 책임 등에 관한 내용을 포함한다. 이러한 인가 법안들이 승인되어야, 그것을 바탕으로 행정부는 계획된 정책과 사업을 집행할 수 있게 된다. 이 인가 절차는 특히 연방정부의 의무지출 예산에 있어 중요한 의미를 갖는데, 헌법 및 법률로 정해진 바에 따라 자동적으로 계산된 예산을 지출하는 것이므로, 예산액에 대한 별도의 책정 절차 없이 인가 법안에 대한 승인만으로 행정부는 의무지출 예산을 집행할 수 있는 상태가 된다. 물론 인가 법안들을 어떻게 작성하고 승인하는가에 따라 의회는 의무지출 예산에 대한 수정을 가할 수 있다.

책정 절차는 상원과 하원의 세출위원회(appropriation committee)를 중심으로 진행되는데, 각 세출위원회는 총 12개의 소위원회로 구성된다.[6] 각 소위원회는 CBO에서 제공하는 정보, 각 위원회의 행정부 편성안 검토 결과, 공동 예산결의안 등에 근

6) 농업·지역개발·식품 및 약물, 상공·정의·과학, 국방, 에너지·수자원, 재정·일반행정, 국토안보, 내각·환경, 노동·보건 및 인적서비스·교육, 입법, 군사 및 재향군인, 국무·대외정책, 교통·주택 및 도시개발의 12개 분야에 소위원회가 존재한다.

거하여 분야별 책정 법안을 작성하며, 그 결과로 세출위원회는 총 12개의 책정 법안들을 갖게 된다. 책정 법안은 인가 법안을 통해 규정된 정부정책 및 사업, 그리고 집행을 담당하는 각 조직에 어느 정도의 예산을 배분할 것인가를 주요 내용으로 한다. 따라서 원칙적으로 책정 법안은 인가 법안의 통과 이후에 승인될 수 있으며, 특히 재량지출에 지대한 영향을 미치게 된다. 연방 규정 제638조에 따르면, 세출위원회의 책정 법안들에 대한 작성과 심의는 6월 10일까지 완료되어야 한다.

이후 6월에서 9월 사이 상 · 하원은 본회의를 통해 인가와 책정 법안에 대해 토론하고 의원들의 투표로 법안을 승인한다. 이 과정에서 상 · 하원은 법안의 일관성을 도모하기 위해 의사소통하며, 의회 전체로서는 행정부와 긴밀한 협상과정을 거친다. 이처럼 상원과 하원의 기본 관계는 행정부에 대한 공동 견제 기구로서 병렬적 파트너쉽 관계이나, 관습적으로는 하원이 먼저 토론과 승인 절차를 진행하고 상원이 뒤따르는 경우가 일반적이다. 상 · 하원 모두에 의해 인가와 책정 법안들이 승인되면 법안은 이제 행정부 책임자인 대통령에게 보내진다. 이때 12개 분야의 모든 법안이 한꺼번에 승인되는 경우는 드물고, 통상 개별 인가 및 책정 법안이 시차를 두고 승인되어 순차적으로 대통령에게 보내진다. 대통령이 승인된 법안들에 서명하는 것으로 예산 법안은 법률적 지위를 갖게 되며, 연방정부의 예산의결 단계는 종료한다. 이 과정이 9월 30일 혹은 이전에 마무리 되면, 새로운 회계연도를 10월 1일부터 시작하게 된다.

그러나 연방정부의 예산의결 단계가 이렇게 매끄럽게 진행되는 경우는 드물다. 그 주요 이유는 '정치'에서 찾을 수 있다. 의회 내 정치를 먼저 들여다보자. 상원과 하원은 각 원 내 나아가 원 사이에서 예산에 대한 정치적 갈등을 겪을 수 있다. 각 원이 서로 다른 정당과 지역 소속을 가진 의원들로 구성되어 있기 때문에 합의된 결의안을 채택하고 법안을 작성 및 승인하는 과정에서 이해관계와 의견이 상이할 수 있으며, 이로 인해 정치적 경쟁의 양상이 나타날 수 있는 것이다. 특히, 상원과 하원을 차지하는 다수당이 다를 경우 원 사이 갈등은 매우 첨예한데, 위에서 설명한 코로나 법안들의 계류 사례가 이에 해당한다. 어떤 경우에는 상원과 하원이 합의에 이르지 못하고 서로 다른 인가 및 책정 법안을 승인하기도 한다. 이 경우, 상 · 하원은 양원협의회(conference committee)를 구성하여 최종 합의안을 도출해 대통령의 서명을 요청한다.

의회와 행정부의 관계에서도 갈등은 존재한다. 위에서 설명한 바와 같이, 의결 단계에서 의회와 행정부는 긴밀하게 협상하는데, 이 과정이 난항을 겪는 경우가 종종 발생한다. 특히, 협상이 끝내 이루어지지 않는 경우 의회는 자신들이 작성한 법안들을 승인하고 대통령이 거부권을 행사하는 비토게임(veto game)의 상황이 발생한다. 대통령의 법안 거부권은 미 연방 헌법 제7조에 의해 보장된 권한으로, 대통령은 의회로부터 법안을 전달받은 뒤 10일 내에 필요에 따라 거부권을 행사할 수 있도록 정해져 있다. 예산 법안들 또한 일반 정책 법안과 마찬가지로 대통령 거부권의 대상이 된다. 흥미로운 점은 연방정부의 대통령에게 품목별 거부권(line-item veto)은 없다는 것이다. 즉, 대통령은 각 예산 법안의 세부적인 내용에 대해 거부권을 행사할 수 없으며, 개별 법안 전체에 대해서만 거부권을 행사할 수 있다.

미국 역사상 거의 모든 대통령이 품목별 거부권을 얻기 위해 노력했으나 실패했다. 1996년 클린턴(Bill Clinton) 대통령이 예산법 개정을 통해 유일하게 품목별 거부권을 행사했으나 이듬해 대법원에 의해 위헌판결을 받았다. 연방 헌법 제7조가 법안의 법안에 대한 거부권만을 명시하므로, 하위 법령으로 법안 내 품목에 대한 거부권의 행사를 허용하는 것은 위헌이라는 취지였다. 그러나 그 이면에는 대통령의 권한이 과대해질 수 있다는 우려가 존재했다는 것이 중론이다. 미국 역사상 총 2,576번의 대통령 거부권 행사가 있었는데, 이 중 83번이 예산 법안들에 대한 것이었다.[7] 최초의 예산 법안에 대한 대통령 거부권 사용은 1844년 타일러(John Tyler) 대통령에 의해 사용되었으며, 가장 최근에는 오바마(Barack Obama) 대통령이 2015년 국방 예산 법안에 대한 거부권을 행사했다. 가장 많은 예산 법안을 거부한 대통령은 클린턴 대통령으로 총 14회에 걸쳐 거부권을 행사했다. 민주당 소속이었던 클린턴 대통령의 재임기간 중 상당부분에 걸쳐 상원과 하원의 집권당이 공화당이었음을 감안하면 자연스러운 결과로 보여진다.

연방 헌법 제7조는 대통령 품목별 거부권에 대한 연방의회의 기각 권한 또한 명시하고 있어, 상원 및 하원은 소속 의원 3분의 2 이상의 동의를 얻어 대통령의 거부권을 기각할 수 있다. 총 83번의 예산 법안 거부권 사용 중 총 12회가 의회에 의해 기

---

7) Stuessy, M. M.(2019). *Regular vetoes and pocket vetoes: In Brief*. Congressional Research Service.

각되었다. 의회의 첫 기각 사례는 1856년 피어스(Franklin Pierce) 대통령의 하천정비사업 예산 법안에 대한 거부권을 기각한 것이다. 가장 최근의 사례는 1982년 레이건(Ronald Reagan) 대통령이 의회에서 승인된 추가경정예산 법안을 거부한 것으로, 의회가 거부권을 기각하고 법안을 최종 승인했다. 포드(Gerard R. Ford) 대통령은 총 5회 거부권을 행사했으나, 이 중 3회가 의회에 의해 기각되어 역사상 가장 많이 의회에 의해 거부권이 기각된 대통령이 되었다.

이러한 정치적 갈등은 종종 예산의결 단계의 종료를 늦어지게 만든다. 즉, 의결 단계가 새로운 회계연도의 시작일인 10월 1일을 넘어 지속되는 상황이 초래되는 것이다. 이 경우, 연방정부의 일부 기능, 특히 재량예산에 속하는 기능들이 셧다운에 돌입한다. 의회는 정부기능을 지속하기 위해 일시적인 예산 계속 결의안(continuing resolution)을 채택할 수 있으나, 예산 법안에 대한 최종 의결을 통해서만 셧다운을 공식적으로 종료할 수 있다. 역사상 연방정부의 첫 번째 셧다운은 1980년 카터(Jimmy Carter) 대통령 재임시절 발생했고, 하루 간 지속되었다. 주요 원인은 의회에서 연방통상위원회(Federal Trade Commission)에 대한 책정 법안을 제때에 통과시키지 못한 것이었다. 가장 최근의 사례는 2018년 12월부터 2019년 1월까지 발생한 셧다운으로 총 35일 간 지속되어 미국 연방정부 역사상 가장 긴 셧다운으로 기록되었다. 트럼프(Donald Trump) 대통령의 국경 장벽 건설 예산에 대한 요청을 민주당 및 일부 공화당 의원들이 거부함에 따라 의회에서 해당 책정 법안이 통과되지 못한 것이 그 원인이었다. 대통령과 의회가 3주짜리 계속 결의안에 합의하면서 셧다운은 2019년 1월 25일 일시적으로 종료되었다. 이후 대통령과 의회는 국경 장벽 건설과 관련된 예산을 대폭 축소하는 것으로 최종 합의했다.

의회의 예산 법안 승인 및 대통령의 서명을 통해 예산의결 단계가 종료하면, 예산집행 단계가 시작된다. 집행 단계의 주요 활동은 주로 행정부 내에서 일어나나, 입법부 또한 긴밀하게 관여한다. 연방 행정부 내에서 예산집행 단계를 관리하는 두 조직은 OMB와 재무부이다. OMB는 의결된 예산 법안들에 따라 각 부처에 예산을 배분하는 역할을 수행한다. OMB는 각 부처로부터 매해 8월 24일 혹은 예산 법안들이 통과된 후 10일 내 중 늦은 시점에 맞추어 다시 한 번 예산 배분 요청서를 받고, 그에 따라 의결된 예산을 배분한다. 재무부는 실제로 각 조직이 배분된 예산을 사용하여 계획된 정책과 사업을 수행하는 과정(고용, 계약, 보조금 사용 등)을 관리한다. 두 조직은 정기적으로 대통령과 의회에 예산집행현황과 관련된 재정현황을 보고해야 한다. 예산집행에 일차적 책임이 있는 각 부처는 자신들의 예산집행현황을 상시로 기록하며, 이는 추후 재정보고서 작성에 사용된다.

예산집행 단계는 회계연도의 마지막 날인 9월 30일을 기준으로 종료되며, 예산 감사와 보고 단계로 넘어간다. 재무부는 OMB와 각 부처의 도움을 받아 한 해 동안 집행된 예산에 대한 재정보고서를 작성한다. 이때 정부의 자산 및 부채 등 재정상황 전반에 대한 정보와 기타 관리적 지출에 관한 부분도 보고서에 포함한다. 이후 재정보고서는 입법부의 감사를 받게 되는데, 정부책임처(Government Accountability Office: GAO)가 주도적인 역할을 한다. GAO는 의회 산하의 감사기구로서 회계연도 전반에 걸쳐 정부의 예산집행을 상시로(특히, 의회의 요청에 의해) 감시하며, 회계연도 이후에는 재무부로부터 제출된 재정보고서에 대한 종합 감사를 시행한다. 참고로 회계감사처장(Comptroller General)은 대통령의 지명과 의회의 동의를 통해 임명되며, 총 15년의 긴 임기를 갖는다. GAO 감사의 주요 초점은 정부의 한 해 예산집행 및 재정현황 전반에 대한 평가, 행정부의 예산 및 재정관리 노력과 역량에 대한 평가, 결산보고상의 오류 및 문제점 파악 등이다. GAO의 감사의견은 통상 회계연도 종료 이후 5개월 이내에 대통령과 의회에 공유된다. GAO의 감사의견이 공유되면 행정부 및 의회는 재정보고서와 감사결과를 대중에게 공개하고,[8] 예산 감사와 보고 단계를 종료한다.

이상의 예산과정을 거쳐 결정되고 집행된 연방정부의 예산은 어떤 모습일까? 연방정부의 재정구조를 들여다 봄으로써 그 답을 찾을 수 있다. 다음의 [그림 5-1]은 연방정부의 2019년 수입, 지출, 재정적자의 규모를 요약해서 보여준다. 재정연방주의에 대한 논의에서 확인한 바와 같이 연방정부는 소득을 주요 재원으로 하며, 구체적으로 개인소득세, 급여세, 기업소득세를 주 예산 수입원으로 사용한다. 지출 측면에서는 사회보장 및 의료(메디케어 및 메디케이드)에 대한 의무적 지출이 큰 부분을 차지하며, 국방비 등의 재량지출도 중요한 부분임을 알 수 있다. 2019년 한 해 연방정

8) 예시로, 연방정부의 2019년 재정보고서와 회계감사 결과는 다음 링크를 통해 확인할 수 있다: https://fiscal.treasury.gov/reports-statements/financial-report/

■■ 그림 5-1 연방정부의 2019년 재정구조

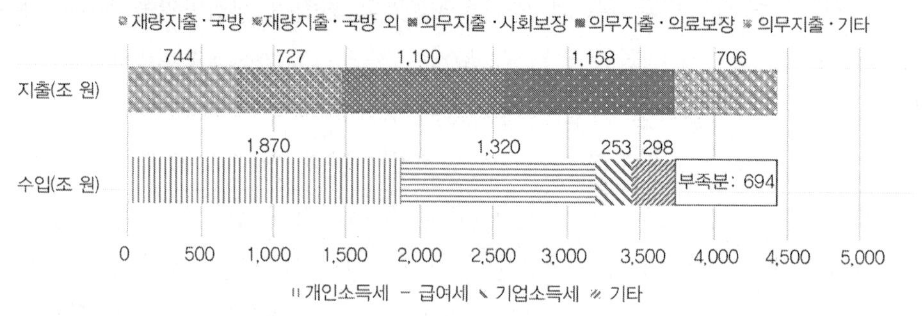

출처: 연방정부 예산통계, OMB.

부는 총 694조 원의 적자를 냈으며, 이는 대부분 부채의 발행을 통해 충당되었다. 미국 연방정부는 1970년 이후 몇몇 해(1998~2001)를 제외하고는 지속적으로 적자예산을 의결 · 집행해 왔다. 그 결과로 현재 연방정부의 총 누적 부채는 총 자산보다 약 2경 원($20 trillion) 정도 많다.

3. 정부가 50개면 예산도 50개!: 주정부의 예산

이제 미국 내 50개 주정부들의 예산과정을 살펴보자. 큰 틀에서 주정부들의 삼권분립 형태는 연방정부와 유사하다. 즉, 주지사가 행정부 책임자로서 역할을 하며 주의회가 입법부로서의 역할을 수행한다. 이에 따라 주정부들의 예산과정은 연방정부의 예산과정과 비슷한 부분이 많다. 하지만, 주정부가 50개로 다양한 만큼 예산과정의 구체적인 부분은 주별로 상이하다. 이러한 유사점과 차이점을 이해하는 것이 이번 단계에서 우리의 목표이다.

미국 내 주정부들은 연방정부와 마찬가지로 행정부 예산편성주의를 따른다. 일부 주지사는 대통령과 마찬가지로 행정부 내 예산부처 외에 별도의 직속 예산기구를 가지며(예: 인디애나, 조지아, 텍사스 등) 다른 주지사들은 행정부 내 조직으로서 예산부처를 갖는다(예: 앨라배마, 오레건 등). 주정부들의 특징 중 하나는 별도의 재무관리처(Office of State Treasurer) 혹은 재무관리 담당자를 갖는다는 점인데, 주 재무관리처 혹은 담당자는 연방정부의 재무부 역할에 상응한다고 볼 수 있다. 50개 주 중 48개 주(뉴욕과 텍사스 제외)가 별도의 재무관리처 혹은 담당자를 가지고 있으며,[9] 이 중 8개 주(예: 미시간, 미네소타 등)는 선거를 통해 재무관리 담당자를 선출하고, 나머지 40개 주는 주지사 혹은 주의회의 지명에 의해 재무관리 담당자를 임명한다.

예산편성 단계에서 주지사는 행정부 예산기구 혹은 부처로부터 지원을 받으며, 재무관리처와 협조한다. 일부 주에서는 주의회가 이 과정에 관여하기도 하는데, 텍사스가 이에 해당한다. 연방정부의 경우와 마찬가지로 주지사는 각 부처에 예산편성지침을 보내고, 각 부처는 그에 대한 응답으로서 예산요구서를 작성하여 제출한다. 주지사는 각 부처의 예산요구서와 기타 관리적 지출의 합을 확인하여 다음 회계연도의 예상 지출을 예측한다. 이 단계는 통상 새로운 회계연도를 시작하기 7, 8개월 전에 진행되는데, 대부분의 주는 새로운 회계연도를 7월 1일에 시작하므로 이는 전년도 11월 혹은 12월경에 해당한다. 일부 주에서 이 시점은 상이한데, 예를 들어 뉴욕 주는 새로운 회계연도가 4월 1일에 시작하므로 전년도 8월경 이 절차가 진행된다. 텍사스의 경우 9월 1일에 새로운 회계연도가 시작되며, 앨라배마와 미시간은 10월 1일에 새로운 회계연도를 시작한다.

예상 지출을 결정하는 과정에서 주정부들은 다양한 예산제도를 활용한다. 가장 최근의 연구결과[10]에 따르면, 50개 주 중 총 41개 주가 기획 예산제도나 성과기반 예산제도 중 하나 혹은 그 둘의 혼합 형태를 사용한다. 나머지 9개 주 중 7개 주(예: 아이다호, 펜실베이니아 등)는 항목별 예산제도를 사용하고, 2개주(예: 오하이오)는 영기준 예산제도를 사용한다. 이외에도 다양한 예산제도들이 새롭게 제안되어 실험적으로 사용되고 있는데, 아칸소의 경우 품목별 예산제도를 기본으로 하나 이에 우선순위 예산제도(priority budgeting)를 결합하여 사용한다. 각 부처별로 담당 정책과 사업에 대해 1순위, 2순위 등의 우선순위를 매겨 예산요구서를 제출하고, 주지사 및 예산기구는 이를 예산편성안에 반영한다. 이외에도 격년제 예산(biennial budgeting),

9) 뉴욕과 텍사스는 주 감사처 혹은 감사처장이 재무관리처의 역할을 수행한다.
10) National Association of State Budget Officers(2015). *Budget Processes in the States.*

시민참여 예산(participatory budgeting), 성인지예산(gender budgeting) 등의 다양한 예산제도들이 주정부들에 의해 이미 사용되고 있거나 고려되고 있다.

연방정부의 경우와 마찬가지로 예상수입을 예측하는 것은 주정부 예산편성 단계의 중요한 활동 중 하나이다. 미국의 주 단위에서는 이에 관한 다양한 형태가 나타나는데, 정부 수입 예측의 접근법에 대한 다양한 실험이 진행되고 있다고 볼 수 있다. 일부 주(예: 아칸소, 코네티컷, 켄터키 등)는 행정부 내 단일 부처 혹은 별도의 독립적 단일 위원회가 수입 예측을 전담한다. 다른 주(예: 플로리다, 인디애나, 캔자스 등)에서는 합의예측방식(consensus forecasting)이 사용되는데, 행정부 및 입법부의 일부 구성원이 함께 정부 수입을 예측하거나, 이에 연구자 · 이익집단 대표자 등 외부참여자가 참여하는 형태를 갖는다. 또 다른 주(예: 콜로라도)에서는 행정부와 입법부가 서로 다른 수입 예측을 제공하고 경쟁하는 형태가 나타나기도 한다. 어떤 예측방식이 가장 정확한지에 대해서는 명확한 답이 없다. 각 주의 정치적 · 제도적 선호에 따라 접근법은 달라질 것이다.

주지사는 예상 지출 및 수입에 대한 정보와 더불어 둘 사이 예상되는 차이에 대한 관리 방안을 포함한 예산편성안을 작성하며, 그것을 주의회에 제출하여 예산의결 단계를 시작한다. 시점은 통상 새로운 회계연도 3, 4개월 전이다. 50개 주 중 49개 주(네브라스카 제외)가 양원제를 택하고 있기 때문에, 주의회의 의결 단계는 연방의회의 의결 단계와 유사하게 진행된다고 보아도 큰 무리가 없다. 각 주의회의 상원과 하원은 통상 의회 내 예산처(Legislative Budget Office)를 통해 예산에 관한 정보와 행정부 편성안 검토결과를 지원받게 되며, 위원회체계를 통해 주지사의 예산편성안을 검토한다. 이후 각 원의 세출, 예산 혹은 재정위원회가 복수의 세출 법안들을 작성하게 되며, 작성된 법안들은 상 · 하원 본회의를 통해 심의 · 승인된다. 연방정부의 경우와 마찬가지로 이 과정에서 각 원내 정당 간, 상 · 하원 사이, 그리고 의회와 행정부 사이 활발한 협상이 이루어진다. 이 과정에서 의회는 공청회를 열어 예산안에 대한 주민들의 의견을 듣는다. 의회에서 승인된 세출 법안들에 주지사가 서명을 하면 예산의결 단계는 종료한다.

주정부 예산의결 단계에서 한 가지 주목할만한 점은 대통령과 달리 주지사는 통상 품목별 거부권을 갖는다는 것이다. 즉, 대통령이 개별 세출 법안 전체에 대해서만 거부권을 행사할 수 있는 것과 달리 주지사는 법안 내 일부 항목들에 대해 거부권을 행사할 수 있다. 보다 구체적으로 50개 주 중 44개 주의 주지사가 품목별 거부권을 가지며, 나머지 6개 주(인디애나, 네바다, 뉴햄프셔, 노스캐롤라이나, 로드아일랜드, 버몬트)의 주지사는 법안 전체에 대해서만 거부할 수 있다. 법적으로 정해진 거부권 행사의 기한은 주별로 3일에서 60일까지 상이하다. 대부분의 주의회는 주지사의 품목별 거부권 혹은 세출 법안 거부권을 기각할 수 있는데, 앨라배마, 아칸소, 인디애나, 켄터키, 테네시, 웨스트버지니아 주의회는 상·하원의 과반 투표를 통해 주지사의 거부권을 기각할 수 있으며, 이외의 주에서는 상·하원 의원 3분의 2의 동의를 통해서 주지사 거부권을 기각할 수 있다.

예산의결 단계에서의 정치적 협상과 비토게임은 의결 단계가 지연되는 결과를 초래할 수 있는데, 이 경우 연방정부와 마찬가지로 주정부도 셧다운에 돌입하게 된다. 실제로 1992년 캘리포니아 주정부는 재정위기 대처방식에 대한 주지사와 의회의 의견차이로 셧다운에 돌입했으며, 다시 정부 기능을 재개하기까지 총 63일이 걸렸다. 또 다른 예로, 뉴저지의 2006년 사례를 들 수 있다. 뉴저지 주지사와 주의회는 세출과 세입의 균형을 위해 소비세를 증액하는 안에 대한 의견차이로 제때에 의결 단계를 종료하지 못했으며, 셧다운에 돌입했다. 뉴저지의 2006년 셧다운은 총 8일 간 지속되었다. 좀 더 최근의 사례로는 메인 주의 2017년 셧다운 사례를 들 수 있으며, 총 4일 간 셧다운이 지속되었다. 우리는 흔히 연방정부의 셧다운만을 큰 이슈로 인식하는데, 이러한 사례들은 정부 셧다운이 주 단위에서도 중요한 문제임을 보여준다.

주정부의 예산편성 및 예산의결 단계의 또다른 특징으로 헌법상 혹은 법률상 다양한 세금 및 재정제도가 존재함을 들 수 있다. 대표적인 예로, 각 주는 연방 헌법 및 법률과 별도로 주 헌법 및 법률을 제정할 수 있는 권한이 있는데, 각자의 헌법과 법률을 통해 자신들만의 세금제도를 결정할 수 있다. 이러한 주의 헌법 및 법률 제정 권한은 주별 세금제도의 차이를 가져오는 주요 원인이 된다. 예를 들어, 텍사스 주 헌법 제8조는 주정부가 재산세 및 소비세 등을 걷을 수 있는 권한을 명시하고 있으나, 별도의 소득세를 걷는 것은 금지하고 있다. 이는 캘리포니아 주 헌법 제8조가 주정부의 세금 권한의 일부로서 소득세를 허용하고 있는 것과 차이가 있다. 앞에서 언급한 류현진 선수의 실연봉 사례는 이러한 주 헌법의 차이로 이해할 수 있다.

또 다른 예로, 세수 및 지출제한제도(tax and expenditure limitations), 균형예산제도(balanced budget requirements), 부채제한제도(debt limitations) 등을 들 수 있다. 세수 및 지출제한제도는 주정부의 연간 세수 및 지출의 총액이나 증가분에 제한을 두는 제도이다. 콜로라도는 가장 엄격한 세수 및 지출제한제도를 가진 것으로 알려져 있는데, 1992년 주민발의에 의해 도입된 이 제한제도는 콜로라도 주정부의 연간 수입 및 지출 증가율이 물가상승률 및 인구증가율을 초과할 수 없도록 규정한다. 만일 주정부가 그 이상의 수입이 필요하다면, 그것은 주민투표를 통해 승인되어야 한다. 2020년 기준, 총 32개 주정부가 다양한 형태의 세수 및 지출제한제도를 가지고 있다.[11]

균형예산제도는 주정부로 하여금 연간 수입과 지출의 균형을 맞추도록 유도하여 재정건전성을 확보하려는 제도이다. 총 46개 주정부가 이 균형예산제도의 대상이 된다(애리조나, 인디애나, 버지니아, 버몬트 제외). 일부 주의 경우(예: 일리노이, 워싱턴 등) 주지사의 예산편성안 혹은 의회의 의결 법안상 수입과 지출의 균형이 이루어져야 하며, 다른 주의 경우(예: 뉴욕, 텍사스 등) 주지사가 의결 법안에 서명할 때 최종적으로 균형예산을 맞추도록 하는 제도를 가지고 있다.[12] 7개의 주(캘리포니아, 오레건 등)를 제외한 총 43개 주는 부채제한제도를 가지고 있는데,[13] 이 제도는 통상 주정부 부채의 총량을 일정 수준 이하로 제한하는 것을 그 목적으로 한다. 코네티컷 주 법률의 경우, 주정부 부채의 총량이 일반적 세수의 1.6배 이상이 되지 못하도록 규정하고 있다.

이처럼 주지사 및 주의회의 예산편성 및 의결은 다양한 제도적 장치들에 의해 견제 및 통제되고 있으며, 주별로 제도적 차이가 존재하기 때문에 다양한 형태의 예산과정과 결과가 나타날 수 있는 것이다. 한 가지 예로, 주정부들의 2008년 대공황에 대한 대응 방식의 차이를 보면 흥미로운 결과를 확인할 수 있다.[14] 예를 들어, 콜로라도의 경우, 재정수입을 확대하는 방향보다는 지출을 줄이는 방향으로 대공황에 대

11) Tax Policy Center(2020). *The state of state (and local) tax policy: What are tax and expenditure limits?*

12) National Association of State Budget Officers(2015). *Budget Processes in the States.*

13) Ruben, K., & Randall, M.(2017). Debt limits: How states restrict borrowing. Urban Institute.

14) National Association of State Budget Officers(2011). *Fiscal Survey of the States.*

응했다. 즉, 전 부처 일괄 예산삭감, 해고, 임금조정 등이 적자 예산을 해결하기 위한 주요 수단이었다. 조지아의 경우, 상대적으로 재정수입을 확대하는 방향으로 적자 예산을 해결하고자 하였다. 이러한 대응 방식의 차이는 여러 가지 요인에 의해 결정되었을 것이다. 중요한 점은 재정제도의 차이 역시 그 여러 요인 중 하나로 고려되어야 한다는 것이다. 앞에서 언급한 것처럼, 콜로라도는 엄격한 재정제도들을 가진 것으로 알려져 있으며, 조지아는 상대적으로 덜 엄격한 제도들을 가지고 있다.

예산의결 단계가 종료하면 예산집행 단계가 시작된다. 연방정부의 경우와 마찬가지로 주 행정부 내 예산기구 혹은 부처가 중심이 되어 의결 법안들에 따라 부처별 예산을 배분하고, 부처의 예산집행 및 정부 재정현황을 관리・감독한다. 재무관리처 역시 이 과정에 관여한다. 예산기구 및 부처는 정기적으로 주지사와 의회에 예산집행현황 및 재정상태에 대한 정보를 공유해야 한다. 회계연도, 즉 예산집행 단계가 종료하면 행정부 예산기구, 부처 혹은 재무관리처는 한 해의 예산집행 정보를 수집해 재정보고서를 작성한다. 이때 정부 전반의 재정상황에 대한 정보 역시 보고서에 포함해야 한다. 작성된 재정보고서는 주 감사처로 보내지며, 감사처장(state auditor)의 주도 하에 감사가 진행된다. 24개 주(예: 델라웨어, 인디애나, 미네소타 등)의 감사처장은 별도의 선거를 통해 선택된 선출직이며, 그 외 주(예: 애리조나, 조지아 등)의 감사처장은 통상 의회에 의해 임명된다. 코네티컷의 경우, 다소 특이한데, 의회 내 민주당과 공화당이 각각 1명씩 추천해 총 2명의 감사처장들을 임명한다. 감사처장은 재정보고서를 검토하고 감사의견을 대통령과 의회에 송부한다. 기한은 주별로 상이하나, 통상 4개월에서 8개월 혹은 1년까지도 소요된다. 최종 재정보고서와 감사처의 감사의견이 대중에게 공개됨으로써 예산 감사 및 보고 단계는 종료된다.[15]

이제 주정부의 재정구조를 확인해보자. 다음의 [그림 5-2]는 50개 주정부의 2017년 수입, 지출, 재정 잉여분의 평균 규모를 보여준다(사회기반시설예산 제외).[16] 재

15) 예시로, 뉴저지 주의 2019년 재정보고서와 회계감사 결과는 다음 링크를 통해 확인할 수 있다: https://www.nj.gov/treasury/omb/cafr.shtml

16) 미국의 주정부들은 통상 사회기반시설예산(infrastructure budget)을 일반예산과 구분하여 편성하고 의결한다. 이는 사회기반시설예산이 일반예산에 비해 보다 장기적인 관점에서 검토되어야 하며, 특수한 비용, 편익, 집행 구조를 갖기 때문이다. 연방정부의 경우, 사회기반시설예산을 일반예산과 합쳐 편성하고 의결하며, 지방정부는 통상 둘을 구분하여 편성하고 의결한다.

■■ 그림 5-2 주정부의 2017년 재정구조

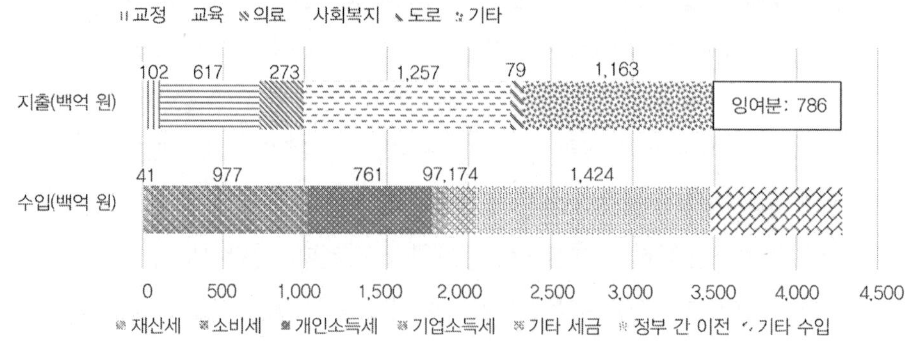

출처: 주 및 지방정부 재정통계, 미 인구조사국.

정연방주의에 대한 논의에서 확인한 바와 같이 정부 간 이전(즉, 연방정부의 재정 이전 및 보조금)과 소비세가 단일 수입항목으로서 가장 큰 규모를 가지고 있다. 개인소득세 또한 주정부 수입의 주요 재원이 된다. 지출 측면에서는 사회복지와 교육에 대한 지출이 가장 큰 부분을 차지하며, 의료 지출도 중요한 부분임을 알 수 있다. 2017년 한 해 주정부는 평균 8조 원의 예산 잉여분을 가졌다. 이러한 잉여분은 통상 주정부의 일반 혹은 목적예비비로 편성되어 추후 사용을 위해 보존된다. 이는 일반적인 현상으로 2019년 기준 50개 주정부의 총 누적 예비비는 135조 원($122 billion)에 이른다. 물론 이는 평균 및 총 규모를 나타내는 수치이며, 위에서 논의한 바와 같이 각 주별 구체적인 재정구조는 상이하다.

4. 혼자 살며 같이 살기: 지방정부의 예산

최근 몇 년 간 미국의 지방정부들 사이에서 관심을 받은 이슈가 있다. 그것은 설탕소비세(sugar tax) 혹은 탄산음료세(soda tax)로 불리는 새로운 형태의 세금에 관한 것이었다. 2014년 캘리포니아 주 버클리 시, 그리고 2016년 펜실베이니아 주 필라델피아 시 등이 이 새로운 형태의 세금을 부과하기로 결정한 이후 다른 지방정부들의 관심은 더욱 커졌다. 그 중 애리조나 주 지방정부들도 있었다. 다양한 형태의 재정제도를 통해 통제를 받는 애리조나의 지방정부들은 항상 재정운영에 어려움을 느껴왔고, 설탕소비세라는 새로운 세금이 가져다 줄 수 있는 추가 수입에 대한 관심은 자연스러운 것이었다. 공식적으로 설탕소비세를 도입한 지방정부는 없었지만, 그에 대한 논의는 매우 활발했다. 하지만, 2018년 3월 애리조나 주의 듀시(Ducey) 주지사와 주의회는 하나의 법안을 통과시켰는데, 그것은 지방정부의 설탕소비세 도입을 앞서 금지(preempt)하는 내용이었다. 이 금지법에 의해 애리조나 주 지방정부들이 가졌던 새로운 세원에 대한 기대는 실현되지 못했다. 이후 2018년 6월 캘리포니아 주 또한 유사한 법안을 통과시켰고, 설탕소비세를 걷던 지방정부들은 말 그대로 더이상 그 달콤함을 누릴 수 없게 되었다. 지방정부의 예산과 재정구조를 이해하는 데 있어, 이와 같은 '자치'와 '통제'의 긴장과 균형은 매우 중요하다.

미국 내 지방정부는 그 유형이 다양하고 그 수도 매우 많아 지방정부별 예산과정상의 차이점이 상당하나, 통상 지방정부들은 삼권분립의 형태를 갖추고 있으며, 그에 따라 행정부 예산편성주의를 따르는 경우가 많다. 행정부의 책임자는 다양한 형태를 갖는데, 선출직 단일 책임자(시장 등), 입법부에 의해 임명된 전문관리자(카운티 관리자, 특별자치구 관리자 등), 입법부와 행정부에 의해 공동으로 임명된 전문관리자, 선출직 책임자와 입법부에 의해 별도로 임명된 전문관리자의 공동 책임, 선출직 책임자와 그 책임자에 의해 임명된 전문 관리자 등의 예가 있다. 이론적으로 이러한 다양한 형태들은 예산편성 단계에서 행정부 책임자의 동기에 차이를 가져올 수 있다. 예를 들어, 선출직 단일 행정부 책임자는 입법부와 견제 및 균형의 관계를 형성할 가능성이 높고, 입법부에 의해 임명된 전문관리자에 의해 운영되는 행정부는 입법부의 이해를 예산에 반영하려는 동기를 가질 수 있는 것이다. 그러나 실제에서 행정부 책임자들의 임명 형태에 따라 예산 동기가 다른지는 여전히 연구의 대상이다.

일부 규모가 큰 지방정부의 행정부 책임자는 별도의 직속 예산기구를 갖기도 하나(예: 뉴욕 시), 통상 지방 단위의 행정부 책임자는 행정부 내 예산부처 혹은 예산담당 직원의 도움을 받아 예산을 편성한다. 연방정부 및 주정부의 경우와 마찬가지로, 지방의 행정부 책임자는 각 부처에 예산편성지침을 보내고, 그에 대한 응답으로서 부처별 예산요구서를 받은 뒤 관리적 지출을 함께 고려하여 총지출의 규모를 조정·

확인한다. 물론 규모가 작은 지방정부는 별도의 예산편성지침이나 요구서를 작성하는 절차 없이 관련 행정부 구성원들이 몇 번의 회의를 통해 공동으로 예산편성안을 작성하기도 한다. 이 과정은 통상 새로운 회계연도를 시작하기 6~8개월 전에 진행되는데, 주정부의 경우와 마찬가지로 지방정부 별 회계연도의 차이가 있어 정확한 시점은 상이하다. 인구 2,500명 이상의 카운티 및 시(빌리지 및 타운 포함) 정부를 대상으로 실시한 한 설문조사에 따르면,17) 약 45퍼센트 정도의 지방정부가 성과기반 예산제도 혹은 유사한 형태의 예산제도를 따르고 있다. 그 외에는 통상 항목별 예산제도나 기획 예산제도를 사용한다.

행정부 책임자는 예산부처 혹은 예산담당 직원의 도움을 받아 다음 회계연도의 수입을 예측하는데, 규모가 큰 지방정부들은 주정부와 같이 고도화된 방법을 사용하나 규모가 작은 지방정부들은 상대적으로 간단한(naïve) 방식으로 수입을 예측한다. 예를 들어, 인국 800만 명의 뉴욕 시는 국가 및 지역 경제에 대한 다양한 정보들과 기타 사회적 정보들을 종합하여 계량적 · 거시경제적 모형을 구성해 다음 해 혹은 장기적인 수입의 경향을 예측한다. 반대의 예로, 인구 25만 명의 캘리포니아 주 글렌데일 시는 기존의 예산 경향과 일부 이해관계자 및 이익집단의 정성적 평가, 그리고 예상되는 제도적 변화 등을 감안하여 수입을 예측한다. 규모가 더 작은 지방정부의 경우 좀 더 간단한 방법으로 수입을 예측하는데, 통상 인구증가율이나 경제성장률을 그대로 적용하여 점증적으로 수입의 증감을 예측하거나 상위 지방정부(예: 카운티)의 규칙에 따라 수입을 예측한다. 예산편성 단계의 마지막 이슈로서 행정부 책임자는 수입과 지출의 차이에 대한 관리방안을 포함하여 예산편성안을 작성한다. 작성된 예산편성안은 통상 회계연도 시작일 4~5개월 전까지 입법부로 보내진다.

일반적으로 지방정부의 입법부(예: 시 의회, 카운티 위원회 등)는 지역주민들의 선거를 통해 구성되며 단원제의 형태를 띤다. 따라서 행정부의 예산편성안은 의회의 단수 의결과정을 거치게 된다. 지방정부의 입법부는 통상 예산 혹은 재정 상임위원회(budget committee 혹은 finance committee)를 가지고 있으며, 소속 의원들이 행정부의 예산편성안을 일차적으로 검토한다. 이후 법령(ordinance)의 형태로 입법부 버전의 예산안을 다시 작성해 의회나 위원회 본회의에 상정하고, 전체 입법부 의원

17) International City/County Management Association(2007). *State of the Profession Survey.*

들의 토론과 심의를 거친다. 이 과정에서 입법부는 행정부에 대한 질의와 협상을 진행하며, 주민공청회를 개최해 대중의 의견을 구하기도 한다. 최종적으로 입법부 의원들의 투표를 통해 예산안을 승인한다. 행정부 책임자가 승인된 예산 법령에 서명하면 의결 단계는 종료한다.

이 과정에서 행정부 책임자는 서명 전 품목별 거부권을 행사할 수도 있다. 물론 일부 지방정부의 입법부는 행정부 책임자의 품목별 거부권을 기각할 권한이 있다. 한 예로, 2019년 하와이 주 마우이 카운티의 행정부 책임자는 의회의 예산 법령 중 12가지에 대해 품목별 거부권을 행사해 언론의 관심을 끌었다. 의회가 특별한 정당성 없이 재산세율을 높인 것에 대한 반대가 주요 이유였다. 이후 언론의 더 큰 관심을 끌었던 것은 카운티 의회가 12가지의 품목별 거부권 행사 중 3가지를 제외한 모든 것을 기각한 것이었다. 의회의 기각이 존중되어 9가지 품목별 거부권 행사 항목이 모두 의회의 원안으로 회귀한 뒤 예산은 최종 승인되었다. 어떤 이유로 의결 단계가 지연되어 새로운 회계연도 시작일을 넘어가게 되면 지방정부는 셧다운에 돌입하게 된다. 한 예로, 뉴욕 주 에리 카운티의 입법부가 예산 적자를 해결할 방안에 대해 합의하지 못하면서 2005년 2월 하루 간 셧다운에 직면했던 사례를 들 수 있다.

지방정부의 유형에 따라 예산의결 단계에 차이가 발생할 수 있다. 일부 지방정부들의 입법부는 행정부 예산편성안을 검토하고 수정할 수 있는 권한은 가지되, 최종적인 승인의 권한은 갖지 못한다(특히, 많은 수의 교육자치구나 일부 특별자치구가 이에 해당). 이러한 경우, 예산안에 대한 최종 승인은 주민들의 몫이 되며, 주민투표를 통해 예산을 최종 승인한다. 또 다른 지방정부들은 상대적으로 단순한 형태의 예산의결 단계를 거치기도 하는데, 입법부 의원들은 행정부의 예산편성안을 검토한 뒤 별도의 법안 작성없이 편성안에 대한 일부 수정 혹은 원안 유지의 형태로 승인하기도 한다. 특히, 소규모 특별자치구들이 이러한 간단한 형태의 의결 단계를 거치는 경우가 많다.

주정부의 경우와 마찬가지로, 지방정부의 예산편성 및 예산의결 단계는 다양한 제도적 장치들에 의해 영향을 받는다. 특히, 지방정부는 주정부에 의해 많은 견제를 받는데, 미국 내에서 지방정부가 주정부의 법적 창조물로서 '통제'의 대상인지 아니면 '자치'의 단위로서 더 큰 의미를 갖는지에 대한 논쟁이 여전히 지속되고 있음을 감안하면 자연스러운 현상일 것이다. 주정부는 기본적으로 주 헌법과 법률을 통해 지방정부의 예산에 관여한다. 특히, 많은 주의 헌법과 법률들이 각 주 내에 있는 지방정부가 걷을 수 있는 세금의 종류를 명시하고 있기 때문에, 지방정부의 세금은 그 범위 내로 종류가 한정된다. 예를 들어, 워싱턴 주는 헌법과 법률을 통해 지방정부가 재산세와 소비세를 걷을 수 있다고 명시하고 있다. 그러나 법률상 소득세는 금지되어 있어 지방정부는 어떤 형태의 소득세도 걷을 수 없다.

그러나 한편으로 보면 지방정부는 자치의 원리에 따라 주가 허락한 세금 내에서는 어느 정도의 재량을 가질 수 있다. 위에서 설명한 설탕소비세의 사례가 이에 해당할 것이다. 설탕소비세를 도입하고자 했던 지방정부들의 기본 논지는 설탕소비세가 궁극적으로는 소비세의 일환이라는 것이다. 즉, 주정부가 헌법과 법률을 통해 소비세를 걷을 수 있도록 규정하고 있으므로, 그 일부로서 설탕소비세는 적법하다는 것이다. 주정부 입장에서 이러한 주장에 대응할 수 있는 방법은 설탕소비세에만 해당하는 새로운 법률을 도입하는 것이었고, 실제로 그 방법을 택해 지방정부의 설탕소비세를 금지한 것이다. 이처럼 지방정부 단위에서 '자치'와 '통제'의 균형은 현재진행형이다.

이외에도 주정부는 다양한 방법을 통해 지방정부의 자치를 견제한다. 지방정부에 대한 주정부의 세수 및 지출제한제도가 한 예이다. 50개의 주 중 총 44개주가 지방정부에 대한 세수 및 지출제한제도를 가지고 있다.[18] 주별로 구체적인 대상, 내용, 강도는 다르지만, 주 헌법과 법률을 통해 지방정부의 주요 세수인 재산세의 총액 혹은 증가분을 일정 수준으로 제한하거나 재산세율을 일정 수준으로 한정하는 형태가 보편적이다. 예를 들어, 메인 주의 경우 지방정부의 올해 재산세 총액이 작년 대비 물가상승률 이상을 초과해 증가할 수 없도록 규정하고 있다. 뉴멕시코 주의 경우, 지방정부의 제산세율은 2퍼센트($100당 $2)를 초과할 수 없도록 정해져 있다. 만일 규정된 수준 이상의 재산세를 걷는다면, 지방정부는 그 초과분을 주민들에게 돌려주어야 한다. 일부 주들은 재산세가 아닌 지방정부의 총수입이나 지출 자체에 대한 제한

18) Park, S.(2018). The Impact of State-imposed Fiscal Rules on Municipal Government Fiscal Outcomes: Does Institutional Configuration Matter? *State and Local Government Review*, 50(4): 230-243.

을 갖기도 하는데 캘리포니아나 콜로라도 주가 이에 해당한다. 이외에도 주정부는 다양한 제도들(균형예산제도, 부채제한제도 등)을 통해 지방정부에 대한 영향력을 행사하고 있다.

그러나 이러한 제도들도 지방정부 자치의 원리를 존중해야 한다. 이를 위해 주정부들은 일부 예외조항을 제도들에 포함시키는데, 대표적인 예로 지방정부가 투표를 통해 주민동의를 얻는다면 주정부의 제도적 통제를 피할 수 있도록 하고 있다. 즉, 주민투표를 통해 승인된 경우 지방정부는 주정부에 의해 제한된 세액 혹은 세율 이상을 걷거나 적용할 수 있다. 일부 지방정부들은 자치헌장(home-rule charter; 제1장 참조)을 채택하기도 하는데, 통상 자치헌장은 해당 지방정부를 주의 통제에서 자유롭게 만들어준다. 다시 말해, 주정부의 법률적 통제가 아닌 자치헌장을 통해 스스로 규정한 내용에 따라 예산을 운영할 수 있게 된다는 것이다. 50개의 주 중 47개 주가 일부 지방정부에 대해 자치헌장의 도입을 허락하고 있다. 이러한 제도적 차이들로 인해 지방정부의 예산과정과 결과는 매우 다양한 형태를 띠게 된다.

입법부의 예산의결 단계가 종료하면 공은 다시 행정부로 넘어오게 되며, 예산집행 단계, 즉 새로운 회계연도가 시작된다. 주정부의 경우와 마찬가지로, 행정부 내 예산부처 혹은 예산담당자가 전반적인 예산의 배분과 지출, 재정상황을 관리한다. 예산부처 혹은 담당자는 정기적으로 행정부 책임자와 입법부에 예산 및 재정현황을 공유해야 하며, 의견을 수렴하여 집행과정에 반영한다. 또한 지출과정에 일차적 책임을 갖는 각 부처의 장들과 협조하여 예산의 효율적 집행을 담보해야 한다. 예산집행 단계가 종료하면 예산부처 혹은 담당자는 회계연도 동안 집행된 예산정보와 정부의 전반적 재정현황에 대한 정보를 취합하여 재정보고서를 작성한다. 작성된 재정보고서가 감사기구 혹은 감사담당자에게 보내지면, 예산감사 및 보고의 단계가 시작된다.

지방정부의 유형이 다양한 만큼, 감사의 형태도 다양하다. 일부 지방정부(특히, 규모가 큰 지방정부)들은 독립 기관으로서 감사처를 가지며, 선거를 통해 뽑힌 혹은 행정부 책임자나 입법부에 의해 임명된 감사처장이 정부예산에 대한 감사를 실시한다(예: 뉴욕 주의 뉴욕 시, 일리노이 주의 시카고 시 등). 다른 형태로 일부 지방정부들은 상위 정부 즉, 주 감사처나 카운티 감사처 등을 통해 감사를 받기도 한다. 예를 들어 캘리포니아 주 로스앤젤레스 시는 로스앤젤레스 카운티 감사처에 의해 감사를 받으며, 펜실베이니아 주 필라델피아 교육구는 필라델피아 시 감사처를 통해 감사 결과를 받는다. 또 다른 형태로 일부 지방정부들은 민간 감사기관에 감사를 의뢰하기도 하는데 예를 들어, 앨라배마 주 버밍햄 시는 매해 칼, 릭스 앤 인그램이라는 민간 회계법인을 통해 감사를 진행한다. 규모가 작은 지방정부들은 자체적인 행정부 혹은 입법부 감사를 진행하기도 한다. 통상 감사에 소요되는 시간은 회계연도 종료 후 5개월에서 6개월 정도이나, 지방정부별로 상이하다. 감사의견서는 행정부 책임자와 입법부에 공유되며, 최종 재정보고서와 감사 결과가 대중에게 공개됨으로써 예산 감사 및 보고 단계는 종료된다.[19] 일부 작은 규모의 지방정부는 재정보고서를 대중에 공개하지 않고 내부 목적으로만 사용하는 경우도 있다.

이제 지방정부 예산과정의 결과로서 재정구조를 확인해보자. 다음의 [그림 5-3]은 미국 내 지방정부 유형 중 하나인 시 정부(시, 버러, 빌리지, 타운 포함)의 2017년 수입, 지출, 재정 잉여분의 평균 규모를 보여준다(사회기반시설예산 제외). 정부 간 이전(즉, 연방정부 및 주정부의 재정 이전 및 보조금)과 재산세가 수입의 큰 규모를 차지하고 있으며, 서비스 사용료(charge) 등의 기타 수입도 큰 부분임을 알 수 있다. 지출 측면에서는 안전 분야의 소방 및 경찰업무에 대한 지출이 큰 부분을 차지하며, 주택 및 지역개발 지출도 큰 부분임을 알 수 있다. 2017년 한 해 시정부는 평균 40억 원의 예산 잉여분을 가졌다. 이러한 잉여분은 지방정부의 일반 혹은 목적예비비로 편성된다. 2008~2009년 대공황 이후 지방정부의 예비비 확보 필요성이 지속적으로 제기되어온 것을 감안하면 자연스러운 현상으로 보인다. 이 정보들은 미국 내 전체 시정부 평균만을 의미할 뿐 각 시정부는 자신들만의 독특한 재정구조를 가질 수 있다. 또한 앞에서 논의한 바와 같이 만일 카운티나 교육구와 같이 다른 유형의 지방정부 재정구조에 초점을 맞춘다면 다음의 [그림 5-3]과는 상이한 결과를 얻게 될 것이다.

19) 예시로, 캘리포니아 주 로스앤젤레스 시의 2019년 재정보고서와 회계감사 결과는 다음 링크를 통해 확인할 수 있다: https://auditor.lacounty.gov/wp-content/uploads/2020/01/CAFR-FY-2018-2019.pdf

그림 5-3 시정부의 2017년 재정구조

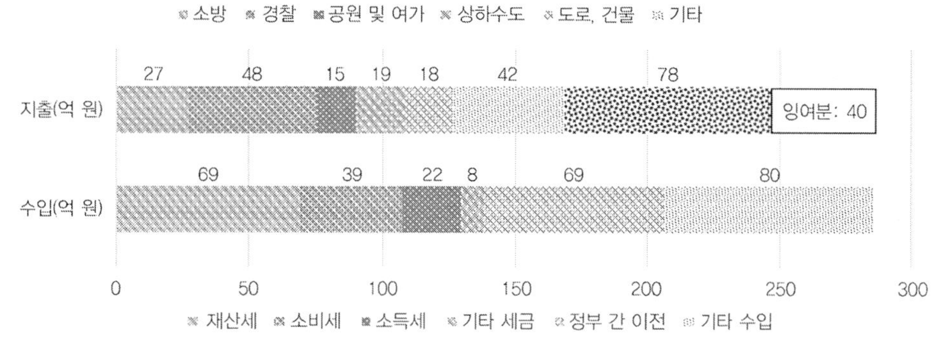

출처: 주 및 지방정부 재정통계, 미 인구조사국.

5. 한국에 주는 시사점

지금까지 복잡한 나라 미국의 정부예산(들)에 대해 알아보았다. 미국의 정부들은 몇 가지 기본원리를 공유하나, 각자의 정치적 특징, 제도적 구조, 그리고 행정적 책임에 따라 다양한 예산과정 및 재정관리의 방식을 취한다. 이러한 다양성과 복잡성은 우리에게 어떤 의미로 해석될 수 있을까? 그저 복잡해서 이해하기 어려운, 그래서 포기하고 싶은 주제인가? 아니면 그저 다른 나라의 먼 이야기일까? 미국이라는 복잡한 나라를 다양한 '실험의 장'으로 바라보기를 제안한다. 그렇게 바라본다면 미국의 복잡한 정부예산(들)은 말 그대로 다양한 실험의 과정이자 연속이며, 그러한 실험들의 결과가 될 것이다. 다양한 실험에 대해 이해한다면 우리는 그것으로부터 우리에게 필요한 것을 취사선택할 수 있을 것이다. 이러한 관점에서 몇 가지 한국에 주는 함의들을 아래에 정리하는 것으로 이 장을 마무리하고자 한다.

첫째, 미국의 정부들은 상당히 오랜 시간 동안 다양한 예산결정의 원리들을 개발하고 실험해왔다. 특히, 근래의 실험들은 성과기반 예산제도를 정교화하고 실제로 사용하는 데 초점이 맞춰져 왔다. 연방정부는 물론 다수의 주정부들과 지방정부들이 이 실험에 지속적으로 참여해오고 있다. 물론 미국 정부들의 성과기반 예산제도가 완벽하다는 뜻은 아니다. 성과기반 예산제도에 대한 다양한 실험이 진행되어 왔고 현재도 진행되고 있다는 것은 그만큼 다양한 성과평가지표들과 그것들의 예산 연계 방식에 대한 정보들이 존재한다는 뜻이다. 우리나라에서도 성과기반 예산제도의 도입과 활용이 진행되고 있으며, 그에 대한 논의도 활발하다.[20] 그러나 그 결과와 효과에 대해서는 여전히 긍정적이지 못한 부분이 많다. 이러한 한계를 극복하고 우리나라의 실정에 맞는 제도를 구축하기 위한 방법으로, 미국 정부들의 다양한 실험을 꼼꼼히, 그리고 지속적으로 관찰해보는 노력은 그만한 가치가 있을 것이다.

둘째, 미국 정부들은 예산과정상의 전문성을 확보하기 위한 노력을 지속해오고 있으며, 그에 관한 다양한 실험들이 진행되고 있다. 한 예로, 미국 연방정부가 상임위원회로서 예산위원회를 운영한다는 점은 대한민국 국회에 시사하는 바가 큰데, 이는 대한민국 국회 예산결산위원회가 상임이 아닌 특별위원회라는 점에 기인한다. 특별위원회로서 예산결산위원회에 속하는 국회의원은 다른 상임위원회(예: 문화체육관광위원회)를 겸직한다. 그로 인해 예산결산위원들이 예산 및 재정운영에 대한 별도의 전문성을 확보할 수 있는지에 대해 우려하는 목소리가 지속되어 왔다. 특히, 거시경제와 재정정책은 고도의 전문성이 요구되는 분야로, 별도의 상임위원회가 필요하다는 의견이 꾸준히 제기되어 왔다. 더불어, 예산결산위원이 다른 위원회를 겸직하다 보니 예산을 심의하는 과정에서 원 소속 위원회의 이익을 대변하는 경우가 발생한다. 이러한 한계를 극복하기 위한 방안을 찾기 위해 미국 의회의 경험을 살펴보는 것은 의미가 있을 것이다. 이 밖에도 행정부 내에 전문적인 예산기구를 편성하는 것이나 다양한 수입 예측 방식을 활용하는 미국 정부들의 실험은 우리에게 좋은 참고가 될 수 있을 것이다.

마지막으로, 미국의 연방, 주, 지방정부들은 재정분권화에 대한 다양한 실험의 장으로서 그 의미가 있다. 앞서 논의한 바와 같이 우리나라는 상대적으로 중앙집권적인 재정구조를 오래도록 유지해 오고 있으며, 그간 지속적인 문제제기가 있었음에도 큰 변화를 만들어내지 못하고 있다. 물론 우리나라가 중앙집권적인 재정구조를 택하고 있는 것에는 여러 가지 이유와 정당성이 있다. 그 중 하나가 지방의 역량 부족 문제이다. 즉, 지방정부들은 중앙정부에 비해 전문성이나 역량이 부족하기 때문에 지

20) 노진덕(2009). 한국의 성과관리예산제도의 평가와 발전방안 모색. 『한국정책연구』, 9(3): 469-484.

방정부의 재정권한을 확대하는 것은 자칫 정부예산에 대한 비효율적 사용을 초래할 수 있다는 것이다. 그러나 앞서 설명한 바와 같이 분권화된 재정구조가 갖는 장점 또한 명확하다. 그렇다면 지방정부의 재정권한을 확대하면서 동시에 비효율적 사용을 적절히 통제할 수 있는 방법은 없을까? 미국의 정부들은 이러한 균형을 '강력한 재정분권화'와 '적절한 제도적 통제'의 균형에서 찾고자 노력하고 있으며, 그에 관한 다양한 실험들 역시 진행되고 있다. 이러한 실험의 내용을 살펴보고 그 결과를 관찰하는 것은 우리나라에게 필요한 여러 함의를 제공할 수 있을 것이다.

제6장

평등을 넘어 다양성 강화로: 미국의 인사행정

김태희(서울과학기술대학교 행정학과 조교수),
윤정아(뉴저지 Kean대학 행정학과 조교수)

"I am convinced that nothing we do is more important than hiring and developing people. At the end of the day, you bet on people not on strategies." - *Lawrence Bossidy*

"사람을 고용하고 그 사람들의 역량개발을 도와주는 것보다 더 중요한 것은 없다고 확신합니다. 결국에는 전략이 아닌 사람에 대한 투자를 하겠죠." - 로렌스 보시디

디즈니 애니메이션 영화 <주토피아(Zoopotia)>(2016)에서 나무늘보 플래시(flash)는 공무원에 대한 전형적인 부정적인 이미지를 잘 보여준다. 서류에 도장을 찍는 동작, 농담 한 마디에 대한 대답도 너무 느린 이 나무늘보 플래시는 보는 사람들로 하여금 답답하게 하여 웃음을 자아낸다. 미국에서 DMV(Department of Motor Vehicles, 운전면허시험 및 차량등록 등 담당하는 우리나라의 도로관리공단의 운전면허시험장과 비슷한 기능을 수행하는 행정기관)를 방문해 행정처리를 경험한 사람들은 아마도 이 장면에서 많은 공감을 했을 것이다. 특히, 미국에서 DMV는 행정처리가 느리고 불친절하기로 악명이 높다. 각 주마다 차이점은 있지만 운전면허시험이나 차량등록

등의 DMV의 서비스는 그 특성상 준비해야 하는 서류와 절차가 복잡해 많은 사람들이 불편을 호소해왔으며, 대민서비스의 부정적인 이미지의 대표적인 예로 제시되어 왔다. 일련의 서비스 개선 노력을 통해 예전에 비해 비교적 긍정적인 평을 받고 있지만, 여전히 긍정적 이미지보다는 부정적 이미지가 더 많은 비중을 차지하고 있는 것이 현실이다. 이러한 대민서비스에 대한 부정적 이미지는 왜곡된 측면이 있고 정부에 대한 불신 등 일련의 편견으로 인해 초래된 부분도 존재하나, 이 또한 정부서비스의 현실이라 하겠다. 좋은 국가 행정을 구현함에 있어서 인적자원에 대한 관리는 필수적이다. 이에, 이 장에서는 정부혁신의 핵심인 인적자원 관리와 관련하여, 채용에서 퇴직까지에 이르는 미국 정부의 인사행정 전반을 살펴보고자 한다.

[사진 6-1] 나무늘보가 근무하고 있는 지역 DMV 사무소 "local DMV staffed entirely by sloth"

출처: https://www.nydailynews.com/entertainment/movies/youtube-short-zootopia-dmv-sloth-scene-reality-article-1.3577280

1. 통계로 알아보는 미국의 공무원

정부예산에 있어서 인건비 비중이 높기 때문에 공무원의 보수는 정부의 비용절감과 효율성 강화 측면에서도 강조되고 있다. 미국 연방 인사관리처(Office of Personnel Management: OPM)의 자료에 따르면, 연방정부 공무원 수는 약 2백만 명으로 이는 우체국(postal service), 연방정부 소속 군인 공무원(uniformed military) 및 의회, 법원 공무원 수를 제외한(일반직 공무원) 수치이다.[1] 이에 우체국 및 군인 공무원 수를 합하면 423만 명, 의회 및 법원 공무원을 합하면 430만 명으로 추산된다. 또한 미국 노동통계국(Bureau of Labor Statistics: BLS)에 따르면, 주정부 및 지방정부, 그리고 국공립 학교와 병원 종사자를 합할 경우 2천 백만 명으로 추산된다.2) 미국 전체 인구가 3억 3천만 명을 고려할 때 미국 연방정부의 규모는 약 1% 공무원 수는 약 6%를 차지한다. 경제활동 인구 대비 공무원 수 비중은 미국이 평균 15%(주별로 12~25%)이고 경제활동 인구 대비 공무원 수 비중이 한국의 경우 약 6%로 추산되고 있으며, OECD 국가 평균수치는 약 15%이다.3)

연방정부 내에 부처 간 공무원 수를 비교해보면 국방부(Department of Defense)가 35%로 가장 많은 일반직 연방공무원이 소속되어 있으며, 일반직 공무원의 65%가 국방부, 보훈부(Department of Veterans Affairs), 국토안보부(Department of Homeland Security)에 소속되어 있다(미국 의회예산처 홈페이지 참조). 주정부와 지방정부를 살펴보면 초중등 교육 공무원 수 비중이 주정부 약 8백만 명 및 지방정부 2.7백만 명으로 가장 많다. 특히, 주정부 및 지방정부의 일반 예산 중 인건비 규모는 전체 예산의 약 3분의 1 정도이며(주정부 약 15% 및 지방정부 약 41%), 건강보험, 퇴직연금 등 급여 외 복지수준을 고려할 경우 평균 약 44%(주정부 약 20% 및 지방정부 55%)를 차지하는 것으로 추정된다.4)

2. 미국 인사행정제도의 기틀: 직업공무원제(Career Civil Service System)의 확립

미국 공무원 제도를 이해하기 위해서는 직업공무원제(Career Civil Service System)에 대한 이해가 필요하다. 초기 미국 공무원 제도는 엽관제(Spoils System)에 바탕을

1) 미국 연방정부 FedScope 자료 및 OPM and OMB 자료 2020년 기준 FedScope, https://www.fedscope.opm.gov/employment.asp Federal Workforce Statistics Sources: OPM and OMB, https://fas.org/sgp/crs/misc/R43590.pdf
2) 미국 노동통계청, https://www.bls.gov/oes/current/999001.htm
3) OECD 자료는 2017년도 기준, https://stats.oecd.org/Index.aspx?QueryId=78408
4) https://www.cbpp.org/research/some-basic-facts-on-state-and-local-government-workers

두고 있는데, 공직의 대중화를 추구하며, 정당에 대한 공헌도 혹은 충성도를 임용기준으로 삼아 정치적 지지자들, 소위 '자기 사람들'로 정부를 구성해왔다. 마치 전쟁에서 승리한 후 전리품(spoils)을 나누어 가지듯이 정부의 주요 자리를 선출 공무원의 조력자들이 차지했다. 그러나 이와 같은 엽관제의 문제점(선거 후마다 일어나는 잦은 공무원 인력의 변동 및 정치적 인사에 따른 전문성 확보의 어려움)이 드러나고, 심지어 1881년 선거 후에 자리를 차지하지 못하자 미국 제20대 가필드(James Garfield) 대통령을 살해하는 엄청난 일이 벌어진다. 이에, 공무원의 전문성과 중립성을 강화하기 위한 취지로 1883년에 미국 연방공무원법으로 불리는 펜들턴법(Pendleton Civil Service Act of 1883)이 제정되어 실적에 입각한(Merit-based) 공무원 선출의 제도적 기반이 마련되었다. 경쟁·시험을 통한 공무원 선발, 공무원의 정치적 중립성 보장을 위한 정치참여 금지, 정년제(Tenure) 및 직위분류제(Job Classification System)가 도입되었고, 공무원 임용에 있어서 정치적 성향(political affiliations)만을 강조하던 엽관제의 폐단을 시정하고자 하였다. 이러한 제도를 특징으로 하는 직업공무원제(Career Civil Service System)가 도입되었다.

뿐만 아니라 1960년대 후반에는 일련의 인권 및 사회적 형평성(social equity)운동의 영향으로 차별금지 및 고용기회평등법(Equal Employment Opportunity: EEO)을 제정하여 공정성과 대표성을 강화하고자 하였다. 그러나 이러한 일련의 공무원 제도 개혁에도 불구하고 관료제의 폐쇄성과 경직성 등의 문제점은 해소되지 않았다.

정치적 간섭으로 부터 공무원의 중립성을 보장하고 전문성을 강화하기 위해 시작된 직업공무원제도는 미국 인사행정의 기반이 되었지만 동시에 직업공무원제도의 폐쇄성과 연공서열에 따른 절차중심적이고 위계질서를 중요시하는 관료제 문화는 인사제도의 가장 큰 걸림돌이 되어 왔다. 이에 비효율적인 규제와 불필요한 제도들을 없애고 공무원의 역량을 강화함으로써 성과중심적이고 효율적인 정부서비스를 제공할 수 있는 공무원 조직의 혁신방안, 특히 성과관리제도 및 조직 유연성을 강조하는 인사혁신제도들이 제안되고 도입되었다.

3. 고용 평등성 및 형평성 제고, 그리고 다양성 관리 (Equal Employment Opportunity and Diversity in Government)

다문화 및 다인종 국가인 미국에서는 오래전부터 조직구성의 다양성에 대한 연구 및 관심이 제기되어 왔다. 특히, 글로벌화의 진전 및 조직 내 다양성 관리에 대한 관심이 증대되었다. 초기에는 모집・선발과정에서 소수집단에 대한 차별철폐, 그리고 균등한 고용기회 부여를 도모하는 차별금지법(EEO) 및 소수집단 우대정책(Affirmative Action) 활용을 중심으로, 조직 내 다양성 확보를 최우선 과제로 삼았다. 오늘날에는 조직 내에 소수집단의 비율이 증가하면서 단순히 조직 내 인적 다양성(demographic diversity)의 제고보다는 다양성과 포용성(inclusiveness)의 촉진을 목적으로 하는 광의의 다양성 관리 정책이 시행되고 있다. 다양성 관리(diversity management)는 인종, 피부색, 성, 장애, 국적, 종교, 나이, 성적지향성 등 상이한 배경을 지닌 이질적 노동자들을 적극 채용하고, 이러한 노동자들이 갖고 있는 차이를 인정 및 존중함으로써, 이들의 잠재력을 최대한 조직의 성과에 긍정적으로 기여할 수 있도록 유도하는 조직의 자발적인(voluntary) 조치와 활동을 의미한다.

1) 시작점: 고용기회균등정책(Equal Employment Opportunity)

미국의 경우, 오랜 기간 지속되어 온 인종 간의 갈등 및 백인 남성위주의 지배문화로 인해, 임용과정에 있어서 흑인 등의 소수인종 및 여성을 대상으로 한 차별이 만연해 있었다. 특히, 1940년대에서 1950년대 사이에는 그 차별에 대한 불만이 폭증하였고, 이에 1951년 전미유색인종지위향상협회(National Association for the Advancement of Colored People)가 결성되어 흑인에 대한 교육 및 임용과정에서의 차별금지를 요구하는 일련의 시위운동을 진행하였다. 특히, 뉴욕 및 시카고 등의 대도시에서 인종차별 철폐 및 여성에 대한 차별을 금지하는 대규모의 시위가 진행되었으나, 이에 대한 백인들의 폭력적인 대응 또한 지속되었다. 이러한 사회적 갈등을 완화하고, 인종차별문제를 해결하기 위해 여러 가지 흑인민권운동이 진행되었다. 특히, 1963년에 킹(Martin Luther King)목사를 선두로 한 ‘흑인들에게 자유와 보다 많은 일자리를 보장할 것’을 요구하는 행진(March on Washington for Jobs and Freedom)

그림 6-1 나는 꿈이 있습니다(킹목사)

I have a dream (Mhm) that one day (Yes) this nation will rise up and live out the true meaning of its creed (Hah): "We hold these truths to be self-evident, that all men are created equal." (Yeah, Uh-huh, Hear hear)
나는 꿈이 있습니다. 언젠가 이 나라가 모든 인간은 평등하게 태어났다는 것을 자명한 진실로 받아들이고, 그 진정한 의미를 신조로 살아가게 되는 날이 오리라는 꿈입니다.

출처: https://kinginstitute.stanford.edu/king-papers/documents/i-have-dream-address-delivered-march-washington-jobs-and-freedom

은 당시 최대 규모의 행진으로 기록된다. 이때 킹목사는 유명한 "나는 꿈이 있습니다(I have a dream)"라는 연설을 전달한 바 있다.

이러한 운동은 존슨 행정부 시절, 흑인 및 여성에 대한 차별행위를 불법화하는 민권법안인, '시민적 권리에 관한 법률(Title VII, the Civil Rights Act of 1964)'의 제정으로 결실을 보게 되었다. 고용기회와 대우에 있어서 인종, 피부색, 종교, 성, 국적 등을 이유로 한 차별행위를 금지하는 법으로, 일명 고용기회평등법(Equal Employment Opportunity)이 제정되었다. 일정한 범위의 공사부문 사용자, 노사단체, 직업훈련기관 및 직업안정기관, 노동조합 등이 적용대상이며, 인종, 피부색, 종교, 성, 국적 등을 이유로 차별하거나 불이익을 주는 행위를 위법한 고용관행으로 금지하는 법이다. 또한 이러한 법의 효과적 이행을 담보하기 위하여 1965년 평등고용기회위원회(Equal Employment Opportunity Commission)을 설치하였다.

초기의 민권법은 임용과정에서 흑인(African-Americans)에 대한 차별을 금지하는 것을 주 목적으로 하였다. 이후 몇 차례의 개정과정을 거쳐 현재의 고용기회균등법(Equal Employment Opportunity Act) 형태를 띠게 되었으며, 그 보호대상(Protected Category)의 범위가, 인종, 피부색, 종교, 장애, 국적 및 성, 나이 등으로 확대되었다. 이외에도 여성에 대한 차별금지와 관련하여, 임신, 출산 및 기타 의료상황으로 인한 차별을 금지하는 임신차별금지법(Pregnancy Discrimination Act of 1978)이 마련되었으며, 나이에 의한 차별을 금지하는 고용연령차별금지법(Age Discrimination in Employment Act of 1967), 신체장애에 따른 고용차별을 금지하는 미국 장애 복지법(Americans with Disabilities Act-ADA) 등이 제정되어 민권법을 보완하고 있다.

특히, 기존의 민권법에서 성을 생물학적 성(sex)에 국한시킨 반면, 이후 일련의 개정과정을 통해 사회적 및 문화적 의미에서의 성(gender)으로 그 해석이 확대되었다. 2013년 미국 상원의원인 제프 머클리(Jeff Merkley)가 성적지향성 혹은 성정체성을 이유로 특정인을 고용하지 않거나, 해고하거나 혹은 승진에서 배제하는 것을 금지하는 고용차별금지법안(Employment Non-Discrimination Act of 2013)을 발의하여 통과시켰으나, 당시 부시(George W. Bush) 대통령이 트렌스젠더의 포함 여부에 동의하지 않고 거부권을 행사하면서 결국에는 하원에서 통과되지 못했다. 이에, 2014년 7월에 오바마(Barack Obama) 행정부는 '행정명령 13672(executive order 13672)'을 통해 기존의 성(sex) 및 국적(national origin)에 의한 차별금지 조항을 성(sex), 성적지향성(sexual orientation), 성정체성(gender identity) 및 국적(national origin)으로 대체하도록 함으로써, 연방계약자(federal contractors) 및 하청계약자(subcontractors)가 성적지향 및 성적정체성을 이유로 차별하는 행위 및 연방공무원을 대상으로 한 성적지향성 및 성정체성에 의한 차별행위를 금지시켰다. 2019년 3월에 하원의원인 데이비드 시슬린(David Cicilline)이 성, 성정체성 및 성적지향성에 의한 차별을 금지하는 법인 평등법(Equality Act)을 발의하여 하원에서 통과시켜 현재 상원에서 심의 중이다. 그러나 트럼프(Donald Trump) 행정부는 이에 대한 반대의사를 표명한 바 있다.

현재 민권법에 성적지향에 따른 차별까지 명시한 것은 아니나, 성적지향성 혹은 성 정체성을 이유로 한 차별행위가 발생한 경우, 이를 성(gender)에 의한 차별행위로 간주한다. 2020년 6월에는 미국 대법원이 게이와 트랜스젠더 등 성소수자(LGBT)라는 이유로 해고하거나 직장에서 차별해선 안 된다는 판결을 내려 선례구속주의 원칙을 따르는 미국에서의 성소수자 차별금지와 관련 판례의 분수령이 되었다.[5]

---

5) 대법원에서 총 세 가지 사례가 검토되었는데, 첫 번째 사례는 게이 스포츠 클럽에 가입여부로 해고된 사례(Bostock v. Clayton County), 두 번째 사례는 게이라는 이유로 해고된 사례(Altitude Express, Inc. v. Zarda), 그리고 세 번째 사례는 트랜스젠더라는 이유로 장례식업체에서 해고된 사례(R. G., & G. R. Harris Funeral Homes Inc. v. Equal Employment Opportunity Commission)였

■ 표 6-1 EEOC 소송 통계치

관련 소송/연도	2010	2011	2012	2013	2014	2015	2016	2017	2018	2019
민권법 소송	192	162	66	78	76	83	46	107	111	87
장애복지법 관련 소송	41	80	45	51	49	53	36	76	84	55
연령차별금지법 관련 소송	29	26	12	7	12	14	2	12	10	7

출처: EEOC 웹사이트. https://www.eeoc.gov/statistics/eeoc-litigation-statistics-fy-1997-through-fy-2019

그러나 이러한 고용평등법은 고용주로 하여금 보호대상이 되는 소수집단에 대한 고용상의 차별을 법적으로 금지한다는 측면에서 수동적 구제수단이라는 한계점이 있다.[6] 차별시정을 위해 법원의 사법적 구제방식에 궁극적으로 의존하게 되며, 그 시정절차가 복잡할 뿐 아니라 사법적 구제방식의 효과가 제한적이라는 한계점이 존재한다. 차별이 발생할 경우, 피해자는 연방법원에 차별소송을 제기하기 앞서 차별발생시점부터 180일 이내에 평등고용위원회(이하, EEOC)에 구제신청을 해야 한다. EEOC는 접수된 사건을 180일 동안 조사하는 권한을 갖고, 피해자의 조사 종료 요청 시 EEOC는 소송제기권(Notice of Right to Sue)을 발송하게 되어 피해자는 소송을 제기할 수 있게 된다. 그러나 EEOC가 준사법적 기능 혹은 시정명령권을 갖고 있지 않을 뿐 아니라, 해당 과정에 상당한 시간과 비용이 소요된다는 한계점이 있어, 이외에 다양한 조정과 협상, 그리고 분쟁 전 중재합의 등이 차별시정 수단으로 활용되고 있는 추세이다. EEOC를 통해 보고된 차별 관련 소송건수를 보면 2010년에서 2019년 사이에 크게 차이가 없다는 점이 확인이 되었으며, 인종, 피부색 및 국적이 차별의 주 원인으로 제시된 바 있다.[7]

차별을 예방함에 있어서 고용기회균등정책과 EEOC의 역할이 강조되나, 실질적 평등을 보장하고, 과거의 차별관행으로 인해 왜곡된 불평등 상황을 고치기에는 한계점이 있다. 이에, 소극적인 고용기회균등정책을 통한 차별 철폐에서 더 나아가 적극

다. 대법원은 민권법이 게이, 레즈비언, 트렌스젠더를 고용차별로부터 보호한다는 판결을 내렸다.

6) Riccucci, N.(2002). *Managing Diversity in Public Sector Workforces*. Hachette UK.

7) Rubin, E. V., & Alteri, A. M.(2019). Discrimination complaints in the US federal government: Reviewing progress under the No FEAR Act. *Review of Public Personnel Administration*, 39(4): 511-522.

적 차별보상정책이 제시되었다.

2) 두 번째: 적극적 고용개선조치(Affirmative Action Plan)

적극적 고용개선조치(affirmative action)는 존슨(Lyndon B. Johnson) 행정부가 행정명령 제11246호를 공표하며 시작되었는데, 이는 반차별정책(anti-discrimination policy)을 통한 평등한 처우의 보장뿐 아니라, 과거 소외되고 차별받던 소수집단의 대표성(representation)을 높이고 고용 및 업무 관련 평등한 기회를 부여하는 것을 목적으로 한 적극적 시도를 의미한다. 이러한 적극적 고용개선조치의 경우 고용기회균등정책에 비해 논쟁의 여지가 많으나, 모든 집단에 대한 고용에 있어서의 기회균등 및 평등을 보장하는, 보다 급진적 변화를 도모할 수 있는 정책으로 간주된다. 적용범위는 연방정부와 조달계약을 체결한 사업자로 제한되나, 적용대상이 아닌 기관의 경우에도 적극적 고용개선조치를 취하는 경우가 다수 있으며, 연방정부, 주정부 등의 공무원들이 적극적 조치의 보호를 받는다.

연방정부와 조달계약을 체결하는 사업자의 경우, 인종, 피부, 종교, 성, 국적, 재향군인(veterans) 등에 의한 고용상의 차별을 금지하고, 해당 보호집단(protected category)을 적극적으로 채용하고, 승진기회를 부여하는 등 적극적 조치를 취하도록 하였다. 연방정부와 10,000달러를 초과하는 계약 혹은 하부계약을 체결하는 사업주의 경우 계약 체결 시작 후 120일 이내에 적극적 조치 프로그램, 정책 및 절차를 이행하도록 하였으며, 해당 조치를 서면으로 작성하여 노동부(Department of Labor)의 연방계약준수국(Office of Federal Contract Compliance Programs: OFCCP)에 제출하도록 하였다. 이에 각 기관은 매년 EEO-1 보고서(Employer Information Report EEO-1)와 기관 내 재향군인의 수를 직무유형별, 그리고 채용지역별 통계를 담은 보고서(VETS-4212 report)를 제출해야 한다. 이를 위반할 경우, 연방정부와의 계약해지, 계약체결 박탈 및 제재기업 공시 등의 제재를 가할 수 있다. 연방계약준수국은 매년 감사대상 기관을 선정하여 적극적조치 관련 규제 순응여부를 조사하는데, 선정된 기관은 30일 이내에 적극적 조치 관련 기획안 및 근거자료를 제출하여야 한다. 만약, 소수집단에 대한 잠재적 차별행위, 즉 차별관행으로 인해 특정 소수집단 멤버 혹은 여성이 과소대표(underrepresentation)되거나, 이들의 승진비율이 낮은 경우가 존재할 경우 혹은 기업이 제출한 자료를 바탕으로 신의성실하게 적극적 조치를 취하고 있는지 여부를 파악하기 어려울 경우, 추가적인 현장방문 감사가 시행된다. 이를 통해 위반행위가 발견될 경우 해당 기업에 대한 제재 혹은 시정사항에 대한 이행강제를 요구할 수 있다.[8)]

이러한 적극적 우대조치의 경우, 엄격한 심사기준을 충족시켜야 하는데, 무엇보다도 해당 프로그램의 도입이 과거의 차별에 대한 구제목적인지, 혹은 고용 및 하도급 계약에 있어서의 다양성을 도모하기 위함인지 그 목적이 명확하게 제시되어야 하며, 그 목적을 달성하기 위한 좁게, 구체적인 방안이 제시될 경우(narrowly tailored)에만 합헌임을 판시해 왔다. 뿐만 아니라 특정 소수집단에 대한 과거의 차별이 어느 정도 보상되어 실질적 평등을 이루게 될때까지 일시적으로 사용되는 것을 전제로 한다.

적극적 우대조치를 기획하고 집행함에 있어서 조직의 관리자는 다음의 사항에 대해 주의를 기울여야 하는데, 다양한 소수집단과의 연계도모를 통한 아웃리치(out-reach), 관리자 및 조직구성원을 대상으로 한 훈련 및 교육프로그램의 마련, 적극적

그림 6-2 EEO-1 보고서(Employer Information Report EEO-1) 예시

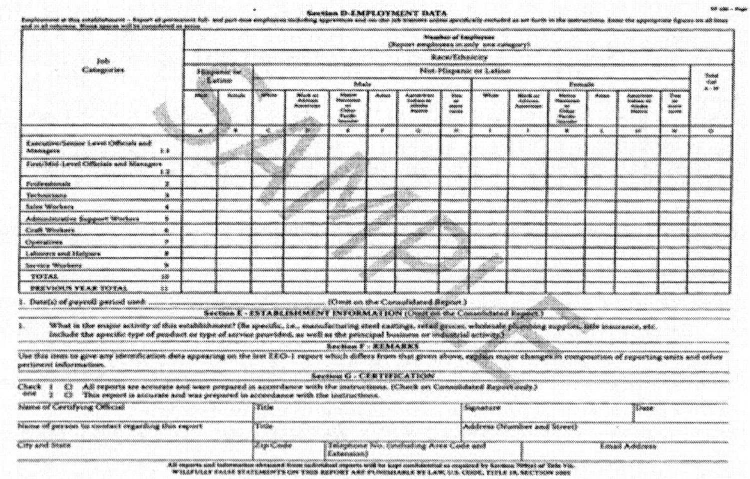
Section D-EMPLOYMENT DATA

Job Categories	
Executive/Senior Level Officials and Managers	1.1
First/Mid-Level Officials and Managers	1.2
Professionals	2
Technicians	3
Sales Workers	4
Administrative Support Workers	5
Craft Workers	6
Operatives	7
Laborers and Helpers	8
Service Workers	9
TOTAL	10
PREVIOUS YEAR TOTAL	11

Section E - ESTABLISHMENT INFORMATION

Section F - REMARKS

Section G - CERTIFICATION

출처: EEOC 웹사이트. https://www.eeoc.gov/sites/default/files/migrated_files/employers/eeo1survey/eeo1-2-2.pdf

8) EECO 웹사이트 참조: https://www.eeoc.gov/employers/eeo-1-survey/eeo-1-instruction-booklet

우대조치 프로그램 및 정책에 대한 주기적인 검토 및 평가 등이 그것이다(Naff et al., 2014). 이러한 정부 주도의 강력한 적극적 우대조치는 일정 부분 과거 차별받던 소수집단에 속한 노동력의 채용 및 승진을 촉진시킴으로써 조직 내 인력 다양성 확보에 크게 기여하였으나, 백인 등의 다수집단에 대한 역차별 이슈, 소수인종 및 여성에 대한 낙인효과(stigma) 등의 한계점 또한 제시된 바 있다.9)

3) 세 번째: 다양성 관리

고용기회균등정책 및 적극적 고용개선조치 등의 법적 및 제도적 지원에도 불구하고 사회적 약자층에 대한 일련의 인식변화를 도모하지 않는 한 전술한 두 가지 제도가 추구하는 목적을 달성함에 한계가 있을 수 있다. 이에, 공직 입직 이후에 조직구성원들의 다양성을 포용하고, 그러한 다양성이 가져올 수 있는 잠재력을 극대화하기 위한 업무환경 조성 및 조직 내 제도 및 관행의 전략적 개선의 필요성에 대한 공감대가 형성되었다. 이에, 몇몇 학자들을 중심으로 조직관리의 한 측면으로써의 다양성 관리에 대한 논의가 시작되었다. 다양성 관리(Diversity Management)란 조직구성원들의 다양성 확보를 넘어, 각각의 조직구성원이 지닌 다양한 가치 및 차이점을 적극적으로 활용하여 다양성이 가져올 수 있는 장점을 극대화함으로써 조직의 목표 달성을 도모하고자 하는 것을 의미한다. 이러한 다양성 관리는 조직의 적극적이고 자발적인 관리노력이라는 점에서 고용기회균등정책과 적극적 고용개선조치와 상이하다고 하겠다. 이러한 다양성 관리는 세 가지 측면에서 접근할 수 있는데, 첫 번째 단계는 고용 및 선발과정에 있어서 다양한 구성원을 영입하기 위한 적극적 노력을 기울임으로써 조직구성원의 다양성을 제고하는 것으로 고용기회균등정책과 적극적 고용개선조치와 맥락을 같이한다. 특히, 장애인 등 사회적 약자층의 고용을 확대하기 위해 관련 유관기관과의 연계도모 및 대학캠퍼스 방문의 활용 등이 대표적인 예라 하겠다. 두 번째는 조직 내 다양성을 수용하고 포용하는 문화를 형성하는 것으로, 다양성에 대한 인식 제고, 상호 존중 인식 도모 및 특정 그룹에 대한 편견을 줄임으로써 문화적 다양성 인식 제고를 목적으로 일련의 교육 및 워크숍을 제공하는 것이 대

9) Riccucci, N.(2002). *Managing Diversity in Public Sector Workforces*. Hachette UK.

표적인 예라 하겠다. 세 번째는 다양한 조직구성원들이 일-가정 관련 갖는 수요 및 문제점을 해소하기 위하여 실질적으로 도움이 되는 정책 및 제도를 마련 도입하는 것으로, 연방정부가 제공하는 일련의 일-가정 양립정책이 대표적인 예라 하겠다.[10)]

(1) 일-삶 양립정책(Work-Life Balance Programs)

여성의 노동시장 참여율 증대와 더불어 맞벌이 가정이 증가하기 시작하였고, 고령화로 인한 돌봄지원에 대한 수요가 증가하면서 일-가정 및 더 나아가 일-삶 양립에 대한 수요 또한 지속적으로 증가하였다. 특히, 맞벌이 부부가정에서 발생하는 자녀 돌봄에 대한 문제 혹은 기타 돌봄지원 관련 문제가 야기하는 직장 및 가정에의 부정적 효과에 대한 논의가 지속됨에 따라 이를 최소화하고, 일-삶의 균형을 원하는 근로자의 다양한 욕구를 충족시킬 필요성이 지속적으로 제기되어 왔다. 특히, 가사 및 육아로 인해 전일제가 어려운 여성인력을 충원 및 활용하기 위한 방책으로, 근무지 유연성(workplace flexibility)정책 및 일련의 육아지원정책의 확대 실시에 대한 수요 또한 증가하고 있는 추세이다. 이에, 2010년에는 원격근무 활성화법안(Telework Enhancement Act of 2010)를 통과시킴으로써 연방정부 근로자의 원격근로 참여율을 높이고자 하였고, 2014년 6월 23일에 오바마 행정부는 근무지 유연성(workplace flexibilities) 및 일-가정 양립 프로그램의 확대 실시를 장려하는 행정명령을 발표하는 등 다양한 형태의 일-가정 양립도모 정책이 고안되고 집행되어 왔다. 2017년에 연방정부 전체 공무원을 대상으로 실시한 설문조사에서도 일-가정 양립정책의 실시가 조직 전반의 생산성 제고에 긍정적인 효과를 미칠 뿐 아니라, 근로자의 삶의 질 제고에 긍정적 효과를 야기함이 확인된 바 있다. 과반수 이상의 응답자가 유연근무제의 사용 및 건강 및 생활지원 프로그램의 활용이 생산성을 높이고 다른 조직차원의 수요를 충족시키는 데 기여했다고 응답하였으며, 80% 이상의 응답자가 유연근무제 프로그램에 대한 높은 만족도를, 76% 이상이 원격근무에 대한 만족도를, 그리고 60%가 근로자지원사업에 대한 만족도를, 그리고 30%가 가족 및 피부양가족 지원 프로그램에 대한 만족도를 표시하였다.[11)]

---

10) Pitts, D. W.(2006). Modeling the impact of diversity management. *Review of Public Personnel Administration*, 26(3): 245-268.

11) U.S. Office of Personnel Management(USOPM)(2017). Federal Employee Viewpoint Survey

미국 연방정부가 제공하는 일-가정 양립정책은 크게 '건강증진 및 생활지원 프로그램(Health and Wellness)', '근로자지원 프로그램(Employment Assistance Program)', '가족 및 피부양가족 보호(Family and Dependent Care)' 및 원격근로 등의 '근무지 유연성(workplace flexibility) 관련 프로그램' 등으로 나눠 살펴볼 수 있다. 첫째, '건강증진 및 생활지원 프로그램'의 경우, 흡연예방, 약물금지, 다이어트 등 다양한 건강 이슈 관련 교육 및 보조 프로그램 등이 제공되고 있으며, 근무지 내 건강관리 및 검진센터의 운영, 자전거 출퇴근 프로그램(Bike Commute Program) 등 연방정부 근로자들의 건강한 삶 및 생활 영위를 도모하는 다양한 프로그램이 제공되고 있다.

둘째, '근로자지원 프로그램'의 경우, 근로자의 직무성과, 건강 및 복지에 부정적 효과를 미치는 일련의 문제들을 극복하는 것을 돕기 위해 제공하는 서비스를 의미하며, 건강문제, 부부・가족생활문제, 법・재정문제, 알코올・약물문제, 정서문제, 스트레스 등 업무성과 전반에 영향을 미칠 수 있는 근로자 문제와 관련하여 전문적인 상담서비스 및 교육 등의 서비스를 제공하고 있다.

셋째, '가족 및 피부양가족 보호'를 목적으로 다양한 프로그램이 제공되고 있는데, 예를 들어, 1993년에 가족의료휴가법(The Family and Medical Leave Act: FMLA)을 통과시킴으로써, 근로자가 본인의 건강상의 이유 혹은 가족일원을 돌보는 목적으로 최대 12주까지 무급휴가를 사용할 수 있도록 보장하고 있다.[12] 영유아육아지원과 관련하여 육아위탁서비스 및 육아시설지원 및 저소득층 대상 육아지원비용 보조(childcare tuition cost)등 지원 서비스를 제공하고 있다. 또한 미 보건복지부(Department of Health and Human Services: HHS) 산하의 지역사회생활국(Administration for Community Living: ACL)에서 시행하는 돌봄가족지원 프로그램(National Family Caregiver Support Program)은 60세 이상의 노인 및 치매가족 부양자, 손자녀를 돌보는 조부모 및 장애아동 및 어른을 돌보는 55세 이상을 대상으로 하며, 이용가능한 서비스에 대한 정보 제공, 지지그룹 조성, 개별적 상담서비스 제공, 돌봄자 대상 훈

results: Empowering Employees. Inspiring Change. Retrieved from https://www.opm.gov/fevs/reports/governmentwide-reports/governmentwide-management-report/governmentwide-report/2017/2017-governmentwide-management-report.pdf

12) 만약 고용주가 이러한 권리를 위반한 경우 근로자는 노동부 혹은 법원에 고소장을 접수할 수 있으며, 무급 휴가에 대해 해고나 보복을 법적으로 금지하고 있다.

련 서비스 지원, 휴식지원서비스 등을 제공하고 있다.[13]

근무상의 유연성을 높이는 차원에서 근무시간 및 일정, 그리고 근무장소의 유동성을 확대하는 일련의 정책을 시행하고 있다. 1978년에 연방정부 공무원을 위한 유연 및 집약근무제법(Federal Employees Flexible and Compressed Work Schedules Act of 1978)이 제정되면서 유연근무제의 확대 실시를 도모하였고, 1993년 클린턴(Bill Clinton) 행정부와 함께 유연근무제의 본격적 도입이 시작되었다. 근무일정과 관련하여 플렉스타임제(flextime) 및 압축근무제(compressed workschedule) 등이 시행되고 있는데 플렉스타임제는 총 근무시간 범위 내에서 상관의 승인을 받아 개별 근로자의 편의에 부합하는 방향으로 근무편성을 조정하는 것이고, 집약근무제는 일일 근무시간을 연장하여 주 5일의 근무일수를 단축하는 제도이다. 근무시간을 조정하는 방법에는 파트타임제, 직무공유제 등의 제도가 활용되고 있으며, 근무장소 유연성과 관련하여 업무를 사무실이 아닌 집에서 수행하게 하는 원격재택근무(telework), 주거지 인접지의 원격근무용 사무실 등을 활용하여 근무하게 하는 원격위성근무(satellite location) 및 근무지 교차제(alternating location) 등의 제도가 활용되고 있다. 이러한 근무지 유연성 제도는 다양한 유연근무 실시유형의 활용을 통하여 개인의 필요에 맞춰 업무를 영위하게 함으로써 조직 내 생산성 제고 및 근로자들의 직무만족도 제고 등의 긍정적 효과를 가져오는 것으로 조사된 바 있다.

4. 공무원 채용(recruitment/selection): 선발기준 채용관리 이슈

공무원 채용과정은 기관별로 분권화되어 있다는 점이 특징이다. 기관은 개별적인 인력계획정책을 마련하고, 공식적인 채용과정은 행정부의 독립기관의 하나인 인사관리처(Office of Personnel Management: OPM)가 정한 규칙에 의거 채용예정 부처가 실시한다. 인력계획정책을 마련하기 위해 직무분석(Job Analysis)을 실시하는데, 인력관리 관련 전략방향 및 조직 내의 인력 분석결과를 바탕으로 행해진다. 보통 직무

13) U.S. Office of Personnel Management 웹페이지 참조. https://www.opm.gov/about-us/careers-at-opm/worklife-benefits/

의 내용 및 그와 관련된 정보, 즉 숙련도, 지식, 능력 등 해당 직무를 수행하는 데 필요한 직무역량[Knowledge(지식), Skills(기술), Abilities(능력): KSA]이 분석대상이 된다. 해당 직무범위와 관련된 일반적 원칙에 대한 지식, 유사업무 경력, 직무수행을 위해 필요한 스킬 등이 보통 최소요건으로 제시된다. 최소요건(minimum qualifications) 및 필요요건(desired qualifications) 등의 결정되면, 신규채용이 필요한 직군, 직무의 내용 및 책임, 직무수행요건 등의 정보가 담긴 직무기술서를 준비한다. 이를 바탕으로 모집공고를 내는데, USAJOBS(https://www.usajobs.gov/)라는 정부통합 채용사이트에 충원모집공고를 올리거나, 대학방문을 통한 공직설명회 등을 부처별로 실시할 수 있다.

서류심사가 끝나면, 공개채용의 경우 공개경쟁 필기시험을 실시하는데, 직군 및 직무에 따라 필기시험을 보지 않는 경우도 있다. 예외적인 경우(CFR title5의 sec. 316.601 참조)를 제외하고, 미국 시민일 경우 시험응시자격이 부여되며 연령제한은 없다. 임용시험에서 100점 만점을 기준으로 70점 이상 받은 경우 임용후보자가 되며 후보자를 대상으로 인터뷰를 실시한다. 이후 평판조회(reference check) 및 신원조사(background check)를 거쳐 임용되게 된다. 채용 이후 기관에 따라 상이하지만, 적게는 3개월에서 1년의 기간 동안 수습기간(probationary period)을 거치게 된다.

일반공무원과는 별도로 주로 관리직 및 감독직인 고위공무원단(Senior Executive Service: SES)을 1978년 공무원제도개혁법(Civil Service Reform Act)에 의해 설치하였다. 고위공무원단의 경우 경력직, 비경력직, 계약직 및 임시계약직 등 네 가지 형태의 임용종류가 존재하며, 직급이 없다. 고위공무원단 중 일반직위는 경력직, 비경력직 혹은 제한직 공무원에 의해 충원되며, 경력전임직위(Career Reserved Position)의 경우 경력직 공무원만 충원될 수 있다. 고위공무원단의 경우, 경쟁적 절차를 거쳐 임명되는 경력임명 및 기관장의 정치적 임명인 비경력임명으로 나뉜다. 경력임명의 경우, 보통 5년 이상 계속적으로 근무한 경험이 있는 공무원의 채용을 권장한다. 일반적으로 경쟁적 절차가 활용되나, 동일기관 내의 부서이동(reassign), 타 기관으로의 이동(transfer) 및 전직경력 임명자의 복직(reinstate)의 경우, 경쟁적 절차없이 임명이 가능하다. 이외에도 공무원단의 단기충원을 위해 사용되는 임용방법으로는, 18개월 동안 예측하지 못한 긴급한 필요성에 의해 임명하는 '제한된 임명(Limited Emergency Appointments)'과 3년 이내 폐지되는 업무를 위해 단기임명되는 '제한된 기간 임명(Limited Term Appointments)'이 있다.

고위공무원단에 공석이 있는 경우 모든 연방공무원을 대상으로 공지하며, USAJOBS에 공지한다. 고위공무원단에 지원하는 후보자는 변화의 주도(Leading Change), 리더십(Leading People), 결과지향적(Results Driven), 경영통찰력(Business Driven), 및 연갑구축(Building Coalitions) 등 다섯 가지 공통 핵심자질요건(Executive Core Qualifications: ECQs)을 갖춰야 하며, 공고된 직위에 필요한 전문적 및 기술적 자격을 갖춰야 지원이 가능하다. 후보자는 각 기관의 '고위직재적위원회(Executive Resources Board)'가 심사하며, 최적의 후보명단을 임명권자에게 상신하고, 인사관리처에서 운영하는 자격심사위원회(Qualification Review Board)의 자격요건 심사를 거쳐 임용된다. 고위공무원단의 경우에도 1년의 기간 동안 수습기간(probationary period)을 거치게 된다.[14)]

5. 직위분류제, 보수 및 후생복지 (Job Classification, Compensation and Benefits)

미국 연방정부의 공무원제도는 일반 공무원 보수표(General Schdeule, 이하 GS)에 따른 직위분류제 및 고위 공무원단(SES)에 적용되는 계급제가 혼용된 '탄력적 직위분류제'를 기반으로 한다. 미국의 경우, 각 직위(position)를 직무내용에 따라 세분화하여 해당 자리에 적합한 교육 및 경력 자격요건을 갖춘 인재들을 고용하는 직위분류제를 운영하고 있으며, 이를 통해 인사제도의 공평성과 효율성을 확보하고자 하였다. 직위분류제는 ① 개개인이 아니라 직위(position)에 따라 분류되고, ② 각 직위의 특성에 따라 책임과 권한을 구분하고, ③ 각 직위에 자격요건(qualification)을 명시하여, ④ 동일 직급(job class)[15)]의 다른 직위으로의 이동이 가능하도록 하고 있다.

14) Riccucci, N. M., Naff, K. C., & Hamidullah, M. F.(2019). *Personnel Management in Government: Politics and process*. Routledge.
15) 직급(class)은 직위(position)의 상위 분류체계임.

미국 연방정부의 경우, 약 2,500개의 직급이 있고, 주정부의 경우 주별로 상이한데 캘리포니아 주가 4,500개로 가장 많고, 사우스다코타 주가 550개로 가장 적은 직급(class series)분류를 갖고 있다. 이러한 직급은 연방정부의 경우 350개의 사무직(white-collar)과 450개의 기술직(blue-collar) 직군(occupational families)[16]에 속한다. 이러한 직위분류체계는 또한 보수체계(pay plan)과 결합되어 급여수준의 척도가 된다. 참고로 GS5 이하를 entry level로 분류한다.

이와 같은 직위분류제와 보수체계는 인사관리제도의 핵심이 된다. 이에 각 직위에 요구되는 KSA(knowledge, skill, abilitie)를 점수화하여 체계적으로 관리하고, 정기적으로 관련 사항을 기록, 관리하는 것이 중요하다. 직위분류와 보수체계가 불공평

표 6-2 General Schedule에 따른 교육 및 경력기준(자격요건)[17]

직위(grade/position)	교 육	경력(일반)	경력(특수)
GS1	없음	없음	
GS2	고등학교 졸업	3개월	
GS3	고졸 +1년	6개월	
GS4	+2년	1년	
GS5	4년제 학사학위 대졸	3년 또는 GS4 레벨 이상의 직위 1년 이상	
GS7	대학원 1년 이상	없음	GS5 레벨 이상의 직위 1년 이상
GS9	석사학위 (석사과정 2년 이상)	없음	GS7 레벨 이상의 직위 1년 이상
GS11	박사학위 (박사과정 3년 이상)	없음	GS9 레벨 이상의 직위 1년 이상
GS12 이상	없음	없음	해당 GS 레벨 하위 레벨 이상의 직위 1년 이상

16) 직군(occupational family)은 직급(class)의 상위 분류체계임.

17) GS5급 이상은 행정 및 관리직(Administrative and Management Postisions), GS 5급 이하는 사무 및 행정직(Clerical and Administrative Support Positions)의 자격요건을 기준으로 표를 재구성하였음. 기술 및 의료(technical and Medical Support Positions) 및 전문 및 과학(Professional and Scientific Positions) 관련 직도 유사한 자격요건을 따르고 있음. https://www.opm.gov/policy-data-oversight/classification-qualifications/general-schedule-qualification-standards/#url=Group-Standards

■■ 표 6-3 GS pay scale 예시표(OPM 자료, 2020년 1월 기준)

Grade	Step 1	Step 2	Step 3	Step 4	Step 5	Step 6	Step 7	Step 8	Step 9	Step 10	WITHIN GRADE AMOUNTS
1	$19,543	$20,198	$20,848	$21,494	$22,144	$22,524	$23,166	$23,814	$23,840	$24,448	VARIES
2	21,974	22,497	23,225	23,840	24,108	24,817	25,526	26,235	26,944	27,653	VARIES
3	23,976	24,775	25,574	26,373	27,172	27,971	28,770	29,569	30,368	31,167	799
4	26,915	27,812	28,709	29,606	30,503	31,400	32,297	33,194	34,091	34,988	897
5	30,113	31,117	32,121	33,125	34,129	35,133	36,137	37,141	38,145	39,149	1,004
6	33,567	34,686	35,805	36,924	38,043	39,162	40,281	41,400	42,519	43,638	1,119
7	37,301	38,544	39,787	41,030	42,273	43,516	44,759	46,002	47,245	48,488	1,243
8	41,310	42,687	44,064	45,441	46,818	48,195	49,572	50,949	52,326	53,703	1,377
9	45,627	47,148	48,669	50,190	51,711	53,232	54,753	56,274	57,795	59,316	1,521
10	50,246	51,921	53,596	55,271	56,946	58,621	60,296	61,971	63,646	65,321	1,675
11	55,204	57,044	58,884	60,724	62,564	64,404	66,244	68,084	69,924	71,764	1,840
12	66,167	68,373	70,579	72,785	74,991	77,197	79,403	81,609	83,815	86,021	2,206
13	78,681	81,304	83,927	86,550	89,173	91,796	94,419	97,042	99,665	102,288	2,623
14	92,977	96,076	99,175	102,274	105,373	108,472	111,571	114,670	117,769	120,868	3,099
15	109,366	113,012	116,658	120,304	123,950	127,596	131,242	134,888	138,534	142,180	3,646

하다고 인식될 경우, 공무원 사기저하 등 부정적인 결과를 초래하기 때문에, 이를 해결하기 위한 체계적인 직무분석(job analysis)과 평가(job evaluation)가 매우 중요하다. 연방정부는 직무 관련 KSA(knowledge, skill, ability)와 직무 관련 권한, 직무의 복잡성, 관리감독, 업무범위와 효과, 근무환경 등 여러 요인을 점수화(point factor method)하여 직위분류제의 효율성을 제고하고자 노력하고 있다. 그러나 이러한 직무분석 및 평가는 전문가에 의해 체계적으로 이루어져야 하는 만큼 많은 재원과 시간을 필요로 한다. 이러한 이유로 직위분류제와 보수체계를 지속적으로 관리하고 변화시키기 위한 전략 및 계획의 수립이 필요하며, 이를 통해 현실과의 차이를 줄여나가는 것이 중요하다.

또 하나의 문제점은 직무별, 부처별, 관할구역의 크기에 따른 각종 분류와 체계 및 노조 협상 단위 등을 고려하여 직무분류체계가 세분화되어 그에 따른 복잡성이 가중된다는 점이다. 이에 정부는 세분화된 직급 및 보수 등급을 묶어(broadbanding)

단순화하고 유연성을 높이는 등의 개혁을 진행해왔다.

뿐만 아니라 공무원 보수제도와 관련하여, 영리조직 및 공조직 간의 보수 형평성 문제(competitive compensation)가 있는데 영리조직과 비교했을 때 공무원들의 보수가 낮다는 문제점이 꾸준히 제기되어 왔다. 이에, 연방정부 보수개혁법(Federal Salary Reform Act 1962) 및 연방보수비교법(Federal Pay Comparability Act 1970) 등 미국 연방정부는 사적 부문과의 보수수준과의 차이를 조정하기 위한 노력을 기울여 왔다. 특히, 연방보수비교법(Federal Employees Pay Comparability Act 1990)의 제정을 통해 공무원과 사적 부문의 임금차이를 점차적으로 해소해나가는 노력을 계속해오고 있다. 하지만, 공무원 보수체계가 시대적 변화를 반영하지 못한 채 정체되어 있고, 한정된 재원, 정부에 대한 낮은 신뢰도 및 공무원에 대한 부정적 인식 등으로 인해 공무원의 임금수준은 사적 부분보다 낮은 수준을 유지해왔으며, 이는 공무원의 사기저하 및 젊은 인력들의 공무원 직업에 대한 인식 및 선호도에 부정적인 영향을 미친다는 우려가 제기되어 왔다.

그러나 설문조사에 따르면, 일반시민들은 공무원들의 임금과 복지혜택이 사적 부문의 유사 직업군에 비해 높다고 생각하고 있다. 이러한 논란은 사적 부문보다 보험, 연금 등의 복지혜택을 환산-합산할 경우 공무원 보수가 사적 부문의 유사 직종보다 높다는 주장들로 인해 더욱 논란이 되고 있다. 역사적으로 볼 때 공무원의 낮은 임금수준은 복지혜택들로 부분적으로 상쇄되어 왔으며, 사적 부분보다 복지혜택은 높은 것으로 알려져있다. 그러나 사적 부문에서 제공되는 다른 종류의 임금 외적 혜택들을 고려해볼 때 그 차이가 크지 않을 것으로 평가된다.

또 다른 문제점은 하위 공무원들의 보수수준은 사기업 부문의 유사 직종에 비해 높은 데에 비해, 고위 공무원들의 보수수준은 사기업 부문에 비해 낮다는 점이다. 미국 의회예산처(Congressional Budget Office: CBO)의 자료[18]에 따르면, 2011년부터 2015년도의 연방정부 일반직 공무원와 유사 직종의 사적 부문 종사자의 교육수준에 따른 평균 급여수준을 비교한 결과, 연방정부 일반직 공무원의 경우 학사학위(4년제 대학졸업) 소지자가 5% 정도 더 많은 급여(복지급여 포함)을 받는 것으로 조사되었

18) 국회예산처(CBO). 2017년도 보고서, Comparing the Compensation of Federal and Private-Sector Employees, 2011-2015.

다. 고등학교 졸업자의 경우 34% 정도 사적 부문보다 더 많은 급여를 받아 그 차이가 더 큰 것으로 조사되었다. 그러나 반대로 전문직, 박사학위 소지자의 경우, 유사 직종 사적 부문 종사자가 24% 정도 더 많은 급여와 복지혜택을 받는 것으로 조사되었다. 이로 인해, 전문 분야의 인재들이 보수수준이 높은 사기업을 선호하게 되어 공무원 제도에 인력충원 및 인재양성이 어려움을 겪게 된다는 문제점 또한 제시되었다.

보수와 관련하여 성별 및 인종 차이가 존재하는 것으로 제시된 바 있다. 동일임금법(Equal Pay Act)이 제정되던 1963년에는 여성이 남성의 평균 약 59% 임금을 받았으며, 이러한 성별 임금 차이(gender pay gap)를 줄여나가고 차별을 없애기 위한 일련의 법적·제도적 노력이 기울여졌다. 연방 평등고용위원회(Equal Employment Opportunity Commission: EEOC)와 노동부(Department of Labor)는 사회전반에 걸쳐 평등고용 및 차별금지에 대한 가이드라인을 마련하고 이에 앞장서고 있다. 연방정부는 성별 및 인종 간의 차별을 금지하고 있는데, 미국 노동통계청(BLS)의 자료에 따르면, 1979년 여성의 평균 임금수준이 남성의 62% 수준이었으나, 2017년에는 여성의 평균 임금수준이 남성의 82%으로 향상되었다. 그러나 여성의 교육수준과 경력 등의 차이가 임금수준의 차이를 가져오는 큰 요인으로 지적되었던 과거에 비해 여성의 교육수준과 직업경력이 많이 향상되었음에도 불구하고, 여전히 성별 임금수준(gender pay gap)이 존재하는 문제점이 제기되었다. 2017년 노동통계청(BLS) 자료에 따르면, 인종 간 임금수준 격차가 존재하는 것으로 제시되었는데, 예를 들어, 백인 남성기준 백인 여성은 82%, 흑인 여성은 68%, 그리고 히스패닉/라틴계 여성은 62%, 아시안 여성은 93%의 임금수준에 머물고 있어, 인종과 성별에 따른 임금격차는 여전히 해소되지는 않은 것으로 나타나고 있다.

뿐만 아니라 이러한 정부조직 내의 보수의 형평성(competitive compensation)은 공무원의 동기부여 및 조직 강화 측면에 있어서 중요한 요인이라 하겠다. 연공서열(seniority)에 따른 보수체계와 승진체계를 기본으로 하는 직업공무원의 한계를 극복하고자, 민간부문과 유사한 형태의 성과에 따른 상여금 성과급제도(bonus program, pay for performance)를 도입함으로써, 경쟁을 통한 실적 중심의 조직문화를 확립하고자 하는 일련의 인사개혁들이 각 정부부문에서 시행되고 있다. 예를 들어, 미국의 몇몇 지방, 주, 연방정부에서는 성과달성 우수자에 대한 인센티브부여 제도, 공모전 활용을 통한 창의적인 기획안 및 정책제도 제안자에 대한 포상제도 등을 시행하여 성공을 거두었으나, 장기적이고 지속적인 성과 관련 보상제도에 대한 도입은 아직 정착되지 못하고 있다.

또한 미국은 영토가 큰 지리적 특성상 지역적으로 물가수준의 차이가 많이 발생하기 때문에, 생계비조정제도(Cost of Living pay Adjustment: COLAs)[19]를 통해 이러한 차이를 극복하고자 노력하고 있다. 이는 한국의 특수지 근무수당처럼 근무지 여건에 따른 추가 지급의 개념으로 볼 수 있다. COLAs의 적용지역의 대표적인 예로 미국 본토와 떨어져 있는 알라스카 및 하와이 지역과 물가가 상대적으로 높은 동부 도시 지역인 뉴욕, 뉴저지, 코네티컷, 필라델피아 지역 등을 들 수 있다.[20]

인사관리에 있어서 또 하나의 쟁점은 일하기 좋은 환경 조성과 공무원의 사기진작 및 동기부여를 강화하기 위한 복지제도 마련이다. 이에, 연방정부 공무원을 대상으로 다양한 형태의 후생복지제도가 제공되는데, 연금, 건강보험, 생명보험, 유연한 지출계정(Flexible Spending Account),[21] 은퇴지원 프로그램(Thrift Savings Plan) 등이 있다. 이외에도 노동시간 유연제(Flexible Work Schedules and Hours), 원격근무(Telework), 교통비 지원제도(카풀이나 public transit 이용 시), 각종 휴가제도(유급휴가, 질병휴가, 가족휴가 등), 직원공조제도(Employee Assistance Programs: EAP, 가정상담, 약물 및 알코올 문제 상담 지원 등), 그리고 공휴일 제도(연간 유급 10일) 등 통해 공무원들의 일-가정 양립을 지원하고 있다.

미국 공무원 연금 제도는 연방정부, 주정부, 지방정부의 법에 따라 정해진다. 각각의 연금 규정에 따라 매우 다양한 연금이 존재하지만, 일반적으로 연금의 기여액(contribution)과 은퇴 후 수령액(benefit)에 따라 연금은 확정급여형(Defined benefit plan)과 확정기여형(Defined contribution plan)으로 나누어진다. 2016년 기준으로 주정부, 지방정부의 85% 정도가 연금 확정급여형를 채택하고 있다. 확정급여형 연금은 사적 부문의 연금 401(k)처럼 이직 시 연속성(portability)을 보장하지 않는 반면,

---

19) https://www.opm.gov/policy-data-oversight/pay-leave/pay-systems/nonforeign-areas/

20) https://www.opm.gov/policy-data-oversight/pay-leave/salaries-wages/2020/locality-pay-area-definitions/

21) 건강보험이 적용되지 않는 의료비용을 지불하는 데 사용할 수 있는 계정으로 연간 5,000달러까지 사용 가능함.

확정기여형 연금은 이직시 통산(portability)될 수 있다는 장점을 가지고 있다. 따라서 통산성(portability)이 높은 확정기여형 연금을 채택하는 경우가 점점 늘어나고 있는 추세이다. 은퇴지원 프로그램(Thrift Savings Plan)는 연방공무원연금의 대표적 형태로 확정기여형 연금 방식으로, 퇴직 이전에 납부한 연금에 비례해 혜택이 결정되며 운용수익이 높아 공무원 가입률이 높은 프로그램 중 하나이다.

6. 직무성과평가(Performance Appraisal)

정부 인사관리에 성과관리를 강화하려는 노력은 사실상 직업공무원제(Career Civil Service System) 도입에서부터 찾아볼 수 있다. 직업공무원제를 통해 공무원의 중립성을 확보하고 전문성을 높여 실적(merit)을 중심으로 한 인사관리제도의 기반이 마련되었다. 하지만, 정부에서의 성과관리는 다른 사적 부문에서의 성과관리와 달리 측정하기 어렵거나 장기적 관점에서 그 성과를 확인하기 어려운 정부서비스의 특성상 인사 관리에 적용하기가 까다롭다. 또한 공무원의 승진과 보수는 직위분류제와 그에 따른 보수체계에 정해진 대로 연공서열에 따라 이루어지며, 공무원의 실적과 성과가 저조한 경우에도 쉽게 해고할 수 없기 때문에 성과평가는 형식적으로 이루어지는 경우가 많다.

OPM은 성과관리방안을 통해 공무원의 성과관리를 위한 계획, 개발, 평가, 보수 등의 성과관리과정(cycle)에 대한 인사관리 전략을 수립하고 개선방향을 마련해왔다. 성과관리에는 다음 사항을 포함한다.

- 목표와 기대치 설정하기 위한 계획수립
- 지속적인 진행 정도와 성과에 대한 모니터링
- 교육훈련과 업무를 통한 공무원 성과능력 개발
- 주기적인 성과측정
- 성과에 대한 보상

직업공무원제 개혁법안(Career Civil Service System Reform Act, 1978년)에 따라 미국 연방정부에서 직무성과평가제도는 인사관리에서 중요한 역할을 담당하게 되었다. 1980년대 중반 5 레벨의 평가등급제(five rating levels: Outstanding, Exceeds Fully Successful, Fully Successful, Minimally Successful, Unacceptable) 도입을 통해 성과평가제를 표준화하고, 평가결과와 보상(cash award)과의 연계를 강화해왔다. 이러한 성과관리 강화를 위한 정부의 노력은 신공공관리(New Public Management), 즉 결과 중심(Result-oriented), 서비스 개선(client-oriented) 등 1990년대에 클린턴 정부 하에 실시된 일련의 정부개혁안들을 통해 더욱 발전되었으며, 실질적인 성과관리 제도의 정착을 위해 공무원들의 자율재량을 확대하고 역량 강화, 공무원 조직의 유연성 제고 등을 통한 정부개혁으로 이어졌다.

직무성과평가제도(performance appraisal)의 핵심은 공무원 개개인의 성과관리를 통한 합당한 보상을 하는 것뿐만 아니라 피드백을 통한 공무원들의 업무능력 향상을 통한 개별 공무원 및 조직 전체의 성과를 높이는 데에 그 목적을 두고 있다. 그러나 직무성과평가와 보상의 연계가 강화될수록 향후 성과를 제고하기 위한 피드백 공유보다는 인사평가 등급을 잘 받는 것이 중요해져 인사평가가 상향 평준화되거나 또는 인사평가 등급의 인플레이션(inflation) 현상이 일어나게 된다.

이는 정부조직만의 문제가 아니라 민간부문의 인사평가에서도 빈번히 발생하는 문제점이다. 따라서 직무성과평가의 초점을 피드백 강화를 통한 업무 개선 등 평가 자체(judging)보다는 관리(management)에 두어야 할 필요성이 있다. 이를 위해서 직무분석을 통하여 업무내용 및 책임을 규명하고 이를 바탕으로 한 평가요소와 기준을 수립하는 것이 중요하다. 직무성과평가에서 불리한 인사조치로 신고 접수된 사례를 보면 평가요소와 기준이 목표달성이나 성과측정을 올바로 반영하지 못한 경우가 많다.

연방 인사관리처(OPM)는 직무성과평가관리에 대한 전략을 수립하고, 각 기관에 맞는 성과관리를 계획하고 실행하는 데 도움을 주기 위한 컨설팅 및 교육을 제공하고 있다.

- 법과 인사관리처(OPM)의 규정에 따른 성과평가제도의 필수사항, 절차, 형식 및

평가주기(cycle) 계획

- 의회에 제출되는 연간보고서에 성과에 따른 직무 관련 요소들이 정부기관의 전략계획과 측정도구에 연결되도록 관리
- 타당성, 가중치 배분 방식
- 성과관리방안에 필요한 프로그램, 부처별 목표치 선정
- 역량(competency) 중심의 성과관리방안: 표준화된 핵심역량 평가기준 제시
- OPM은 각 기관의 인사책임자, 전문가, 노조, 공무원 개개인, 그리고 모든 관계자와 긴밀히 협력하여 평가제도를 안내하고, 각 기관에서 시스템을 자율적으로 이용할 수 있도록 교육 제공

직무성과평가에 있어서 올바른 성과측정 및 평가방식을 계획하고 채택하는 것은 매우 중요하다. 특성기준(Trait-based) 평가방식은 업무에 관련된 공무원 개개인의 여러 평가요소(성실성, 적응력, 생산성 등)를 정해진 측정 척도에 따라 평가하는 것으로 가장 많이 활용되어 온 일반적인 평가방식이다. 업무 관련 개개인의 특성들을 평가하기가 용이하고 계량화가 용이하여 표준화가 쉽다는 장점이 있으나, 획일화된 동일 척도를 사용하므로 업무 관련 특성에 따른 차별화가 어렵고, 일상적이지 않고 관리직종의 업무평가에는 사용하기 어렵다는 단점이 있다. 이에 행동기준 평가방식(Behaviorally Anchored Rating System: BARS)이 도입되었다. 기존의 특성기준 평가방식(traits-based appraisal)의 경우, 주관적이고 추상적인 평가에 주로 의존하여 객관성이 떨어진다는 단점이 있기에 이를 보완하고, 좀 더 가시적이고 객관적인 평가를 위해 평가요소들을 각 평가 영역들에 맞는 개개인의 특성(trait)이 아니라 행동(behavior)을 바탕으로 평가한다. 따라서 특성기준 평가방식보다는 구체적인 업무평가에 근거하고 있으며, 직종에 따라 다른 평가요소를 사용할 수 있는 장점이 있어, 기존에 인사평가 관련 애매모호하고 추상적인 기준으로 인한 법적 분쟁을 줄이는 효과가 있다. 그러나 구체적이고 객관적인 기준을 각각의 업무 특성에 맞게 계획하고 측정하기 위해서는 시간과 노력이 많이 들어, 비용 및 효율성 측면에서의 문제점과 표준화가 상대적으로 어렵다는 문제점이 꾸준히 제기되고 있다.

또 다른 평가방식으로는 결과중심(Result-based) 평가방식이 정부조직에서 많이

사용되고 있다. 목표관리(Management By Objectives: MBO) 평가방식은 기대이론(Expectancy Theory)에 기반하여 구체적이고 측정 가능하며 달성 가능하며 적절하고 시의 적절한(specific, measurable, achievable, relevant, time-bounded: SMART) 목표를 설정하고, 이러한 목표를 조직 내의 구성원들이 공유하고, 지원 및 모니터링을 통한 목표달성에 초점을 둔 평가방식이다. 이 평가방식은 개개인의 목표와 조직 전체의 목표 사이에 연관성을 높이고, 관리자와 공무원 개개인의 목표달성을 위한 협력 및 지원을 강화하는 장점이 있다. 또한 목표달성을 위한 계획을 강조하여 과거 지향적이었던 기존의 평가방식에 비해, 미래지향적인 평가방식으로 전환시키는 장점이 있다. 그러나 이 방식 역시 시간과 비용이 많이 소요되며, 프로젝트나 목표의 특성상 단기 목표에 비해 장기 목표에 대한 성과측정이 어렵다는 단점이 있다. 또한 상충되는 목표가 존재할 경우, 또는 목표의 적합성에 대한 의견차이를 좁히고, 그리고 목표치에 대한 상호 동의를 이루기가 어렵다는 문제점이 있다. 또한 정부조직의 서비스 특성상 목표가 통제 가능하지 않은 요소들에 의해 영향을 받을 경우, 인사평가에 이용하기에는 부당한 측면이 있다. 무엇보다도 결과에 초점을 맞춘 평가방식은 과정에 대한 중요성을 간과하기 쉽다는 점이 문제점으로 지적되어 왔다.

평가에서 평가자의 주관을 완전히 배제하기 어렵다는 점에서 평가자에 대한 문제 또한 중요하다. 평가자의 상위 관리자에 의한 평가가 일반적이지만, 자기 평가제도(self-appraisal), 동료 평가제도(peer evaluations), 나아가 직원의 관리자 평가까지 포함하는 다양한 평가자가 참여하는 360도 평가제도도 널리 사용되고 있다.[22)]

고위 공무원단의 경우 한국의 상급자와 협의하여 성과계약을 체결하고, 목표달성도 등을 평가하는 '성과계약 등 평가제'와 유사한 형태의 성과평가제도와 이에 따른 성과급제도(pay for performance)를 운영하고 있다. 예산과 규정에 따라 기본급의 5~20% 정도의 성과급을 지급한다.

미국 연방정부는 독립적이고 준사법기관인 실적주의 제도 보호위원회(Merit Systems Protection Board: MSPB)를 통해 정부 내에서 실적주의 원칙(merit principals)에 어긋나는 인사 관련 이의신청을 접수하고 조사하여 개선방안을 마련하고 있다. 정직(sus-

---

22) Riccucci, N. M., Naff, K. C., & Hamidullah, M. F.(2019). *Personnel Management in Government: Politics and Process*. Routledge.

pension), 강등(demotion), 파면(removal) 등의 인사조치에 대해 해당 공무원은 이의신청(appeal)을 제기할 수 있으며, 차별적 대우, 내부고발자(whistleblower)에 대한 보복, 그리고 금지된 인사관행에 대해 MSPB에 이의신청을 제기하거나 평등고용위원회(EEOC)에 직접 문제제기할 수 있다. 해고(termination)의 경우는 MSPB에 이의를 신청할 수 있다.

인사평가제도에서 무엇보다 간과하지 말아야 하는 것은 인사평가제도는 시스템으로만 이루어지는 것이 아니라는 점이다. 인사평가가 평가자 사람에 의해 이루어진다는 점, 그리고 계획 단계부터 측정된 성과데이터를 어떻게 이용할 것인가에 대한 모든 참여자들의 결정에 의해 인사평가제도의 성패가 좌우된다는 것이다. 기술의 발달로 컴퓨터 및 인공지능의 사용이 늘어남에 따라 이러한 기술을 이용한 성과 관련 자료를 수집 및 모니터링하는 데에 이용할 뿐만 아니라, 공무원 개개인의 사생활, 자율성 등의 인권과 관련된 근무환경 등에 대한 본질적인 변화를 초래했다. 이에 성과관리 시스템 자체보다는 공무원 개개인과 정부조직 간에 소통을 강화하여 평가와 관련된 문제점들을 개선하고 줄여가는 것이 무엇보다도 중요하다.

인사평가제도에서 전형적인 문제점으로 ① 조직에 대한 신뢰의 문제, ② 관리자 교육과 지도부의 지원, 그리고 ③ 평가자의 신뢰 문제 및, ④ 평가제도 전반 등을 들 수 있다. 이를 극복하기 위해서는 주기적이고 효과적인 피드백의 강화, 수량화된 평가보다는 다양한 자료에 근거한 평가, 그리고 개개인에 초점을 맞춘 평가보다는 팀이나 그룹에 대한 평가를 이용하는 등 평가제도의 변화가 강조되어 왔다. 무엇보다도 평가제도의 문제점은 인사관리제도 전반과 연관되어 있는 만큼, 조직의 목표에 대한 이해를 높이고 적절한 교육훈련 기회를 제공하며, 경쟁력있는 보상을 제공하는 등 인사관리제도 전반이 효율적으로 운영된다면 함께 사라질 문제이기도 하다.

따라서 미국 연방정부는 직업공무원제도의 확립과 성과관리의 강화를 통해 공무원 전문성을 확보하기 위한 공무원 교육과 훈련제도를 마련해왔다. 미국 정부조직의 다양성과 규모를 볼 때 교육·훈련제도는 각 정부조직의 특성 및 필요에 따라 다양하게 존재한다. 체계적인 인사관리를 위해, 연방정부는 인적자원관리제도(Human Capital Framework: HCF)를 통해 전략수립 및 연계 시스템(Strategic Planning & Alignment System), 인재관리 시스템(Talent Management System), 성과 및 문화관리 시스템(Performance Culture System) 및 평가 시스템(Evaluation System)을 아우르는 조직의 변화를 주도하는 전반적인 인사관리 방향성을 제시하고, 리더십의 전략 관점, 인사관리의 운영 관점, 팀 및 공무원 개개인의 관리 관점에서 지속적으로 변화하는 환경에 맞게 피드백체계를 강화하고, 유연성을 강화하는 열린 제도로 운영하고 있다.

미국 연방공무원을 대상으로 한 교육훈련은 연방공무원의 역량 강화를 강조한 행정명령 13111호(Executive Order No. 13111: Using Technology to Improve Training Opportunities for Federal Employees, 1999년)가 제정되며 실시되었다. 개인별 훈련계좌(Individual Learning Accounts: ILA, 개인별로 시간, 예산을 적립해 계좌를 만들어서 업무과 관련된 개인의 능력개발을 위해 사용하도록 한 제도), 멘토링, 코칭, 리더십 교육 프로그램, 공직자 윤리 관련 교육 프로그램 등이 운영되고 있으며, 연방정부 인사관리처(OPM)은 각 기관의 인사관리 관련 계획 및 시행방안을 돕기 위해 가이드 및 컨설팅을 제공하고 있다.

7. 평등을 넘어 다양성 강화로

전술한 바와 같이 미국의 공무원제도는 분권화 원칙을 바탕으로 중앙인사기관과 각 기관의 인사업무가 분리되어 있다. 미국 연방공무원 인사관리 전반을 담당하는 인사관리처(Office of Personnel Management: OPM), 부당한 인사조치에 대한 소청심사와 인사제도에 대한 평가를 담당하는 합의제 독립기관인 실적제보호위원회(Merit System Protection Board: MSPB), 노사분쟁의 재결기능을 담당하는 연방노사관계청(Federal Labor Relations Authority: FLRA) 등이 중앙인사기관에 포함된다. 일찍 경험한 엽관제의 폐해를 해결하기 위해 직위분류제를 채택하였고, 직무의 성격 및 책임도의 수준에 따라 직위를 분류하고, 이를 바탕으로 사람을 선발하여 전문성을 신장시키는 시스템을 갖추고 있다. 직위분류제가 갖고 있는 단점을 극복하기 위해 계급제적 요소를 가미한 탄력적 직위분류제를 활용하고 있다는 점이 특징이라 하겠다.

인사관리처는 인사관리 관련 정책을 수립하고, 관련 지침을 마련하나, 구체적인 제도의 집행은 기관이 자율적으로 수행한다는 점이 특징이다. 채용 등 전반적인 인력운용과 관련하여 부처가 자율적으로 인사관리방식을 선택하게 하였을 뿐 아니라, 공무원의 업무성과평가에 있어서도 인사관리처가 기본적인 지침 및 관련 정보를 제공할 뿐, 부처가 자체적으로 특징에 맞춰 고안한 근무성적평정제도를 운영하고 있다는 점이 특징이라 하겠다.

또한 미국의 인사관리정책 및 제도는 정부조직의 성과제고와 공무원 개개인의 복지 향상이라는 목표를 달성하기 위해서 발전해왔다. 인종차별이나 성차별이 오랜 세월에 걸쳐 행해졌던 바, 이를 해소하기 위해 다양한 종류의 차별금지법과 적극적 조치(affirmative action)가 취해졌다는 점이 특징이라 하겠다. 무엇보다도 미국 사회의 원동력인 다양성 관리는 인종 갈등 문제와 더불어 가장 핵심적인 과제이며, 미국 인사관리제도는 다양한 인재들을 채용하고 차별없이 각 공무원의 역량을 잘 발휘할 수 있도록 하는 기본적인 인권을 보호하는 헌법적 가치를 기반으로 하고 있다. 이에, 채용에서 해고까지 고용상의 모든 측면에 있어서 차별금지 대상을 인종・피부색, 성, 장애, 나이를 넘어서서 성(sex), 성적지향성(sexual orientation), 성정체성(gender identity) 및 국적(national origin)까지 포함시키는 등 포괄적으로 설정하였다는 점이 주요 특징이라 하겠다.

뿐만 아니라 직업공무원제도의 확립을 통해 실적주의(merit system)를 확립하고 공무원 전문성 강화와 체계적인 인사관리제도를 도입한 미국 정부는 성과관리제도를 통해 성과와 보상에 대한 연계를 강화하여 실적주의 원칙을 실현하고 있다. 또한 일-가정 양립정책을 통해 양성평등한 조직문화와 일하기 좋은 환경 마련을 통해 공무원 역량 강화를 실현하고자 하고 있다.

미국에 비해 한국은 제한된 형태의 유연근무제인 시간선택제 근무가 주로 활용되고 있으며, 이 또한 권장사항으로 도입률 및 사용률이 저조한 편이다. 또한 우리나라의 경우 혼인가정 및 유자녀 혹은 돌봄가족이 있는 구성원을 대상으로 자녀돌봄휴가의 확대 실시 등 출산 및 육아의 병행 및 돌봄가족지원을 목적으로 하는 일-가정의 양립을 지원하는 정책(Work-Family balance)이 주를 이룬다는 특징이 있다. 이에,

미혼 혹은 돌봄가족이 없는 구성원들을 포용하는 제도 및 정책 마련에 대한 수요가 증가하고 있는 상황이다. 이러한 측면에서 보다 포괄적이고 다양한 형태의 일-삶 양립을 도모하는 정책(Work-Life balance) 을 제공하고 있는 미국의 사례는 시사점이 있다고 하겠다.

이처럼, 미국 정부의 인사관리 정책 및 제도는 한국의 공무원 제도에 많은 시사점을 주고 있다. 첫째, 한국에 비해 인사행정 전반에 있어서 미국은 인사관리처의 지침은 따르나, 인사관리 정책을 설계하고 운용함에 있어서 각 기관이 누리는 자율성 및 융통성이 부여한다는 점이 특징이라 하겠다. 둘째, 미국의 경우 임용과정에서의 차별금지 관련 정책 및 적극적 고용개선조치와 관련하여 해당 보호범주(protected categories)를 포괄적으로 설정함으로써 사회적 및 경제적 약자층(예: 재향군인 및 성소수자 등)에 대한 공직에의 임용기회를 확대하고 공정한 근로환경조성을 도모했다는 점이 고무적이다. 셋째, 미국의 경우 일-가정 양립정책의 일환뿐 아니라 조직 전반의 관리전략으로서 다양성 관리가 강조되고 있다. 다양성 관리는 정부 조직의 역량 및 성과제고를 위한 핵심 요건으로 강조되고 있으며, 공무원의 근무 조건에 대한 만족을 통해 정부의 서비스 질 향상으로 이어질 수 있다는 점에서 중요하게 여겨지고 있다. 이 장에서 검토된 일련의 인사행정 정책 및 제도들을 한국의 특성에 맞춰 도입하는 것이 필요하다.

제7장

누가 재난 · 소방의 컨트롤 타워인가?: 재난 · 소방행정의 책임자들

여정원(센트럴플로리다대학교 행정학과 조교수)

"We can't just sit around waiting for the global solution."
– Elinor Ostrom

"우리는 누군가 문제를 한방에 해결해 주기만을 가만히 기다려서는 안 된다."
– 엘리노 오스트롬

2002년 9월 말 캘리포니아에는 대규모의 화재가 3주 이상 지속되고 있다. 이 화재는 캘리포니아의 여러 지역에서 다양한 이유로 시작되었다. 그 중 하나는 한 가정에서 곧 태어날 아기의 성별을 밝히면서 집밖에서 터뜨린 폭죽의 잔재가 불씨가 되어 화재로 이어진 경우이다. 화재는 현재까지 8,457km^2 정도의 삼림, 토지, 거주지를 태우거나 영향을 미쳤으며, 캘리포니아 역사상 가장 심각한 화재로 등극하였다. 캘리포니아 현 주지사 개빈 뉴썸(Gavin Newsom)은 화재와 근접해 있는 카운티들에 재난을 선포를 했고, 산불이 번지는 속도와 지역에 따라 대피명령을 발행해왔다. 현재 산불 위험지역에 있는 동네들은 매일같이 뉴스속보를 듣고 대피를 준비하고 있다. 부득이하게 재때 대피를 못하여 산불에 갖히게 된 사람들을 구조하기 위해서 헬기를 동원한 구조 인원들이 투입되어 왔지만 산불의 규모가 너무 커져서 구조의 어려움이 많다. 또한 전국 각지에 코로나를 비롯한 허리케인, 토네이도, 홍수, 인권문제 관련 집회 등 재난·소방행정 영역에 해당하는 사건 및 사고가 많아서 연방정부로부터의 지원이 늦어지고, MOU를 맺은 주변의 주에서도 보내줄 수 있는 자원이 매우 제한적이다. 소방관들이 부족하다 보니, 주의회에서는 소방관 교대 시간을 72시간으로 연장했다. 소방관들도 재난관리 책임자들도 지역주민들도 지쳐간다. 그러는 사이에도 산불은 지속되고 인명피해는 늘어간다.

이 상황에서는 누가 컨트롤 타워이고 누가 어디까지 책임을 져야할까? 누가 어떤 의사결정을 내려야 할까? 재난이 선포되었는데 대통령은 왜 직접 개입하지 않는가? 주를 대표하는 주지사가 컨트롤 타워일까? 소방관들일까? 산불이 처음 시작한 도시의 재난관리소가 컨트롤 타워인가? 그 부서에 속한 재난관리 전문가가 책임져야 할까? 소방관들이 72시간 교대근무 때문에 지치고 피곤하져서 화재진압이 느려져서 불이 계속 번진다면 그에 대한 책임자는 과연 누구인가? 그 결정을 내린 주의회일까? 산불진압 현장에서 일하는 소방관들일까? 인명피해가 늘고 있는데, 대피 명령을 받고도 대피하지 않아서 발생한 인명피해는 누구의 책임인가?

재난·소방 관련 문제는 굉장히 복잡하다. 그래서 그 책임관계도 굉장히 복잡하다. 공적 지위를 지닌 책임 관리자에게 주어진 역할이 분명하게 있다. 하지만, 재난의 상황에서는 조직 서열상으로 높은 사람이 또는 아주 현명한 누군가가 해결책을 내놓고 일방적으로 명령한다고 해서 모든 문제가 한방에 해결되지 않는다. 재난·소방 관련 사건 사고는 재난을 인식하고 재난에 영향을 받는 모두의 적극적인 참여와 협조가 필요하다. 그래서 재난발생 시 그 누구도 어느 한 컨트롤 타워의 개입과 명령만을 기다리며 가만히 있으면 안 된다. 발생한 재난과 관련해서 자신의 책임과 역할을 분명히 인지하고, 문재의 해결을 위해서 적극적으로 행동해야 한다.

이 장은 미국의 재난·소방행정[1]에 관련된 다양한 참여자들 및 그들의 역할과 책임의 범위를 설명하고, 실제 재난 상황에서 이들 다양한 참여자들 간의 협력 조정을 이끌어 내기 위에 적용되는 접근법들을 소개하는 것을 목표로 한다. 구체적으로 관련 책임자들을 정의하는 전방위적 접근(A whole community approach)에 대해서

1) 미국의 소방행정은 재난관리 행정의 한 분과로서 존재하지만, 미국 내의 화재로 인한 사고와 재난의 범위가 큼에 따라서 이 장에서는 소방행정의 측면을 강조하며 재난관리 일반을 소개한다.

설명하고, 대표적인 관련 책임자들을 연방, 주, 지방의 순으로 구분하여 소개한다. 이후, 이런 다양한 책임자들 간의 협력과 조정을 주도하는 사고발생 시 명령체계(Incident Command System)에 대해서 간략히 설명한다. 마지막으로, 재난·소방행정의 컨트롤 타워에 대한 시사점을 제시하여, 독자가 한국의 재난·소방행정에 적용시켜볼 수 있도록 한다.

1. 전방위적 접근법(A whole community approach): 관련된 모두가 책임자

재난은 미국 전역 어디서든 발생한다. 재난·소방관리를 담당하는 대표적인 연방정부 조직들과 부서들의 사무실은 미국의 행정수도인 워싱턴 디시(Washington D.C.)에 위치한다. 그렇다고 해서 재난이 자원이 위치한 행정수도에서만 발생하는 것이 아니다. 재난은 미국 전역에서 발생한다. 그래서 "모든 재난은 지역의 재난이다(all disasters are local)"라는 기본적인 의식을 공유한다. 또한 미국에서는 각 지역마다 자주 발생하는 재난의 유형 및 특색이 상이하다. 미국은 영토가 광활하여 각 지형 및 기후적 특색이 다양하다. 이에 따라 각 지역에서 발생하는 주요 자연재난도 다양하다. 대표적으로 북부에는 겨울철 눈보라, 동부에는 허리케인, 남부에는 허리케인과 홍수, 서부에는 산불과 지진, 중부에는 토네이도 및 산사태 등이 있다. 또한 각 지역과 도시의 산업 발전수준이 다양하다. 큰 도시들에는 나라의 주요 인프라들과 인구들이 밀집되어 있고, 나머지 지역에는 농업, 임업, 목축업 등 다른 산업들이 있다. 그리하여 각 지역의 특성에 따라서 나타날 수 있는 사건 사고가 다양하고 그에 따른 필요도 다양하다. 그래서 미국의 재난·소방행정에서는 재난, 사건, 사고와 관련된 모든 위험요인(all-hazards)[2]을 관리의 대상에 포함한다.

2) 미국재난·소방관리 행정에서 고려하는 위험요인들은 대표적으로 ① 자연재해 영역에서 대표적으로 홍수, 지진, 허리케인, 폭풍해일, 토네이도, 산불, 쓰나미, 화산폭발, 눈폭풍, 가뭄, 극단적 기온, 천둥번개를 동반한 비, 우박 등이 있고, ② 인재와 관련된 기술위험요인에서 대표적으로 건물화재, 교통사고, 통신 인프라 장애, 댐붕괴, 위험물질 사고, 핵물질 사고 등이 있으며, ③ 테러리즘과 관련된 위험요인에서는 테러리스트들이 사용할 수 있는 물질로 대표적으로 화학, 생물학, 핵물질, 폭

모든 재난이 지역의 재난이라 하지만, 재난 및 사건 사고는 그것이 발생한 지역사회, 분야, 행정구역을 넘어서는 다양한 분야 및 방면에 영향을 미친다. 특히, 요즘같이 모든 사회의 기술, 기능과 구조가 복잡하게 엮여 있는 시대에서는 지역재난의 범위가 기존의 예측의 수준 및 범위를 넘어서는 경우가 대부분이다. 쉬운 예로, 최근 코로나 19로 심한 타격을 입은 뉴욕 시나, 대화재가 진행되고 있는 캘리포니아 주의 큰 도시들의 경우, 재난의 피해는 단순히 지역의 지역주민들이 직접적으로 입게되는 피해뿐만 아니라, 재난상황으로 인한 그 도시 내의 교통 · 기술 · 인프라 및 그에 의존하는 국가 주요 산업들, 또 그 관련 산업들에 종사하는 회사원들의 출근 및 업무, 그 도시들을 방문했던 세계 각지로부터의 관광객의 대피, 그에 의존하는 지역상권, 지역산업과 상권에 의존하는 주(state) 경제, 넓게는 나라 경제까지 영향을 미치고 있다. 그래서 겉으로 보기에 지역의 재난이라도, 그 상황에 참여하는 책임자들의 범위는 지역, 주, 연방의 행정구역수준을 가리지 않고, 정부 비정부, 영리, 비영리의 범주를 가리지 않고, 조직, 공동체 개인 모두를 포함한다.

이 때문에 미국 재난 · 소방행정에서는 모두의 참여를 중요시한다. 재난, 사건, 응급상황 발생 시 관련된 모든 문제들을 한방에 시원하게 해결해 줄 그 한 명의 이상적인 컨트롤 타워는 존재하지 않는다는 것을 거듭 강조한다. 대부분의 모든 재난의 상황에 엮여 있는 문제들은 다양하고 복잡하다. 연방과 주의 공공기관은 재난 · 소방관리에 관련된 정책을 결정하고, 계획하고, 공적자원을 배분하고 제공하는 등의 고유의 역할 범위와 책임을 진다. 재난이 발생한 지역에서는 지역정부의 관련 부서 관련 책임전담자가 작전권을 가지고 대응을 한다. 하지만, 재난 · 소방행정 영역에 지정된 공적자원으로 모든 문제를 해결하는 데는 엄청난 한계가 있다. 효과적인 대응과 관리를 위해서는 사회의 각 처에 속한 다양한 사람 및 조직들의 적극적인 참여와 나눔, 도움이 필요하다. 가장 실제적 현장에서 재난을 실제적으로 겪고 있는 개인들은 먼저 자신과 가족의 안전을 보호하기 위해 행동하는 것이 필요하다. 재난피해를 입지 않은 지역에 사는 개인과 단체들이 자발적으로 공유하는 자원과 인력의 영향력은 재난 · 소방의 대응에 엄청난 힘을 발휘한다.

미국의 재난 · 소방행정의 전반에는 이와 같이 가능한 모든 참여자들이 책임을 지

발물질이 있으며, 총기, 사이버테러 및 다양한 전술 등이 포함된다.

고 재난 시 행동하는 전방위적인 접근법(A whole community approach)[3]이 적용된다. 전방위적 접근법은 모든 사회구성원들이 자신에게 공식적으로 주어진 역할에 따라, 또는 주어진 상황에서 자신이 알고 감당할 수 있는 범위 내에서 재난·소방관리 및 대응에 참여해야 함을 강조한다. 물론 구체적인 책임 범위는, 실제로 발생한 재난의 유형, 재난 직후의 피해 범위와 수준에 따라 달라지겠지만, 기본적으로 연방, 주, 지방 정부, 그리고 비정부, 영리, 비영리, 지역공동체, 심지어 개개인까지 고유의 역할 임무를 인지하고, 재난의 준비, 보호, 방지, 대응, 복구, 완화의 전 과정에 참여한다. 그리고 재난발생 후 변화하는 상황에 따라서 참여자들의 권한, 역할, 및 범위는 지속적으로 조정되고 달라진다. 이러한 이유로 미국의 재난·소방행정은 관할 구역에 따른 수직적 의사결정 및 통제적 대응 외에 사회 다방면 및 다양한 수준에서 관련된 모든 기관, 공동체 및 사람들의 적극적인 참여 및 지속적 협력으로 구성되고 운영된다.

전방위적 재난·소방관리 접근법
출처: https://training.fema.gov/emiweb/is/is100c/student%20manual/is0100c_sm.pdf

보다 나은 재난·소방관리 행정을 위해서는 모든 참여자들을 파악하고 그들의 역할 및 책임을 아는 것이 중요하지만, 이는 현실적으로 불가능하다. 그래서 아래에서는 미국 재난·소방관리 행정의 대표적인 참여자들만 살펴본다. 앞서 말했듯이, 이들 다양한 참여자들의 책임의 범위 및 역할이 관할 구역에 따른 공식적 권한과 권위에 의해서 정해지는 것은 아니지만, 보다 체계적인 정리 및 설명을 위해서 행정구역 순(연방, 주, 지방)으로 이런 참여자들을 나열하고, 이들의 권한, 역할, 책임에 대해서 설명한다.

3) 추가정보 참조. https://www.fema.gov/media-library-data/20130726-1813-25045-0649/whole_community_dec2011_2_.pdf

1) 연방(Federal)의 대표적 책임자들

연방의 책임자들은 미국 전역의 재난・소방행정을 지원하는 권한과 책임을 가지고 있다. 연방의 책임자들이 가진 의사결정의 범위가 넓고 자원의 배분을 정할 수 있는 권한이 크기에 책임자들의 행동이 미치는 영향이 크다. 하지만, 국가 간 전쟁, 반국가 테러리스트의 국가 주요 시설 공격 등의 국가의 안보와 안전을 위협하는 긴급재난 및 사고의 상황이 아닌 이상, 연방의 책임자들이 지역에서 발생한 특정 재난 및 소방관리에 직접적인 통솔 및 통제의 권한을 갖지 않는다. 대부분의 경우 연방의 책임자들은 주와 지역에서 채택하고 필요하다고 하는 사항들에 대해 물적 인적자원을 제공하는 역할을 한다. 대표적인 연방의 책임자들은 대통령, 국토안보부(Department of Homeland Security: DHS), 연방재난관리청(Federal Emergency Management Agency: FEMA), 미소방행정부서(U.S. Fire Administration: USFA), 그 외에 재난대응 및 회복에 관련되어 참여하는 대표적인 연방정부기관들이 있다.

(1) 미 대통령

대통령은 최고 지도자 및 미 국군의 최고 명령권자로서 미국의 전역의 재난・소방행정의 영역에 그 역할 및 책임이 크다. 공식적으로 대통령은 재난의 선포와, 이에 관련된 지역의 재난에 연방 차원에서의 인적・물적 자원의 지원을 승인하는 역할을 한다. 이와 같이 대통령은 재난과 그로 인한 피해상황들을 공식적, 포괄적, 주도적으로 이끌어갈 책임이 있다. 그래서 미 행정부의 시작과 동시에 대통령이 재난 시 메인 컨트롤 타워 역할도 해 왔을 것이라 생각하기 쉽다. 하지만, 1950년 이전까지는 재난・소방행정 영역에 있어서 대통령의 역할은 미미했고, 관련 모든 절차는 의회의 통과를 겪어야 했다. 그러나 어떤 지역에 재난이 발생하면, 그 재난의 구체적인 상황을 파악하고, 거기에 맞는 의견들을 취합해서, 의회에서 거듭된 논의를 거치고, 겨우겨우 승인을 받아, 재난을 지원하다 보니, 정작 긴급한 상황에 연방정부의 지원이 적절한 도움이 되지 못하는 경우가 빈번히 발생하였다. 이에, 1950년에 연방 재난구호법(The Federal Disaster Relief Act of 1950)에 기반하여, 의회의 감독과 승인 없이 재난이 발생한 지역에 재난을 선포하고 연방 차원의 구호를 지원할 수 있는 등의 대통령의 관련 재량권들이 늘어나기 시작했다. 현재 재난선포의 과정에서 주지사들이 공식적으로 대통령에게 재난을 선포할 것을 요청하지만, 그 요청의 수락과 거절은 정해진 법령이나 규칙을 따르기보다는 대통령의 재량에 따라 결정된다. 이와 같이 재량적 결정권이 크고 그 실질적 영향을 행사하는 만큼, 대통령은 재난·소방행정의 전체 구조와 자원조정적 측면에서 막중한 공적 책임이 있다.

'대통령이 이상적인 컨트롤 타워일까?'

대통령의 권한이 커짐에 따라 시민들은 국가 주요 재난의 상황 시 더욱 신속하고 권위있고 이상적인 대통령의 개입과 대응을 기대하게 되었다. 하지만, 대중의 기대화는 달리 역대의 미국 대통령들이 실제적으로 재난에 대응하는 방식과, 시민들에게 재난에 관하여 공유하는 정보의 내용과 방식은 본인의 정치적 방향 및 정치적 목적(재선)과 밀접한 관련이 있다고 밝혀졌다.[4] 각기 대통령과 그 집권정부는 그들의 정치적 목적과 관련하여 관련 연방행정부서의 기능 및 인력, 관련 기금의 총액을 늘리거나 줄여왔으며, 재난관리과 관련된 부서들의 장들을 임명을 조정해왔다. 가장 최근의 예로, 2020년 9월 현재 국내 첫 확진자 이후 6개월 만에 20만 명 이상의 국내 사상자를 기록하고 있는 COVID-19 대응상황에서도 초기부터 현재까지 대통령 및 집권당이 그들의 정치적 입장에 따라 정보의 흐름을 통제하고, 관련 전문인의 발언에 개입하여 대중을 혼란에 빠뜨리며, 기금등을 적시적소에 배분하지 않는 등의 공적 역할에 대해 책임을 다하지 않고 있다는 비난을 받고 있다.

(2) 국토안보부(Department of Homeland Security: DHS)

DHS는 현재 미국 연방정부 수준에서 재난·소방행정에 책임이 있는 최고의 조직이다. DHS는 2001년 미국 9월 11일에 미국의 주요 시설(critical facilities)들 중의 최고라 알려졌던 뉴욕 시내의 세계무역센터(World Trade Center)빌딩 두 채를 붕괴시키고, 워싱턴 디시의 국무성(Pentagon) 건물 일부의 붕괴시키면서, 총 343명의 소방관 및 75명의 경찰관을 포함한 2,974명의 미국 시민의 목숨을 앗아간 국제 테러리스트의 공격에 대응하면서 개설되었다. 부시(George W. Bush) 대통령은 급속히 정부의 정책지침을 범국가·범정부 대테러진압으로 이동시켰고, 사건발생 9일 만에 백악

4) Kapucu, N., Van Wart, M., Sylves, R., & Yuldashev, F.(2011). US Presidents and Their Roles in Emergency Management and Disaster Policy 1950-2009. *Risk, Hazards & Crisis in Public Policy*, 2(3): 1-34.

관 안에 국토안보부의 개설을 명령하는 행정명령(1322)을 내렸다. 이후 10월에 대통령은 국토보안 대통령지침들(Homeland Security Presidential Directives)을 제시하고, 2002년 3월에 대통령실에 국토안보 자문위원회(President's Homeland Security Advisory Council) 및 고위자문위원들을 세우는 행정명령(13260)을 내리면서 DHS를 조직화했다.

DHS가 재난·소방관리를 주도함에 따라 차츰 미 연방정부의 재난·소방관리행정의 우선순위 역시 모든 위험요인들(all-hazards)을 다 고려하는 전방위적 접근에서 전반적으로 테러방지와 국토안보에 집중하는 방식으로 변하게 되었다. 그만큼 DHS 개설 초기에는 연방정부수준에서 재난·소방행정에 대한 관심과 개입의 영역은 줄어갔다. 하지만, 2005년에 루이지애나 주 뉴올리언스에서 발생한 허리케인 카트리나에 대한 대응의 대 실패로 그 당시 테러리즘에만 집중하던 미 연방수준의 재난·소방관리 행정체계의 문제가 여실히 드러났다. 이후 DHS는 다시 모든 위험요인들을 고려하는 접근법을 적용하며 연방의 재난·소방관리에 연방수준 조직에서 총 책임을 다하고 있다.

(3) 연방재난관리청(Federal Emergency Management Agency: FEMA)

미국의 재난·소방관리와 관련하여 가장 자주 언급되고 잘 알려진 조직이다. FEMA는 현재 국가 내의 재난 관련 모든 사건 및 사고의 방지(prevention), 보호(protection), 완화/경감(mitigation), 대응(response), 그리고 복구(recovery)하는 영역에 미션을 두고 연방 차원에서 미국의 재난·소방행정을 담당하는 대표 기관이다. 현재 FEMA에는 4,000~5,000명 사이의 정규직(full-time) 및 시간제(part-time) 공무원들이 속해 있다.

FEMA는 1978년 지미 카터(Jimmy Carter) 정부에서, 미국의 재난·소방행정을 담당하는 독립적인 조직으로 시작하였다. FEMA가 집중하는 우선순위는 각 시기별로 발생했던 주요 재난의 형태에 따라 변화·발전해왔다. 1988년 말에서 1990년대에는 인재 및 다양한 자연재해가 많아서 그에 대응하는 영역에서의 FEMA의 권한 및 역할이 점차 확대되었다. 1990년대에 이르러 제42대 대통령 빌 클린턴(Bill Clinton) 집권 당시에는 FEMA 역할의 중요성이 더욱 강조되어, 우리나라로 치면 국무회의 지위까지 올라갔었다. 그러나 이후 부시 대통령의 집권 시, 2001년 9월 11일 발생한 테러리스트 어택 이후, 신설된 DHS(국토안보부)의 산하 22개 기관 중 하나로 흡수되면서부터, FEMA가 이전에 가지던 독립적인 재난·소방관리 기능은 많이 상실되었다. 하지만, 2005년 허리케인 카트리나의 대응실패 이후로 FEMA의 역할 및 기능이 재고되었다. 수많은 언론과 연구들이 카트리나가 미국에서 발생한 허리케인 역사상 가장 큰 피해를 발생시킨 까닭은 연방정부의 적극적인 대응실패라고 지적했다. 그 중에서도 DHS 산하로 통합되면서 FEMA의 주요 기능이 상실되어 적극적인 지원을 할 수 없었음이 주된 원인으로 알려졌다. 이런 실패의 경험을 바탕으로, FEMA는 재난 시 연방의 인력 및 재정을 배분, 지원할 수 있는 권한을 회복했고, 지속적으로 현재 연방수준에서 미국의 재난·소방관리를 책임 담당하는 전문기관으로의 다양한 역할을 감당하고 있다.

수많은 역할 주에서도, FEMA는 우선적으로 재난·소방행정과 관련된 정책목적들을 설정하고, 재난·소방행정의 목표(emergency management objectives)를 달성하기 위한 재정을 승인, 지원, 배분하는 역할을 한다. 추가적으로 FEMA는 연방, 주, 지방의 모든 수준에서 재난·소방행정을 담당하는 전문 책임자들을 훈련시키고, 주정부 및 지방정부의 지역재난 완화 행동강령을 승인하고, 재난복구 시 물자의 제공 및 분배를 감독하는 역할들을 맡고 있다.

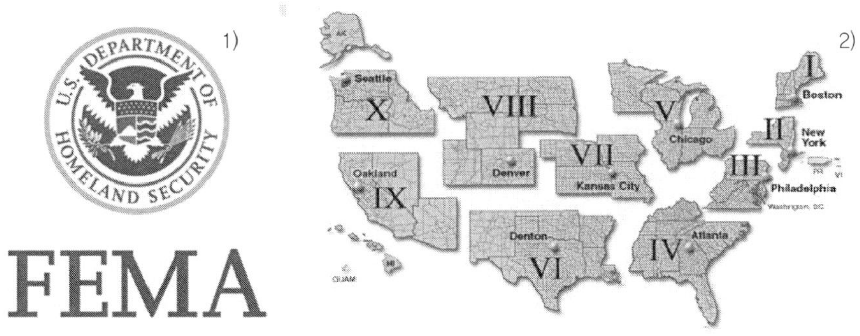

출처: 1) https://www.fema.gov/design-system/brand/logo
2) https://www.fema.gov/media-library-data/20130726-1609-20490-4843/fema551_appxf.pdf

FEMA의 본부(headquarters)는 다른 주요 연방 정부기관들과 같이 워싱턴 디시에 위치하고 있다. 하지만, 지역에서 발생한 재난과 긴밀히 연관된 업무의 기능적 측면에서, 다른 연방정부들과는 달리 미국 전역에 10개의 지역사무소를 배치하고 있다. 이는 재난 및 위급상황 발생 시 관할 지역의 지방정부 및 지방의 이해관계자들과 신속한 의사소통을 통해 지역의 상황과 필요에 대한 정보를 빨리 파악하고, 워싱턴 디시에 있는 FEMA 본부에 정보를 전달하여, 상위의 책임자들 및 관련 연방정부들로부터의 물자 및 인력지원을 공급하여 지역정부의 신속한 재난의 대응 및 회복을 돕기 위해서이다.

'FMEA는 단지 팀의 일부일 뿐입니다'

2011년 11월에 네바다 주 라스베이거스에서 열린 국제재난관리자 연합 컨퍼런스가 열렸다. 그당시 키노트 연설자로 초빙된 FEMA의 Deputy Administrator인 리차드 세리노는 "FEMA의 역사는 1979년부터 시작했습니다. 그럼 그전에는 재난이 없었나요? 아니죠 그전에는 먼저 지역주민들이 서로를 도와주는 시스템이었습니다. 그 다음에 주에서 도와주고, 결국 연방정부에서도 도움을 주는 식으로 진행되었습니다. FEMA가 연중 발생하는 모든 재난대응을 책임지고 혼자 이끌어갈 수는 없습니다. 우리는 단지 전체 팀의 일부일 뿐입니다"[5]라며, '모든 재난이 지역의 재난이다'라는 점을 강조했다. 그리고 그는, 미국에서 재난 · 소방행정에 관여하는 팀의 구성원은 공공기관에만 한정된 게 아니라 영리기업, 심지어 종교기관들 및 아메리콥스(AmeriCorps) 같은 자원봉사단체에도 의존하면서 서로 돕고 배우고 있음을 강조했다.

(4) 미 소방행정부서(U.S. Fire Administration: USFA)

USFA는 연방에서 소방 및 화재 관련 행정을 총 담당하는 기관이다. USFA는 재난관리의 한 영역을 담당하는 기능적 측면에서 DHS 하 FEMA의 한 부속 부서(division)로 속해 있다. 하지만, 매년 미국에서 발생하는 다양한 화재는 같은 시기 발생한 허리케인, 토네이도, 홍수, 지진 등의 모든 다른 자연재해의 피해의 총액을 초과할 정도로, 미국에서 발생하는 재난 중에 가장 큰 비중을 차지한다. 상시적으로 실제 대응의 비중이나 규모가 크기 때문에, USFA는 재난관리의 영역에서는 주로 화재와 관련된 재난의 대응 및 방재와 관련된 일만을 집중적으로 담당한다. 그래서 별도의 문서

---

5) 추가정보 참조. https://www.govtech.com/em/disaster/Remember-All-Disasters-Are-Local-Says-FEMA-Deputy-Administrator.html

계약이 없는 상황에서는, DHS나 FEMA가 관리하는 모든 유형의 재난 영역에 투입되지는 않는다. 하지만, USFA가 제공하는 고유의 기능에 따라서 다양한 재난상황에 인명피해가 예상되는 경우 응급 의료지원서비스(emergency medical services)를 제공할 의무는 있다.

일반적으로 USFA는 소방 및 화재 관련 재난방재에 관해서는 모든 이해관계자들이 위험요인들을 미리 인지하고 대비, 방지, 완화, 대응할 수 있도록 지원하는 역할을 한다. 구체적으로 USFA는 화재 관련 데이터 수집하여 제공하고, 공공 화재 관련 및 교육 관련 교구 등을 개발하여 보급하고, 화재 관련 연구를 지원한다. 또한 USFA는 국립소방학교(National Fire Academy) 및 재난관리전문학교(Emergency Management Institute)로 구성된 국립응급훈련센터(National Emergency Training Center)를 운영하며, 미 전역의 소방관들이나 재난관리 담당자들에게 재난 · 소방관리 관련 수업 및 관련 행정서비스에 대한 훈련을 제공하고 있다. 부가적으로, 화재안전이 검증된 숙박업소들의 정보 및 각 가정들에 필요한 화재안전 정보들을 제공한다.

(5) 그 외 연방수준의 관련 책임자들

사실상 연방수준에서 재난 · 소방행정에 참여하지 않는 부처들은 거의 없다고 볼 수 있다. 재난발생 시, FEMA는 재난의 상황과 필요에 따른 15개의 응급지원기능

표 7-1 미국 재난 · 소방행정 응급지원기능

ESF 번호	내 용	ESF 번호	내 용
1	교통	9	수색구조
2	의사소통	10	기름유출 및 위험물질처리
3	시설 및 기술관리	11	농업 및 자연자원
4	화재진압	12	에너지
5	정보와 계획	13	대중의 안전과 보안
6	피해자 응급지원, 대피 임시주거시설	14	영리기업 및 인프라부문
7	물류관리	15	외부업무
8	공공보건, 의료서비스		

출처: https://www.fema.gov/emergency-managers/national-preparedness/frameworks/response#esf

(Emergency Support Functions: ESF)[6]과 관련하여 미국 연방의 28개의 연방정부 부처에 지원협조를 요청할 수 있다.

그 중에서도 국방부(U.S. Department of Defense), 교통부(U.S. Department of Transportation), 내무부(U.S. Department of Interior), 보건복지부(U.S. Department of Health and Human Services), 상무부(U.S. Department of Commerce), 에너지부(U.S. Department of Energy), 그리고 환경보호청(U.S. Environmental Protection Agency) 등은 다양한 재난대응 및 복구에 밀접히 관련된 역할을 하는 기관들은 FEMA와 긴밀한 파트너십을 맺고 있다. 또한 미국의 국방부 산하에서 국가의 전쟁 시 현역군과 마찬가지로 최전선에 배치되어 시민의 안전을 보장할 책임을 지는 미국 방위군(National Guard of the United Sates) 역시 대통령 및 의회의 지시에 따라 재난대응 및 복구에 동원이 된다. 또한 화재 관련 재난, 특히 산불(wildfire)의 진압과 관련해서는 국립 산림관리센터(National Wildland Coordination Center)를 통해 미국 농림부(U.S. Department of Agriculture), 미국 산림청(U.S. Forest Service), 토지관리부(Bureau of Land Management) 및 미국 원주민관리부(Bureau of Indian Affairs)가 관련 업무를 지원한다.

2) 주(State)의 대표적 책임자들

재난 · 소방행정에서는 주의 책임자들은 연방의 책임자들보다 더 무거운 책임을 지고 있다. 앞서 언급했듯 미국은 영토가 광활한 만큼 각 주의 기후 및 지형이 다양하다. 또한 각 주의 크기 및 위치, 그리고 인구, 재정, 및 자원의 분포도 다양하다. 이이 따라 각 주에서 주로 발생하는 재난 및 응급상황의 형태가 상이하다. 그래서 각각의 구체적인 상황에 대해서 더 많이 아는 주의 책임자들이 연방의 책임자들보다 더 적극적이고 구체적인 역할을 수행하게 된다. 수많은 역할 중에서도 주의 책임자들에게는 지방의 정부와 연방의 정부 간의 정보와 자원의 흐름을 연결시키고, 재난이 발상한 지역에서 지역의 책임자들을 도와주고 지원하는 책임을 가진다. 대표적인 주의 책임자들은 주정부 및 주지사(State Government & Governor), 주 재난관리사무소

6) 추가정보 참조. https://www.fema.gov/emergency-managers/national-preparedness/frameworks/response#esf

(State Emergency Management Office), 주 방위군(State National Guard), 그리고 그 외의 주 책임자들로 나눌 수 있다.

(1) 주정부 및 주지사(State Government & Governor)

재난발생 시 주정부는 지방정부와 연방정부기관 간의 조정자 역할을 한다. 특히, 미국에서는 주지사의 재난선포(declaration of a state of emergency)가 없이는 연방정부의 지원을 받을 수 없다. 이에 주시사는 주 차원에서 발생한 재난의 정보를 신속히 파악하고, 피해의 규모가 주에서 감당할 수 있는 범위를 초과한 경우 재난을 선포하여 연방의 지원을 연계하는 역할을 담당한다. 재난발생 시 주지사는 총사령관의 역할로 주 군부장(State Adjutants General)을 통해서 주에 상비하는 방위군(State National Guard)을 배치, 지휘, 통제하며 대응활동을 지시할 수 있는 권한이 있다. 재난발생 시, 주지사의 가장 큰 책임은 인명을 보호하고 구조하는 것이기에, 재난의 영향권에 있는 개인들의 대피를 지시할 권한도 있다. 또한 주정부는 다른 주와 상호협정을 맺고, 다른 주에게 도움을 요청하고 지원하는 역할도 한다. 마지막으로, 주정부는 다양한 주 정부기관들이 관련된 재난·소방관리 활동을 수행하고 유지하기 위한 법안을 만들고 시행한다.

"즉각 대피하세요, 지금 떠나세요!"

2017년 9월 8일 시속 250km 강풍을 동반한 카테고리 5의 허리케인 얼마(Irma)의 플로리다 상륙이 가까운 시점에 이르렀다. 당시 플로리다 주지사 릭 스캇(Rick Scott)은 미리부터 재난을 선포하여 연방의 지원을 미리 받을 수 있도록 준비했다. 주립대학들을 포함한 공립학교들을 일정기간 동안 닫으면서 그 건물들이 대피소로 사용될 수 있도록 준비했다. 주 방위군을 소집·배치했으며, 적십자에게 도움을 요청하여 미리부터 대피소에 자원봉사자들을 배정했다. 또한 허리케인의 영향권에 있는 100만 명 이상의 주민들에게 대피명령을 내리면서 대피자들을 위해서 고속도로의 통행료를 면제했다. 또한 명령을 듣고도 지체하거나 대피 정보를 받지 못한 주민들에게 그 심각성을 알려 인명피해를 줄이기 위해 ABC, CBS, FOX, CNN 등의 미국 주요 방송사들 뉴스채널에 등장하여

"허리케인이 곧 플로리다를 휩쓸고 갈 것입니다. 지역의 재난관리소에서 하는 말을 들으세요. 심각하게 생각해야 합니다. 그렇지 않으면 허리케인 때문에 당신이 죽을 수도 있습니다. 만일 당신의 집이 대피지역에 속한다고 발표가 되었으면, 즉각 대피하세요. 지금 떠나세요. 지

체하면 안 됩니다. 오늘밤도 아니고, 한 시간 후도 아니고 지금 떠나세요"라는 메시지를 보내어 주민들에게 정보를 전달했다.

(2) 주 재난관리사무소(State Emergency Management Office)

미국의 모든 주에는 재난관리사무소가 있다. 재난관리사무소는 주로 주정부 주지자 사무실(governor's office), 공공안전 부서(department of public safety) 내에 배치되어 있거나, 독립적 사무소인 경우도 있고, 아니면 주 국토안보 부서 밑에 통합되어 배치되는 경우도 있다. 대부분의 주 재난관리사무소는 1950년 연방민방위법(Federal Civil Defense Act of 1950)이 통과되면서 설치되기 시작했으며, 1970년대와 1980년대에 이르면서 거듭 진화함에 따라 역할과 책임들이 늘어갔다. 주요 역할로는 재난발생 시 책임관계들, 현재 주의 재난관리 능력 수준, 책임 참여자들이 취해야 할 조치, 및 재난대응 시 따라야 할 지침들을 상세히 기록한 통합재난 · 소방관리 계획(Comprehensive Emergency Management Plan)을 수립하고 정비한다. 또한 연방의 정책들이 현장에서 잘 적용되도록 지원하고, FEMA에서 제공한 재난 보조금들을 지역에 전달하는 역할도 한다.

(3) 주 방위군(State National Guards)

연방 방위군들과 마찬가지로, 주 방위군들도 미국 내의 방위의 최전선에서 관련 대응을 한다. 주 방위군들은 미국 내 각 50개 주와 3개의 지역영토(territories)에서 조직되어 있다. 주 방위군들은 평상시에는 소방서, 경찰서를 비롯한 각기 다른 지역의 다양한 직장에서 근무하고 있지만, 재난 시 주지사의 비상명령에 의해서 소집된다. 특히, 허리케인 등 예측 가능한 재난의 경우 주지사에 의해 재난이 선포(declaration of a state of emergency)된 특정 지역에 재난대응을 위해 미리 배치되거나, 재난 이후에 피해발생지역에 신속히 투입되어 지역의 대응 및 복구의 과정을 돕는다.

(4) 그 외의 주 책임자들

재난은 주민들 삶의 전반에 영향을 미치게 때문에 주 단위에서도 사실상 재난 · 소방행정에 책임이 없는 부서들은 거의 없다고 볼 수 있다. 하지만, 그 중에서 주정부의 교통과(State Department of Transportation), 고속도로 순찰대(the highway patrol), 그리고 보건과(Department of Public Health) 등은 재난 시 지역주민들의 대피, 이동, 관리, 대응과 밀접한 관련되어 있기 때문에, 주 재난관리사무소와 긴밀히 협력관계를 유지한다. 이외에 각 주들은 의회의 비준에 따라 다른 주들과 공식적인 상호 협력체계를 구성하여(Emergency Management Assistant Compact), 재난 시 서로 도움을 요청하고 지원한다.

3) 지역의 대표적 책임자들

재난·소방관리 행정측면에서는 재난이 발생한 지역에 상주하는 관련자 및 이해관계자들의 역할과 책임의 비중이 그 지역의 재난·소방행정 관련 활동에 가장 크다고도 할 수 있다. 그래서 모든 재난은 해당 지역의 사안이니 그 대응회복성 역시 지역의 것(All disasters are local. Resilience should be too)[7]이라는 관점으로 미국의 재난·소방행정을 이해할 수도 있다.

한 주(state) 안의 지역에는 카운티(county), 시(city), 그 이하의 지구(district) 개념이 있지만, 재난·소방관리에 있어서는 대부분 카운티가 관할 구역에 대한 행정명령권을 가지고 주정부와 교류하고 있다. 대표적인 지역의 책임자들은 지역재난 작전센터(Emergency Operations Center: EOC), 그 외의 관련 지역정부기관들, 공동체 재난대응팀(Community Emergency Response Team: CERT), 재난발생 시 대응하는 자선기관들의 연합(Voluntary Organizations Active in Disaster: VOAD) 또는 재난의 현장에 있는 지역주민 및 이웃들이다.

(1) 지역재난 작전센터(Emergency Operations Center: EOC)

미국의 모든 카운티에는 재난관리 담당자들(Emergency Managers)이 상주하는 EOC가 있다. EOC는 카운티의 상황에 따라 정부 내의 한 부서, 카운티지사(county mayor's)실 밑, 또는 카운티 정부와는 독립적으로 운영된다. 또한 지역의 필요와 경우에 또는 지역에서 빈번히 발생하는 재난의 유형에 따라서 지역의 EOC는 지역 소방

7) 추가정보 참조. https://d1y8sb8igg2f8e.cloudfront.net/documents/All_Disasters_Are_Local._Resilience_Should_Be_Too_2019-04-22_210103.pdf

서(Fire Department), 지역 경찰서(Police Department), 또는 지역 방위사무소(Homeland security office)[8]에 속한 경우도 있다.

지역 EOC의 담당자는 지역 재난관리와 관련된 수많은 업무를 담당하고 있다. 상시에는 연방의 재난지원 프로그램들에 대한 이해를 바탕으로 지역의 재난관리계획을 세우고, 지역재난에 대한 준비를 하며, 지역의 관계자들에게 훈련의 기회를 제공한다. 그리고 재난대응 시 현장의 명령권자가 되어 지역공동체의 재난대응활동들을 지휘·조정한다. 또한 지역 재난피해의 완화를 위해 지역 재난관리 보조금(grant fund)을 구하러 다니기도 하고, 재난을 당한 지역사회의 신속한 복구책을 찾도록 도움을 준다.

(2) 관련 지역정부의 부서 및 기관들

위에서 언급한 대부분의 지역 EOC은 대체적으로 소규모이다. 평상시에는 1~3명의 재난관리 담당자[9]들만이 관련된 행정 일을 담당하고 있다. 하지만, 재난발생 시에는 재난관리부서나 실의 규모가 일시적으로 확장된다. 재난관리 담당자들이 진두지휘하는 가운데, FEMA에서 지정한 15개의 재난 응급지원기능들(Emergency Support Functions)[10]과 관련된 지역정부의 모든 분과 및 실로부터 담당 인력이 EOC에 긴급 배치되어 필요한 기능을 지원하기 때문이다. 그 중에서도 지역 소방서 및 경찰서가 주요 지원 역할을 감당하고 있다.

지역소방서

미 전역의 도시(city)와 카운티(county)에는 약 27,228개의 지역소방부서(fire departments) 및 58,150개의 소방서(fire stations)가 있다. 이들 대부분의 소방부서들은 도시, 카운티, 또는 특정 구역(special-purpose district)의 일원이거나, 비영리 회사로서 존재한다.[11] 소방부서나 소방서들은 속한 지역의 정부의 보조금을 받거나, 자선금이나 기금을 모금해서 운영비를

8) 이런 경우는 지극히 드물지만, 지역의 재난관리사무소의 역할이 국토방위에 집중하고 국토방위부에서 내려오는 지원금에 많이 의존하고 있는 경우가 이에 해당한다.

9) 대부분 시간제(part-time)이며, 그렇지 않을 경우, 상시에 부서나 센터가 속한 상위 부서 또는 기관에서 필요로 하는 다른 역할 및 업무를 중복적으로 담당한다.

10) 추가정보 참조. https://www.fema.gov/emergency-managers/national-preparedness/frameworks/response#esf

11) 일부 소방서들은 민간화되어서 영리기업에 의해 운영된다.

충당한다. 현재 미국에는 1,216,600명의 소방관들이 있는데, 이 중 30% 정도만이 정규 소방관으로 급여를 받으며 총인구의 2/3의 화재안전 및 보호를 책임지고 있으며, 70% 정도는 평상시 다른 직업을 가지고 있는 자원봉사, 출동 시 또는 시간제 급여 소방관들로 총인구의 1/3 정도의 화재안전 및 보호를 책임지고 있다. 하지만, 급여의 형태와는 상관없이 모든 소방과는 소방학교의 과정을 수료해야 한다. 또한 이들 소방관들은 대체적으로 응급의료전문원(emergency medical technicians)이나 구급대원(paramedics) 훈련을 병행하여 응급상황 시 역할을 할 수 있게 된다. 지역 재난발생 시 지역 소방부서들은 15개의 재난 응급지원기능 중 4번 화재진압, 6번 대규모 응급의료지원기능, 9번 수색 및 구조, 그리고 10번 위험물질 관리대응과 관련된 기능을 책임 담당한다.

지역경찰서

미국 전역에는 지역 행정구조에 따라 약 12,000개의 카운티의 경찰서(Sheriffs' office) 및 도시 경찰서(Police department)들이 있다. 지역경찰서의 업무는 주로 법령을 집행하는 역할을 한다. 그리하여 대부분의 재난 · 소방관리, 특히 자연재해 및 화재진압과 관련해서는 지역 경찰서들의 역할이 미미하다. 하지만, 미국에서는 법령집행의 영역에 해당하는 총기 관련 사건 및 사고가 빈번[12)]히 발생한다. 그래서 이런 사건 사고와 관련해서는 지역경찰들의 재난의 상황을 지휘하며 가해자를 진압 · 체포하고, 피해자들의 안전 및 구조에 주요 책임을 진다.

(3) 공동체 재난대응팀(Community Emergency Response Team: CERT)

현재 미국 전역에는 2,700개 이상의 지역에서 CERT 프로그램들이 제공되고 있으며, 600,000개 이상의 팀원들이 활동을 하고 있다. CERT는 주로 지역공동체에서 주민들의 자발적 참여로 구성이 되지만, Teen CERT, Campus CERT, Workplace CERT 등의 특정 집단공동체 내에서만 활동하는 CERT도 존재한다. 우선적으로 팀원이 되기 위해서는 자발적으로 지역 재난관리센터 등에서 제공하는 CERT 자격 교육을 이수받아야 한다. 기본 자격 교육은 기본적인 재난관리에 대한 이론 및 간단한 수준의 화재진압, 구조수색, 팀 조직, 재난의료활동 보조 등의 실습으로 구성된다. 이론 및 실습 이수 후 최종 시험을 통과하면 팀원의 공식적 자격을 얻게 된다. 이후 팀원들은 자발적으로 지역에서 제공되는 관련 훈련[13)]에 주기적으로 참여하면서 기본적인 재난관리 소방안전 기술들에 대해서 익히고, 재난대응 계획을 세우고, 재난발생 시 같

12) 2009년부터 2018년까지 1,211명의 목숨을 앗아간, 194번의 총기사고가 있었다.
13) 이런 공식 훈련들은 국토방위부에서 제시한 기준들을 따라서 구성되고 제공된다.

이 일하게 될 수도 있는 다른 CERT 팀원들의 얼굴을 미리 익힐 기회를 갖는다. CERT는 공식적인 자격이 주어지고, 재난 시 소집될수 있지만, CERT 팀원들의 참여는 자발적으로 운영이 된다. 자발적이라고 해도, CERT 팀원은 자신과 가족에 대한 안전이 보장된 경우에만 참여가 허락된다. 그리고 참여 시에도 CERT 팀원들과 피해자들의 안전보장을 위해서 전문성이 필요없는 수준의 대응과 복구가 필요한 곳에만 배치된다. 실제 CERT 팀원들이 담당하는 일들이 경미한 수준이지만, 이는 재난관리 담당자 및 전문 대응 요원들이 더욱 중요하고 복잡한 문제에 집중할 수 있도록 돕기에 재난·소방행정에 매우 중요한 역할이라고 볼 수 있다.

"CERT는 준비, 사람들이 서로를 돕는 것, 구조대의 안전을 위한 것이다."14)

(4) 재난발생 시 대응하는 자선기관들의 연합 (Voluntary Organizations Active in Disasters: VOAD)

VOAD는 조직 미션의 일부가 재난대응에 관련이 있는 종교기관, 지역공동체 연합을 포함한 지역 비영리기관 등의 자발적인 재난대응 협력 연합이다. VOAD가 공식적으로 구조화되기 전에는 각자의 지역기관들이 아는 수준과 범위 내에서 재난대응에 개별적으로 참여했다. 하지만, 이런 형식의 참여는 효과적이지 못했다. 의도하지 않았지만, 특정 지역 및 피해자에게 자원을 중복적으로 제공하여 자원이 낭비되는 동시에, 다른 지역 및 피해자들에게는 지원이 닿지 않는 경우가 많았다. 또한 참여기관들이 피해상황에 대한 인식 및 피해지역과 주민들의 문화에 대한 이해가 부족하여 갈등을 일으키는 경우도 빈번했다. 또한 도움을 제공하는 기관들 사이의 보여주기식

14) 이미지 출처: https://www.ready.pa.gov/BeInvolved/Ways-To-Volunteer/Pages/default.aspx

의 경쟁이 일어나는 경우고 흔했고, 협조가 필요한 상황에서도 의사소통의 통로가 없어서 실질적이고 효과적인 협력이 불가능했다. 차츰 이런 문제들이 표면으로 드러났으며, 이를 인식하는 지역의 주요 비영리기관들이 모여 VOAD를 결성해왔다. 주로 정기적 모임과 의사소통을 통해, 서로 간의 갈등을 조정하고, 재난의 현장에서 협력할 수 있게 하는 공통의 목표를 세워 피해를 입은 지역에서 보다 효과적으로 재난구호활동을 하고, 재난의 복구를 돕는 것을 목적으로 하고 있다. 또한 재난의 복잡성을 인식하고 보다 효과적인 재난관리를 위해서 이들은 지역의 정부, 영리법인, 지역교육, 연구기관 등의 다양한 범주에 속한 기관들과도 긴밀한 협력관계를 맺고 활동한다.

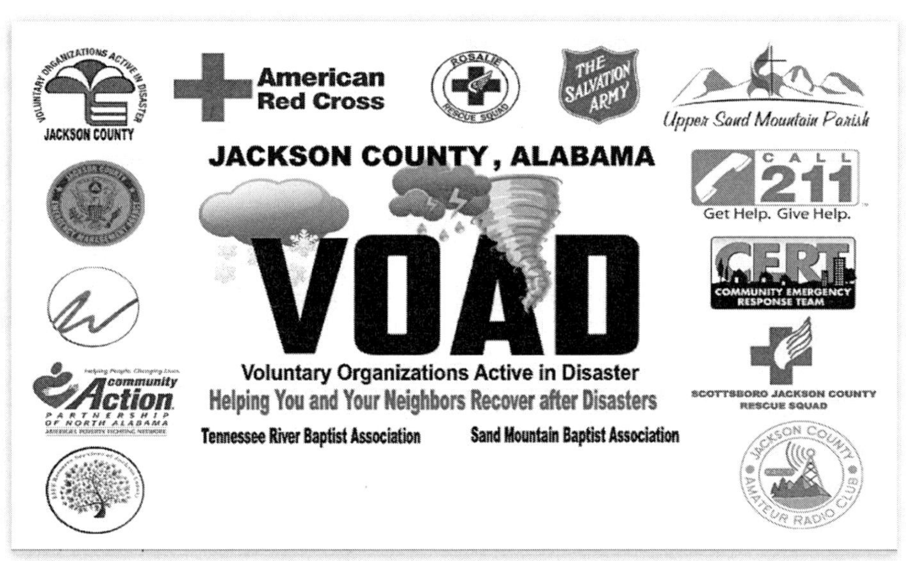

VAOD 예: 앨라배마, 잭슨 카운티의 VOAD 참여 기관들[15]

(5) 지역주민 및 공동체 리더

재난관리의 최전선에는 지역주민들이 있다. 재난 시 지역주민들은 우선적으로 스스로와 가족의 안전을 보호하는 역할을 한다. 이를 위해 개인적으로 응급처치와 응급상황 시 필요한 기술 등을 익히고, 재난상황에 대비해야 한다. 더 나아가서 여건이 된다면, 개별 주민들은 자발적으로 지역 재난대응요원, 지역 비영리기관들의 재난구

15) 이미지 출처: https://jacksoncountyvoad.org/index.html

호활동을 지원하고, 이웃의 안전을 도와주는 역할도 할 수 있다. 실제로 미국에서는 재난 후 72시간 동안에는 46% 정도의 개인들이 이웃으로부터의 도움에 의존하고 있기에 지역주민들의 자발적 참여는 매우 중요하다. 각 도시나 이웃공동체에서는 재난 및 응급상황에서 주민들 간 상호 협조적으로 도움을 주기 위해 비공식적으로 이웃감시체계(neighborhood watch)가 조직되는 경우가 있고, 이보다는 공식적인 시민조합(Citizen Corp.)이나 지역소방조합(Fire Corp.) 등이 지역 EOC나 소방서 등의 외부의 조직의 조정 하에 조직되는 경우도 있다.

"코비드-19 동안 이웃을 입양하세요-Adopt a Neighbor during the COVID-19"
오레건 주, 잭슨카운티, 애쉬랜드 시[16)]

이웃을 돕는 이웃, 우리 모두는 함께합시다! 여러분들이 이 어려운 시기에 이웃을 돕는 가장 최선의 방법은 사회적 거리두기를 열심히 하는 것입니다. 사회적 거리두기는 COVID-19의 전염을 늦출 수 있는 가장 중요하고 소중한 방법입니다. 사회적 거리두기는 만일 사람들을 만나야 한다면 서로 간의 6피트 이상을 유지하는 것입니다. 악수는 하지 마시고, 손을 자주 씻으세요. 그리고 만일 아픈것 같다고 느끼면 주면 이웃이나 집안이 있는 사람들에게 멀리떨어져 있으세요.

사회적 거리두리기를 하면서 이웃을 도울 수 있는 방법도 있습니다. ① 기본 생활용품을 많이 사두었다면 이웃에게 기부하세요. 기부할 때는 물품들을 잘 소독해서 이웃들 집문 앞에 두세요. ② 함께하고 싶다면, 기술을 이용하세요. 사회적 거리두기가 지속됨에 따라 외로워질 수 있는데, 화상통화 등의 옵션을 이용하는 게 방법이 될 수 있습니다. 이런 기술을 잘 모르는 노인들도 이런 옵션을 쓸 수있도록 도와주세요. 물론 도와드리기 전 소독은 기본입니다. ③ 전화나 문자를 자주해서 이웃들을 체크해주세요. 특히, 노인들이나 도움이 필요한 사람들에게요. ④ 대신 장을 봐주거나 식당에서 음식을 픽업해줄 수 있어요. ⑤ 음식배달서비스에 봉사활동을 하세요. 지금은 노인들에게 음식을 제공하는 기관들에 배달 자원봉사자들이 더 많이 필요하답니다. ⑥ 이웃에게 오디오북이나 팟케스트를 선물하세요. 물론 이것을 사용하는 방법도 알려주고요. ⑦ 심부름을 해 주세요. 그러나 모든 사람들에게 노출이 제한되도록 가급적으로 모아서 하세요.

---

16) 원본 출처: https://www.ashland.or.us/Page.asp?NavID=17929

2. 사건 · 사고명령체계(Incident Command System: ICS): 사공이 많아도 배가 산으로 가지 않는 이유

사공이 많으면 배가 산으로 간다는 말이 있다. 사공의 의견, 비전, 생각, 의도, 목적이 각기 다르면 그 배는 원래 목적지와는 전혀 다른 방향으로 갈 수 있다는 말이다. 역사적으로 미국의 재난 · 소방행정 역시 빈번히 산으로 갈 때도 많았다. 수많은 참여자들이 좋은 뜻과 의도로 재난대응에 임했지만, 결과적으로 평가했을 때, 전체 책임자들의 노력 및 자원 투입대비 재난대응의 효과성이 떨어지거나 안 그래도 복잡한 상황에 또 다른 문제들을 만들어 내는 경우가 많았다.

수많은 연구들이 재난대응사례에 대해 분석한 결과 실제 재난대응 시 발생하는 문제의 대부분이 자원부족이나 대응전략의 실패보다는 참여자들 사이의 의사소통 결여 및 협력 · 조정의 부족과 관련된다는 결론을 내렸다. 재난의 대응상황에서 각 참여자들은 재난상황에 대한 이해의 정도 및 의사소통의 방식이 달랐고, 서로의 영역에 대한 이해가 부족했기 때문에 이들 사이의 협력과 조정이 어려운 경우가 빈번했던 것이다. 이에, 모든 재난 시작부터 관련 책임자들 사이에서 명확히 알려지고 적용되어 재난대응시 각 책임자들 간의 체계적인 협력과 조정을 이끌어 내기 위한 방안으로 ICS가 개발되었다. ICS의 효과성은 지난 40년 이상 관련 책임자들 — 정부기관들, 비정부, 비영리 및 사기업들 — 에서 사용되며, 수많은 재난 · 소방관리 행정의 모범사례들을 창출하면서 입증되었다. 우선적으로 ICS는 현장에 참여하는 수많은 재난대응요원, 공동체구성원, 그리고 개인들과 조직의 안전을 보호했고, 참여자들 사이의 협력을 주도하여 제한된 자원들의 효율적 사용을 지원해왔다. 또한 참여자들은 ICS의 지속적인 사용으로 더 복잡한 수준의 조정이 필요할지도 모르는 추후의 재난대비에 필요한 기술을 익혀서, 그들 모두가 탑승한 재난 · 소방행정의 배가 산으로 가지 않고 오롯이 원하는 목적지에 도착할 수 있게 해왔다. 이하에서는 이런 ICS가 구체적으로 어떻게 구성되고, 운영되며 어떠한 성과를 내었는지 아래에서 살펴보도록 한다.

1) 모든 재난의 현장에서 필요한 기능을 구분해둔다

ICS는 모든 유형의 조직 내・외에서 크기와 원인을 막론한 모든 위험요인(all-hazards) 및 사건・사고관리를 위한 계획, 준비, 대응, 복구 완화의 모든 영역에 적용되고, 또한 인명피해의 발생이 가능한 계획된 이벤트, 예를 들어 스포츠 경기, 콘서트, 컨벤션, 명절 퍼레이드 등의 전반적인 안전관리 전반에도 적용된다.

ICS에는 다섯 가지의 주요 기능 영역이 있다. 첫 번째로 사건 시 명령(incident command)기능은 재난상황에서 대응의 목표, 전략, 우선순위를 정하고, 재난관리의 전반을 책임진다. 두 번째로 운영(operations)기능은 대응목표들을 달성하기 위한 구체적인 전술방안(tactics)를 세우고, 모든 운영 관련 자원들을 지시관리한다. 세 번째로 계획(planning)기능은 자원의 출처 및 사용처를 추적관리하고 정보를 수집하고 분석하며, 관련 문서들을 보관하면서 사건 시 행동강령 과정을 지원한다. 네 번째로 물류관리(logistics)기능은 대응의 목표를 달성하기 위해 인력, 도구, 팀, 용품 및 시설 등의 자원이나 필요한 서비스들을 마련한다. 다섯 번째로 재정/행정(finance/administration)기능은 재난대응과 관련된 비용들을 파악하고, 회계, 자원획득, 시간관리, 그리고 비용분석 등의 기능을 제공한다. 이외에 추가적으로 정보조사(intelligence investigation)기능이 있는데, 이는 범죄, 테러리스트 공격, 또는 병리학적 요인 및 사고를 포함한 대량살상 등과 관련된 재난 및 사건 관련 정보를 수집하고, 분석하고, 전파하기 위해서 세워졌다.

2) 책임자들 간의 용어를 통일하고 보고의 체계를 세운다

사건발생 시 명령체계는 우선적으로 재난대응 시 모든 책임 참여자들 사이에서 사용되는 공통의 용어(common terminology)를 정의한다. 공통의 용어는 재난대응 계획 및 임시적 서열관계에서 참여자의 지위명(position title), 관련된 조직들의 기능(organizational functions), 사용 가능한 자원들 및 각 자원들이 조직되는 방식, 사건대응 시 사용될 수 있는 시설(명령본부, 대피소, 증상 분리 치료소) 등을 정의하고 지정한다. 그리고 재난 시에는 각기 다른 조직 간의 오해나 이해의 차이로 혼란을 일으키거나 개인의 안전에 위험을 줄 수도 있는 라디오코드, 개인 조직들이 사용하는 특정 용어들, 줄임말, 또는 특수 용어 등의 사용이 불가하다. 또한 책임자들 사이에서 사용되는 의사소통의 매체(communication media)를 통일한다. 기존에 다양한 접근방식을 가졌던 각기 책임자들은 일괄적으로 통일된 용어들을 사용하는 가운데, 재난의 상황 및 관련된 문제를 공통적으로 인식 · 접근하고, 일괄된 언어로 정보를 공유하고 소통하며 다양한 책임자들과 상호 협력적 공동대응을 하게 된다.

또한 사건발생 시 명령체계는 전방위적 책임자들 사이의 임시적 위계서열(temporary hierarchy)을 규정한다. 모든 책임자들의 협동과 협력은 수평적 참여의 측면을 지지하는 것 같은데, 이런 표준화된 위계서열을 정한다 하면 무엇인가 아이러니하다고 생각할 것이다. 하지만, 중요한 것은 여기서 말하는 서열이 위로부터의 일방적 명령과 복종의 관계를 표준화하는 위계서열이 아니라는 것이다. 이는 모든 관련 책임자들이 자발적으로 재난대응에 협력과 협동하는 과정에서 정보의 수집과 공유의 흐름을 조직화하여, 모든 참여자들이 처한 재난의 크기와 상황에 맞게 효과적이고 능동적으로 대응하는 데 도와주는 것을 목적으로 한다. 이런 임시적 위계서열의 책임과 역할 범위와 정도는 재난 관련 사건 사고의 크기와 복잡성의 정도에 따라서 다르다. 재난의 크기와 복잡성이 증가할수록 대응의 기능적 측면에서 관련 책임 영역이 늘어나기에, 이런 위계서열 역시 분열 확장될 수 있다.

임시적 서열관계에서 가장 중요한 것은 명령(보고)의 통일성(unity of command)을 유지하는 것이다. 명령의 통일성을 유지하며 각 참여자들이 산발적으로 행동하며 자원을 낭비하고, 현장의 피해자들 및 다른 참여자들과 대립하게 될 수도 있는 상황들을 미연에 방지하고, 재난대응 수행 시 각 책임자들의 안전을 보호하는 역할을 한다. 이를 위해 재난대응에 책임이 있는 지역이나 조직은 처한 상황에서 조직원들에게 명령을 내리고 보고를 받을 수 있는 한 명의 명령권자(incident commander)를 지정한다. 이들 명령권자들은 지정된 대응 영역의 전반적인 상황 및 필요를 파악하고, 지정 단위 위계서열의 중심에서 다양한 참여자들을 안내하는 역할을 한다. 이에 관련 참여자들의 활동 범위를 지정하고, 필요한 장비들을 제공하며, 자원을 조달하고, 필요가 있다면 참여자들 간의 협력을 조정하는 역할을 한다. 또 대응의 범위에 속한 각 책임자들이 보고한 사항을 바탕으로 변화하는 상황을 파악하여 그 상황에 필요한 적절한 지시를 내림으로써, 그 영역에서 대응활동 중인 다양한 책임자들이 공동적으로 재난에 대응할 수 있도록 돕는다. 이 모든 역할의 효과적인 수행을 위해서 총괄명령권자는 단순히 조직 내 서열이나 기술적 지식에 의해서 선출되기보다는 재난 관련 수많은 훈련, 경험, 및 전문성이 있는 사람으로 지명된다.

3) 재난현장에서 ISC 명령권의 위치는 움직인다

ISC의 범위와 구조는 재난의 상황이나 허용된 자원의 양과 종류 등에 따라서 유동적으로 변화한다. 특히, 명령권이 인수인계되는 경우가 빈번하다. 예를 들어, 공적인 의사결정자 및 재난대응의 전문가가 현장에 도착하기 전까지는 현장에서 문제에 영향을 받은 사람이 그 상황의 최고 명령권자가 되어 아는 범위 내에서 먼저 대응을 해야 한다. 하지만, 문제의 상황이 점점 복잡해지거나, 자신이 처리할 수 있는 영역을 넘어서거나, 재난상황이 너무 오래되어 지쳤거나, 보다 전문적이고 공식적인 대응을 할 수 있는 참여자들이 현장에 도착했을 경우에 기존의 명령권자는 자신의 명령권을 인계(transfer of command)해야 한다. 이와 동시에 초기 대응활동을 비롯한 현재의 상황, 우선순위, 현재 계획, 필요 자원 등에 대해서 보고(check-in/briefing)하면서, 다음의 명령권자가 지속적으로 안전하고 효율적인 대응을 하도록 지원할 책임이 있다. 그리고 명령권자의 위치에서 내려오면 새로운 명령권자의 지시를 받아 자신의 지정된 영역 및 책임에 따라 피해상황에 대응하게 된다.

3. 우리나라 재난 · 소방의 컨트롤 타워, 이대로 괜찮은가?

우리나라에서 재난 · 소방의 컨트롤 타워는 재난 시 최고 명령권을 가지고 관련 문제를 해결해야 하고, 못했을 경우 모든 책임져야 하는 한 명의 명령권자 또는 단 하나의 조직이다. 국가의 주요 재난상황에서는 당연히 대통령 또는 행정안전부(현), 재난안전처(구) 등이 컨트롤 타워라고 여겨졌고, 모든 상황을 통솔 · 통제해왔다. 하지만, 이상에서 살펴본 미국의 재난 · 소방행정은 문제를 한방에 해결할 능력이 있고, 문제의 책임을 따져 물을 수 있는 단 하나의 컨트롤 타워는 존재할 수가 없다는 결론을 제시하는 듯하다.

그러면 어떤 방식이 옳은가? 우리가 알던 컨트롤 타워는 무의미한가? 아니면 각각의 영역에 수많은 컨트롤 타워를 세워야 하는 것인가? 우리나라에서는 문화적 특성상 컨트롤 타워의 역할이 매우 중요하다. 우리나라의 공공기관에서는 아직까지도 계층적 질서와 명령을 중시하고, 그에 따라서 역할과 책임의 범위가 나뉜다. 또한 미국과 비교했을 때, 시민들이 아직 국가행정과 리더십에 기대하고 의존하는 영역이 크고, 실제적으로 공공의 사건 사고 발생 시 행정이 개입하는 범위도 크다. 그래서 재난 시 공적인 영역의 중심에서 관련 참여자들을 조정하고, 재난에 대한 정확한 정보를 바탕으로 적시적소에 맞는 대응책을 제시하는 컨트롤 타워의 존재는 매우 중요하다. 실제로 세월호나 메르스감염 사태같이 국가적 수준에서 컨트롤 타워가 부재했을 때 재난에 대한 공공조직의 대응력이 상당히 미흡했고, 관련 사상자를 포함한 피해의 규모가 매우 컸다. 반대로, 2019년 강원도 대규모 산불이나 초기 COVID-19 대응의 경우 컨트롤 타워의 소재가 명확했기에, 계층질서에 화답하는 공공조직은 물론, 사회 전반의 기능까지 잘 결합하여 긍정적인 효과를 냈다.[17)]

컨트롤 타워가 기능을 하고 있는데 무엇이 문제인가? 저자가 볼 땐 우선 우리 사회가 재난·소방행정의 컨트롤 타워의 존재나 부재를 논하거나, 그에 대한 책임을 묻는 데 너무 많은 에너지를 소비한다는 것이다. 실제로는 수많은 지역과 현장의 인력들이 문제의 상황과 필요한 자원에 대해서 중앙에 있는 컨트롤 타워보다도 더 잘 알고, 일정수준에서 문제의 상황을 즉각 개선시킬 충분한 능력이 있는 경우가 많다.[18)] 하지만, 컨트롤 타워에 부여되는 사회적 의미, 기대, 책임이 너무 크게 되면, 그 컨트롤 타워 아래의 계층에 있는 조직들과 개인들은 주어진 공식적 역할을 이행하는 데 더 많은 책무적 부담을 갖게 된다. 그래서 이미 지정된 역할과 책임에 자신들의 행위 범주를 제한하면서, 소극적으로 행동하게 된다. 현장에서 파악되는 요구

---

17) Yeo, J., & Lee, E. S.(2020). Whole Community Coproduction: A Full Picture Behind the Successful COVID-19 Response in S. Korea. Transforming Government: People, Process and Policy. https://doi.org/10.1108/TG-05-2020-0088

18) Kusumasari, B., Alam, Q., & Siddiqui, K.(2010). Resource capability for local government in managing disaster. *Disaster Prevention and Management: An International Journal*, 19(4): 438-451.

와 상관 없이 기계적으로 프로토콜만을 따르게 된다. 프로토콜에서 벗어난 재량적 대응행동이 윗선의 명령과 후에 충돌이 될 때 자신이 책임져야 할 범위는 컨트롤 타워수준에서의 책임과 연결되기 때문에 더욱 조심할 수밖에 없다.

또한 컨트롤 타워가 재난·소방행정의 모든것을 담당해야 한다는 것에 너무 강력한 의무감으로 자칫하면 필요 이상의 통제를 가함으로써, 근본적 문제해결에 대한 집중력을 잃을 수 있고, 관련 사회조직, 공동체, 시민의 자발적 역할과 책임을 무능화할 수 있다. 재난·소방 관련 사건 사고에서는 어느 정도의 통제가 필요하다. 하지만, 이는 관련 모든 이들의 구체적인 행동 하나하나를 감시하는 목적의 의미에서 통제가 아니다. 모든 관련 기관 및 개인들이 재난의 상황에 개별적으로 참여함에서 비롯될 수 있는 혼선과 갈등을 줄이기 위한 절차적 통제이다. 컨트롤 타워가 모든 관련 부분에서 세세하게 하나부터 열까지 통제를 시작하면, 근본적 문제에 집중되어야 할 주요 자원과 한정된 인력 에너지를 이차적인 일에 낭비하게 된다. 그리고 세세한 영역에서 이미 자발적으로 또는 주도적으로 행동하던 참여자들의 기능과 사기를 저하시킬 수 있다. 또한 컨트롤 타워가 이차적인 문제에 집중하는 통제의 과정에서 개입의 본질이 왜곡되어 정치화되거나 또 다른 사회적 문제를 만들어 낼 수도 있다.

그럼 앞으로 어떻게 해야 할까? 저자는 미국의 ICS에서 그 시사점을 찾고 싶다. 문서상으로 ICS와 비슷한 체계는 명령과 질서를 중요시하는 우리나라 재난·소방행정에 이미 존재할 것이라 생각된다. 하지만, 미국에서 ICS가 적용되는 방식은 아직까지 실천되지 않고 있는 듯하다. 특히, 다양한 책임자들의 적극적인 참여와 능동적인 활동, 그리고 그들 사이의 협력을 증진하는 목적에 의한 관리, 움직이는 명령권의 측면의 실천이 필요하다고 본다. 이를 위해서 재난·소방행정을 담당하는 중앙정부의 컨트롤 타워에서부터 실제 현장에 있는 피해자에 이르기까지, 모든 관련 참여자들의 중요성과 유익을 반복적으로 강조하고, 관련 모든이들의 자발적 개입과 참여를 적극 촉진하고, 이들 간의 협력을 지원하는 공식적 비공식적 체계를 점차 정착시켜나가는 것이 필요하다. 그리고 현재 관련 참여자들을 비롯하여 잠재적 참여자들에게도 재난·소방행정에 대한 역할과 책임을 인식하도록 하고, 이를 실습할 수 있는 교육과 훈련의 기회를 지속적으로 제공해야 한다. 이를 위한 첫걸음으로, 재난상황에 활동하는 모두의 첫 번째 목표는 항상 '피해자들의 안전과 보호'이고 이를 위해서 참여자들이 문서에 지정된 역할의 벽을 넘어, 상황에 맞게 보다 유연적이고 적극적으로 행동할 수 있도록 지지해야 한다. 이를 통해 재난 관련 모든 참여자들이 처한 상황에서 컨트롤 타워의 역할을 하게 되면, 우리나라의 재난 · 소방행정의 전반을 지금보다 조금 더 능동적인 방향으로 발전할 수 있을 것이라 생각한다.

4. 전지적 조정자 시점: 어떻게 달라질 수 있을까?

마지막으로, 아래에 간략히 요약된 2014년 세월호 대참사의 재난대응과정에서 드러난 관련 참여자들 및 그들의 실제 역할, 책임, 대응의 방식을 분석해보자. 그리고 시간을 돌려 이 사건을 전지적으로 조정할 수 있는 단 한 번의 기회가 온다면, 이상에서 논의한 시사점을 바탕으로 관련 모든 참여자들의 역할, 책임, 대응이 어떤 방식으로 조정할 것인지, 그리고 이런 조정의 목적, 과정, 결과는 어떠할지 구체적으로 기술해 보자.

> 2014년 4월 16일 오전 8시 50분경, 잠정 탑승자 476명이 타고 있는 한 선박이 조난이 되었다. 사건발생 직후 선박의 관계자들은 탑승자들에가 움직이지 말고 가만히 있으라는 명령을 했다. 하지만, 사건발생 2분 후 탑승자 중에 한 명이 근처 소방본부 119로 최소 구조요청 신고를 했고, 그 소방본부는 해양의 사건 사고에 책임이 있는 지역 해양경찰에 연결을 했다. 해양경찰은 전문지식이 요구되는 배의 위치(경도와 위도)를 최소 신고자에게 물었다. 하지만, 탑승자는 질문에 대한 정보를 제공할 수 있는 전문지식이 없었다. 질문이 반복되길 한참, 하다가 배에 대한 정보를 물었다. '세월호'였다. 세월호를 통한 공식적인 신고는 최초 신고 이후 3분 후였다. 공식 신고조차 선박이 좌초되어 있는 곳과 가까운 지역의 관제센터보다는 멀리 있는 제주관제센터를 택했다. 제주관제센터는 선박이 좌초된 정보는 고려하지 않고, 원래 하던 대로 제주해경에 연결을 했다. 이후 제주해경을 통해서 목표해경으로 연락이 이루어져 사고가 접수되었다. 이후에 사고 이후 16분 정도가 지나서야 가장 가까운 관제센터인 진도관제센터가 직접 사고 선박과 관제를 시작했다. 탑승객실에 물이 들어오는 상황에서도 선박의 관계자들은 지속적으로 가만히 있으라는 명령을 내렸다. 사고 후 30분, 아직도 선박과 관제센터가 교신을 하는 사이에 배가 50도 이상 기울었다고 확인되었다. 이때 선원들은 탑승자들에게 구명조끼를 착용하라고 명령을 했다. 그 사이에 지역에서 조업하던 민간어선 및 선박들이 현장에 도착하

여 인명구조를 위해 주변에 대기하고 있었다. 사고 후 35분 정도에 현장에 출동한 해양경찰은 헬기와 경비정을 동원하여 구조를 시도하였다. 하지만, 승객들에게 퇴선명령도 하지 않았고, 세월호와 직접교신도 없었다. 역시 세월호의 선장과 승무원들도 지속적으로 탑승객들에게 가만히 있으라는 명령을 내렸다. 탑승객들은 명령을 기다리며 소셜미디어나 전화, 문자 등을 통해서 사고현장의 상황을 보고하기 시작했다. 같은 시각에 주요 뉴스미디어가 현장의 상황을 보고하기 시작했다. 사고 후 40분이 지난 상황에서 세월호의 선장과 승무원들이 탈출명령을 내렸다. 이후 주변에 대기하던 민간어선들이 인명구조를 시작했다. 이후 3분여 정도에 선장과 승무원을 포함한 150여 명 정도 만이 탑승객이 배를 탈출해서 물로 뛰어들었고 대부분 구조되었다. 사고 후 한 시간 10분 정도가 지난 상황에서 중앙정부가 중앙재난안전대책본부를 구성하여 가동을 하기 시작하였고, 한 시간 40분이 지났을 무렵 재난이 선포되고 긴급 의료지원팀 등을 재난의 현장으로 보냈지만, 세월호는 급속히 가라앉기 시작하였으며, 사건 후 2시간 반 만에 최종 304명의 사상자를 내고 최종 침몰하였다.

제8장

자치경찰시대에 우리가 바라는 경찰의 역할: 미국의 경찰행정

나종민(서울대학교 행정대학원 행정학과 교수)

"It is better to prevent crimes than to punish them."
– Cesare Beccaria(1764)[1)]

"범죄를 사전에 예방하는 것이 처벌하는 것보다 훨씬 낫다."
– 베카리아(1764)

미국과 한국을 포함한 세계의 모든 국가들은 국민이 정부에 내는 세금으로 방대한 경찰조직과 수많은 인력을 운용한다. 그 궁극적인 목적은 직접적으로는 범죄와 무질서로부터 국민의 신체적 안전과 재산을 보호하며, 궁극적으로는 모든 사람이 동등하게 법의 보호를 받는 사회정의를 실현하고, 이를 통해 공권력에 대한 국민의 신뢰를 확보하여 국가형사사법체계의 근간을 형성하고 유지해 나아가는 데 있다. 이러한 목적을 달성하기 위해서는 크고 작은 환경과 시대의 변화(예: 문재인 정부의 국정과제인 분권화와 권력구조 개편에 대한 요구 및 그에 따른 지방자치경찰제도의 추진)에

1) Beccaria, Cesare(1995). On Crimes and Punishment [Dei delitti e delle pene]. Edited by Richard Bellamy; translated by Richard Davis. Cambridge: Cambridge University Press(Originally published 1764).

따라 경찰은 어떻게 하면 행정이 궁극적으로 추구해야 할 가치인 민주성, 효과성, 책임성 등을 균형있게, 그리고 지속적으로 실현해 나아갈 수 있을지에 대해 끊임없이 고민하고 실천해 나아가야 하는 사명을 가지고 있다. 특히, 경찰은 모든 형사사법기관 중 가장 최일선에서 국민들과 밀접히 접촉하며 업무를 수행하여, 정부의 정당성과 신뢰성에 직접적으로 미치는 영향력이 매우 크다는 점을 고려하면 더욱 공정하고, 효과적이며, 신뢰받는 업무수행을 할 필요가 있다고 할 것이다.

우리나라 경찰에 대한 수많은 변화와 개혁의 요구들 중 최근 가장 큰 관심을 끌고 있는 주제는 자치경찰제도의 신속한 도입 및 전면 실행에 대한 논쟁이다. 경찰조직 내부와 외부에서는 다양한 논리와 주장으로 이를 찬성하거나 반대하는 입장을 표명하고 있어 그 시행 시기와 범위는 아직까지도 미지수이지만, 가장 최근에 제출된 입법안을 보면(2020년 8월 6일자) 원래 자치경찰제 도입을 추진하고자 한 근본취지와 계획에 훨씬 못 미치는 형식적이고 상징적인 수준에 머무르고 있다는 비판을 받고 있다. 이는 현 정부가 추진하고 있는 국정과제인 지방자치화의 요구에 대부분의 정부조직들이 내부자들의 반발과 비협조로 인해 소극적으로 대응하며 최소한의 변화만을 추구하려는 전반적인 분위기와 일맥상통하는 것으로, 근본적으로는 조직 내부 구성원들이 국가공무원에서 지방자치단체 산하의 공무원으로 전환될 경우 발생하는 자신들의 입지나 처우문제 등에 매우 민감하게 반응하는 데 기인한다. 이는 일선 경찰관에서부터 중간관리자 및 최고 수뇌부에 이르기까지 모든 조직원들에게 해당하는 문제로, 이들에게 자신들의 신상보다는 국민의 입장에서 자치경찰제도의 도입 시 어떤 점들이 좋고 어떤 점들이 나쁜지에 대한 근본적인 연구와 고민을 통한 의견표명과 의사결정을 하기만을 요구하는 것도 어느 정도 한계가 있음은 분명하다.

이 장은 그러한 현실적, 정치적 고려를 배제하고 순수한 학문적인 논의를 통해서 이상적인 형태의 완전한 자치경찰제도의 도입 및 시행이 왜 국민의 입장에서 현행 국가경찰제도보다 더 좋을 수 있는지, 아울러 이를 위해 어떠한 경찰은 어떠한 활동을 앞으로 지향해야 하는지에 대하여 미국의 사례를 통해 논의해보고자 한다. 이러한 노력은 자치경찰제뿐만 아니라 앞으로 있을 수많은 경찰개혁에 대한 요구들에 대해 직·간접적인 이해관계자들이 자신들의 입장에서의 득실관계를 따져가며 유리한 측면을 적극 반영하기 위한 주장을 펼치는 것은 현실적으로 불가피하더라도, 종국적으로는 같은 지향점을 바라보며 상호 이해관계를 절충해 나갈 것이 요구된다는 점에서 의미가 있다고 할 것이다.

1. 현장의 사례를 통한 문제의 제기: 그래서 왜 자치경찰제도가 꼭 필요한가요?

참고로 저자는 치안수요가 극에 달하는 대도시와 대한민국에서 치안수요가 가장 적다고 평가받는 지방의 소도시에서 모두 일선 경찰관으로 근무한 경험이 있다. 앞서 말한 행정이 궁극적으로 추구해야 할 다양한 가치를 실현하기 위해서는 치안환경이 극도로 대비되는 이 두 곳에서 경찰인력의 운용 역시 보다 탄력적으로 지역 현실에 맞게 이루어져야 함은 다양한 이론을 들먹이지 않더라도 누구나 상식적으로 이해가 가능하다. 하지만, 국가경찰제도 하에서의 주민생활과 가장 밀접한 대부분의 경찰활동을 수행하는 기관인 (구)파출소 및 (현)지구대에 대한 경찰조직 내부로부터의 기대와 요구는 이 두 곳에서 크게 다르지 않았고 저자는 이상과 현실 간의 괴리에서 적잖은 고민을 해야 했음을 고백한다. 예를 들어, 저자는 치안수요가 너무도 많아 하루하루 그야말로 변수없는 상황유지에 급급하고 수많은 신고사건 처리에 빠짐없이 하지만, 다소 소극적(reactive)으로 대응하는 데 주력할 수밖에 없었던 복잡한 수도권에서 파출소장으로 근무하다가 진급하여 지방의 한적한 마을의 지구대장으로 부임하게 되었다. 발령받은 첫 주에 관내의 치안수요들을 파악해보니 대도시와는 전혀 다른 치안환경에서 그동안 하고 싶었던 많은 주민 위주의 맞춤형 치안서비스를 적극적으로 발굴하고, 이를 제공할 수 있겠다는 희망과 기대에 잠시나마 가슴 뛰었던 기억이 있다. 그 결과 관내 주민들과의 지속적인 대화와 저자가 직접 현장을 뛰어 다니며 확인한 관할 지역 내의 문제점들을 적극적으로 파악하고('문제중심 경찰활동': Problem-Oriented Policing) 이를 해결하기 위한 대안을 주민들과 같이 고민하여 다양하게 모색하였지만('지역사회중심 경찰활동': Community-Oriented Policing), 이를 실제로 집행함에 있어 현행 국가경찰체제 하에서는 많은 현실적인 어려움이 있음을 깨닫는 데 그리 오래 걸리지 않았다. 예를 들어, 관할 구역의 대부분이 논과 밭으로 이루어져 있고 유흥업소나 주택 밀집지역 등 치안수요가 상대적으로 많은 취약지는 드물었음에도 대도시에서와 동일한 정선순찰(주요 지점에 순찰함을 배치하고 이를 중심으로 정기인 순찰 실시 및 이에 대한 감독과 확인)이나 거점근무(주요 지점에 순찰차 및 경찰관을 배치하여 위력을 과시함으로써 잠재적 범죄자들의 범죄행위를 사전에 억제하고 범죄발생 시 신속히 제압하고자 하는 취지의 범죄예방활동)에 대부분의 경찰활동을 할애하고 있었다. 이곳의 범죄발생률은 대도시의 10분의 1도 안 되는 수준의 매우 평화롭고 안전한 마을이었지만, 그럼에도 불구하고 저자가 파악한 바로는 우시장 및 전통 오일장이 서는 날에는 소를 매각하며 받은 큰 돈을 소지하거나 시장에서 현찰로 물건을 거래하는 상황적 요인으로 인해 시장 인근을 중심으로 도박 및 소매치기 범죄가 종종 발생함을 파악하였다. 또한 지역의 가장 대표적인 유흥업소라 할 수 있는 소위 티켓다방을 중심으로 치정에 의한 폭력 및 심지어 살인사건도 드물지만 일어나고 있어 나름대로 지역사회의 특수한 치안수요가 존재하고 이를 해결하기 위한 노력이 필요함을 파악하였다('문제중심 경찰활동': Problem-Oriented Policing). 이를 위해 기존의 대도시와 같은 정선순찰 및 거점근무라는 생활안전 분야의 일률적이고 전형적인 경찰활동을 과감히 탈피하고, 주어진 경찰인력을 최대한 탄력적으로 치안수요가 많은 시간과 장소에 집중하여 현장근무자들이 문제의 근본적인 원인을 파악하고 최선의 대책을 마련할 수 있도록(집중형 경찰활동: Hot-Spots Policing+문제중심 경찰활동: Problem-Oriented Policing의 혼합형 모델), 일선 근무자들에게 명확한 지침과 동시에 업무수행에 있어 많은 재량을 부여하는 보다 전략적인 활동계획을 수립하여 경찰서장님께 보고하였다.

하지만, 안타깝게도 국가경찰제도 하에서는 지방경찰청은 본청에서 관심을 가지고 발굴하여 추진하는 역점사업에 집중하고(예: 경찰청장의 교체 시 본청 내의 해당 기획부서들이 개발하고 발굴하는 일련의 역점 시책이나 사업들), 경찰서는 그러한 지방경찰청의 지침에 적극적으로 따를 수밖에 없는 조직구조의 특성상 이러한 세세한 지역주민을 위한 적극적 치안서비스의 발굴 및 제공은 뒷전으로 밀리기 쉽다는 점을 곧 깨닫게 되었다. 지역사회 주민들의 평가보다는 조직의 수뇌부에 의해 인사가 좌우되는 경찰서장님은 저자의 기획안에 대해서 별다른 관심을 갖지 않았고, 오히려 당시 본청 및 지방청에서 혁신사업으로 새로 도입하여 그 효과성을 입증함으로써 수뇌부의 업적으로 인정받고자 하던 휴대용 단말기(차량번호의 현장조회를 통한 도난차량 및 범죄자 검거에 이용)의 사용실적 거양만을 경찰서 내 참모회의 시 매번 강조하였다. 사실 저자가 근무하던 지역은 대도시에 비해 상대적으로 차량 통행량이나 차량의 절대적인 숫자도 많지 않고, 대부분 지역사회의 서로 알 만한 사람들이 소유하고 있어 이러한 단말기 사용실적 거양을 통한 범죄예방 및 통제라는 중점추진과제는 해당 지역에서는 현실 적합성이 매우 떨어지는 측면이 있었다. 그럼에도 불구하고(지역주민의 관심사항이 아닌) 조직 수뇌부의 주요 관심사항인 휴대용 단말기 사용실적에만 관심을 가지고 이를 적극 독려하였고, 그 결과 경찰서장님께서 그토록 원하던 단말기 조회건수 종합순위 도내 2위를 차지하여 본인은 결국 원하던 1급서에 서장으로 영전하였다. 하지만, 지역주민들과 일선 경찰관들이 이를 통하여 얻은 혜택은 과연 무엇인가? 저자는 이는 해당 경찰서장님 개인의 문제가 아니라 국가경찰체제 하에서의 개인의 동기유발에 대한 구조적인 문제이고, 따라서 자치경찰제도의 도입이 필요한 가장 큰 이유 중의 하나라고 생각한다. 다시 말해, 국가경찰제도 하에서는 진정으로 주민들이 원하고 필요로 하는 경찰행정을 적극적으로 파악하고, 이를 중점적으로 추진하기보다는 조직 내 윗선의 의중을 잘 파악하고 이에 부응함으로써 보직관리 및 승진에 유리한 위치를 차지할 수 있게 되므로, 주민들의 목소리에 귀기울이고 이를 적극적으로 반영하게 하는 동기부여 및 유인책이 지방자치경찰제도 하에서 보다 상대적으로 떨어진 다는 점은 분명한 사실이다. 다음에서는 그 본래의 취지에 부합하는 이상적인 자치경찰제도가 시행될 경우 지역사회의 주민들이 진정한 경찰의 주인이고, 경찰이 가장 민감하게 여기는 자신들의 신상에 주민들이 직·간접적으로 영향을 미치게 되므로, 이러한 주민들의 기대에 부응하고 경찰서비스에 대한 만족도를 제고하기 위해 어떠한 경찰활동을 전개해 나가야 하는지에 대해 미국의 사례를 중심으로 논의해 보고자 한다.

2. 주요 이슈:
그럼 자치경찰은 어떤 활동을 통해 주민들을 보다 만족시킬 수 있나요?

우리나라와 다른 미국의 경찰제도의 가장 큰 특징은 주민의 일상생활과 밀접한 대부분의 경찰기능이 주, 카운티, 시 등의 지방자치단체별로 분권화되어 있고, 그 해당 자치단체에서 경찰조직 및 인원을 관리하고 이에 필요한 예산을 충당한다는 점이다. 따라서 경찰조직의 책임자들은 우리나라와 같이 중앙정부에 의해 일괄적으로 임명되는 것이 아니라, 해당 지역주민들이 투표에 의해 직접 선출하는 지방자치단체장에 의하여 임명되므로, 주민들은 경찰활동의 성과에 대한 직·간접적인 통제가 가능하다. 물론 미국의 이러한 뿌리깊은 지방자치경찰제도 하에서는 우리나라와 같이 중앙정부차원의 혁신전인 전략들을 전국적으로 신속하고 균형있게 도입하고 확산시키는 데는 분명 많은 한계와 제약이 있지만, 한편으로는 지역사회의 특성에 보다 적합한 다양한 경찰활동들을 적극적으로 개발하고, 그 효과성이 입증될 경우 이를 지속적으로 집행해 나갈 수 있다는 장점이 있다. 앞서 국가경찰제도 하에서 전국적으로 획일적인 휴대용 단말기 사용의 실적을 거양하도록 요구한 사례에서도 언급하였듯이, 오히려 지역사회의 현실에 적합하지 않는 중앙정부 차원의 정책에 대한 비중을 과감히 줄이거나 아예 채택하지 않음으로써, 불필요한 행정력의 낭비를 방지할 수 있다는 점은 앞으로 우리나라의 지방자치경찰제도의 도입과정에서도 주목할 만한 점이다.

경찰활동으로부터 지역사회 주민들이 진정으로 원하는 수많은 요구들 중에서 가장 중요한 가치는 범죄예방 및 통제의 효과성과 정의롭고 공정한 법집행으로 요약될 수 있다. 이 두 가지는 별개의 개념이라기보다는 상호 보완적으로 경찰의 제반시책과 다양한 활동들이 동시에 균형있게 추구해야 할 궁극적인 가치이다. 우리나라와 마찬가지로 미국도 전통적으로 범죄와 무질서 또는 범죄로부터의 공포를 줄이기 위한 노력을 경찰활동의 지상과제로 여기고, 이를 위해 소위 표준경찰모델(standard policing model)이라 불리는 범죄예방을 위한 일반적인 순찰 및 범죄발생 시 사후에 신속하게 대응하여 해결하는 소극적(reactive)인 경찰활동에 주로 의존하고 대부분의 치안력을 이에 집중하여 왔다. 하지만, 1968년에 제정된 “The Omnibus Crime Control and Safe Streets Act”에 의거하여 탄생한 국책 연구기관인 국립사법연구소(National Institute of Justice)의 주도 하에 기존의 다양한 경찰활동들에 대한 효과성을 과학적으로 검증하였고, 많은 부분에서 기대에 미치지 못하는 성과를 내고 있다는 결론을 도출하였다. 이에 증거기반(evidence-based) 모델에 기초한 일련의 대안적 경찰활동 방안에 대한 연구가 급물살을 타고 진행되었고 현재에까지 지속되고 있으며, 이러한 내용들은 향후 우리나라의 지방자치경찰시대에 여러모로 시사하는 바가 크다. 요약하자면, 지방자치시대에는 주민들과의 대화 및 협력을 통해 지역사회의 문제의 본질을 정확히 파악하고, 이에 대한 맞춤형 전략으로 한정된 경찰인력과 예산을 보다 집중적으로 운용할 때 그 효과성이 더욱 제고된다는 것이다.

1) 문제중심 경찰활동(Problem-Oriented Policing)

문제중심 경찰활동은 미국에서 이미 과학적인 증거에 기반하여 그 효과성이 입증된 경찰활동의 바람직한 대안적 모델로 이미 자리매김을 하고 있기도 하지만, 앞서 사례에서 언급한 저자의 현장경험을 통해서도 보여지듯이 일반인들의 상식적인 수준에서도 누구나 그 필요성을 충분히 공감할 수 있는 경찰활동 중 하나이다. 그 핵심은 지역경찰에 대한 해당 지역만의 특수한 상황과 여건에서 기인하는 수많은 문제해결을 요구하는 수요가 존재하고, 이러한 문제들은 다양한 요인들이 결합하여 발생하는 복잡성과 다면성을 띠는 경향이 있으므로, 경찰은 우선 지역사회의 구성원 및 유관기관과 협력하여 이러한 문제들의 원인을 정확히 파악하고, 그 해결책을 다각도로 모색하여 주민들의 요구와 기대에 적극적이고 제대로 부응해야 한다는 것이다.

이러한 문제중심 경찰활동을 실제로 집행할 때는 SARA(Scanning, Analysis, Response, Assessment)라고 축약되어 불리는 네 가지 과정을 따르는 것이 권고되는데,[2] 첫째는 문제의 탐색(Scanning) 단계로 해당 지역사회에 범죄 및 무질서를 야기하는 근본적인 문제점들을 파악하고 그 해결에 있어서의 우선순위를 선정하는 것이고, 둘째는 분석(Analysis) 단계로 다양한 자료와 정보에 기초하여 문제의 본질을 파악하고 그 원인을 규명하는 것이며, 셋째는 대응(Response) 단계로 이렇게 탐색되고 그 원인이 규명된 지역사회의 문제점들에 대하여 적절한 처방책을 개발하고 실행하는 것

2) Eck, J. E., & Spelman, W.(1987). *Problem solving: Problem-oriented policing in Newport News.* Washington, DC: Police Executive Research Forum.

이며, 넷째는 평가(Assessment) 단계로 문제해결책에 대한 그 효과성을 철저히 검증하고 필요시 보완해나가는 과정을 말한다. 전통적인 경찰활동과 가장 차별화되는 점은 이러한 문제의 발견 및 정의, 그 해결의 수단의 개발, 그리고 이의 집행에 필요한 인력과 예산을 경찰조직 내부에만 국한하지 않고, 지역사회의 수많은 단체 및 개인들과 연대하여 이루어나갈 것이 요구된다는 점이다. 따라서 문제중심의 경찰활동도 이후 논의될 지역사회중심 경찰활동과 불가분의 관계에 있으며, 이들을 발전적으로 결합하여 동시에 추진될 때 더욱 그 가치를 발할 수 있다.

이렇든 일견 반론의 여지가 없어 보이는 바람직한 경찰활동의 모델이 우리나라에서는 말할 것도 없고, 최초로 시작된 미국에서조차 최근까지 그 본래의 취지에 맞게 제대로 구현되지 못하여 왔고, '경찰개혁' 또는 '경찰혁신'의 핵심과제 중 하나로 최근에 와서야 비로소 조직 내 · 외부의 많은 사람들로부터의 관심 속에 서서히 자리를 잡아가고 있다. 그 가장 근본적인 이유는 한국과 미국 공히 전통적 경찰활동은 오랜 세월 동안 한정된 인원과 예산의 제약 속에서 소극적으로 이미 발생한 범죄문제를 어떻게 하면 가장 신속하고 정확히 해결할 수 있는지에만 관심을 가질 수밖에 없었고, 이러한 가장 기본적인 법집행에 치중한 경찰활동은 범죄행위와는 거리가 먼 대부분의 지역사회 주민들의 일상생활과는 많은 부분 분리가 되어 있었기 때문이다. 실제로, 전통적인 경찰활동에 익숙해 있는 지역사회 주민들도 경찰로부터 이러한 문제의 발견 및 해결이라는 적극적인 치안서비스를 크게 요구하지 않았다.

이러한 역사적 전통에서 일선 지휘관들과 현장의 경찰관들에게 상당한 범위의 재량을 부여하여 문제의 근본적인 원인을 파악하고, 다양한 해결책을 모색하게 하는 문제중심 경찰활동은 오히려 재량의 남용 및 오용으로 인해 발생하는 비효율, 공권력 남용, 부정부패, 차별적 법집행 등의 부작용에 대한 두려움으로 적극적으로 활용되지 못하였고, 경찰관의 개별행위 결과에 대한 책임소재를 판단하기에 비교적 용이한 소극적인 법집행 활동에 치중해온 것이 현실이다. 예를 들면, 관내에 빈번하게 발생하는 강간사건이나 성폭력 · 성추행 사건의 근본적인 원인을 정확히 파악하여 이를 해소하는 데 주력하는 것이 아니라 범죄의 발생 시 지정된 순찰을 돌고 있었는지, 범죄신고에 대응하여 얼마나 빨리 출동을 하였고, 현장에서 신속하게 증인 및 증거를 확보하여 이미 발생범죄에 대한 범인 검거율을 높였는지에 대한 평가에 치중해

온 것이다. 즉, 경찰행위가 궁극적으로 추구해야 할 가치가 무엇인가에 대한 당위성에 대한 진지한 고민과 노력보다는 어떻게 하면 권력의 남용 및 오용으로 쉽게 이어질 수 있는 경찰의 공권력을 체계적이고 효과적으로 통제하여 문제의 발생 시 지휘관이나 현장 경찰관들의 책임성을 명확히 할 수 있는지에 대한 다소 현실적인 고민이 보다 지배적이었음을 부인할 수 없다. 따라서 그러한 문제에 대한 해결책도 단순히 향후 해당 범죄 발생지에 순찰을 좀 더 강화하겠다는 식의 상징적이고 선언적 수준에 그치는 경우가 대부분이었다.

물론 치안현장에서 발생하는 문제들은 워낙 다양하고 복잡하여 경찰이 이러한 문제들을 모두 해결하고, 이를 통해서만 그 업적을 평가받는다는 접근법은 현실성이 매우 떨어지는 측면이 있다. 아울러, 이러한 문제중심 경찰활동에만 치중할 경우 경찰이 가장 기본적으로 수행해야 할 신속하고 엄정하며 공정한 법집행이라는 목표와 상충할 우려도 상존한다. 따라서 저자는 문제중심 경찰활동이 그 취지에 부합해 보이는 구체적인 몇 개의 가시적인 성과를 내기 위한 노력과 이에 대한 기존의 전통적 방식에 기초한 평가(예: 문제중심 경찰활동이라 분류할 만한 사례가 있는지 여부와 그 구체적인 횟수에 대한 정기적인 조직 상부로의 실적보고, 이에 대한 인사고과에 반영 및 평가)에 그칠 것이 아니라 경찰조직 전반(지휘관 및 일선 경찰관 모두)의 업무에 임하는 기본적인 마인드의 변화에 초점을 맞출 필요가 있다고 생각한다.

즉, 현재의 국가경찰제도 하에서 대부분의 경찰관들이 윗선의 눈치를 보며 그들의 의중을 면밀히 파악하고, 이에 부응하기 위해 물불 안 가리고 적극적이고 때론 필사적으로 노력하는 동기부여와 유인체계가 작동하듯이, 앞으로의 지방자치시대에는 경찰관들이 지역사회 주민들을 진정한 주인으로 여기고 이들이 원하는 바를 적극적으로 파악하고 해결하며, 그에 따른 적절한 평가 및 보상을 받도록 하는 구조적인 시스템의 변화, 그리고 이를 통한 조직문화 및 개별 경찰관의 마인드를 새로 구성할 필요가 있는 것이다. 결국 문제중심 경찰활동은 단순한 몇 가지의 전술적인 변화만을 시도하는 데 그치는 것이 아니라, 기존의 소극적인 대응형(reactive) 전략과 사고에서 탈피하여 보다 적극적인(proactive) 문제해결에 나서는 근본적인 패러다임의 전환을 의미한다. 따라서 이러한 내용을 그 본래 취지대로 잘 실현하는 것은 중앙집중형의 획일적인 국가경찰보다는 분권화와 그에 따른 자율 및 책임이 더욱 보장되고 강조되는 지방자치경찰제도 하에서 상대적으로 보다 용이함은 자명하다.

2) 집중형 경찰활동(Focused Policing Strategies)

미국의 범죄예방을 위한 효과적인 경찰활동과 관련된 수많은 연구들 중 가장 지속적인 관심을 받고 있으며, 적극적인 지지를 받고 있는 분야인 집중형 경찰활동은 범죄 및 무질서의 감소를 위해서 단순한 경찰인력의 증가나 이러한 경찰인력의 무작위 예방 순찰(random preventive patrol)에 의존하는 전통적인 경찰활동은 큰 효과가 없다는 연구결과를 토대로,[3] 특정 범죄, 범죄자, 그리고 범죄빈발지역에 경찰력을 집중할 것을 요구한다. 특히, 특정 범죄가 빈번하게, 그리고 지속적으로 발생하는 지역을 첨단 과학기술을 이용한 다양한 분석방법(예: GIS를 이용한 Crime mapping)으로 특정하고 이곳을 중심으로 범죄예방활동을 적극적으로 전개할 경우 전통적인 무작위적 예방 순찰과는 달리 상당한 범죄의 감소가 가능하다는 연구결과물들이 이론 및 방법론의 비약적인 발전을 토대로 1990년대 이후 많이 생산되었다. 그 결과 현재 미국 내 대도시의 거의 모든 경찰관서에서 컴퓨터를 이용하여(예: COMPSTAT) 범죄빈발지역을 파악하고 있으며, 아울러 그러한 경찰관서의 90퍼센트 이상이 동 지역에 대한 집중형 경찰활동을 수행하거나 문제중심 경찰활동을 이에 병행하고 있는 것으로 조사되고 있다.[4]

이러한 집중형 경찰활동이 효과적일 수 있는 이론적인 근거로는 첫째, 파악된 특정 범죄빈발지역에 대한 가시적이고 적극적인 치안력 집중으로 인해, 잠재적 범죄자들의 범법행위에 대한 검거의 두려움 증가로 이들이 범행에 따른 편익보다는 비용이 커진다는 판단을 하게 되어 결국 범죄를 억제하는 효과가 있다는 것이다. 둘째, 범죄가 발생하기 위해서는 범죄동기를 가진 범죄자, 범행이 상대적으로 용이한 범죄대상의 존재, 그리고 이러한 범죄를 억제할 만한 감시체계의 결여라는 세 가지 요인이 맞아 떨어져야 비로소 일어난다는 '일상생활이론(Routine Activities Theory)'[5]에 근거

---

3) Kelling, G., Pate, A., Dickman, D., & Brown, C.(1974). *The Kansas City preventive patrol experiment: A technical report*. Washington, DC: Police Foundation.

4) Braga, A. A., Turchan, B. S., Papachristos, A. V., & Hureau, D. M.(2019). Hot spots policing and crime reduction: an update of an ongoing systematic review and meta-analysis. *Journal of Experimental Criminology*, 15: 289-311.

하여 범죄동기를 가진 범죄자는 언제 어디서든 존재한다는 전제 하에 범죄가 발생할 수 있는 기회를 줄이는 데 중점을 두는 상황적 범죄예방(situational crime prevention)[6] 전략에 기초한다.

이러한 집중형 경찰활동은 앞서 살펴본 문제중심 경찰활동과도 일맥상통하는 것으로 기존의 집중형 경찰활동이 범죄빈발지역의 특정 이후에는 이곳에 대한 전통적인 순찰의 강화라는 획일적인 수단에만 의존하였지만, 최근에는 그러한 지역 내에서 반복되는 범죄발생에 대한 근본적인 원인을 찾아 이를 다양한 방법을 동원하여 해결하려는 문제중심 경찰활동 전략을 병행하기 때문이다. 또한 문제중심 경찰활동은 그 본래 취지가 특정 지역에서 특정인에게 발생하는 특정 범죄의 근본적인 원인과 해결책을 다각도로 모색하여 이를 해결하려는 데 있으므로, 당연히 집중형 경찰활동의 핵심요소들을 이미 내포하고 있다. 이러한 미국의 집중형 경찰활동이 범죄억제 및 예방에 효과적일 수 있는 이유는 기본적으로 범죄는 모든 지역에서 균일하게 발생하지 않고 특정 지역에 집중되어 있으며, 심지어는 그러한 범죄빈발지역 내에서도 해당 지역의 모든 주소지나 거리에서 발생하지 않고, 대부분의 장소에서는 범죄가 거의 또는 아예 발생하지 않는다는 다양한 종류의 범죄 데이터들에서 일관되게 발견되는 공통된 패턴을 분석해보면 제약된 인력과 예산 및 장비의 효율적인 운영을 위해 필수불가결한 전략임을 쉽게 깨닫게 된다.

다만, 일부 학자들은 이러한 지역별 집중형 경찰활동의 범죄억제 및 예방효과가 일시적이거나 그 해당 지역에만 국한될 뿐 그러한 감소된 범죄행위는 주위의 다른 지역으로 전이(crime displacement)될 뿐이므로, 사실상의 범죄감소 효과는 미미하다고 주장하기도 한다. 하지만, 이러한 전이효과에 대한 검증까지 시도한 보다 정교한 연구들은 이러한 주장이 대부분 근거없는 가설일 뿐이며, 실질적으로는 오히려 범죄감소 효과의 인근지역으로의 확산(diffusion of crime control benefits)이 이루어진다고 주장한다. 따라서 이러한 집중형 경찰활동은 문제중심 경찰활동과 더불어 향후 우리나라의 자치경찰시대에 바람직한 경찰활동 모델을 구축하는 데 있어 많은 시

---

5) Cohen, L., & Felson, M.(1979). Social change and crime rate trends: A routine activity approach. *American Sociological Review*, 44, August.

6) Clarke, R.(1997). *Situational crime prevention: Successful case studies*(2nd ed.). New York, NY: Harrow and Heston Pub.

사점을 제공하며, 우리나라 현실에 맞게 제대로 응용하여 발전시킬 경우 그 기대효과 또한 매우 긍정적이라 생각된다.

3) 지역사회중심 경찰활동(Community-Oriented Policing)

지방자치경찰시대에 따른 새로운 경찰활동의 대안적 모델을 찾는 과정에서 지역사회중심 경찰활동은 모든 사람들이 쉽게 공감할 수 있는 많은 장점을 가지고 있지만, 국가경찰제도에서는 그 본래의 취지에 부합하게 완전한 형태로 실현하기에는 근본적으로 힘든 요인들을 가지고 있었기에 현시점에서 논의해 볼 만한 가치가 충분히 있다. 미국에서도 대부분의 경찰 수뇌부가 이를 전면적으로 또는 최소한 일부분만이라도 도입하고 있고, 이를 적극적으로 주민들에게 홍보하고 있다는 사실은 지역사회중심의 경찰활동이 기존의 전통적인 경찰활동과 차별화되며, 특히 주민들에게 얼마나 많은 공감과 지지를 얻고 있는지를 보여준다.

지역사회중심 경찰활동도 앞서 살펴 본 문제중심 경찰활동과 같이 단순하게 몇 가지의 가시적인 대책(예: 도보 및 자전거 순찰의 실시여부)들로 그 본래의 취지를 달성했다고 보기보다는 경찰의 범죄예방을 위한 주요 의사결정과정이 일방적이 아닌 주민들의 적극적인 협조와 참여에 의해 공동으로 이루어지고 경찰관들이 기본적인 마인드를 어떻게 가지고 현장에서 활동해야 하는가라고 하는 보다 근본적인 가치와 철학, 그리고 조직 전반의 문화에 관한 문제이다. 따라서 미국에서도 지역사회중심 경찰활동과 관련된 수많은 크고 작은 전략과 전술들이 거론되고 있고, 이 중에 하나 또는 몇 가지를 도입했다는 이유로 경찰 수뇌부들은 자신들이 이를 선도적으로 시행하고 있다고 주장하여 비판받는 경우를 종종 발견할 수 있다. 사실 많이 알려진 일련의 프로그램들의 도입여부로만 평가할 경우, 국가경찰제도 하에서 보여졌던 바와 같이 지역사회의 실정에 맞지 않는 one-size fits all 방식의 획일적인 시책들을 중앙부처로부터 일선 관서에 하향식으로 도입시키고, 그 실적보고를 경쟁적으로 받아 그 본래의 취지와 전혀 부합하지 않는 오류를 반복하고 결국 행정의 비효율과 낭비를 초래하는 원인이 될 수 있다. 결국 지역사회중심의 경찰활동은 최종적인 가시적 결과물 자체보다는 그 결과물에 이르는 과정의 근본적인 변화를 강조한다. 따라서 지역사회 경찰활동과 관련된 몇 가지 구체적인 시책의 도입이 범죄 및 무질서에 미치는 영향을 연구한 결과물들은 대부분 그 효과가 미약하거나 아예 없다는 결론에 이르는 경우도 있지만, 이를 근거로 지역사회 경찰활동이 지역사회의 안전에 영향을 미치지 못한다는 결론에 이르는 것은 전혀 바람직하지 않다. 실제로 범죄 및 무질서 감소라는 결과 외에도 시민의 경찰치안서비스에 대한 만족도나 경찰에 대한 신뢰도 제고 등의 보다 광범위하고 포괄적인 결과물을 고려해보면 지역사회에 많은 긍정적인 효과가 있음이 입증되고 있다.

대표적인 경찰학자인 웨슬리 스코간(Wesley G. Skogan)에 의하면, 지역사회중심 경찰제도의 완전한 실현을 위한 핵심요소로 시민참여, 문제해결, 그리고 분권화를 지목하고 있다. 첫 번째 요소인 시민참여는 지역사회중심의 경찰활동이 기존의 전통적 경찰활동과 차별되는 가장 큰 이유 중 하나로 다양한 인적·물적 자원에 의존하여 지역사회의 문제를 보다 근본적으로 해결할 수 있다는 점을 강조한다. 지역사회의 구성원 및 유관기관, 그리고 다양한 단체들은 문제의 정의 및 그 해결을 위한 수단을 강구하는 모든 절차에 적극 참여할 수 있게 되어, 기존의 경찰 내부의 인원 및 예산에 국한된 의사결정 및 집행을 통해서는 결코 해결할 수 없었던 지역사회의 뿌리깊은 문제들에 대해서도 총체적이고 장기적이며 상호 협력적으로 충분히 대응이 가능해진다는 점은 가장 큰 장점이라 할 수 있다. 이러한 측면에서 앞서 논의한 문제중심 경찰활동과도 맥락을 같이한다. 두 번째 요소인 문제해결에 대해서는 앞에서 논의했던 '1) 문제중심 경찰활동'의 내용을 참조하기 바란다. 세 번째 요소인 분권화는 이러한 지역사회중심의 경찰활동이 제대로 뿌리내리기 위해서는 경찰조직 분권화가 필수적인 전제조건이며, 분권화된 조직 내부에서도 일선 경찰관들에게 많은 자율과 재량 또한 그에 따른 책임을 부여하여 지역사회의 문제해결에 적극적으로 나설 수 있는 법적·제도적인 보장과 조직문화적인 환경을 조성하여야 한는 것이다. 이러한 측면에서 지역중심 경찰활동은 이미 수차례 강조했듯이 문제중심 경찰활동과 일맥상통하는 측면이 있으며, 따라서 아예 후자를 전자의 핵심요소 중 하나로 설명하는 학자들도 있다.

지역사회중심 경찰활동은 앞서 설명한 바와 같이 국가 및 지역별로 매우 다양하게 정의되고 이를 달성하기 위한 수단 역시 워낙 무궁무진하고 복잡하기 때문에, 다른 경찰활동에 비해 범죄와 무질서의 감소에 미치는 직·간접적인 영향 및 그 인과관계를 규명하기에 많은 어려움이 있다. 그럼에도 불구하고 직관적으로 보아도 국가권력 및 조직체계의 분권화를 지향하는 지방자치경찰과 가장 밀접한 관계가 있음은 이 전략이 어떻게 정의되고 어떤 수단을 이용하여 달성되든지에 상관없이 너무도 자명한 것 또한 사실이다. 무엇보다도 이러한 지역사회 경찰활동은 경찰과 지역사회 주민들과의 대화와 소통 및 긍정적인 상호 교류를 증가시켜서 이들 간의 물리적, 심리적, 사회적 거리를 감소시키고, 이는 결국 국민들의 범죄에 대한 두려움의 감소 및 경찰서비스에 대한 만족도를 증가시킨다는 연구결과가 일관되게 나타나고 있다. 이러한 긍정적인 효과는 궁극적으로 경찰에 대한 신뢰로 이어지고, 또 다른 일련의 연구결과들은 국민이 경찰을 신뢰할 경우 경찰의 다양한 활동에 대한 자발적인 협조뿐만 아니라, 자신들이 저지를 수 있는 범죄행위에도 덜 가담하게 된다는 선순환 구조를 밝히고 있어 장기적으로 더욱 바람직한 경찰활동의 모델이라고 할 수 있다.

4) 1)~3)의 창의적인 혼합형 모델(Mixed Models)

앞서 살펴본 우리나라 자치경찰시대에 긍정적으로 고려해봐야 할 미국의 주요 경찰활동들은 이해의 편의를 위하여 구분하여 논의하였지만, 사실상 서로 비슷하거나 상호 연관된 측면들이 많아서 지역사회의 특성에 맞게 창의적으로 혼합하여 동시에 같이 추진할 때보다 그 취지와 목적에 부합한 완전한 형태로 자리잡을 수 있고, 각각의 고유 영역에서도 더욱더 시너시 효과를 창출할 수 있다. 이러한 맥락에서 가장 최근의 연구들은 어떻게 하면 이러한 경찰활동들을 보다 발전적으로 접목시켜서 개별적인 전략들을 별도로 평가했을 때 보여지는 다소 미온적이거나, 심지어는 부정적이고 때론 명확하지 않은 효과성 검증의 결과들을 보다 긍정적인 방향으로 극대화할 수 있는지에 대해 많은 관심을 보이고 있다. 이들을 창의적으로 접목시켜야 하는 주된 이유는 문제들이 지역의 특성과 현실에 비추어 모두 다양하게 정의될 수 있고, 또한 한 지역에서 효과적으로 입증된 해결책이 반드시 다른 지역에서도 효과를 발휘한다는 보장이 없기 때문에 끊임없는 자체적인 연구와 응용과정을 통해 해당 지역에 가장 접합한 원인과 해결책을 지속적으로 발굴해 나가야 하기 때문이다.

최근에 발표되고 있는 메타분석(meta-analysis)결과[7]에 의하면, 범죄빈발지역을 특정한 이후에는 이곳에 대한 단순한 순찰 강화 등 전통적인 방식의 경찰활동을 강화하는 것만으로도 물론 통계적으로 유의미한 수준의 범죄억제 및 예방효과가 있지만, 특히 해당 지역의 특성과 역동성을 잘 파악하여 문제의 근본적인 원인을 해소하려는 문제중심 경찰활동을 병행할 경우 그 효과성이 더욱 극대화된다고 보고되고 있다. 아울러, 이러한 양대 혁신전략들은 지역사회중심의 경찰활동에 대한 철학과 조직 내부 구성원의 기본 마인드, 그리고 이와 일치하는 조직문화가 온전히 정착된 이후에 그 근본취지에 부합하게 꽃을 피울 수 있음은 자명하다. 물론 자치경찰제도가 이미 오랜 역사와 전통 속에서 완전히 정착되고 활성화되어 지휘관 및 일선 경찰관들의 재량이 상대적으로 많이 보장되는 미국에서도 앞서 논의한 바람직한 경찰활동들의 근본취지에 부합하는 완전하고 이상적인 실현은 현실적으로 불가능함을 인정하고 있지만, 또 다른 연구결과들은 아주 미약하고 단편적인 수준의 집중형 경찰활동이나 문제중심 경찰활동의 도입만으로도 기존의 전통적인 경찰활동보다는 훨씬 범죄억제 및 예방효과가 있음을 보여주고 있다. 따라서 향후 우리나라의 지방자치경찰시대에 우리가 이러한 미국에서 검증된 경찰혁신전략들을 총제적으로 모든 지역과 부서에 전면시행하는 것은 불가능할지라도 그 근본취지에 맞게 아주 일부분만이라도, 그리고 최소한 점진적으로라도 시도하려고 노력하는 것은 반드시 고려해야 할 사항이라 생각된다.

3. 한국 경찰활동에 대한 시사점

1) 미국의 사례는 무조건 옳다?

바람직하고 효과적인 정책 및 프로그램에 대한 국가 간 또는 국내의 유사한 조직들 간의 학습을 통한 확산의 방법들 중에서 비교적 많이 활용되고 있는 정책모방(emulation)은 여러 가지 이유로 상당히 매력적이지만 몇 가지 주의해야 할 점들이 있다. 무엇보다도 모든 사회는 저마다의 고유한 역사적, 문화적, 사회적 배경과 특성

7) 기존에 발표된 개별 연구결과물들의 종합적인 분석을 통하여 보다 일반적인 결론을 도출하는 연구방법론.

이 있으므로, 특정 국가에서 아무리 좋은 정책과 프로그램이라도 이를 실제로 적용하는 국가의 현실에 맞게 응용하고, 또한 전면적인 실행에 앞서 그 효과성 및 타당성을 철저히 검증하고 보완하지 않으면 본래의 취지에 부합한 결과를 내기 힘들다는 점이다. 우리나라의 경우, 지난 수십 년 간 사회적으로 이슈화가 되는 사건의 발생 시 조직의 수뇌부는 국민과 언론의 비판과 요구에 대응하기 위하여 선진국의 사례를 충분하게 검토하지 못한 채 다소 성급하고 때론 무분별하게 도입하는 경우가 적지 않았다. 최근의 가장 대표적인 예로 우리나라 학교내 체벌이 전면 금지되면서 급증하는(또는 급증하는 것처럼 보이는) 학교내 폭력 및 무질서 등에 대응하기 위하여 미국에서 조차 제대로 그 효과성이 검증되지 않은 학교경찰제도(School Police/School Resource Officers)를 여과없이 그대로 도입한 것이다. 미국의 학교경찰제도는 그 필요성에 대한 사회적인 합의나 바람직한 운영형태, 그리고 소규모의 학교를 대상으로 한 과학적인 실험연구와 이를 통한 효과성의 철저한 검증 이후에 전국으로 확대된 것이 아니라 많은 부분 정치적인 고려와 직관에 의해 결정되고 전면 시행된 대표적인 사례이다. 특히, 1999년도 미국 Columbine 고등학교에서 수많은 생명을 앗아간 총기사고로 인하여 여론은 학교의 안전을 위한 특단의 대책을 요구하였고, 정치권에서는 연방 차원의 연구기금을 의결하여 미국 사법부 산하 지역사회 경찰부서에서 운영하는 "COPS in Schools(CIS)" 그랜트 프로그램을 1999년부터 시행하였다. 2005년 현재 이 프로그램은 3,000개 이상의 학교에 $753 million의 예산을 지원하여 6,500명 이상의 경찰을 학교에 배치하는 데 이바지하는 결과를 낳았다. 그 결과, 1975년에는 불과 1%에 그쳤던 경찰이 상주하는 미국 내 학교의 비율은 2000년대 후반에 이르러 40%를 넘어섰고, 특히 고등학교의 경우 대부분의 학교에서 경찰이 전임 또는 비전임으로 현재 근무하고 있다.[8)]

하지만, 우리가 주목할 점은 최근까지도 이러한 대규모의 인원과 예산이 소요되는 학교경찰제도에 대한 학교내 폭력 및 범죄, 그리고 무질서 감소의 효과성 검증은 제대로 이루어지지 않았고, 학교내 강력범죄가 사회적으로 이슈화될 때마다 이를 위해 이해관계자들이 무언가 해야 한다는 의무감에 다소 상징적이며 비교적 용이한 정책

---

8) Na, C., & Gottfredson, D. C.(2013). Police Officers in Schools: Effects on School Crime and the Processing of Offending Behaviors. *Justice Quarterly*, 30(4): 619-650.

수단으로 이용되어져 왔음을 부인할 수 없다. 최근에 저자도 아직까지 턱없이 부족한 학교경찰제도의 효과성 연구에 기여하고자 미 전역에서 수집된 객관적이고 포괄적인 데이터를 토대로 학교내 경찰의 증가가 미치는 다양한 결과들에 대한 과학적인 분석을 시도하였는데, 놀랍게도 학교내에서 자주 발생하는 대부분의 폭력행위를 실질적으로 감소시킨다는 그 어떤 결과도 보여지지 않았으며, 오히려 학생들의 무기나 약물 소지 검거율이 높아지는 결과를 도출해 내었다. 더 심각한 문제는 기존에 학교 내부에서 자체적으로 처리하던 심각하지 않은 수준의 비행행위들에 대해서도 학교내 경찰이 증가하면서 교직원들이 공식적으로 경찰에 신고하여 형사사법 절차를 통해 해결하려는 경향이 증가하여 정신적, 사회적으로 아직 미성숙한 청소년들이 저지르는 많은 경범죄나 비행행위들이 공식적으로 범죄화되는 확률을 증가시킴을 발견하였다. 이러한 연구결과는 미국의 주요 저널인 <뉴욕타임즈>에 수차례 인용되는 등[9] 미국 사회 내에서도 큰 반향을 일으켰으며, 이후 비슷한 결론을 도출해낸 다양한 후속 연구결과들에 의해 미국 사회 내에서도 단순한 학교내 경찰 증가의 실효성에 대해 근본적으로 의문을 제기하며 그 대안책을 강구하고 있는 실정이다.

하지만, 안타깝게도 우리나라는 학교폭력의 근절대책으로 미국에서조차 실효성이 의심되는 미국의 학교경찰관 제도를 우리나라의 현실에 맞는 운영방식에 대한 진지한 고민이나 실제 적용 가능한 다양한 잠재적 모델에 대한 과학적인 효과성 검증을 여과없이 도입하였다. 그 결과 학교폭력의 억제나 예방에 대한 직·간접적인 효과보다는 학교경찰 개개인의 부적절한 행위들이 더욱 사회적으로 이슈화되어 여론의 뭇매를 맞게 되었고, 이 제도는 결국 잠정중단되는 결과를 초래하였다. 이러한 사례를 통해 우리가 주목해야 하는 점은 아무리 선진국에서 이미 많은 관심과 지원 속에 적극적으로 시행되고 있는 제도일지라도 반드시 바람직한 결과를 초래할 것이라고 예단하는 것은 무리이며, 특히 이는 외국의 이론과 현실에 기반을 두고 개발 및 실행되는 것으로, 우리나라에서도 충분히 적용 가능한지에 대한 면밀한 검토와 현실적인 보완, 그리고 실증적인 검증 이후에 확대 실시하는 것이 필요하다. 이러한 맥락에서

9) https://www.nytimes.com/2013/04/19/opinion/criminalizing-children-at-school.html
https://www.nytimes.com/2013/04/12/education/with-police-in-schools-more-children-in-court.html

앞으로 그동안 우리나라가 상대적으로 소홀히 다루었던 과학적 접근법에 기초한 증거기반 경찰활동이 앞으로 왜 더욱 확대되어야 하는지에 대한 논의로 이 글을 마감하고자 한다.

2) 우리나라 실정에 맞는 증거기반 경찰활동의 필요성

앞서 논의한 미국의 경찰활동들을 우리나라에 발전적으로 도입하기 위해서는 지방자치시대의 도래에 따라 자치단체별로 지역사회의 발전과 경제활성화를 위해 경쟁적으로 혁신사업 및 프로그램을 개발 및 시행하고 있는 것과 마찬가지로 자치경찰 단위로 추진하는 것이 보다 바람직하고 현실적이다. 다만, 지역 단위를 넘어서는 대규모의 사업일 경우 중앙정부의 지원을 받아 추진하고, 이를 통해 효과성이 검증된 정책은 여타 자치경찰조직에서도 발전적으로 벤치마킹할 수 있는 체계적인 유인과 지원 시스템을 구축하는 것 또한 중요하다. 이를 위해서는 물론 조직 내·외부의 주요 의사결정자와 구성원 전원의 지속적인 관심 및 협조가 무엇보다도 필요하지만, 이 시책들을 과학적이고 체계적으로 개발, 집행, 평가하여 보다 발전적인 형태로 우리나라에 자리잡게 하는데 이바지할 장기적인 연구사업들이 지속적으로 추진되어야 한다. 그러기 위해서는 미국에서 이미 수십 년에 걸쳐 시행되어 최근까지 빛을 발하고 있는 독립적인 연구기금의 확충 및 이의 공정한 집행이 가장 선결되어야 할 과제이다. 특히, 한정된 재원으로 운영되는 지방자치단체의 예산에만 전적으로 의존할 경우 자치경찰시대에 현실적으로 얼마나 많은 대안적 경찰활동에 대한 수준 높고 적실성있는 연구가 가능할지 미지수이다.

저자는 이러한 측면에서 앞서 언급한 학교경찰제도 도입과 같은 기존의 실패한 정책모방 사례들과는 달리 미국의 연방정부 및 민간 대기업이 출연한 대규모의 독자적인 연구기금의 설립 및 운영을 통한 연구인력들에 대한 장기적이고 체계적이며 실질적인 지원시스템(예: NIJ, OJJDP, COPS, Bill Gates Foundation 등)이 우리나라에도 도입될 수 있는 방법을 하루빨리 강구해야 한다고 생각한다. 사실상 다양한 대안적 경찰활동 모델에 대한 개발 및 그 효과성 검증을 위한 독자적인 연구비 지원이 거의 전무하다시피한 우리나라와는 달리 미국은 1968년 안전한 거리를 위한 법(the Safe Streets Act)을 제정한 이래 수많은 연방정부와 민간기업의 지원 아래 효과적인 경찰활동에 대한 연구결과물들을 수십 년 간 지속적으로 축적해왔다. 예를 들어, 최근에 또다시 이슈화되고 있는 학교내 강력범죄 및 총기사건을 근본적으로 해결할 수 있는 방안에 대한 보다 체계적이고 현실 적용 가능한 연구를 위해 미국 국책연구소인 NIJ(National Institute of Justice)는 2014년 '학교 안전을 위한 종합대책'을 수립하고 매년 6천만 달러 이상의 연구비를 연방정부로부터 지원받아 미 전역의 연구기관 및 학자들에게 지원하고 있다.[10]

그러한 연구의 단순한 양뿐만 아니라 질적인 제고도 꾸준히 이루어져서 인과관계의 명확화를 통한 타당성과 신뢰성이 높은 효과성 검증은 나날이 발전하고 있고, 앞서 언급한 다양한 연구비를 신청하는 데 있어 방법론상의 우수성을 필수요건으로 명시하고 있다. 이러한 오랜 노력들의 결실로 현재 소위 증거기반 경찰활동 및 그에 대한 연구는 미국에서 어느 정도 안정적으로 자리를 잡았다고 평가받고 있으며, 학계는 물론 경찰실무자들도 효과적인 경찰임무수행을 위한 과학적인 연구의 필요성을 이제는 상당부분 이해하고, 이에 적극 협력하는 분위기가 조성되어 있다. 이러한 수많은 연구결과물들은 국가연구위원회의 보고서[11]나 미 의회가 주도하여 미국 내 저명한 학자들이 집대성한 소위 Maryland Report[12] 등에서 체계적으로 검토 및 분류되어 어떠한 전략이 실제로 효과가 있고(what works?), 또는 의도와는 다르게 전혀 효과가 없거나 오히려 역효과를 가져오며(what doesn't?), 당장은 가시적인 효과는 입증되지 않았지만 향후 충분히 효과성이 기대되는(what's promising?) 정책 및 프로그램들을 명확하게 정리하여 실무자와 학자들, 그리고 일반대중들에게 제공하고 있다.

우리나라도 이러한 과학적인 연구의 체계적이고 지속적인 축적과 이를 적극적으로 이용한 합리적인 의사결정을 하루빨리 정착시켜서 치안행정의 선진화를 도모하고, 그 결과 이번 COVID-19에 대한 성공적인 초기 대응으로 전 세계의 주목을 받았듯이 외국에서도 앞다투어 한국의 최첨단 치안정책과 프로그램을 배워가는 분위기를 이끌어 진정한 의미의 치안한류를 달성하기를 희망한다. 아울러, 이러한 노력

10) https://nij.ojp.gov/topics/articles/nijs-comprehensive-school-safety-initiative

11) National Research Council(2004). *Fairness and Effectiveness in Policing: The Evidence*. The National Acadimies Press: Washington, DC.

12) https://www.ncjrs.gov/pdffiles1/Digitization/165366NCJRS.pdf

을 통해 미국 등 선진국에서 이미 그 효과성이 검증된 경찰활동뿐만 아니라 우리의 실정에 보다 적합한 정책과 프로그램을 스스로 발굴하고, 이에 대한 지속적인 검증과 개선을 위한 노력을 통해 궁극적으로는 우리 사회에 내재하는 범죄와 무질서의 감소, 법집행의 민주성과 형평성 제고, 이를 통한 경찰 및 형사사법기관의 정당성과 신뢰성 확보라는 궁극적 가치들을 균형있게 실현하는 데 도움이 되어야 할 것이다. 사실 개인의 권리 존중과 자유보장을 최우선의 가치로 여기어 우리가 인권보장의 선진국이라 부르는 미국에서도 최근 경찰의 검거과정에서 억울하게 사망한 흑인 조지 플로이드(George Floyd) 사건과 같이 인종차별 및 빈부격차에 따른 법집행의 형평성 문제는 경찰제도의 탄생 이래 오늘날까지 지속적으로 제기되고 있지만, 이에 대한 연구 및 이를 개선하려는 노력은 상대적으로 부족한 것이 현실이다. 우리나라도 경제, 사회, 문화적 글로벌화로 인해 유입되고 있는 많은 이민자 및 외국인 근로자들에 대한 엄정하지만 공정하고 형평성 있는 법집행, 그리고 해를 거듭할수록 증가하는 빈부의 격차에서 기인하는 형사사법 과정 전반에 발생하는 구조적인 불평등(예: 유전무죄)에 대한 개선을 통해, 법 경시 풍조 및 냉소주의에 대한 우려를 종식시키기 위한 노력도 이 글에서 논의한 다양한 범죄감소를 위한 노력들과 더불어 반드시 병행되어야 한다.

제9장

코로나19로 밝혀진 미국 공공보건의료의 민낯: 미국의 보건의료행정

김도형(텍사스주립대 달라스 경제정치정책대학원 교수 및 부학장)

"They live in a world of 'we, not 'me'. We'll never fix anything until we get that one basic thing right. We remain the only country in the western world without free, universal health care."
– Michael Moore

"그들은 '나'가 아니라 '우리'의 세계에 살고 있고, 이 중요한 원칙을 회복하지 않는 한 우리는 아무것도 고칠 수 없습니다. 여전히 우리 미국만이 전 세계 서방국가 중 보편적 의료보장이 없는 유일한 나라입니다." – 마이클 무어

2007년, 엄청난 병원비 때문에 손가락 하나를 포기해야 했던 환자의 생생한 이야기 등을 통해 미국 의료보험제도의 실상을 생생하게 보여주었던 마이클 무어(Michael Moore) 감독의 <식코(SiCKO)>라는 영화가 개봉한 지도 13년이라는 시간이 흘렀다. 그동안 오바마케어(Obamacare) 등 미국의 왜곡된 의료체계를 개선하려는 논의와 노력이 꾸준히 시도되어 왔지만 대형 의료보험회사를 중심으로 견고하게 체계화된 민영의료시스템의 벽은 높았고, 보편적 의료보장(Universal Healthcare)은 여전히 요원한 상황이다. 게다가 2008년 금융위기를 거치면서 사라진 공공보건 및 의료 인력 및 자원들의 대부분이 다시 회복되지 못함에 따라 미국의 공공보건체

계는 점점 낙후되어 갔고, 2019년에는 미국 내 다수의 보건의료 전문가들이 이미 미국이 심각한 공중보건 위기상황에 접어들었다고 경고해 왔다.[1] 이 와중에 전 세계에 불어 닥친 2020년 코로나19 대유행은 미국 보건의료체계의 민낯을 처절하게 드러내며 최대 피해국의 오명을 부여하였으며, 2020년 10월 초 현재 전 세계 확진자의 22%(약 760만 명), 사망자의 21%(약 22만 명)을 기록하고 있다. 이 장에서는 코로나19 팬데믹을 통해 드러난 미국 내 공공보건 및 의료행정의 총체적인 문제점 및 원인을 파악하기 위해 먼저 미국의 보건 및 의료행정의 기본적인 구조 및 제도들을 그 형성과정을 통해 개괄한 후, 최강국 미국이 코로나19 대응에 실패한 원인을 미국 보건의료시스템의 고질적인 아킬레스건들을 중심으로 살펴보았다. 즉, 코로나19로 드러난 미국의 공공의료체계의 문제점, 감염병 위기관리 대응시스템의 문제점, 의료불평등 및 건강취약계층의 문제, 공공보건 리더십 부재 및 정책갈등 등을 중심으로 논의하고, 한국의 보건의료행정에 적용할 만한 시사점을 제시하였다.

1. 미국의 의료 및 보건시스템은 어떻게 형성되어 왔나?

미국 보건의료체계의 근간에는 의료 및 보건서비스를 누리는 것이 모든 인간에게 동일하게 부여된 기본권(human right)인지 아니면 그에 대한 비용을 지불할 수 있는 소수에게만 부여된 특권(privilege)인지에 대한 철학적 논쟁이 담겨 있다.[2] 의료서비스를 통해 건강한 삶을 영위하는 것이 인간으로서 평등하게 누릴 기본권이라는 사회적 합의가 강한 국가의 경우 의료서비스의 접근성 보장에 대한 국가의 책임이 강조되고, 국가나 공적체계가 주도하는 "보편적 의료보장(Universal Healthcare)" 시스템이 확립되어 있으며, 2020년 현재 영국, 프랑스, 독일, 호주, 일본, 한국 등 미국을 제외한 모든 선진국가에서 운영되고 있다. 물론 구체적으로 어떤 서비스가 보편적 의

1) Collman, A.(2020). More than 55,000 public health jobs were eliminated due to budget cuts after the 2008 financial crisis, leaving the US more vulnerable to the coronavirus outbreak. *Business Insider*, April 6, 2020.

2) O'Rourke, T.(2017). Lost in the health care reform discussion: health care as a right or privilege. *American Journal of Health Education*, 48(3): 138-141.

료보장의 범주에 포함되느냐의 문제는 제도나 상황에 따라 달라지겠지만, 국가나 공공 영역이 그 정책결정 및 운영과정에서 주된 역할을 담당한다는 점에서 보편적 의료보장시스템의 확립은 보건의료의 공공성 확립을 위한 선결조건이라고 할 수 있다.

400년 전 자유를 위해 메이플라워(Mayflower)호를 탔던 미국 개국자들의 자유주의적 전통은 개국 이후 정착된 다양한 법제도 문화를 지배해 왔고, 이것은 의료나 보건 관련 분야에서도 예외는 아니었다. 특히, 건강을 개인의 사적 생활 영역의 문제로 취급해 온 사회적 분위기는 수없이 많은 대규모 전염병, 전쟁, 자연재난 등을 거치면서 쌓아진 공중보건의 개념으로 조금씩 달라지기 시작했으며, 20세기 들어서면서 미국사회 내 인종, 성별, 계층 간 평등의식이 고양되고, 의료불평등으로 인한 사회적 위험성이 고조되면서 보편적 의료접근성 제고를 위한 국가의 역할에 대한 논쟁이 가속화되기 시작하였다. 그러나 의료서비스 이용을 가진 자의 개인적 특권으로 믿고 개인건강문제에 대한 국가의 개입을 최소화하는 왜곡되고 불평등한 미국의 보건의료제도를 개혁하려는 시도들[제2차 세계대전 이후 트루먼(Harry S. Truman) 정부 등]은 번번히 이윤을 극대화하려는 의사협회, 노동조합, 민간자본들과의 파워게임 속에서 좌절되었고, 이 과정에서 민간의료보험과 영리병원이 주도하는 보건의료체계가 더욱 공고해져 왔다. 주로 직장을 기반으로 운영되는 미국의 민간의료보험은 직장을 통한 보험 커버리지가 없는 경우 개인이나 가족 단위로 보험을 구입하여야 했기에 보험료 지불능력이 없는 수많은 미국인들이 의료사각지대에 놓이게 되었는데, 이러한 상황에서 보편적 의료보장체계 대신 미국 사회가 찾은 타협점이 1965년 린든 존슨(Lyndon B. Johnson) 대통령 때 제정된 사회보장법(Social Security Act) 아래 도입된 메디케어(Medicare)와 메디케이드(Medicaid) 제도이다.

메디케어는 65세 이상의 노인 및 장애인을 주요 대상으로 하는 공적 의료보장 제도로서, 급여의 종류 및 관리방식에 따라 연방정부가 운영하는 입원서비스에 대한 보장(Part A) 및 외래서비스에 대한 선택형 보장(Part B), 연방정부가 승인한 민간의료보험이 운영하는 서비스 보장(Part C), 그리고 외래처방약에 대한 보장 등으로 나눌 수 있으며, 원칙적으로는 Part A만 사회보장세를 납부한 개인에 한해 무료로 제공된다. 2018년 기준으로 미국 내 6천만 명이 메디케어의 혜택을 받고 있다. 메디케이드는 한국의 의료급여제도와 유사한 공적 부조제도의 일종으로, 연방정부가 규정한 빈곤기준선 아래에 있는 저소득층이 주요 대상이 되지만 세부적인 프로그램의 결정 및 운영은 주정부 차원에서 이루어지게 되어 소득 및 의학적 상태 등에 실제 대상자 선정이나 급여의 내용은 각 주마다 매우 상이하다. 그러나 메디케어에 비해 의료서비스 혜택의 범위가 넓고 다양하며 메디케어와의 중복 혜택도 어느 정도 가능해서 2018년 기준으로 약 5천만 명이 이 혜택을 받고 있다. 메디케어가 연방정부의 예산만으로 운영되는 반면, 메디케이드는 연방정부와 주정부가 총예산을 각각 절반 정도 부담하고 있으며, 2018년 기준으로 연방정부 전체 지출규모 중 메디케어는 17%, 메디케이드는 9%를 차지하고 있어 국방 관련 예산(31%) 다음으로 많은 비중을 차지하고 있다. 그러나 막대한 재정지출에도 불구하고 미국민의 건강수준은 물론 의료서비스의 질, 효율성, 형평성, 접근성 모든 측면에서 다른 선진국가에 비해 열악한 상황이 지속되었고, 보편적 의료보장에 대한 요구는 더욱 거세지게 되었다.

보편적 의료보장제도의 불씨는 1992년 이것을 주요 공약으로 내걸고 당선된 클린턴(Bill Clinton) 행정부 때 다시 살아나기 시작하였다. 선거운동 때부터 의료시스템, 특히 민간 건강보험제도의 폐해를 날카롭게 비판해 왔던 클린턴 대통령은 취임 직후 "국가 의료제도 개혁을 위한 태스크포스"를 만들고 개혁드라이브를 걸었지만, 관련 법제도에 대한 면밀한 검토 및 유관기관들과의 유기적인 조율 없이 성급하게 추진된 의료개혁법안은 공화당 보수파의 조직적인 반발에 의해 1994년 여름 부결되었다. 이후 총선 참패 및 성추문 등으로 동력을 잃은 클린턴 대통령의 보건의료 개혁의지는 부시(George W. Bush) 행정부 때 수면 아래 가라앉아 있다가 8년 후 오바마(Barack Obama) 대통령에 의해 다시 고개를 들게 된다. 2009년 미국 최초의 흑인대통령으로서 백악관에 입성한 오바마 대통령은 클린턴 정부의 전철을 밟지 않기 위해 집권 초기부터 건강보험제도 개혁을 착실히 추진하였고, 공화당 및 민간보험사의 거센 반발 및 로비에도 불구하고 2010년 3월 23일 미국 하원에서 역사적인 건강보험개혁법(Patient Protection and Affordable Care Act: PPACA)이 간발의 표차로 통과되었다. "오바마케어"라고도 불리는 이 법은 전국민의 의료보험 가입을 의무화하되 메디케어와 메디케이드의 적용을 받지 못하는 차상위계층 및 중산층에게 정부 보조금을 지급하여 보험 가입을 유도하는 것을 골자로 하고 있다. 오바마케어는 메디케어 이후 최대 규모의 복지제도라는 평가를 받으며, 실제로 7% 가까왔던 연간 의료비 증가율을 4%

수준으로 낮추는 등의 효과를 보여왔지만, 여전히 민간보험 중심으로 운영되고 있어 공화당을 필두로 한 반대세력들의 계속적인 무력화 시도에 시달려 왔다.[3] 2015년 연방대법원이 오바마케어의 정부보조금을 합법이라고 선언함으로써 보편적 의료보장의 기초가 마련되는 듯 하였으나, 2017년 초 트럼프 대통령은 취임 직후 의료보험 가격 인상을 이유로 오바마케어 폐지 행정명령에 서명하였다. 이를 대체하기 위해 부실하게 마련된 일명 “트럼프케어(American Health Care Act; 미 건강의료법)” 법안은 상원의 벽을 넘지 못하였지만 4년 간의 재임기간 동안 오바마케어와 관련된 보조금 지급을 중지하거나 혜택을 줄이는 대통령 행정명령과 의무가입조항을 제거하는 법률개정 등으로 인해 오바마케어는 폐지 대신 후퇴의 길을 걷고 있으며, 오바마케어가 지향하는 보편적 의료보장정책은 트럼프(Donald Trump)와 바이든(Joe Biden)이 맞서고 있는 2020년 대통령 선거까지도 핵심 쟁점이 되고 있다.

물론 미국의 기본적인 보건의료체계가 민간 중심으로 설계되었다고 해서 대다수의 병원이 영리병원이라는 뜻은 아니다. 2019년 기준 미국 전체 병원 중 22%가 영리병원, 26%가 공공병원이며 절반 정도는 민간 비영리병원으로서 비영리로 운영되는 대신 세금을 감면받거나 정부의 보조금을 받는 형태로 운영되고 있다.[4] 그러나 미국의 경우 실제 역할과 기능면에서 영리・비영리 간의 차이는 별로 크지 않으며 주립대학 병원 등 소수의 대형 공공병원을 제외한 사실상 모든 병원들이 철저한 시장경쟁원리에 의해 작동되고 있다고 볼 수 있다. 실제로 영리병원과 비영리병원 간 1인당 평균 의료비 지출액의 차이는 약 10% 정도 안팎에 불과하며, 서비스나 시설의 수준도 그다지 차이가 많지 않은 것으로 보고되고 있는데, 이는 미국의 경우 양질의 보건의료서비스에 대한 접근성을 결정짓는 가장 중요한 요인이 공급자인 의료기관의 소유형태라기보다는 커버리지가 좋고 값비싼 의료보험을 구입할 수 있는 수요자의 경제적 능력에 있음을 보여주는 실례이다. 이러한 시장기반 의료체계는 독점적인 시장지배력을 이용해 과도하게 의료서비스 공급자를 규제하고 이윤을 극대화하려는 민간 건강보험 사업자에 의해 더욱 공고화되고 있으며, 이러한 구조를 근본적으로

3) Beland, D., Rocco, P., & Wadden, A.(2016). Obamacare and the politics of universal health insurance coverage in the United States. *Social Policy & Administration*, 50(4): 428-451.

4) American Hospital Association(2020). *Fast Facts on U.S. Hospitals*. AHA Data & Insights.

개혁하기 위한 툴로써 "보편적 의료보장"이 주목받아온 이유이기도 하다.

미국이 천문학적인 의료비를 지출함에도 불구하고 주요 건강지표에서 하위권을 기록하고 있는 이유 중 중요한 하나는 미국의 의료가 질병의 치료를 중심으로 발전한 반면, 만성질환에 대한 예방이나 전염병 대응 등 공중보건활동이 상대적으로 미약하기 때문이다. 미국의 경우, 질병을 미리 예방하거나 통제하는 공중보건, 건강증진 및 안전의 1차 책임은 주정부 및 지방정부가 지고 있으며, 연방정부는 보건복지부 산하 질병통제예방센터(Centers for Disease Control and Prevention: CDC, 일명 질병관리본부)를 중심으로 건강 및 질병과 관련 연구 및 정보를 제공하고 연방 차원의 보건교육 및 정책 가이드라인을 수립하며, 주·지방정부의 보건 부서 및 여타 기관들과 연계하여 각 지역의 공중보건 및 질병통제수준을 개선하는 역할을 담당하고 있다. 이 센터는 제2차 세계대전 중인 1942년에 말라리아 통제를 위한 사무국으로 출발하였으나 1946년 전염병센터로 확대 개편되었으며, 몇 번의 명칭 변경을 거쳐 1992년 현재의 이름을 사용하고 있다. 2018년 기준으로 한 해 120억 달러의 예산을 사용하는 CDC는 최고 책임자인 소장을 대통령이 직접 임명한다는 점에서 독자적인 권한과 책임을 부여받아 위기상황에서 신속하게 대응할 수 있다는 장점이 있으나, 반대로 대통령의 결정에 따라 언제든지 해고될 수 있기 때문에 백악관의 눈치를 볼 수 있다는 단점도 존재한다. 연방 CDC가 제공하는 정보나 가이드라인, 예산지원을 바탕으로 각 주정부와 지방정부 보건당국은 각 지역 상황에 맞게 보건증진 및 질병통제 정책 및 프로그램을 수립하고 집행하게 되는데, 실제 공공보건의료 관련 지표는 각 지역의 재정이나 인력, 정책리더십 등에 따라 매우 상이하며, 지역 간, 계층 간, 인종 간 건강불평등의 주요 원인 중 하나로 지목되고 있다.

2. 미국은 왜 코로나19 대응에 실패했을까?: 미국 보건의료의 아킬레스건들

코로나19 확진자와 사망자가 미국을 중심으로 전 세계에서 급속도로 증가하던 2020년 6월 10일부터 8월 3일 사이 퓨리서치센터(Pew Research Center)는 미국, 영국, 프랑스, 일본, 한국 등 14개 선진국에 거주하는 14,276명을 대상으로 그동안 자

■ 그림 9-1 14개국 국민들의 자국 정부 코로나19 대응에 대한 평가결과

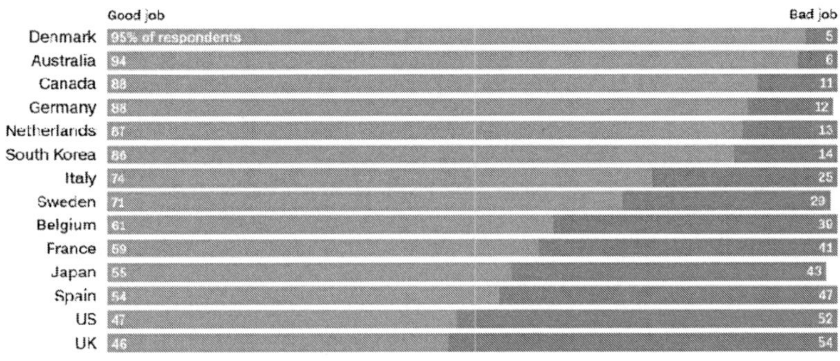

출처: Pew Research Center(2020).

국 정부가 보여준 코로나19 대응에 대한 설문조사를 실시하였다.[5] [그림 9-1]에서 보는 바와 같이 14개국 중 미국과 영국에서만 잘못했다는 응답이 과반이 넘는 것으로 나타났고, 한국을 비롯한 덴마크, 호주, 캐나다, 독일, 네덜란드는 80퍼센트가 넘는 국민들이 자국 정부의 코로나19 대응이 성공적이라고 평가하는 것으로 나타났다.

그렇다면 왜 세계 최강국이라고 자부해 온 미국이 세계에서 코로나19에 의해 가장 취약하고 가장 큰 피해를 입은 국가가 되었고, 미국민들의 과반수 이상이 미국 정부의 대응이 실패라고 규정하고 있는 것일까? 물론 이 원인을 한두 가지 이유로 간단하게 설명하는 것은 쉽지 않지만, 분명한 것은 오랫동안 누적된 미국 보건의료체계의 고질적인 병폐나 문제들이 미국을 코로나19 팬데믹 최대 피해국으로 전락시킨 근본 원인이라는 점이다. 코로나19 사태 자체에 대한 단편적인 분석만으로는 지속적으로 다가올 글로벌 보건 및 환경 위기에 대처하는 데 한계가 있으며, 보다 종합적이고 거시적인 차원에서 상황을 분석하는 것이 중요하기 때문에, 아래에서는 크게 ① 공공의료체계, ② 공공보건 및 위기관리 대응시스템, ③ 의료접근성 및 불평등, ④ 공공보건 리더십 부재 및 정책갈등이라는 네 가지 관점에서 미국 코로나19 대응실패의

5) Devlin, K. & Connaughton, A.(2020). Most approve of national response to COVID-19 in 14 advanced economics. *Global Attitudes & Trends*. Pew Research Center, August 27, 2020.

원인들을 고찰하였다.

1) 부실한 공공의료

의료 및 보건서비스가 인간의 기본권이냐 특권이냐는 철학적, 윤리학적 논쟁은 매우 오랫동안 지속되어 왔고, 이것은 한 국가나 집단의 의료체계를 구성하는 근간이 되어 왔다. 모든 인간이 평등하게 의료서비스에 대한 접근성을 보유해야 한다는 시각이 우세한 사회에서는 공공의료와 이에 대한 평등한 접근성이 크게 강화되어 왔지만, 의료를 공공성의 관점에서 바라보기보다 산업과 서비스로 바라보는 경향이 강한 미국의 경우, 공공의료는 상대적으로 덜 중요하게 강조되고 의료서비스가 모든 사람이 평등하게 접근가능해야 할 공공재라기보다는 소득수준이나 지불능력에 따라 차등하게 향유할 수 있는 시장재화로 인식되고 운영되는 시스템이 오랫동안 이어져 왔다. 그러나 감염병 대응 시 필요한 방역이나 진단, 격리, 역학조사 등은 사적 의료체계에서 감당하기에는 그 파급성이나 공공성이 강하고, 만약 이러한 감염병이 걷잡을 수 없을 정도로 사회 전체로 파급될 경우 공공의료체계가 확고히 마련되어 있지 않다면, 아무리 기술적, 경제적으로 발달한 의료체계라 하더라도 대응이 어렵다는 점이 이번 미국 코로나19 사태에서 여실히 증명되었다고 할 수 있다.

1965년 이래 미국 연방정부의 공중보건 관련 지출 비율은 급격히 감소하여 10%대에 머물고 있어, 대부분의 공중보건 관련 정책 및 프로그램들은 주 및 지방정부의 재정이나 정책우선순위에 달려있는 실정이다. 2019년 통계에 의하면, 미국 50개 주 중 1년에 1인당 공중보건지출이 100불이 넘는 주는 뉴욕, 매사추세츠, 뉴멕시코 등 10여 개 정도에 불과하고 나머지 주들은 공공보건에 매우 적은 예산을 책정하고 있다. 이처럼 공중보건에 대한 연방정부의 지원이 적을 경우 공중보건에 투자할 만한 여력이 있거나, 공중보건 분야에 대한 정책우선순위를 두지 않는 주들의 경우, 코로나19와 같은 광범위한 감염병 등 공중보건위기가 닥쳤을 때 효과적으로 대응할 만한 인력이나 자원, 예산에 여유가 없기 때문에 그 피해가 더 클 수밖에 없는 구조인 것이다.

물론 미국이 다른 선진 OECD 국가들에 비해 공중보건에 재정을 덜 쓰는 것은 아니다. 2016년 기준 미국은 공공의료 지출규모가 전체 GDP의 8.5% 정도로 나타나 독일이나 프랑스보다는 약간 적지만 OECD 전체 평균보다는 높은 것으로 조사되었다.[6] 문제는 지출규모보다는 얼마나 효율적으로 사용하느냐의 문제인데, 미국의 경우 다른 유럽의 국가와 달리 전 국민을 대상으로 한 공공의료보험체계가 확립되지 않아 영리보험회사 등에 의해 비정상적으로 의료수가가 비싸게 책정되어 평균의료비가 올라가게 된다. 따라서 경제적 상위계층은 비싼 의료보험을 통한 양질의 사적 의료시스템을 이용하는 반면, 저소득층은 보험이 없어 예방 차원의 의료서비스는 물론 필요한 진료를 제때에 받지 못하거나 메디케어나 메디케이드 등 상대적으로 질이 떨어지는 서비스를 받게 되는 불평등이 고착화되어 왔다. 국가 차원의 대규모 감염병 발생시 1차 저지선의 역할을 해야 할 공공의료의 상대적 취약성은 미국 내 저소득층이 기저질환이나 만성질병 위험에 노출될 위험을 높여, 코로나19와 같은 대규모 감염병에 취약한 집단을 다수 양산하였고, 급증하는 확진자들을 치료하고 격리할 공공 병상이나 인력을 확보하지 못해 수십만 명의 목숨이 희생되었다.

특히, 코로나19와 같이 재생산지수 등 접촉자 간 감염률이 매우 높고 무증상 확진자의 비율이 높아 실제 바이러스 확산 정도를 파악하기 어려운 신종 감염병의 경우, 확산 초기에 빠르게 의심증상자에 대한 진단검사를 수행하고 확진자와 접촉했거나 동선이 겹치는 대상자들에 대한 관리가 매우 중요하다. 그러나 미국의 경우, 한국이나 대만 등 아시아의 모범방역국가들과는 달리 이 두 가지 중요한 과정들이 초기에 적절하게 시행되지 못하였고, 그 중요한 이유도 부실한 공공의료에서 답을 찾을 수 있다. 우선, 초기에 진단검사가 미국에서 원활하게 수행되지 못한 가장 중요한 원인은 미 국립보건원 산하 국립알레르기전염병연구소 파우치(Anthony Fauci) 소장이 인정한 바와 같이 공공의료 시스템상의 대비 부족 때문이라고 할 수 있다. 우선, 2020년 1월 중국에서 코로나19가 발생하기 시작한 직후 국제보건기구가 승인한 진단키트를 미국은 쓰지 않고 대신 미국 CDC가 개발한 자체 진단키트를 사용하는 방침을 정했는데, 문제는 진단키트의 양이 전미에서 발생하는 의심환자들에게 사용하기에 턱없이 부족했고, 설상가상으로 이 키트도 초기에 결함이 발견되면서 진단키트 공급에 막대한 차질이 생겼다. 이뿐만 아니라 진단을 수행하는 의료인력이나 장소도 충분하지 않아 의사로부터 코로나19 의심소견이 있다는 진단을 받은 경우에도 주변

---

6) Sawyer, B. & Cox, C.(2020). How does health spending in the U.S. compare to other countries? *Health System Tracker*. Peterson-KFF.

에 진단검사를 받을 만한 진료소가 없거나 진단키트가 모자라 오랫동안 기다리거나 포기하는 경우가 빈번히 발생하였는데, 이는 미국 내 코로나19 초동 대응실패의 주요 원인이 되었다.7)

[그림 9-2]는 코로나19 발생 초기 미국이 다른 국가, 특히 한국에 비해 얼마나 더디게 진단검사가 수행되었는지 보여주는 증거로서, 2020년 3월 당시 한국과 영국 등에서 매일 2~3만 건 이상의 진단검사가 수행된 반면, 미국은 1~3월 사이 두 달 동안 총 검사수가 겨우 8,000명대에 머물러 있던 것으로 보고되었다.8) 코로나19 진단검사가 필요한 만큼 순조롭게 진행되지 않았다는 지적에 백악관은 원하는 미국인은 언제든지 받을 수 있도록 검진센터가 많이 마련되어 있다고 언급하였지만, 실제로는 각 지역에서 몇명이나 검사를 받았는지, 어떤 사람들이 어떤 절차를 거쳐 진단검사

그림 9-2 코로나19 발생 초기 각국의 진단검사 비율 비교표

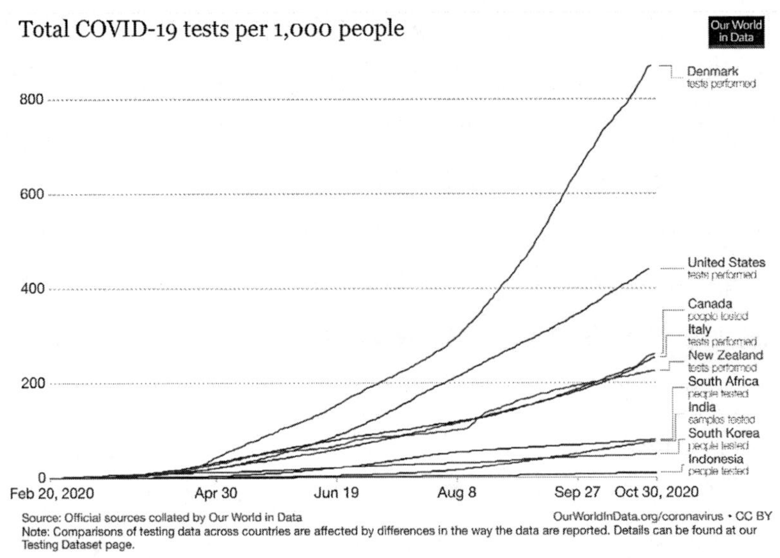

출처: Our World in Data(2020).

7) Baird, R.(2020). What went wrong with coronavirus testing in the U.S. *The New Yorker*. March 16, 2020.

8) Roser, M., Ritchie, H., Ortiz-Ospina, E., & Hasell, J.(2020). Coronavirus pandemic(COVID-19). Published online at OurWorldInData.org. Retrieved from: 'https://ourworldindata.org/coronavirus' [Online Resource]

를 받아야 하는지에 대한 명확한 가이드라인이 없었고, 실제로 많은 검사가 민간병원이나 민간기관에서 이루어져 공식집계도 안 된 채 주먹구구식으로 진행되었으며, 이것은 초기 부정확한 감염확산 모델링과 왜곡된 정책결정의 단초가 되었다. 한국의 경우, 전국에 600개가 넘는 선별진료소를 설치하고 차에서 직접 검사를 받을 수 있는 자동차 이동형(drive-thru) 검사소도 전국에 50여 개를 설치함으로써 접촉의심자들이 자발적으로 손쉽게 검사를 받을 수 있는 시스템을 마련하였을 뿐 아니라 장애인이나 거동이 불편한 노인 등의 경우 직접 가정에 방문하여 검체를 채취하는 등 전국가 차원의 공공보건 의료체계가 초기 진단과정부터 효과적으로 작동되었으나, 이러한 국가주도의 적극적 진단검사는 미국의 부실한 공공보건의료체계 하에서는 시도조차 되지 못하였다.

뿐만 아니라 미국에서 코로나19 진단검사비용은 발생 초기 건당 약 400만 원 정도로 책정되었는데, 의료보험이 있는 경우에도 이 중 절반은 본인이 부담해야 해서 증상이 심하지 않을 경우 진단검사를 포기하는 경우가 많았다. 이들 중 집에서 대기하다가 증상이 악화되어 사망하는 경우도 많았으며, 확진자를 접촉하였거나 증상이 경미할 경우에는 진단검사 없이 그냥 일상적인 생활을 지속하게 되어 가정이나 직장에서 감염을 확산시키는 악순환이 반복되었다. 게다가 만약 코로나19로 입원하게 될 경우 치료비, 입원비 등 총비용이 수천만 원이 넘게 나오게 되어 보험이 없거나 커버리지가 좋지 않을 경우 병원 방문을 주저하다가 적절한 치료시기를 놓치는 경우도 많이 보고되었다.[9] 세금이나 공공의료보험 등을 통해 무료 또는 저렴하게 코로나19 진단 또는 치료를 받을 수 있는 유럽이나 아시아 국가들에 비해 미국의 지나친 비용부담이 문제로 지적되자 추후 미국도 코로나19 진단이나 치료를 국가가 분담하는 방침을 세웠으나, 만약 검사결과 코로나19가 아닐 경우 대부분의 비용을 개인이 부담해야 했기 때문에, 보험미가입자나 저소득층들의 접근성은 여전히 제한적이었다.

2) 안일하고 소극적인 감염병 위기관리대응체계

코로나19는 전 세계 어느 국가도 이전에 전혀 경험하지 못한 종류의 감염병이라

9) Abrams, A.(2020). Total cost of her COVID-19 treatment: $34,927.43. *TIME*, March 19, 2020.

는 점에서 이러한 글로벌 팬데믹의 발생을 정확히 예측하고 미리 대응하는 것은 물론 불가능하다. 그러나 2003년 사스, 2009년 신종플루, 2014년 에볼라, 2016년 지카 바이러스 등을 거치면서 글로벌 대규모 감염병 가능성에 대한 경고가 줄곧 제기되어 왔다는 점에서 미국의 감염병 위기관리대응 시스템의 위기대응능력에 심각한 문제가 있었음은 부인할 수 없는 사실이었다. 실제로 2008년 주택시장에서 촉발된 경기침체를 10여 년에 걸쳐 극복하는 과정에서 공중보건 분야의 회복이 가장 더디게 이루어졌는데, 예를 들어, 2008년도 금융위기 당시 없어진 공중보건 관련 일자리의 대부분은 충분히 회복되지 못해, 미국 내 공중보건인력들은 지난 10년 간 박봉과 초과업무에 시달려야 했다. 2019년에는 마침내 다수의 의료기관들이 인력난 등을 이유로 공중보건위기가 심각하다는 경고를 했지만 정부나 의회에 관심을 받지는 못하였다. 이런 총체적인 위기상황에서 감염병 위기관리대응 시스템이 제대로 작동하는 것은 당연히 불가능한데, 효과적인 위기대응은 평소 정부의 주도적 지휘 아래 자격을 갖춘 훈련된 충분한 수의 전문인력들이 상호 유기적인 조정과정 속에서 신속하게 작동할 수 있는 시스템과 그를 뒷받침할 든든한 예산지원 내에서 가능하기 때문이다.

향후 발생할 감염병의 크기나 양상, 지역, 특성 등이 매우 다양하기 때문에 감염병 위기관리 대응시스템은 발생 가능한 모든 상황들을 시나리오 기반으로 예측하고, 그에 따른 대응전략을 지역에 따라 신속하게 집행할 수 있는 구체적인 매뉴얼을 과학적인 연구나 모델링에 따라 구축해 놓아야 하지만, 이를 위해 필요한 장기적인 예산 및 인력 투자가 뒷받침되지 않을 경우 위기상황에서의 신속한 증거기반 대응은 기대하기 어렵다. 실제로 미국의 CDC 공중보건위기대응 예산은 [그림 9-3]에서 보는 것처럼 2002~2016년 사이 15년 동안 50% 이상 감축되었으며, 2020년 코로나 발생 당시에는 미국 시민 1인당 2달러도 되지 않았다는 충격적인 결과도 보고되었다.[10] 결국 감염병이 발생하면 그 피해에 대한 단발성 해결책으로 필요한 예산을 책정하였지만 실제 주기적으로 발생하는 감염병의 피해를 예방하거나 최소화하기 위한 위기대응사업에 책정되는 예산은 점차 줄어들고 있었음을 알 수 있다. 이런 식의 대응방식은 아프리카나 남아메리카에서 넘어온 감염병인 에볼라나 지카의 경우에는 비교적

10) Maani, N. & Galea, S.(2020). COVID-19 and underinvestment in the public health infrastructure of the United States. *The Milbank Quarterly*, 98. June 2020. DOI: 10.1111/1468-0009.12463

그림 9-3 미국 CDC 공중보건 위기대응 예산의 연간 변화(2006~2020)

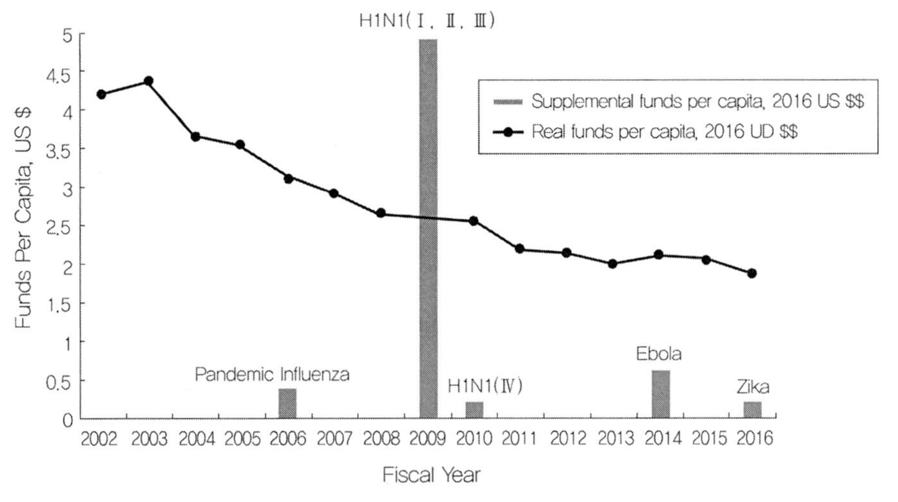

출처: Milbank Quarterly(2020).

잘 대응하였으나, 코로나19처럼 전혀 새로운 차원의 팬데믹이 발생할 경우 속수무책으로 당할 수밖에 없다는 교훈을 보여주고 있다.

이처럼 효과적인 감염병 대응체계의 부재 속에서 코로나19 팬데믹을 맞게 된 미국은 중국에서 첫 코로나19 환자가 나온 이후 미국에서 첫 사망자가 나올 때까지 한 달 이상 상황을 파악하고 대비할 수 있는 시간이 충분히 있었음에도 불구하고, 효과적인 정책방안을 강구하지 못한 채 시간을 허비한 것은 어쩌면 예견된 것이라 할 수 있다. 특히, 미국 정부가 발생 초기 골든타임을 놓치게 된 가장 큰 원인 중의 하나는 무엇보다 부정확한 현황 예측 때문이라고 볼 수 있다. 중국과 한국, 이란 등지에서 확진자와 사망자가 빠르게 증가하고 있었고, 기존의 플루나 코로나 바이러스보다 감염률(재생산지수)이 높고 무증상비율도 높다는 연구가 속속 나오고 있는 상황에서도 면밀한 분석을 바탕으로 한 대비보다는 기존의 외국발 전염병을 통제한 경험만을 믿고 안일하게 대응한 것이 사실이다. 트럼프 대통령은 2월 26일 기자회견에서 "미국은 코로나 위험을 아주 잘 관리하고 있으며, 세계에서 가장 뛰어난 전문가들이 있기 때문에 조만간 확진자 수를 0으로 만들 수 있을 것이다"라고 장담하였었는데, 이러한 안이한 대응은 트럼프 대통령의 허세와 독선이 반영된 것이기도 하지만, 그 당시 백악관 주변의 전문가들이 코로나19 바이러스의 엄청난 전파력과 상당한 수준의 무증상감염 가능성에 대해 제대로 파악하지 못하고 있었음을 시사하고 있다.

이러한 잘못된 판단은 초기 방역정책에 반영되어 미국 전역에 바이러스의 조용한 확산을 허용하게 되었고, 실제로 2월 말까지 공식집계로는 확진자가 거의 없었지만 이미 상당한 수준으로 감염이 확산되어져 있었다는 주장도 제기되었다. <워싱턴포스트>는 발생 초기 미국 행정부가 코로나19 진단 대상자 범위를 너무 좁게 잡은 것이 문제였다고 지적하였는데, 즉 호흡기계 증상이 있거나 최근 중국을 다녀온 자, 감염자와 긴밀한 접촉을 한 경우에 한해서만 바이러스 감염 여부를 확인하라는 정부의 방침은, 코로나19 바이러스의 실제 전파력에 비해 지나치게 제한적이어서 바이러스 확산을 막기에는 역부족이었다고 비판하고 있다.[11] 이러한 부정확한 초기 인식 및 대응의 책임으로부터 역학 모델링 등을 담당하는 과학자나 연구자들도 자유로울 수 없었는데, 실제 트럼프 대통령 및 백악관 당국자들이 주로 참고했던 워싱턴대학의 IHME(Institute for Health Metrics and Evaluation) 모델의 경우 신종 질병의 감염률이나 치사율에 대한 면밀한 분석이나 검토를 하지 않고 기존에 개발된 모형을 새로운 데이터에 대입시키는 수준으로 모델을 개발하여 뉴욕, 캘리포니아, 텍사스 등지에서의 감염자 및 사망자의 폭발적 증가를 예측하지 못하였고, 이러한 잘못된 예측이 트럼프 정부는 물론 각 주정부가 서둘러 셧다운을 종료하고 경제를 재개함으로써 2차 대유행을 초래하는 단초를 제공하였다.

효과적인 감염병 위기관리 대응을 위한 또 하나의 필수작업은 바로 확진자와의 접촉을 통해 감염가능성이 있다고 판단되는 접촉자들에 대한 신속한 추적 및 격리조치인데, 이야말로 미국에서는 확산 초기는 물론 팬데믹 기간 내내 시도조차 되지 못하는 한계를 드러내고 있다. 미국처럼 경제적인 여력도 풍부하고 IT 기술도 초첨단을 달리는 나라가 접촉자관리를 적절히 수행하지 못하는 이유는 물론 개인의 자유 및 프라이버시를 지나치게 강조하는 역사와 문화적 뿌리 때문이기도 하지만, 이 작업의 중요성을 인식하고 연방정부나 주정부 차원에서 태스크포스를 구성해서 개인의 자

---

11) Boburg, S., O'Harrow, R., Satija, N., & Goldstein A.(2020). Inside the coronavirus testing failure: alarm and dismay among the scientists who sought to help. *The Washington Post*, April 3, 2020.

유나 권리를 최대한 침해하지 않는 범위 내에서 접촉자를 관리하고 감염위험이 높은 지역을 중심으로 필요한 정보를 제공하며 필요하다면 공공의 보건안전을 위해 개인의 자유나 프라이버시를 제한할 수도 있다는 사회적 합의를 유도하는 노력이 거의 전무하다시피 했다는 점에서, 미국 감염병 대응시스템의 경직성이나 소극성을 엿볼 수 있다. 실제로 애플이나 구글 등 첨단 IT 회사들이 개인의 프라이버시를 최대한 덜 제한하면서도 접촉자관리가 가능한 기술(개인 스마트폰에 부여된 유일한 식별코드를 활용하여 확진자와 일정 거리 내에서 일정시간 머물렀을 경우 필요한 정보가 제공되는 방식)을 개발하였으나,12) 이 또한 자신의 위치정보 제공에 대다수가 동의해야만 효과가 있는 방식이어서 학교나 직장 등 일부 소규모 조직에서 제한적으로 활용되는데 그쳤고, 한국 등 아시아 국가에서 방역당국이 의무적으로 시행하는 접촉자관리 수준으로 활용되지 못하였다. 이러한 접촉자관리의 한계 때문에 실제로 초기에 대부분의 확진케이스에 대해 그 감염경로를 확인할 수 있었던 한국과는 달리 감염경로를 전혀 확인할 수 없어 감염위험 장소나 동선에 필요한 방역시스템을 적절히 작동할 수 없었으며, 설사 접촉자를 찾아냈다 하더라도 개인의 자유를 일정기간 구속하면서까지 2주 간 자가격리를 의무화하는 철저한 격리 및 방역체계는 시도조차 되지 못하였다.

3) 의료접근성, 불평등 및 취약계층 문제

미국은 전 세계에서 소득불평등이 가장 큰 나라 중의 하나이고, 이에 따른 의료접근성의 불평등도 가장 심각한 나라로 항상 지적받아 왔으며, 이러한 불평등 구조에서 파생된 수많은 의료취약계층이 감염병 등 공중보건위기에 가장 큰 피해자가 되는 것은 당연한 귀결이라 할 수 있다. 특히, 흑인, 히스패닉 등을 중심으로 한 소수인종들은 소득에 따른 불평등은 물론 인종에 따른 추가적인 차별을 경험하고 있으며, 공적·사적 의료보험의 사각지역에 놓여있는 계층들의 의료취약성 문제는 오바마케어 실시 이후에도 그다지 나아지지 않은 것으로 보고되고 있다. 미국 내 무보험자 비율은 2008년 이후 한동안 17% 수준에 있다가 오바마케어 등의 영향으로 2014년부터

12) Nicas, J. & Singer, N.(2020). Apple and Google to make it easier to opt in to virus tracing. *The New York Times*, September 1, 2020.

줄기 시작했으나 여전히 10%대 머물러 있었고, 이 비율은 트럼프 정부에서 다시 오른 것으로 나타났다. 게다가 비록 보험에 가입되어 있다 할지라도 본인이 부담해야 할 의료비 때문에 실제 병원에 가는 것을 주저하거나 포기했다는 미국인이, 특히 저소득층이나 소수인종(흑인이나 히스패닉) 계층에서 상대적으로 많기 때문에, 결국 보험가입 여부뿐 아니라 본인부담비율 등 보험 간 격차와 지나치게 높은 의료서비스 비용구조를 개혁하지 않는 한 정기적인 건강진단이나 필요한 의료서비스를 받지 못해 비만이나 당뇨나 고혈압 등 만성질환을 갖게 될 확률이 높아지며, 이러한 기저질환자들은 감염병 확산 시 가장 취약한 환경에 노출될 수밖에 없다. 실제로 코로나19의 경우에도 사망률의 경우에 인종 간, 소득계층 간 차이가 유의미하게 나타났는데, 2020년 7월 기준 전미 코로나19 확진자의 52%, 사망자의 58%가 미 전체 인구의 13%밖에 안 되는 흑인들이라고 보고되고 있다.[13)]

이러한 인종 간, 소득 간 차이는 코로나19라는 바이러스 자체가 특정 인종이나 소득계층에 더 위험하다기보다는 이들 소수인종이나 저소득층이 평상시 의료접근성의 부족으로 인해 고혈압, 당뇨 등 기저질환을 갖고 있을 확률이 높으며, 뿐만 아니라 사회적 거리두기나 자택대기명령에도 불구하고 일을 해야 삶을 영위할 수 있는 필수직종, 또는 일용직에 종사하고 있어 바이러스에 노출될 확률이 높기 때문이라고 보는 것이 더 타당하다. 실제로 2020년 3월 미 전역에 광범위한 셧다운 및 자택대기명령이 내려졌음에도 불구하고 저소득층의 경우 재택근무 등 비대면방식으로 직무를 유지할 수 없는 비율이 높았기 때문에, 고소득층에 비해 이동성 감소가 제한적이었다.

4) 공공보건 리더십 부재 및 정책갈등

코로나19처럼 사람과 사람 사이의 감염률이 매우 높은 감염병의 경우 사람 간의 접촉을 최소화하기 위한 셧다운, 사회적 거리두기, 자택대기명령 등 인간으로서의 기본적 자유와 권리를 일부 제한해야만 바이러스의 확산을 효과적으로 막을 수 있다는 점에서 어느 정도 정부의 통제가 필요할 수밖에 없으며, 이러한 통제정책에 대한

---

13) Millet, G., Jones, A., Benkeser, D., Baral, S., Mercer, L., Beyrer, C., Honermann, B., Lankiewicz, E., Mena, L., Crowley, K., Sherwood, J., & Sullivan, P.(2020). Assessing differential impacts of COVID-19 on black communities. *Annals of Epidemiology*, 47: 37-44.

국민의 자발적 참여나 희생 또는 정책수용도가 높은 국가일수록 감염병을 효과적으로 막을 수 있다는 주장은 이번 코로나19를 통해서 여실히 증명되었다. 코로나19 확산 초기인 2020년 2~4월 동안 각 국가가 이동제한 및 사회적 거리두기 등 정책을 얼마나 엄격하게 집행했는가를 나타내는 정책엄격지수와 실제 이동성지수 변화(마이너스값이 클수록 이동성이 많이 감소)와 관계를 조사한 보고서[14]에 따르면, 개인의 자유를 엄격하게 제한할 수 있는 정치사회구조를 갖고 있는 나라일수록 개인의 자유를 제한하는 정책집행이 용이하고 실제로 이에 따른 국민들의 이동 및 접촉 감소를 통해 효과적으로 바이러스 확산을 저지하고 확진자 및 사망자 수 커브를 초기에 낮출 수 있었음을 보여주고 있다.

그러나 민주주의와 개인의 자유 등이 역사와 사회구조 속에서 매우 중요한 가치로 중시되는 미국, 영국 등의 나라들은 코로나19 발생 초기에 중국이나 한국처럼 개인의 자유로운 이동을 제한하는 강력한 이동제한이나 거리두기 정책을 강력히 시행하기 어려웠을 뿐 아니라 확진자나 접촉자들의 프라이버시를 침해할 수 있는 다양한 접촉자관리 및 격리 정책을 시도하기 어려웠다. 특히, 다른 유럽국가들에 비해 미국은 영토가 너무 크고 넓게 퍼져 있는데다가 제도적으로도 지방분권적인 연방제를 채택하고 있기 때문에, 연방정부 주도로 중앙집중적인 감염병 정책을 일괄적으로 집행하기도 어렵고 현실적으로 적절하지도 않은 것이 현실이다. 즉, 50개 주의 코로나19의 발생 및 확산의 시간차가 확연히 상이했기 때문에, 연방정부가 모든 지역에 동일한 행정명령이나 강력한 셧다운정책을 실시하는 것이 어렵고 오히려 각 지역의 반발을 야기하였다. 이러한 지역 간 이질성은 트럼프 대통령으로 하여금 셧다운이나 경제재개에 관한 권한을 주정부나 지방정부에 위임할 수밖에 없었고, 이 과정에서 효과적이고 신속한 공공보건 리더십이 발휘되는 것은 쉽지 않았다.

결국 코로나19 시대, 신종감염병이 범람할 시대에 요구되는 미국의 지도자는 이처럼 복잡한 사회문화적, 제도적 환경 가운데서도 바이러스 확산 차단을 통한 국가위기 극복이라는 지상과제를 해결하기 위해 전 국민을 단합시키고 필요에 따라 자유, 프라이버시 등 기본권도 희생할 만큼의 정책순응도를 높이기 위한 보건안전 리더십

14) Frey, C., Presidente, G., & Chen, C.(2020). Covid-19 and the future of democracy. *VOX CEPR Policy Portal*. London: CEPR.

을 발휘해야 하나, 트럼프 대통령의 경우 오히려 코로나19 사태 초기부터 지나치게 정치적으로 상황을 인식하고 주변의 과학적, 객관적인 조언을 무시하거나 반박하는 데 집중하였으며, 비과학적, 비전문적이고 즉흥적인 메세지를 지속적으로 전달함으로써 국민들에게 혼란을 야기하였다. 팬데믹 기간 내내 자신의 지지계층의 요구만을 주로 수용하고 그들의 입맛에 맞는 행정명령들을 추진했을 뿐 아니라, 자신에게 가해지는 비판을 돌리기 위해 중국 등 아시안커뮤니티, 국제보건기구를 비난하고 긴장을 조성함으로써 결국 미국 내에서는 갈등을 조장하고 국제사회로부터는 철저히 소외되는 결과를 초래하였다. 예를 들어, 수년 전부터 중국과의 무역마찰 등으로 인해 관계가 안 좋은 상황에서 1월에 중국에서 코로나19가 확산하기 시작하자, 이러한 상황을 정치적으로 이용하기 위해 중국을 무시하거나 비난하는 데 집중하였고, 신속하게 중국과의 국경을 봉쇄하는 정책을 강하게 추진하였다. 그러나 중국에 대한 봉쇄를 1월말에 신속하게 추진한 데 반해, 당시 코로나 확진자가 중국보다 더 많이 확산되었던 유럽과의 국경봉쇄명령은 3월 11일에 되어서야 발표했고, 그나마 영국 등 일부 국가와 자국민의 입국은 무방비로 허용함으로써 코로나19가 기하급수적으로 올라가는 결정적인 계기가 되었다는 점에서, 트럼프 대통령이나 백악관의 조치들이 과학적인 근거나 조언을 바탕으로 했다기보다는 다분히 정치적인 영향을 받았음을 알 수 있다.

이러한 중국과의 적대감·긴장 조성이나 국제기구와의 절연 등이 일시적으로 일부 지지층들의 단합을 조장했을 수는 있으나 실제 감염병 대응에는 비효과적이었고, 오히려 치명적인 영향을 미쳤다는 주장도 많이 제기되고 있다.[15] 예를 들어, 코로나19 대응을 위해 필수적인 의료장비나 그 원재료들의 경우 미국은 중국이나 EU 등 외국으로부터의 수입에 의존하고 있는데, 이들과의 외교적 긴장감, 무역마찰은 불필요한 분쟁을 야기할 수 있으며, 최악의 경우 수입 차질로 인해 신속하게 확산을 막아야 하는 데 어려움을 겪게 될 우려가 제기되었다. 이는 향후 코로나19 치료제나 백신 개발도 마찬가지로 미국이 자국우선주의 아래 자국기업중심의 개발과 자국민 중심의 공급만을 고집한다면 국제사회로부터 더욱 고립되어 결국에는 국제공조가 필

15) Brown, C.(2020). COVID-19: Trump's curbs on exports of medical gear put Americans and others at risk. *Peterson Institute for International Economics*, April 9, 2020.

요한 미래감염병 환경에서 더욱 취약한 상태에 봉착하게 되며, 미국 내 거주하는 아시안계 미국인들은 지속적인 인종차별 및 갈등에 노출될 수밖에 없을 것이다.

코로나19 상황 속 미국 보건안전 리더십의 부재는 마스크 착용과 관련해서도 명확하게 드러나고 있다. 코로나19 발생 초기만 해도 국제보건기구는 물론 대부분의 전문가들 사이에서 건강한 정상 성인의 경우 마스크 착용이 필요 없다는 의견이 전 세계적으로 지배적이었으나, 마스크 착용을 권고하는 국가들의 코로나19 확산속도가 그렇지 않은 국가보다 유의미하게 낮은 여러 연구결과들이 보고되면서,[16] 6월 초 국제보건기구(WHO)도 그동안의 주장을 번복하면서 60세 이상의 고령자나 기저질환이 있는 사람의 경우 공공장소에서 의료용 마스크를 사용해야 하며, 일반인도 최소 3층 면마스크를 사용해야 한다고 권고사항을 수정하였다. 미국에서도 4월 초부터 마스크의 중요성이 서서히 강조되기 시작하였으나, 트럼프 대통령을 중심으로 한 정치인들은 여전히 공식석상에서 마스크 쓰는 것을 거부하였을 뿐 아니라 5월 말, 6월 초까지도 마스크 착용이 여전히 권장사항일 뿐 의무사항이 아니어서 상점이나 대중교통, 공공건물 등에서 마스크를 쓰는 사람들은 극소수에 불과했다. 미국인들의 마스크 착용에 영향을 미치는 요인으로 정치적 성향, 인종, 성별, 소득, 거주지역 등이 파악되었는데, 즉 공화당 또는 트럼프 대통령을 지지할수록, 백인일수록, 남성일수록, 소득이 낮을수록, 비도시지역에 거주할수록 마스크 착용을 거부하거나 소홀한 경우가 많이 나타났다. 확진자가 빠른 속도로 증가하던 4월 중순에 조사한 설문에 의하면, 82%의 아시안계 미국인들이 코로나19 감염을 막기 위해 마스크를 쓴다고 답한 반면, 백인들의 경우 단 66%만 마스크를 쓴다고 답할 정도로 인종 간 차이가 큰 것으로 나타났다.[17] 마스크에 대한 주류 백인들의 거부감은 마스크가 가지고 있는 역사적, 문화적, 종교적 배경에 그 뿌리를 두고 있는 것은 일부 사실이지만, 과학적 사실과 문화적 믿음은 분리되어야 하고, 공공보건 의무와 정치적 성향은 구분되어야 한다는 점에서, 과학적 증거와 객관적 사실에 입각하여 정확한 가이드라인을 제공할 의무가 있는 리더십의 부재가 미국의 정책실패의 근본 원인이었다고 할 수 있다.

---

16) Buchholz, K.(2020). Asians still most likely to wear face masks due to COVID-19, Statista, April 21, 2020.

17) Sanchez, G., & Vargas, E.(2020). 73% of democrats are wearing masks to fight coronavirus. Only 59% of Republicans are. *The Washington Post*, May 15, 2020.

아울러, 2020년 3~4월 두 달 간의 강력한 셧다운 후 경제재개와 관련된 정책갈등도 2차 유행을 촉발한 주범이라고 할 수 있다. 매우 강력한 수준의 셧다운 또는 경제봉쇄 기간을 거친 미국인들, 특히 이 기간 동안 일자리를 잃고 경제적 손실을 많이 입은 사람들은 4월 중순부터 경제재개를 호소하는 시위행렬에 나서기 시작했다. 실제로 이 기간 동안 미국 경제는 대공황 이래로 최대 수준의 일자리 감소와 주가 폭락, 기업의 도산, 가계부채의 증가 등으로 급격한 경기침체로 빠져들고 있었으며, 경제적 성과를 재선의 가장 큰 무기로 삼고 있었던 트럼프 대통령 재선 캠프에서는 빠른 시일내로 경제를 재개해서 신속한 경기회복을 도모하지 않으면 재선 가능성이 거의 희박한 상황에 접어들었다. 이것은 미국뿐 아니라 전 세계의 모든 국가 및 지방자치단체의 리더들이 코로나19 장기화에 따라 직면하고 있는 문제라고 할 수 있는데, 이 결정이 쉽지 않은 이유는, 첫째 건강보건위기와 경제위기간의 위험충돌(risk-risk tradeoff), 둘째, 코로나 확산·진정 추세 예측의 불확실성, 셋째, 해당 지역 내 다양한 이해관계자들의 이해충돌(conflict of interests) 때문이라고 할 수 있다. 어떤 정책이든 모든 대상자를 만족시킬 수 없듯이(one-size cannot fit all), 국가나 지역 내의 다양한 이해관계자들, 공공기관, 기업, 교육국, 의료기관, 각종 시민사회단체들의 의견을 수렴한 후, 각계가 처한 상황을 면밀히 검토하여 세부적이고 명확한 정책가이드라인을 구축한 뒤, 그에 따라 단계별로 경제재개를 추진하는 것이 필요했으나 미국내 대부분의 지역에서 이러한 모습이 나타나지 않은 채 4월 말부터 앞다투어 경제를 재개하였고, 결국 우려했던 바와 같이 성급하게 경제재개를 실시한 주에서 경제재개 이전에 비해 적게는 300%에서 많게는 1,500%까지 확진자가 폭증하였다. 반면, 경제재개를 비교적 늦게 했던 주에서는 경제재개 후에 오히려 확진자 수가 감소하였거나 50% 정도 안팎의 증가만 했던 것으로 나타났다. 경제재개 이후 평균 일일 확진자 증가율이 경제재개를 비교적 늦게 한 뉴욕에서는 마이너스로 나타난 반면, 4월 말이나 5월 초에 오픈한 플로리다, 사우스캐롤라이나, 애리조나, 텍사스에서는 600~1,400% 가량 폭등했음을 보여주고 있다. 물론 캘리포니아나 오레곤 주처럼 비교적 늦게 경제를 오픈했지만 여전히 높은 증가율을 보였던 경우도 있는데, 이것은 경제재개의 시기 자체보다는 각 주가 어떠한 관련 규제나 방역, 교육 등의 정책들을 추진했는지가 더 중요하는 점을 시사하고 있다.

결국, 코로나19와 같은 신종 감염병은 기존의 뿌리깊은 미국 사회구조 내에 내재하고 있던 인종 간, 소득계층 간 불평등이 수면 밖으로 드러나는 계기가 되었으며, 의료, 보건적 차원에서 이미 불평등한 미국 사회를 더욱 불평등하게 만드는 촉매제로 작용하였음을 보여주고 있다. 이러한 고질적인 문제점들에 대한 과감한 변혁적 대응이 없다면 향후 코로나19의 진행과정은 물론, 새로운 감염병에 대해서도 유사한 피해를 경험하게 될 것이라고 예상할 수 있다.

3. 한국에의 시사점

본문에서 살펴본 바와 같이, 코로나19가 유발한 미국의 비극은 의료보건 분야에서의 극단적인 상업적 접근과 공공성의 결여에 그 뿌리를 두고 있음이 분명하다. 미국 정부나 공공보건당국이 코로나19 대응에 무능함을 보여주는 동안, 오히려 미국 민간 의료산업 분야는 진단키트 및 백신 개발, 원격 의료 및 네트워킹, 실시간 셀프서비스 진단 및 자가 관리, 인공지능 및 유비쿼터스 의료 등 기술기반 의료산업 성장의 계기로 삼으려고 발빠르게 움직이고 있다. 물론 이러한 노력이 장기적으로 코로나19와 같은 팬데믹 대응에 도움이 될 수도 있으나, 당장 코로나19로 신음하는 국민들, 특히 엄청난 의료비용 때문에 병원 방문을 주저하는 계층에게는 남의 나라 이야기일 수밖에 없다. 학문적으로 아무리 발달하고 산업적으로 선진화되어 있더라도 부족한 공공성은 가장 기본적인 의료 접근성을 결여시켜, 의료시스템을 취약하고 불평등하게 만듦으로써 수많은 생명을 위험에 처하게 할 수 있기 때문이다. 물론 100% 공공의료를 자부하는 영국도 코로나19 사태의 또 다른 최대 피해국 중 하나라는 점을 고려할 때 "공공부문은 저렴하지만 비효율적이고 민간부문은 효율적이지만 고비용구조로 되어 있다"는 명제는 보건의료 분야에서도 동일하게 적용되고 있음을 알 수 있다. 즉, 공공부문의 저비용과 민간부문의 효율성을 적절히 병합하면서 감염 확산을 효과적으로 차단할 뿐 아니라 모든 국민에게 평등한 진단 및 치료서비스를 제공하는 것은 쉽지 않은 과제이다.

2020년 9월 현재까지 코로나19 대응 모범국 중 하나로 국제적으로 인정받고 있는 한국도 공공의료의 취약성 문제에서는 자유롭지 못하다. 2017년 기준으로 인구 1,000명당 공공의료기관 병상수가 1.3개에 불과하고(OECD 평균 4.7개), 공공의료기관 병상 수 비율도 5.7%로 OECD 국가 중 최하위에 머물러 있는 한국도 코로나19를 겪으면서 공공의료 확충의 중요성이 수없이 강조되어 오고 있으나, 2020년 여름을 뜨겁게 달군 의협 및 전공의들의 의료파업사태에서도 볼 수 있듯이, 의사 수 증원, 공공의대 설치, 원격의료, 의료민영화 등 정부와 의료계 간의 오랜 갈등은 한국 의료보건계가 갖고 있는 특별하면서도 고질적인 숙제라고 할 수 있다.

미국의 코로나19 대응실패는 한국이 보유한 국가주도의 전국민 건강보험 시스템과 민간중심의 의료서비스가 결합된 구조의 장점을 어느 정도 부각시킨 것이 사실이나, 코로나19가 2차, 3차 웨이브 등에 의해 장기화되거나 신종 팬데믹에 대한 초기대응 및 확산 저지에 실패할 경우, 한국의 부실한 공공의료는 언제라도 터질 수 있는 뇌관으로 작용할 가능성이 농후하다. 그러나 지나치게 상업적인 미국의 영리의료시스템도 지나치게 비효율적이고 고비용적인 영국의 공공의료시스템도 코로나19 사태를 거치면서 그 한계를 여실히 드러냈다는 점에서, 한국은 한국만이 갖고 있는 고유한 장점을 강건히 유지하면서 동시에 다른 국가들의 실패에서 배운 교훈들에 대한 선별적 수용을 바탕으로, 한국만의 독자적인 시스템을 발전시킴으로써 뉴노말 팬데믹 시대에 세계를 선도할 수 있는 보건의료강국으로 거듭나야 할 것이다. 이를 위한 필수조건은 무엇보다 정부 당국은 물론, 의료계, 학계, 의료산업계, 시민사회 등 모든 참여자들의 유연하고 진취적인 사고와 적극적인 대화 및 조정을 통한 문제해결 능력에 있지 않을까.

제10장

정보기술이 행정과 무슨 관계?: 미국의 전자정부와 공공가치

이주호(네브라스카주립대 행정학과 부교수)

"My Administration is committed to creating an unprecedented level of openness in Government. We will work together to ensure the public trust and establish a system of transparency, public participation, and collaboration. Openness will strengthen our democracy and promote efficiency and effectiveness in Government." – Barack Obama, January 21, 2009

"우리 정부는 전례 없이 높은 수준의 정부의 개방성을 만들기 위해 노력하고 있다. 우리는 국민의 신뢰를 확보하고 투명성, 참여, 협력의 시스템을 만들어 갈 것이다. 개방성은 우리의 민주주의를 더 강력하게 하고 정부의 효율성과 효과성을 증진할 것이다." – Barack Obama, 2009년 1월 21일

2020년 1월 중국 우한에서 시작되어 한국을 포함한 전 대륙으로 퍼진 COVID-19 유행병 때문에 아직은 정상적인 일상생활로 복귀를 하고 있지 못하다. 미국도 예외는 아니다. 사람들은 외출도 자제하고 많은 사람이 모이는 곳은 피하고 사회적 거리두기와 마스크 착용이 점점 익숙해져가고 있다. 많은 사람들이 원격근무, 온라인 수업, 온라인 쇼핑에 더욱더 익숙해지고 있다. 공공기관도 마찬가지다. 사람들이 과거에는 정부기관 건물을 직접 방문해서 대면으로 처리하던 일들도 외출과 대면접촉을 가능한 줄이기 위해서 온라인으로 처리한다. 예를 들어, 2020년 10월부터 미국의 네

브라스카 주는 주민들이 온라인으로 자동차 운전면허증을 갱신하고 갱신된 운전면허증을 집에서 프린트해서 임시 운전면허증으로 사용할 수 있게 하고 있다. COVID-19 유행병이 빠르게 확산되던 시기에는 사람들이 외출과 대면접촉을 최대한 줄이기 위해 어쩌면 자의 반 타의 반 식으로 전자정부 서비스를 이용하지 않으면 안 되는 경우가 생긴 것이다.

지금 우리는 디지털 시대에 살고 있다. 여러분은 '전자정부'를 들어봤을 것이다. '전자정부'라는 말을 떠올리면 아마도 많은 사람들은 필요한 데이터를 찾아 보거나, 정보를 조회하고, 서류를 제출하고, 예약을 하고, 세금보고서를 제출하거나 생활에 불편한 민원 등을 신청하는 등의 다양한 정부 관련 업무를 구청이나 시청에 방문하지 않고 온라인으로 하는 것을 생각할 것이다. 이러한 일들을 온라인으로 처리하기 위한 컴퓨터나 인터넷같은 정보기술을 떠올리는 것은 매우 자연스럽다. 최초의 컴퓨터와 인터넷은 미국에서 탄생했다. 뿐만 아니라 최근 제4차 산업혁명의 핵심 기술인 빅데이터, 인공지능, 5G, 로봇, 사물 인터넷 등의 분야도 많은 미국의 소위 빅테크 기업들이 선도하고 있다. 미국이 정보기술 강국이라는데는 별로 이견이 없을 것이다.

이 장의 목적은 미국의 전자정부를 소개하고 주요 현안들을 논의하여 한국 전자정부에 어떤 시사점을 줄수 있을까를 고민하고 제안하기 위해서이다. 그러기 위해서 먼저, 전자정부의 기반이 되는 정보기술에 대해 간단하게 논의하고, 미국의 전자정부가 어떻게 발전했는지를 연방정부 중심으로 살펴보려고 한다. 미국 전자정부는 다양한 비전, 관리 시스템, 서비스를 가지고 있는데, 이 장에서는 이 중에서 개방형 정부 계획, 공개데이터, 온라인 시민참여, 인공지능을 이용한 행정을 중심으로 소개를 하고, 마지막으로 한국의 전자정부에 주는 함의를 제시하려고 한다.

1. 전자정부에 필요한 정보기술은 무엇일까?

정보통신기술은 전자정부의 주요한 도구이다. 정보통신기술은 흔히 IT(Information Technology) 또는 ICT(Information and Communication Technology)라고 쓰이는데, 정보기술과 통신기술의 융합(convergence)의 산물이다. 정보는 전자정부의 주요 도구 혹은 인체로 비유하면 혈액과 같은 것이다. 대부분의 정부조직은 노동집약적이라기보다는 정보집약적인 업무를 하는 특성을 가지고 있다. 정보와 데이터는 가끔 혼용하여 사용되는데, 엄밀히 말하면 정보는 데이터의 사용자가 이해하는 데이터의 맥락과 의미이다. 데이터 없이는 좋은 정보를 만들기 어렵다. 정보통신기술의 발전은 이 데이터의 수집, 연산/분석, 저장, 송신 및 수신의 효율성을 높이는 데 획기적인 기여를 하였다.

정보기술의 대표적인 예로 컴퓨터를 들 수 있다. 컴퓨터도 다양하게 분류할 수 있는데 메인컴퓨터 시대에서 개인컴퓨터의 시대로, 그리고 최근에는 인공지능으로 발전하고 있다. 반도체와 같은 컴퓨터의 핵심 부품들의 가격이 낮아지고 소형화되면서 컴퓨터는 다양한 모바일 디바이스에 사용되고 있다. 대표적인 예가 테블릿 컴퓨터와 스마트폰이다. 특히, 스마트폰과 아래 설명할 통신기술의 획기적인 속도 향상이 더해지면서 디지털 정부에게는 모바일 앱과 같은 새로운 통로를 통해 정부서비스를 제공할 기회를 만들어 주고, 이용자 입장에서는 이동 중에도 디지털 정부서비스를 이용할 수 있게 해주고 있다 .

통신기술은 데이터를 한 지점에서 다른 지점으로 좀 더 빠르고 안전하게 전송하기 위해 발전해 왔다고 볼 수 있다. 통신기술도 유선과 무선으로 나눌 수 있는데, 유선통신의 경우 초기에는 전화선을 이용해 인터넷에 접속하다가, 그 이후에는 광섬유케이블 등을 이용한 광대역 인터넷 전용선 등으로 발전하였다. 무선통신의 경우, 1세대 무선통신은 아날로그 데이터만 전송하였으나, 2세대 무선통신부터는 데이터를 디지털로 변화하여 전송하였고, 데이터 전송 속도에 따라 3G, 4G/LTE를 거쳐 최근에는 5G까지 발전하고 있다. 최근 상용화된 5G는 이론적으로는 20Gbps의 빠른 속도로 데이터을 전송할 수 있다고 한다. 통신기술 발전에 따라 데이터 전송 속도가 획기적으로 빨라졌다는 것은 대용량 데이터도 거의 실시간으로 전송된다는 의미이고, 이는 문자 위주의 정보서비스에서 비디오 같은 다양한 멀티미디어 정보서비스를 제공하기 위한 획기적인 디지털 인프라의 구축을 의미한다.

더욱 빨라진 무선통신 속도와 다양한 모바일 디바이스의 융합은 정부나 기업이 새로운 방식으로 데이터를 수집할 수 있게 해주고 있다. 예를 들어, 사물 인터넷은 카메라, 센서 같은 다양한 입력장치를 이용하여 기존에는 수집하기 힘들거나 비용이 많이 드는 데이터를 실시간으로 수집하는 것을 가능하게 해주고 있다. 드론으로 대표되는 무인비행장치나 웨어러블 기술 등도 사물 인터넷의 센서 기술을 이용하여 새로운 방식으로 효과적인 데이터 수집을 가능하게 해주고 있다. 이렇게 다양한 디바이스에서 수집된 데이터들은 기존의 방식으로 수집된 데이터들과 연결되고 빅데이터와 인공지능 등을 통해 분석·예측되어 좀 더 지능화된 서비스를 제공할 수 있는 기회를 제공하고 있다.

2. 미국의 전자정부는 어떻게 탄생하고 성장했나?

본격적인 전자정부의 시작은 미국의 제42대 대통령 빌 클린턴(Bill Clinton)과 부통령 앨 고어(Al Gore)가 집권한 1993년부터 시작되었다고 볼 수 있다. 굳이 부통령인 앨 고어를 언급한 이유는 그의 리더십이 미국 디지털 정부의 탄생에 중요한 역할을 했기 때문이다. 클린턴 정부(1993~2000)의 전자정부 비전은 엘 고어 부통령이 주도한 국가정보기반시설(National Information Infrastructure) 정책과 국가행정개혁안(National Performance Review)에 담겨져 있다. 그리고 이 두 정책은 모두 클린턴 정권 초기인 1993년 9월에 발표되었다는 점을 볼때 정보통신기술 정책과 행정혁신 정책의 방향과 비전이 잘 조율되었다는 것을 함의한다.[1] 즉, 정보통신기술의 수용과 응용을 정부행정개혁의 효율적인 도구로 인식하고 있었다. 이러한 인식을 가진 클린턴 정부의 전자정부 비전은 정보기술을 이용하여 혁신적으로 정부 운영과정의 효율성을 증진하고, 정부서비스 전달의 효과성과 책임성을 향상시켜 공공가치를 창조하고자 하였다. 이 시기에 최초로 백악관 웹사이트가 만들어지고(1992년), 연방정부의 공식 웹포털인 Firstgov.gov가 만들어져(2000년), 본격적인 전자정부 서비스를 제공하기 시작했다.

조지 부시(George W. Bush) 정부(2001~2009)는 '전자정부 확장'을 5개의 대통령

---

1) Kamensky. J.(1996). Reinventing government" movement in Federal management reform. *Public Administration Review*, 56(3): 247-255; 정충식(2016). 박근혜 정부의 ICT 거버넌스 분석. 『한국지역정보화학회지』, 19(3): 53-90.

관리의제(President Management Agenda) 중에 하나로 선정할 정도로 전자정부에 관심을 가지고 지원하였다. 부시 정부의 전자정부 비전과 전략의 특징은 대통령의 직속기관인 관리예산처(Office of Management and Budget: OMB)에서 주도하기 시작했고, 이 시기부터 성과평가를 통해 전자정부 사업의 평가결과를 이를 시행하는 연방정부기관의 예산과 연계하기 시작했다는 것이다. 2001년에 24개의 전자정부 사업을 정하고 이를 시민, 기업, 정부 간 서비스로 분류하여 체계적인 관리를 하였다. 이 전자정부의제는 또 다른 대통령 관리의제인 '결과지향적 정부'와 연동하는 것을 명시함으로써 전자정부 사업의 체계적인 평가를 강조하였다. 이 시기에 이루어진 또 다른 괄목할 만한 진전은 2002년 전자정부법의 제정이다.[2] 이 전자정부법의 여러 특징 중에 주목할 만한 내용은 이 법으로 인해 각 연방정부기관은 최고정보책임자(Chief Information Officer: CIO)를 의무적으로 두도록 하여 개별 연방기관의 정보정책과 전자정부 사업을 총괄적으로 관리하게 하였다는 것이다. 이후 미국의 일부 주정부들은 이 CIO 제도를 도입하게 되었고, 그러한 주들은 긍정적인 효과를 가져왔다. 즉, CIO를 선도적으로 도입한 주정부의 지역경제발전 지표가 CIO 제도가 없는 주정부보다 좋은 것으로 나타났다.[3] 또한 주정부의 CIO 부서에 좀 더 많은 예산이 투입되었을 때, 그 주정부 전체의 예산절감와 긍정적인 관계가 있는 것으로 보고되었다.[4] 그리고 2007년에는 OPEN Government Act을 제정하여 기존의 정보공개법을 일부 수정하였다.

버락 오바마(Barack Obama) 정부(2009~2017)는 고객중심의 전자정부를 지향하였고, 당시 새롭게 부상하던 모바일 기술과 소셜미디어를 전자정부서비스에 사용하는 것을 적극 지원하였다. 오바마 정부의 초기 전자정부 비전과 전략은 2009년에 발표된 열린정부계획(Open Government Initiative)에 잘 드러나 있다. 이 열린정부계획에서 각 연방정부기관에게 의무적으로 요구한 것은 어떻게 자신들이 투명성을 높

---

2) 한국의 전자정부법도 2001년 제정되었고, 양국의 전자정부법 비교는 정충식 교수의 2004를 참조. 정충식(2004). 한국과 미국의 전자정부법 비교분석. 『사회과학연구』, 20(2): 112-150.

3) Lee, G., & Perry, J.(2002). Are computers boosting productivity? A test of the paradox in State governments. *Journal of Public Administration Research and Theory*, 12(1): 77-102.

4) Pang, M., Tafti, A., & Krishnan, M. S.(2016). Do CIO budgets explain bigger or smaller governments? Theory and evidence from U.S. State government. *Management Science*, 62(4): 1020-1041.

이고 협업을 장려하고 참여를 향상시킬지에 대한 구체적인 이정표를 만들고 이를 실행하게 한 것이다. 이에 따라 각 기관들은 열린 정부 웹사이트를 만들고, 이곳에 예산 등과 같은 정부가 소유하고 있는 데이터를 선제적으로 공개하게 하였다. 이후에도 오바마 정부는 2011년에 유엔과 한국을 비롯한 7개 국가들과 협력하여 열린 정부 파트너십(Open Government Partnership)의 결성을 주도하였고, 이 열린정부계획은 각 주정부로 하여금 자신들의 데이터를 체계적으로 공개하고 관리하는 웹사이트를 만들어 서비스를 제공하는데 영향을 미쳤다. 2기 오바마 행정부는 2013년 제정된 건강보험개혁법(Affordable Care Act)을 지원하기 위해 만들어진 healthcare.gov의 서비스 시작이 지연되고, 서비스가 재개되자 바로 다운되는 블랙스완(Black Swan) 같은 대규모 전자정부 프로젝트의 실패를 경험했다. 주요 원인은 관리감독의 실패와 550여 개나 되는 외부용역업체에 지나치게 의존하였기 때문이다.[5] 이 대규모 실패를 수습했던 전문 정보기술팀을 주축으로 2014년에 대통령 직속으로 정부 디지털 서비스를 설립하고 구글 엔지니어 출신을 리더로 임명하였고, 연방총무부 소속 연방 조달청의 한 부서로 18F를 만들어서 효율적으로 연방정부기관에 정보기술 서비스를 제공하고 있다.[6] 이러한 정부 디지털 서비스 조직은 기존의 집권화되거나 분권화된 이분법적인 정보기술 부서의 거버넌스 모델에서 벗어나 제3의 정보기술 거버넌스 구조를 의미한다. 그리고 2016년 10월 오바마 행정부는 6개월 간 신속하게 준비해온 인공지능 정책 로드맵과 연구개발에 관한 2개의 보고서를 발표했는데, 이때가 차기 대통령 선거 기간이라 여론의 주목은 받지 못했지만, 향후 미국의 인공지능 정책의 7대 과제, 23개의 실천사항, 그리고 7개의 연구개발 전략을 포함하고 있다.[7]

2017년에 들어선 도널드 트럼프(Donald Trump) 행정부는 임무(Mission), 서비스, 책무(Stewardship) 세 가지의 대통령 관리의제를 제시하고 이를 달성하기 위해 기관

5) Anthopoulos, L., Reddick, C., Giannakidou, I., & Mavridis, N.(2016). Why e-government projects fail? An analysis of the healthcare.gov website. *Government Information Quarterly*, 33(1): 161-173; Mergel, I.(2019). Digital service teams in government. *Government Information Quarterly*, 36(4): 389-392.

6) Mergel, I.(2017). Digital service teams: Challenges and recommendations for government. *IBM Center for The Business of Government*.

7) National Science and Technology Council(2016). The national artificial intelligence research and development strategic plan. Office of Science and Technology Policy. https://www.nitrd.gov/pubs/national_ai_rd_strategic_plan.pdf

간 협업을 특히 강조하여 왔다. 즉, 단일 연방정부기관의 목표 달성보다는 기관 간 협업으로 달성할 수 있는 목표(Cross-Agency Priority)를 우선시하는 것을 강조하고 이를 성취하기 위해 기존의 정보통신기술의 효율성을 높이고, 정보보안과 보호를 증대하기 위한 투자와 데이터를 전략적 자산으로 이용할 것을 강조하고 있다. 이를 제도적으로 지원하기 위해 2017년에 정부기술 현대화법(The Modernizing Government Technology Act)을 제정하였다. 그리고 2019년에는 증거기반 정책결정의 초석법과 OPEN 정부데이터법을 제정하여 OMB 산하에 연방데이터 정책위원회(Federal Data Policy Committee)를 설립하고, 연방행정기관에 최고 데이터 책임자(Chief Data Officer: CDO)를 의무적으로 도입하게 하였다. 또한 2020년 1월에 60명 이상의 연방기관으로 구성된 CDO 협의회(Federal Chief Data Council)를 출범하였다. 주정부의 경우, 2011년 콜로라도 주에서 최초로 COD를 도입하였고, 2020년 1월 현재 28개 주에서 CDO를 도입하고 있다.[8] 13개 주를 제외한 나머지 주도 CDO와 비슷한 직책이 있거나, 공석으로 있어 현재 고용 중이다. 시정부 중에서도 2020년 1월 현재 17개 시에 CDO가 도입되어 있다(Data-Smart City Solutions, 2019). 그 중에 뉴욕 시가 지방정부로서는 최초로 2011년부터 최고 데이터 책임자 직급을 만들어 운영하고 있다.[9] 트럼프 행정부에서는 오바마 정부에서 시작한 인공지능 정책 로드맵과 연구개발 전략을 강하게 추진하기 위해 2019년 2월 인공지능 분야에서 미국의 리더십을 유지하기 위한 행정명령에 서명하면서 연방정부기관은 6개의 전략적 목표를 추구해야 한다고 했다. 그리고 같은해 7월에는 오바마 행정부의 인공지능 연구개발 7대 전략을 8대 전략으로 업데이트하여 공공부문과 민간의 파트너십을 확대를 추가하였다.

좋은 전자정부를 만들기 위한 관심과 노력이 어느 정도였는지를 가늠할 수 있는 한 가지 방법은 정보화에 배정되는 예산의 규모이다. 예를 들어, 2011년부터 2021년까지 연방정부의 전정부적 정보기술 지출(government-wide IT spending)규모는

8) Westore, A.(2020). Head count shows more than half of States now have a CDO. *Government* Technology. https://www.govtech.com/data/Head-Count-Shows-More-Than-Half-of-States-Now-Have-a-CDO.html

9) Ho, A., & McCall, B.(2016). *Ten actions to implement big data initiatives: A study of 65 cities.* IBM Center for The Business of Government. http://www.businessofgovernment.org/sites/default/files/Ten%20Actions%20to%20Implement%20Big%20Data%20Initiatives.pdf

2011년 75.4억 달러에서 2021년 90.9억 달러로 14.5억 달러가 증가하였다(하지만, 이 지출규모에는 기밀로 지정된 정보기술 지출과 정보기술 현대화 기금은 포함되지 않는다). 전체 연방정부 차원에서 보면 정보기술에 대한 예산이 꾸준히 증가해 왔지만 정보화 예산의 규모는 각 기관별로 차이가 많이 난다. 그 중에서도 정보기술 유지보수에 들어가는 예산을 제외한 기관의 역량 강화를 위해 필요한 개발, 현대화, 업데이트를 위해 사용된 정보기술 예산규모가 기관별로 많은 차이가 있는데, 이러한 차이는 왜 생기는 것일까? 135개 연방정부기관의 정보화 역량 강화에 투자된 예산을 2003년부터 2016년까지 조사한 연구에 따르면,[10]정치적 요인이 주요 원인이라고 한다. 다른 예산과 마찬가지로 정보기술역량에 투자되는 예산의 규모도 정치적으로 결정된다는 예산과정의 정치적 성격을 재확인시켜주고 있다. 즉, 연방정부기관장 중에는 의회의 승인으로 임명되는 경우도 있고 의회의 승인이 필요없이 대통령이 임명하는 경우도 있는데, 의회의 승인으로 임명된 기관장이 속한 기관의 정보화 역량에 소요되는 예산이 그렇지 않은 경우보다 더 증가하였다. 또한 연방의회의 다수당과 대통령의 소속 정당이 같을 때, 그리고 연방기관의 정치적 이데올로기가 진보적이거나 보수적이지 않은 중도성향을 가질 때 정보화 역량을 위한 예산이 그 기관에 더 많이 투자되었다.

3. 그래서 최근 미국 전자정부의 주요 이슈는 뭘까?

1) 열린정부계획

오바마 정부에서 시작된 열린정부계획은 한국뿐만 아니라 다른 나라의 전자정부의 방향과 비전에 영향을 미친 것으로 보인다. 하지만, 오바마 정부 초기 열린정부계획을 이끌었던 최고 기술책임자(Chief Technology Officer) 노벡(Beth Noveck)은 투명성, 협업, 참여의 세 가지 핵심 가치이자 수단으로 구성된 이러한 노력을 혁신적

10) Pang, M.(2017). Politics and information technology investments in the U.S. Federal government in 2003-2016. *Information System Research*, 28(1): 33-45.

인 시도라고 긍정적 평가를 하면서도 두 가지 근본적이 문제점을 지적하면서 이 노력은 실패했다고 평가했다.[11] 하나는 투명성과 참여를 강조한 계획이었지만 내부에서 이루어진 정책결정과정은 기존의 패쇄적인 관료제 방식으로 이루어졌다고 한다. 노벡은 특히 각 연방정부기관의 정책결정 거버넌스는 내부의 많은 위원회의 역할이 중요한데, 이 위원회의 구성에 있어서 특히 시민 전문가들의 참여에 개방적이기보다는 패쇄적이다라는 점을 지적하고 있다. 또한 연방정부가 제공하는 시민참여 플랫폼들이 누구나 참여할 수 있게 개방되어 있어 광범위하고 무작위한 시민들이 참여할 수 있게 설계되어 있어, 올바른 전문성, 통찰력, 정보를 가지고 있는 시민들을 체계적으로 참여시키는 데는 한계가 있다고 하였다.

비슷한 맥락에서 열린정부계획 하에 탄생한 대표적인 시민참여와 협력을 증진시키위한 개방형 혁신 온라인 크라우드 소싱 플랫폼인 Challeng.gov는 각 연방정부기관에서 혁신하고 싶은 것들을 외부 전문 업체와 계약을 하거나 정부 홀로 정책을 만들어서 해결하는 기존의 전통적인 방식이 아니라, 정부가 해결하고자 하는 문제를 모든 시민들에게 공개하여 시민들로부터 혁신적인 아이디어를 수집하여 정부와 시민의 공동생산 또는 협력으로 그 문제를 해결하고자 하는 새로운 접근방법이다. Challenge.gov는 시민들의 참여를 활성화하고 혁신 아이디어의 질을 높이기 위해 경쟁을 도입한 대회 형식으로 설계되고, 이 대회를 통해 선택된 아이디어에 대해서는 금전적 보상을 지급하는 방식으로 운영된다. 따라서 Challenge.gov가 개방형 온라인 크라우드 소싱 플랫폼으로 성공하기 위해서는 각 연방정부기관이 Challenge.gov의 목적과 방식을 수용하여 해결하고 싶은 문제나 고민들을 이 플랫폼을 통해 공개 모집하여 적실성 있는 혁신방안을 얻을 수 있어야 한다. 하지만, 메르겔(Ines Mergel)은 36개의 연방정부기관에서 Challeng.gov를 담당하는 공무원과의 인터뷰를 통해 연방정부기관이 이를 수용하는 데 방해가 되거나 지연하게 하는 법적, 문화적, 기술적, 제도적 장애요인들을 논의하였다.[12] 예를 들어, 인터뷰 참여자들은 대회와 수상자에게 상금을 주는 모델를 지원하는 법적인 장치가 미약해서 기존의 법을 적용하는 데 한계가

11) Noveck, B.(2016). *Smart citizens, smarter state: The technologies of expertise and the future of governing*. Boston, M.A: Harvard Business Press.

12) Mergel, I.(2018). Open innovation in the public sector: Drivers and barriers for the adoption of Challenge.gov. *Public Management Review*, 20(5): 726-745.

있거나 기존의 법이 너무 모호하게 관련 규정을 가지고 있어서 적용하는 데 어려움이 있다고 토로하였다. 또한 인터뷰 참여자들은 어떤 시민들의 혁신적 아이디어가 대회를 통해 선택되어졌을 경우, 그 아이디어의 지적재산권 혹은 특허권은 정부기관에 귀속되는지 아니면 수상자에게 속하는지에 대한 법적 논쟁이 있을 수 있다고 염려하고 있다. 이외에도 외부 시민들의 혁신적인 아이디어를 수용하기를 꺼려하는 내부 관료 문화와 최고 의사결정자들의 지원 부족 등 조직문화적인 부분들도 중요한 장애요인으로 작용하고 있다고 증언하고 있다.

2) 개방형 데이터 포털

오바마 행정부 이래로 연방정부는 물론이고 주정부와 많은 지방정부에서도 자신들의 개방형 데이터 플랫폼을 만들어서 각종 데이터를 공개하고 있고, 공개하는 데이터의 양도 많아지고 종류도 다양해지고 있다. 예를 들어, 연방정부 개방형 데이터 포털인 data.gov는 2009년 47개의 데이터셋을 제공하면서 시작했는데, 2020년 8월 현재 210,923개의 데이터셋을 농업, 기후, 에너지 등 다양한 종류와 pdf, csv, xml, json 등 다양한 파일형태로 제공하고 있다. 이 데이터셋에는 연방정부기관뿐만 아니라 20,971개의 주정부와 지방정부의 데이터셋도 포함하는 등 통합 데이터 포털 서비스 창구 역할을 하고 있다. 다른 중요한 특징은 2019에 제정된 OPEN 정부데이터법에 따라 strategy.data.gov와 resources.data.gov와 같은 기존의 데이터를 이용하여, 각 연방정부기관의 전략과 자원관리를 제공하는 포털 사이트와 연계하여 이용자들로 하여금 data.gov에서 공개한 데이터들이 실제 어떻게 연방정부기관에서 활용하는지를 알려주고 있다. 개방형 데이터 포털은 이용자 입장에서 보면 기존의 정보공개청구법을 통해 원하는 정보를 정부에 신청하고, 그 신청이 받아들여지면 그 정보에 접근할 수 있는 수동적 접근방법에서 정보청구 신청 전에 정부가 정보를 온라인에 선제적으로 공개하는 적극적 접근방법으로, 시민들의 정보요구에 대응하는 방식으로의 전환을 의미한다.

그러면 이러한 개방형 데이터 포털이 어떠한 결과를 가져오고 있을까? 최근 한 연구는 개방형 데이터 포털을 운영하는 15개 시의 책임자들과의 인터뷰를 통해 시정부에서 제공하는 개방형 데이터 포털이 외적인 혁신뿐만 아니라 시 내부의 혁신을 가져오고 있다고 한다.[13] 외적으로는 새로운 주민들이 개방형 데이터 포털을 이용하고, 주민들이 이 데이터 포털을 통해 정부의 자원에 쉽게 접근할 수 있게 해주었고, 스타트업 기업들에게 도움을 주는 등 주민과 기업에게 혁신적인 절차와 서비스를 제공하고 있다는 것이다. 이러한 외부 혁신뿐만 아니라 시 공무원의 업무과정이 변화하고, 효율적으로 데이터 재사용, 오픈데이터의 질과 공공성에 대한 자각 등이 생기는 등 내부 혁신도 가져오고 있다고 한다. 개방형 데이터 포털에서 제공되는 데이터의 양과 종류는 디지털 기술을 이용한 혁신이 정부에 수용된 이후 그 혁신이 얼마나 잘 추진되었는지를 가늠해볼 수 있고, 투명성 향상, 책임성 확보, 효과적인 정보접근이라는 개방형 데이터 포털의 성과의 측정을 가능하게 하는 중요한 바로미터이다. 하지만, 포털을 통해 선제적으로 공개하는 데이터의 양과 종류는 정부별로 부서별로 차이가 존재한다. 이러한 차이는 왜 생기는 것일까? 최근 영(M. Young)은 인구 10만명의 도시 중 개방형 데이터 포털을 운영하는 60개의 시정부와 그 시정부에 속한 1,579개 부서들이 공개하는 데이터의 양과 종류에 어떤 요인이 영향을 미칠까를 연구하였다.[14] 연구결과에 따르면, 연구대상 시에 정보집약적인 업무를 주로 하는 회사들의 수가 많을수록, 연간 가구당 중위 소득의 비율이 낮을수록, 실업자의 비율이 높을수록, 라틴 아메리카계 인구비율이 높을수록 시정부에서 공개하는 데이터의 양과 종류가 증가한다고 한다. 그리고 부서의 정규직 직원의 수가 많을수록, 예산 및 재정 부서, 경제 및 지역사회 개발부서, 기획과 면허/허가를 담당하는 부서가 더 많은 양과 종류의 데이터를 공개한다고 한다.

3) 정보기술을 이용한 시민참여

정보기술을 이용한 시민참여는 여러 가지 이름으로 혼용되어 사용되는데(예: 디지털 민주주의), 이 장에서는 시민들이 정부의 정책결정과정에 참여하는 것으로 한정하고 온라인 시민참여로 부르기로 한다. 따라서 다양한 형태의 온라인 정치참여, 지

13) Mergel, I., Kleibrink, A., & Sorvik, J.(2018). Open data oucomes: U.S. cities between product and process innovation. *Government Information Quarterly*, 35: 622-632.

14) Young, M.(2020). Implementation of digital-era governance: The case of open data in U.S. cities. *Public Administration Review*, 80(2): 305-315.

역사회 참여 등은 포함하지 않기로 한다. 미국의 디지털 정부는 다양한 온라인 시민참여의 기회를 제공하고 있다. 연방정부는 challenge.gov뿐만 아니라 regulations.gov처럼 정부에서 제안한 규제에 대한 의견을 제출할 수 있는 플랫폼과 과학적으로 사회문제를 해결하기 위한 혁신적인 방안을 논의할 수 있게 시민과학자들과 관련 정부기관이 커뮤니티를 만들어 협력할 수 있는 크라우드소싱 플랫폼인 citizenscience.gov를 제공하고 있다. 물론 이렇게 정부가 제공하는 플랫폼도 있지만 페이스북이나 트위터와 같은 상업용 소셜미디어를 통해 연방정부기관은 시민들에게 정보를 제공할 뿐만 아니라 그들의 소리를 듣고 참여 기회를 제공하고 있다. 흥미롭게도 주정부의 경우, 연방정부와 같은 크라우드소싱 형태의 온라인 시민참여 플랫폼은 발견하기 힘드나, 연방정부와 마찬가지로 다양한 소셜미디어를 통해 온라인 시민참여를 지원하고 활성화하려 하고 있다.

지방정부에서도 다양한 소셜미디어를 통해 시민들의 온라인 참여를 지원하고 있다. 하지만, 소셜미디어 이외에 한국 지방정부처럼 시민들의 참여를 다양한 온라인 통로를 통해 지원하고 있지 않다. 특히, 예를 들어 서울특별시에서 제공하는 "민주주의 2.0"이나 많은 지방자치단체에서 제공하는 "시장에게 바란다", "민원신청" 등과 같이 시민들이 자신의 의견이나 민원을 공개적으로 표출할 수 있는 온라인 시민참여는 미국의 지방정부에서는 일반적이지 않다. 하지만, 연방정부와 주정부와는 차별화되게 일부 미국 지방정부에서 운영하고 있는 311서비스는 눈에 띄는 온라인 시민참여 프로그램이다. 시민들이 처한 긴급한 문제를 해결하기 위한 911서비스와는 다르게 시민들이 긴급사태까지는 아니지만 그들의 불편함과 불만 등의 민원을 신청하고 정부가 필요한 조치를 하는 것이 311서비스이다. 대부분의 311서비스는 초기에는 주로 콜센터로 운영되어 전화같은 기존의 정부와의 소통 통로에 의존하여 서비스 신청을 받고 대응결과를 통지하는 방식이었다. 물론 서비스 신청과 대응결과는 신청자만이 알 수 있게 닫힌 시스템이었다. 하지만, 향상된 정보기술을 이용하여 많은 지방정부가 기존의 소통 통로 이외에 311서비스를 웹사이트나 앱을 통해 시민들에게 제공하고, 시민들은 311서비스를 이용해 필요한 서비스를 요청하고 그 결과를 웹사이트나 앱을 통해 공개하여 신청자 외에도 일반시민들도 신청된 민원과 해결결과에 접근할 수 있게 공개 플랫폼으로 진화하고 있다.

최초의 311서비스는 1996년 미국의 메릴랜드 주 볼티모어 시에서 처음으로 콜센터 서비스를 제공하면서 출발하였고, 이때는 경찰서비스에 한정해서 시민들의 민원을 전화를 받고 처리하였다. 이후 1997년 일리노이즈 주 시카고 시에서 경찰서비스뿐만 아니라 다른 비긴급 서비스(예: 쓰레기 수거, 소음 불만 등)를 포함하는 종합적인 311서비스 콜센터를 설립하였다. 1998년에는 캘리포니아 주 로스앤젤레스 시에서 311콜센터 서비스를 시작하는 등 전국으로 퍼지게 되었다. 2015년까지 200개 이상의 도시정부와 작은 시골정부까지 311시스템을 도입하였다. 최근 뉴욕 시와 시카고 시 등에서는 311서비스의 범위가 단순히 민원을 신청뿐만 아니라 다양한 시정부의 온라인 서비스까지 통합하여 확대되고 있는 추세이다. 예를 들어, 최초의 311서비스를 시작했던 볼티모어 시에서는 이후 다양한 도시정부 서비스로 그 범위가 확대되었고, 2010년에는 콜센터에서 온라인 개방 서비스 포털로 확대 발전하였다.[15] 볼티모어 시 웹사이트에 따르면, 2017년 한 해 동안 311시스템을 통해 80만 건 이상의 서비스 요청을 받았고, 대부분은 전화로 이루어졌고 그 중 약 6만 4천 건은 웹사이트로 7만 4천 건 정도는 모바일 앱으로 신청되었다고 한다. 2017년 데이터에 따르면, 311으로 요청된 서비스를 처리하는 데 평균적으로 약 5일 걸렸다고 한다. 뉴욕 시는 2003년 311콜센터 서비스를 시작하고, 2009년에는 웹사이트와 모바일 앱을 2011년에는 소셜미디어를 통해 개방형 서비스 포털로 발전하였다. 그 과정에서 지속적으로 시민들의 311서비스 이용이 증가했는데, 2017년 한 해에만 거의 4천만 건의 서비스와 민원 요청이 311서비스를 통해 이루어졌다.[16] 이 4천만여 건의 서비스와 민원 요청은 200만 건 이상은 전화로, 180만 건은 웹사이트를 통해, 16만 건은 모바일 앱으로 이루어졌고, 트위터를 통한 요청도 1만 3천건 이상이었다. 또한 가장 빈번한 서비스/민원 요청은 소음에 관한 것이고, 그 다음으로 아파트 유지보수, 난방 · 온수, 불법주차 등의 순이었다.

개방형 온라인 311서비스의 특징은 주민들이 전화뿐만 아니라 다양한 시민참여 채널(예: 이메일, 소셜미디어, 웹사이트, 모바일 앱 등)을 통해 시정부에게 서비스를

15) Wood, C.(2016). What is 311? *Government Technology*. https://www.govtech.com/dc/articles/What-is-311.html

16) New York City(2020). About NYC 311. https://www1.nyc.gov/311/311-sets-new-record-with-nearly-40-million-customer-interactions-in-2017.page

요청하거나 민원을 신고할 수 있고, 시정부는 이러한 서비스 요청이나 민원을 311이라는 단일 포털 사이트를 통해 일반시민들에게 공개하고 시각화하여 보여주고 있다. 이 뿐만 아니라 시정부는 서비스와 민원 요청을 언제 어떻게 처리하였는지를 이 공개하고 있다. 시정부는 311서비스를 통한 정보의 개방과 시각화 노력을 통해 시정부의 투명성, 대응성, 책임성이 향상되기를 기대하고 있다. 311서비스의 두 번째 특징은 시민들의 민원 및 서비스 요청과 이에 대한 시정부의 모든 대응을 데이터로 기록하고 저장하여 이를 공개하고 있다. 또한 이 데이터들이 축척되어 빅데이터가 되고, 시정부는 이 빅데이터 분석을 통해 민원이나 서비스 요청이 있기 전에 시민들의 민원 및 서비스 수요를 예측하여 선제적으로 대처할 수 있게 해주고 있다.[17] 마지막으로, 311서비스를 통한 시정부의 대응 노력은 각 시정부기관의 성과를 측정하고 평가하는 중요한 데이터와 지표로 사용되고 있다.[18] 즉, 온라인 개방형 311서비스를 통한 수집된 데이터는 시정부의 지도자와 고위 관리자들이 시정부 부서의 성과를 좀 더 증거에 기반한 평가를 할 수 있게 도와주는 중요한 수단을 제공하고, 시정부가 보다 효율적이고 효과적으로 자신의 조직을 관리하고 서비스를 제공할 수 있는 좋은 기회를 주고 있다. 또한 311서비스 데이터의 공개는 기관들이 시민들의 민원과 서비스 요청에 효과적으로 부응하도록 일종의 압박을 주는 효과도 있는 것 같다.

하지만, 현재의 311서비스는 그 효과가 아직은 제한적이다. 311서비스의 가장 중요한 특징은 시민들이 지역사회의 문제를 발견하고 자발적으로 정부에 필요한 조치를 요청하는 참여과정이고, 정부와 공동으로 지역사회의 문제를 해결해가는 과정이다. 또한 311서비스는 시민들의 신청에 정부가 대응하는 방식으로 설계되어 있다. 따라서 시민들의 자발적 신청이라는 참여가 없으면 불가능한 서비스 모델이다. 하지만, 기존의 시민참여에 관한 연구들을 보면 시민참여가 불평등하게 이루어지고 있고 시민들은 그들의 사회경제적 요인에 따라 참여가 제약되거나 활발하다는 것을 알 수 있다. 그렇다면 311서비스같이 새로운 정보기술을 이용한 시민참여 플랫폼은 시민참

17) Chartfield, A., & Reddick, C.(2018). Customer agility and responsiveness through big data analytics for public value creation: A case study of Houston 311 on-demand services. *Government Information Quarterly*, 35(2): 336-347.

18) Nam, T., & Pardo, T.(2014). The changing face of a city government: A case study of Philly 311. *Government Information Quarterly*, 31, S1-S9.

여의 저해 또는 활성화에 어떻게 영향을 미칠까?

우선, 311서비스가 시민참여의 불평등을 더 악화시킨다는 우려의 목소리가 있다. 예를 들어, 뉴욕 시 311서비스를 통한 민원 요청이 어느 지역사회에서 많이 있었고, 이를 해결했는지를 살펴보니 소위 부유한 동네일수록 311서비스를 통한 서비스와 민원 요청이 많았고, 이를 시정부에서 즉각적으로 해결해줌으로써 그 부유한 동네의 시민들은 좀 더 좋은 정부서비스를 받는 것으로 나타났다.[19] 부유한 지역에 사는 시민일수록 컴퓨터와 인터넷에 접근이 용이하고 교육수준도 높고 정보문맹률은 낮아서 311서비스를 잘 인지하고 활용하는 것으로 보인다. 하지만, 빈곤한 지역에 사는 시민일수록 이와 반대일 가능성이 높고 또한 311서비스 신청 시 언어문제로 어려움을 겪거나(예: 외국 이민자들), 필요한 정보제공을 꺼리거나(예: 불법체류하는 사람들), 시정부 공무원이 자신의 집에 오는 것을 꺼리는 등의 이유로 311서비스를 이용하지 않을 수 있다. 즉, 시정부에서 311서비스 요청 데이터에만 의존해서 수동적으로 서비스를 제공하고 민원을 해결하려고 하면 의도치 않게 특정 사회계층에게 더 좋은 정부서비스를 제공하게 되는 결과를 가져오고, 이로 인해 기존의 불평등이 심화될 수 있다. 이러한 불평등의 문제는 뉴욕 시의 311서비스에서만 제기되는 것은 아니다. 최근 <볼티모어 선(*The Baltimore Sun*)> 지역신문에서 볼티모어 시가 311서비스를 통해 불법 쓰레기 투척으로 인해 '더러워진 골목(dirty alley)'을 치워달라는 요청을 해결하는 데 걸리는 시간이 신청한 지역이 어디냐에 따라 다르다는 비판을 받았다. 즉, 부자들과 백인들이 많이 사는 지역에서 311서비스를 통해 '더러워진 골목'을 치워달라는 민원이 신청되면 가난한 사람들과 흑인들이 많이 사는 지역에서의 똑같은 민원이 신청되었을 때보다 더 빠른 시간에 대응한다는 것이다.[20]

하지만, 2010년 2011년 보스턴 시의 311서비스를 어느 지역에서 많이 신청했는지를 연구한 논문에서는[21] 흑인가구비율이 높은 동네, 저소득층비율이 높은 동네, 저

19) Kontokosta, G., Weiss, M., Snively, C., & Gulick, S.(2019). NYC311. Harvard Business Case 9-818-056. *Harvard Business School Publishing*.

20) Richman, T., & Zhang, C.(2019). Call 311 for a dirty alley in Baltimore? City's response depends on where you live. *Baltimore Sun*. https://www.baltimoresun.com/politics/bs-md-pol-311-response-20191211-ogy5qp5vkbdoxo4cmz73zvpvvi-story.html

21) Clark, B., Brudney, J., & Jang, S.(2013). Coproduction of government services and the new information technology: Investing the distributional biases. *Public Administration Review*, 73(5):

학력가구비율이 높은 동네가 백인가구비율, 고소득층비율, 또는 고학력가구비율이 높은 동네와 비교해서 볼 때 대부분 311서비스 신청에는 통계적으로 차이가 없는 것으로 나타났다. 다만, 히스패닉가구비율이 높은 동네가 백인들의 인구비율이 높은 동네보다 311서비스 신청을 통계적으로 유의미하게 적게 한 것으로 나타났다. 즉, 큰 그림으로 볼 때 보스턴 시의 311서비스 요청은 인종, 소득, 교육수준에 따른 차이는 크게 유의미하지 않다고 할 수 있다. 또한 가장 최근에 발표된 후속 연구에서는[22] 15개 시에서 운영하는 311서비스를 통해 신청된 민원을 얼마나 빨리 대응했는지가 지역사회의 사회경제적 특성과 어떤 관계가 있는지를 조사해보았다. 결과는 소수인종이 다수인 지역에서 요청한 311서비스에 대한 대응속도가 백인이 다수인 지역보다 조금 빠르나 그 차이는 아주 미미한 것으로 나타났다. 고소득층 인구가 많은 지역에서 저소득층이 많은 지역에서보다 311서비스 대응속도가 다소 느렸지만 그 차이는 미미한 것으로 나타났다. 한편에서는 새로운 기술의 도입이 기존의 불평등을 심화시킬 수 있다는 주장을 하고 있지만, 이 후속 연구에서도 전반적으로 볼 때 311서비스와 같은 새로운 정보기술을 통한 행정서비스의 대응속도는 311서비스를 요청한 지역의 인종, 소득 등의 사회경제적 특성에 따라 다르지 않다는 것을 제시하였다.

4) 전자정부와 인공지능

다양한 정의가 있겠지만 인공지능은 컴퓨터로 하여금 인간보다 더 빠르고 정확한 학습, 추론, 지각, 이해, 예측 능력을 갖게 하기 위해 프로그램으로 실현한 기술이라고 간단하게 정의할 수 있다. 기존의 컴퓨터 핵심 기술은 외부에서 입력된 데이터를 이미 설계된 컴퓨터 프로그램을 이용해 빠르고 정확하게 연산하여 산출물을 만들었다면, 인공지능은 이 외부 정보를 기계학습 혹은 머신러닝(Machine Learning), 심화학습(Deep Learning)같은 자기학습과정을 통해 컴퓨터가 스스로 최적의 결과를 가져오는 알고리즘을 지속적으로 만들어 인간의 능력과는 비교할 수 없는 정보처리의

687-701.

22) Clark, B., Brudney, J., Jang, S., & Davy, B.(2020). Do advanced information technologies produce equitable government responses in coproduction: An examination of 311 systems in 15 U.S. cities. *American Review of Public Administration*, 50(3): 315-327.

양과 속도를 향상시켜 제한된 정보처리의 능력을 가진 인간의 한계를 극복하고 있다.

인공지능의 가능성은 최근 많은 나라에서 강조하는 제4차 산업혁명의 매우 핵심적인 부분을 차지할 만큼 커지고 있고, 초당적으로 미국의 전자정부에서 강조하고 투자하고 있다. 예를 들어, 미국 연방정부는 2019년 한 해에만 1.1조 달러를 인공지능 분야에 예산을 지출하고 있다.[23] 민간 분야에서는, 특히 소위 미국 빅테크 회사들의 인공지능에 대한 투자와 활용은 아마존의 알렉스나 구글 홈, 온라인 쇼핑, 페이스북, 유튜브와 같은 소셜미디어, 구글의 웨이모같은 자율주행차와 같이 다양하고 빠르게 이루어지고 있어 현재 우리 삶의 일부분으로 들어와 있기도 하다. 최근에는 이러한 인공지능이 사회문제를 해결하는 유용한 수단으로도 관심을 기울기고 있다. 인공지능을 이용하여 다양한 그래픽, 음성 데이터를 분석하여 홍수 가능성 예측, 멸종위기에 있는 해양동물들의 위치 파악, 불법벌목의 징후 파악, 쓰레기 종류를 파악하여 재활용품 선별 등에 사용되고 있다.[24]

아직은 초보 단계이기는 하지만 이미 인공지능은 미국의 다양한 디지털 행정 분야에 응용되고 있다.[25] 예를 들어, 사회보장청(Social Security Administration)에서는 인공지능을 이용하여 장애인 혜택 신청에 필요한 의료 관련 서류와 같은 보충 문서의 확인을 더 빠르게 처리하여 심사관이 해당 신청을 검토하는 데 더 많은 시간을 쓸 수 있게 해주고 있다. 미국 공군은 인공지능을 이용하여 담당 공무원이 외부업체로부터 필요한 재화를 구매하는 조달행정과정에서 지켜야 하는 수많은 규정 및 규제를 파악하게 도와줘서 좋은 계약을 효율적이고 빠르게 체결할 수 있게 도와주고 있다. 해안경비대는 인공지능을 이용해서 다량의 인공위성 이미지를 분석하여 동물, 마약, 무기 등을 밀수하는 배들을 감시하고 있다. 이는 범죄를 방지하기 위해 무작위로 순찰을 하는 데 들어가는 시간을 줄여주고 있다. 항공우주국의 과학자들은 우주망원경으로 수집한 방대한 데이터와 이미지를 분석하여 새로운 행성을 발견하는 데

23) Cornillie, C.(2020). Cyber, cloud, AI spur IT spending growth in FY 2019: This is IT. https://about.bgov.com/news/cyber-cloud-ai-spur-it-spending-growth-in-fy-2019-this-is-it/

24) 엘지 씨엔에스(2020). 『재미있는 AI 활용사례』. https://blog.lgcns.com/2232

25) Keegan, M.(2020). The future has begun: Using artificial intelligence to transform government. *IBM Center for The Business of Government*. http://www.businessofgovernment.org/sites/default/files/The%20Future%20Has%20Begun-Using%20Artificial%20Intelligence%20to%20Transform%20Government.pdf

인공지능을 이용하고 있다.

주정부에서도 다양한 인공지능을 행정에 활용하고 있다. 미국 주정부 최고 정보책임자 협의회의 최근 설문조사에 따르면,26) 36개 주정부에서 챗봇을 이용하고 있는데 이 중에서 13개주는 챗봇을 이용해서 특별히 COVID-19 유행병 관련 자주 물어보는 질문에 대해 자동으로 대답을 해주기 위해 별도의 서비스를 제공하고 있고, 특히 텍사스 주의 경우 이외에도 COVID-19 유행병으로 인해 증가한 실업신청, 보험 등에 관한 질문들에 대한 자동응답을 챗봇이 해주고 있다.27) 오하이오 주에서는 인공지능을 이용해서 주의 수많은 규제를 분석하여 불필요한 중복을 없애고 간소화하여 과도한 행정지연을 줄여 정부업무의 효율성을 향상시키는 노력을 하고 있다.28)

지방정부의 경우에도 인공지능을 활용해서 행정효율을 증가시키는 노력을 하고 있다. 몇 가지 예를 들면 이렇다. 미국 노스캐롤라이나 주 웨이크 카운티에서는 세금공무원이 약 40만 개의 부동산 재산의 가치를 평가하고 재산세를 추정하는 데 인공지능의 도움을 받아 8년 걸리던 재산평가기간도 4년으로 줄이고 있고, 재산가치를 평가하는 공무원을 추가로 고용하는 데 필요한 비용도 줄이고 있다.29) 신시네티 시 소방서에서는 긴급의료 전화가 왔을 때 인공지능이 발신자의 위치, 날씨, 과거의 비슷한 전화가 어떻게 처리되었는지를 분석하여 전화디스패처에게 적절한 대응방식을 추천해준다(예: 환자가 현장에서 응급치료를 받아야 하는지 다른 병원으로 후송해야 하는지).30) 샌프란시스코 시는 챗봇을 이용해서 이용자들에게 복잡하고 어려운 조달행정 관련 법과 규제에 관한 질문의 80퍼센트 정도를 자동으로 대답해주고 있다.31)

---

26) Glasscok, A.(2020). *Chat with us: How States are using chatbots to respond to the demands of Covid-19*. National Association of State Chief Information Officer. https://www.nascio.org/wp-content/uploads/2020/06/NASCIO_ChatbotsRespondtoCOVID-19.pdf

27) Texas Workforce Commission(2020). TWC launches new chat bot for unemployment insurance claims. https://www.twc.texas.gov/news/twc-launches-new-chat-bot-unemployment-insurance-claims

28) Tobias, A.(2020). Ohio initiative uses AI to evaluate state regulations. https://www.govtech.com/policy/Ohio-Initiative-Uses-AI-to-Evaluate-State-Regulations.html

29) Eanes, Z.(2020). North Carolina county uses AI for property revaluations.

30) Desouza, K,, Krishnamurthy, R., & Dawson, G.(2017). Learning from public sector experiment with artificial intelligence. https://www.brookings.edu/blog/techtank/2017/06/23/learning-from-public-sector-experimentation-with-artificial-intelligence/

31) Scherba, T.(2017). 6 Government issues solved by chatbots. https://www.govloop.com/com

이러한 챗봇의 사용으로 관련 조달행정 공무원들은 단순 질문에 대한 답변을 하는 데 시간을 보내기보다 자신들의 좀 더 복잡한 본연의 업무에 더 충실할 수 있게 해 주고 있다.

4. 미국 전자정부가 우리에게 어떤 함의를 줄까?

지금까지 간략하게 미국 전자정부의 탄생과 진화, 몇 가지 주목할 만한 전자정부 서비스와 사업들을 중심으로 논의했다. 아래에서는 다양한 미국 전자정부 행정서비스와 사업들 중에 한국 전자정부에 시사점을 줄 수 있는 몇 가지 사례에 대해 논의를 하면서 마무리를 하려고 한다.

1) CDO의 역할

최근 한국의 가칭 '데이터청' 신설에 대한 논의와 함께 CDO에 대한 관심이 높아지고 있다. 디지털 경제로의 전환을 급속하게 하고 있는 이 시기에 데이터는 제4차 산업혁명 시대에 한국 전자정부의 중요한 전략적 자산으로 여겨지고 있다. 정보화 시대에 CIO가 한국 전자정부의 성장과 발전에 의미있는 기여를 한 것과 비슷한 맥락으로 제4차 산업혁명 시대에 CDO는 한국 전자정부에 중요한 역할을 할 것으로 기대된다. 그러면 CDO는 어떤 일을 책임지고 어떠한 도전에 직면하고 있을까? 2020년에 발표된 미국 연방정부 CDO 설문조사 결과는 한국 전자정부 거버넌스구조에 시사점을 주고 있다.[32] CDO가 수행하는 세 가지의 중요한 책임으로 첫째, 데이터 관련 거버넌스와 장기적 정책을 수립하고 집행해야 한다. 둘째, 데이터를 이용하여 정부의 운영과 미션의 효과성을 증가시키기 위한 해결책을 만들어야 한다. 그리고 셋째, 데이터의 품질, 관리, 보안을 관리해야 한다. 또한 지방정부의 CDO는 그 지방

---

munity/blog/6-government-issues-solved-chatbots/

32) Gittings, H., Nick, H., Jones, T., Lawton, J., & Willey, J.(2020). *Effective data governance: A survey of Federal Chief Data Officers*. Data Foundation. https://www.datafoundation.org/effective-data-governance-a-survey-of-federal-chief-data-officers-2020

정부의 오픈데이터 포털을 관리하고, 다른 부서와 협력하여 전사적인 데이터 목록을 만들고 지속적으로 업데이트 및 관리를 해야 한다.[33)]

CDO가 위에서 언급한 책임을 수행하다 보면 다양한 도전에 직면할 수 있는데, 가장 중요한 세 가지 과제는 첫째, CDO는 조직의 새로운 기능이다 보니 이 기능이 도입되었을 때 발생할 수 있는 조직변화를 관리할 수 있는 역량이 필요하다. 둘째, CDO의 역할을 명확하게 규정해 주어야 한다. 그래야만 다른 리더들이 CDO에게 어떠한 역할을 기대하는지 알 수 있어 그들과의 갈등을 최소화할 수 있다. 특히, CDO는 CIO와 거의 주 단위로 매우 빈번하게 협력해야 하기 때문에,[34)] 이 두 리더의 역할, 책임, 업무관할 관계는 더 명확하게 규정되어야 할 것이다. 셋째, CDO의 책임과 역할을 성공적으로 수행하기 위해서는 재원이 필요하다. CDO에게 가장 중요한 재원은 기관 리더들의 지지, 데이터 전문 인력, 데이터에 기반한 의사결정이 이루어지는 조직문화와 적절한 예산이다. CDO는 이러한 재원들이 얼마나 가능한지 파악하고, 그 재원에 따라 자신의 책임과 역할의 우선순위를 정해야 한다.

2) 온라인 주민제안

한국의 중앙정부나 지방정부에서 제공하는 온라인 시민참여 프로그램은 전자정부의 발전 초창기인 1990년 말부터 시작되었는데, 주로 온라인 계시판의 형태로 제공되었다.[35)] 이후 온라인 시민참여 프로그램은 정부가 제안하는 정책, 프로그램에 대한 온라인 설문, 투표, 시민들이 제안하는 새로운 정책, 그 정책에 대한 토론 등 다양한 형태와 내용으로 발전해 왔다. 물론 많은 경우 그 시민참여의 과정이나 결과가 공개되어 왔다. 예를 들어, 1997년 국민제안제도가 마련된 이후 2005년부터는 국민권익위원회에서 온라인 국민참여포털인 국민신문고를 통해 중앙부처나 지방자치단체

---

33) Ho, A., & McCall, B.(2016). *Ten actions to implement big data initiatives: A study of 65 cities.* IBM Center for The Business of Government. http://www.businessofgovernment.org/sites/default/files/Ten%20Actions%20to%20Implement%20Big%20Data%20Initiatives.pdf

34) Gittings, H., Nick, H., Jones, T., Lawton, J., & Willey, J.(2020). *Effective data governance: A survey of Federal Chief Data Officers.* Data Foundation. https://www.datafoundation.org/effective-data-governance-a-survey-of-federal-chief-data-officers-2020.

35) 이주호(1999). 행정민주화이론에 기초한 행정기관 홈페이지 평가모형에 관한 연구. 한국외국어대학교 석사학위 논문.

에 신청하는 다양한 국민제안 서비스를 통합적으로 제공, 관리하고 있다. 일반국민들은 국민신문고를 통해 민원신청과 국민제안을 할 수 있는데, 민원신청이 정부의 활동이나 서비스에 불편을 표출하는 행위라고 한다면, 국민제안은 그러한 불편을 어떻게 해소할 수 있을지를 국민신문고에서 정해놓은 과정과 형식에 맞춰서 제출하는 행위라고 할 수 있다. 국민신문고의 국민제안은 제안자가 자유로이 제안주제를 선택하는 일반제안과 행정기관에서 지정한 특정 주제에 제한하는 공모제안으로 나누어져 있고, 일반제안도 공개와 비공개 제안으로 나누어져 있다. 제안자는 제안을 할 때 개인, 공동, 또는 단체제안인지를 선택해야 하고, 제출된 제안에 대해 제안기관에서 제공하는 자체포상과 중앙부서에서 제공한는 우수포상이 있어 미국의 challenge.gov와는 달리 포상에 관한 명확한 법적인 근거는 마련되어 있어 보인다.

Challeng.gov는 주로 공모제안 형식으로 이루어진다. 즉, 행정기관이 해결하고 싶은 문제를 정하고 시민들에게 그 문제를 해결하기 위한 혁신적인 제안을 찾는 방식이다. 이 Challenge.gov모델이 현재 한국의 시민참여 플랫폼, 특히 중앙이나 지방정부가 고민하고 있는 문제를 해결하기 위해 일반시민들로부터 제안을 받는 크라우드소싱 형태의 온라인 시민참여 프로그램에 주는 함의가 있을 것 같다. 먼저, Challeng.gov에서 연방기관들이 해결하고자 하는 문제의 난이도가 대체로 어렵고 그 규모도 크다. 문제의 난이도도 어렵고 규모가 크다 보니 한 개인보다는 집단이, 평범한 국민보다는 특정 분야의 전문성이 있는 개인이나 집단에서 그 문제에 대한 체계적인 제안을 할 수 있어 보인다. 그러다 보니 그들의 참여를 유인하고 제대로 된 제안을 제출할 수 있게 보상의 규모도 상당히 크다. 예를 들어, 미국 교육부에서는 2020년 challenge.gov를 통해 시골 고등학교의 원격교육을 지원하기 위해 농촌 기술 프로젝트 공모를 발표했는데, 우승자에게는 상금이 60만 달러, 즉 6억 원을 3년 동안 지급한다. 교통부에서는 장애인이 자율자동차를 더 잘 이용할 수 있도록 포용적인 디자인을 공모했는데, 1등 우승자에게는 10억 원, 2등은 7억 원, 3등은 3억 원의 상금을 포상으로 지급하고 있다. 또한 제안과 관련된 법적 규정, 심사기준 등이 상세히 Challenge.gov에 나와 있어, 투명하게 국민제안의 선발과정을 알려주고 있다. 이러한 Challenge.gov 모델은 일반주민들이 광범위하게 참여하여 자신들의 제안을 공유하는 크라우드소싱 모델이라기보다는 어떤 분야의 전문가나 경험이 많은 사람들 혹은 그들이 모인

집단(예: 비영리 조직)이 문제해결을 위한 제안을 할 수 있는 모델이라고 할 수 있다.

Challeng.gov의 예에서처럼 중앙부처나 지방자치단체에서 고민하는 문제를 진지하게 국민들의 제안을 통해 해결하고자 한다면, 그 해결하고자 하는 문제를 좀 더 구체적으로 제시해야 하고, 과감한 재정적 보상과 자세한 심사규정 및 방식 등을 투명하게 공모하여야 할 것으로 생각된다. 이런 면에서 최근 정부혁신 1번가에서 Challenge.gov를 응용하여 시행하고 있는 것은 반가운 소식이다. 물론 일반적인 국민들이 참여하여 좀 더 광범위한 제안을 할 수 있는 형태의 참여는 그것대로 병행되어야 한다. 그리고 Challenge.gov 연구에서 배울 수 있는 것처럼 국민제안을 통해 선택된 제안이 지적재산권 혹은 특허권과 관련된 이슈가 생길 수 있다는 것이다. 만약 그럴 경우 제안자의 권리가 제안자나 행정기관 누구에게 귀속되는지에 대한 고민도 혹시 모를 법적인 분쟁을 막기 위해서는 필요할 것 같다. 또한 앞서 메르겔이 제안한대로 국민들의 혁신적인 제안이 아무리 좋고 실행가능성이 있어도 결국은 그 제안을 심사하는 곳은 행정기관이기 때문에, 행정기관의 관료문화와 최고 의사결정자의 지원 등이 시민제안을 더 활성화시키고 혁신제안들이 수용될 수 있는 환경을 만드는 데 기여할 것이다.

3) 온라인 민원신청

중앙정부의 '국민신문고', 서울시의 '응답소', 부산시의 '부산민원 120', 경기도의 '전자민원', 서초구의 '새올'같은 다양한 온라인 민원처리 프로그램이 있는데, 이는 미국의 주요 도시에서 제공하는 311서비스와 유사한 면이 있다. 예를 들어, 민원신청은 경기도나 부산시의 경우과 같이 120같은 콜센터뿐만 아니라 문자, 모바일 앱, 소셜미디어, 웹사이트 등의 다양한 채널을 통해서 이루어질 수 있다. 또 그 민원이 언제 어떠한 내용으로 신청되었고, 신청한 민원이 현재 처리 중인지 해결되었는지, 그 진행상태와 언제 어떻게 누가 그 민원을 처리하였는지 그 결과를 웹사이트에 공개하고 있다. 민원처리과정과 결과의 공개는 행정의 투명성과 책임성을 높이는 데 기여하고 있다. 미국의 주요 도시들에서 제공하는 311서비스와 한국의 전자민원의 차이점은 한국의 온라인 시민참여 프로그램에 몇 가지 함의점을 주고 있다. 첫째, 일부 국민신문고의 기능과 많은 지방자치단체의 전자민원의 '민원'에는 새로운 정책제안,

기존 정책이나 제도 개선, 사업과 관련된 등록, 허가 신청 및 신고, 정치적 의사표현 같은 것도 포함하고 있어 그 범위가 지나치게 광범위하다. 이에 비해, 미국의 311서비스는 그 범위를 생명이 위급할 정도의 긴급을 요하지는 않지만 빠른 대응이 필요한 '비 응급 서비스'로 한정하고 있다. 예를 들어, 시카고 시에서 가장 요청이 많은 311서비스는 '버려진 자동차', '빌딩 위반', '도로에 움푹 패인 구멍 수리 요청', '공공장소의 낙서' 등이 었다. '기대가 크면 실망도 크다'라는 말이 있다. 이 말은 민원인의 기대 관리가 얼마나 중요한지를 단적으로 표현한 말이라고 할 수 있다. 광범위한 민원의 범위보다는 정부가 즉각적으로 대응할 수 있는 범위로 신청 가능한 민원을 제한함으로써, 시민이 민원을 신청했을 경우 그것에 대해 정부부서가 립서비스가 아닌 실질적으로 그 민원을 해결할 것이라는 기대를 갖게 해줄 수 있다. 또한 정부 입장에서도 신청 가능한 민원을 정부의 권한으로 신속하게 처리할 수 있는 범위로 제한한다면, 시민들의 전자민원에 대한 기대를 좀 더 효율적으로 관리할 수 있게 된다.

둘째, 주요 미국 도시의 311서비스는 311을 통해 신청된 민원이 어디서 발생했는지, 그 위치정보를 지도를 통해 시각화해서 보여주고 있다. 뿐만 아니라 311지도는 다양하고 정교한 '찾기'기능을 제공하고 있어, 시민들이 주소, 날짜, 민원 종류를 이용해서 신청된 민원의 세부 정보를 찾아 볼 수 있게 해주고 있다. 신청된 민원의 세부 정보가 지도를 통해 시각화되어 일반시민들은 자신이 사는 지역사회에 언제 어떤 종류의 민원이 발생하고 있는지를 한눈에 알 수 있게 해주고 있다. 이런 데이터 시각화의 중요성은 기존 문헌에서 강조되어 왔는데,[36] 최근 연구에 따르면 정부의 웹사이트가 텍스트 위주의 정보로 구성되어 있으면 이용자의 정보처리 과부하를 일으키고, 그러한 정보처리 과부화를 경험한 이용자들은 그 웹사이트가 유용하지 않다고 인지한다고 한다.[37] 이 연구 결과는 311서비스가 민원정보를 텍스트가 아닌 시각화하여 지도를 통해 보여줌으로써 시민들의 정보처리 과부하를 줄여주어 311서비스가 유용하다고 인지할 가능성이 높게 해준다는 직접적인 함의를 주고 있다. 또한 311서

36) Isett, K., & Hicks, D.(2018). Providing public servants what they need: Revealing the "Unseen" through data visualization. *Public Administration Review*, 78(3): 479-485.

37) Lee, T., Lee-Geiller, S., & Lee, B.(2020). Are pictures worth a thousand words? The effect of information presentation type on citizen perceptions of government websites. *Government Information Quarterly*, 37(3): 101482.

비스가 유용하다고 인지한 시민들은 이 서비스를 다시 이용할 가능성이 높고, 311서비스의 재이용을 통해 축적된 데이터들은 빅데이터의 중요한 소스 역할을 하고, 인공지능을 이용한 정교한 분석과 예측을 위한 토대를 제공해 줄 수 있다는 간접적인 함의를 주고 있다.

셋째, 311서비스를 통해 수집된 민원데이터를 어떻게 사용하는지에 관한 것이다. 먼저, 내부적으로 311서비스 데이터는 정부기관의 협업을 촉진하고, 서비스의 질과 제공 속도를 향상시키기 위한 유용한 도구로 사용될 수 있다. 하지만, 311서비스 신청 데이터의 진가는 관련된 정부기관 간 협업을 통해 사용했을 때 더 드러난다. 예를 들어, 최초로 311서비스를 시작했던 볼티모어 시의 경우 범죄를 줄이기 위한 노력을 했음에도 불구하고 이렇다 할 성과를 거두지 못했는데, 2017년 가을부터 시경찰, 소셜서비스, 주택국, 소방서 등의 12개 주정부와 시정부기관들이 일일 업무 보고, 주간 경과 보고, 매달 열리는 워킹그룹 미팅을 통해 협업을 하고, 그 과정에서 311서비스 신청 데이터를 면밀히 추적하여 살인사건과 총격사건을 15개월 동안 23~34% 줄이는 효과를 가져왔다. 또한 311서비스 데이터는 다른 정부기관의 기존 데이터와 연계되고 통합되어 관리하면 좀 더 선제적으로 위험을 방지하고 질좋은 서비스를 제공할 수 있는 중요한 자산이 될 수 있다.

4) 인공지능

인공지능의 엄청난 잠재력에도 불구하고 최근에 여러 윤리적 논란을 일으키고 있다. 예를 들어, 구글에서 흑인 여성을 검색하면 나타났던 이미지가 부정적으로 편향되어 큰 사회문제가 되었다.[38] 이는 구글의 검색 인공지능 알고리즘이 유색 인종 여성 이미지에 대해 편향적으로 설계되어 있었다라고 볼 수 있다. 공공 분야도 예외는 아니다. 특히, 미국 경찰행정 분야에서는 인공지능을 활용하여 범죄가 발생할 확률이 높은 장소, 시간을 예측하여 경찰인력을 적재적소에 투입해서 미리 범죄발생을 예방하는 데 활용하고 있다. 하지만, 인공지능의 활용범위가 확대되면서 가장 많은

38) Cohn, J.(2019). Google's algorithms discriminate against women and people of color. https://theconversation.com/googles-algorithms-discriminate-against-women-and-people-of-colour-112516

논란이 있는 영역은 인공지능과 결합된 안면인식 기술을 이용한 범죄 용의자 식별문제이다. 안면인식 기술을 이용하여 수집된 데이터, 인공지능을 이용한 분석과 예측으로 범죄 용의자의 얼굴을 더 정확하게 인식하고 범죄자를 검거하는 데 도움을 줄 것을 기대하고 사용되고 있는데, 실제로는 그 인공지능이 특히 유색 인종에게 적용될 때 상당히 높은 오류를 보일 가능성에 대한 우려가 제기되고 있다.39) 인공지능의 핵심인 알고리즘은 근본적으로는 사람에 의해 설계되고 실행되기 때문에, 기술적인 문제를 넘어서 특정 인종이나 문화에 대한 내재화된 체계적 편견이 발현해서 생기는 윤리적 문제를 야기할 수 있다.

한국도 이러한 유색 인종에 대한 내재화된 편견에서는 예외가 아닐 것이다. 특히, 유색 인종 외국인 노동자와 다문화 가정은 이미 한국 사회에 중요한 부분으로 자리매김하고 있다. 이러한 현상은 앞으로도 증가할 것으로 예상되고 있다. 하지만, 특히 개발도상국 출신의 유색 인종 외국인 노동자와 다문화 가정을 보는 한국 국민과 정부의 시각은 과연 이들에 대한 편견이 없다고 할 수 있을까? 이 질문에 단호하게 "없다"라고 할 수 없다면 미국 경찰행정의 예에서 보듯이 인공지능 기술이 유색 인종 외국인 노동자와 다문화 가정 출신의 사람을 범죄 용의자로 예측하는 편향적 오류를 범할 수도 있다는 것을 인지하고, 이러한 편향적 시각을 줄일 수 있도록 인공지능과 알고리즘을 처음 설계하는 단계에서 기술적 효율성뿐만 윤리적 타당성을 확보하기 위한 노력을 해야겠다.

---

39) Bailey, J., Burkell, J., & Steeves, V.(2020). AI technologies–like police facial recognition–discriminate against people of color. The Conversation. https://theconversation.com/ai-technologies-like-police-facial-recognition-discriminate-against-people-of-colour-143227

제11장

미국 선거제도와 시사점[1)]

류신규(아이다호주립대 정치학과 행정학 조교수)

"Democracy is not so much a form of government as a set of principles." - *Woodrow Wilson*

"민주주의는 정부 형태라기보다는 원칙들이다." - 우드로우 윌슨

1. 들어가며

2020년 11월 3일은 미국의 미래를 결정하는 4년 임기의 미국 대통령을 선출하는 날이다. 미국의 대통령은 4년 중임이 가능하므로, 이번 대선에서는 공화당의 트럼프(Donald Trump) 대통령이 두 번째 임기를 위해, 그리고 민주당의 바이든(Joe Biden) 후보가 이를 막기 위해 경쟁한다.

미합중국의 대통령은 국가의 원수이자, 미군을 포함한 행정부의 수반으로서 막강한 권한을 행사한다. 상원의 동의를 통해 연방정부의 장관(members of cabinet)과

1) 이 글은 최종적인 대선 결과 나오기 전인 11월 초에 작성 및 제출하였음을 미리 알려드립니다.

대사(ambassadors)를 비롯한 연방공무원뿐만 아니라, 연방대법관을 포함한 연방판사까지 임명한다. 또한 연방정부 예산과정을 시작하는 추천예산서를 의회에 제출하고, 상・하원 의회에서 통과된 법률을 거부할 수 있는 권한과 입법부의 법을 집행하는 데 있어 그 해석을 할 수 있는 행정명령(Executive Order) 제정권을 갖는다. 대통령과 함께 선출되는 부통령은 상원의회의 의장이 되어 상원의 의결투표가 동률일 경우 결정권을 행사할 수 있다.

11월 3일[2]에는 대선도 있지만 총선거로써 연방정부 상원・하원, 주지사(governor), 주(state)정부 상원・하원, 주정부 여러 단계의 법관, 시장, 시(city)의원, 군(county)[3]의원, 군(county) 보안관(sheriff), 군(county) 검사장(prosecuting attorney), 교육구(school district) 교육위원을 선출하게 된다. 이외에 32개 주에서는 직접 민주주의(Direct Democracy) 형태인 제안투표(Ballot Measures)가 실시된다(National Council of State Legislatures, 2020). 제안투표는 주(州)헌법개정(state constitutional amendment), 군(郡)법개정(county charter amendment), 주나 시의 법률제안(proposition) 및 채권발행 등에 대한 찬반을 묻게 된다.[4] 연방정부, 주정부 및 시・군정부의 수장을 선택하는 것은 여타 국가와 크게 다르지 않지만, 법관, 보안관, 검사, 교육위원, 주・군 헌법개정, 법률제안, 채권발행까지 투표용지에 오르는 것이 미국 선거의 특징이라 할 수 있다.

이러한 미국 선거를 통해 법에 의한 지배(rule by law)보다 법의 지배(rule of law)를 중시하는 미국 민주주의 특징이 잘 드러난다. 즉, 개인주의(individualism)와 개인의 자유(personal liberty)를 중시하고, 국민의 합의에 의해 권력이 도출되는 것을 중요시 여긴다. 지역의 통치체제인 행정, 사법, 입법의 수장을 연방정부의 개입없이 주민이 직접 투표함으로써 지역의 분권과 독립성을 보장하는 연방제 역시 앞의 특징과

2) 연방법에 따르면, 연방정부의 투표일은 11월 첫째 월요일의 다음날이다. 4의 배수 해에는 대선과 상・하원 선거가 있으며, 4의 배수가 아니면서 짝수인 해에는 연방 상・하원 선거가 치뤄진다. 참고로, 미국 하원은 2년을 임기로 하여 2년마다 모두 다시 선출하며, 상원은 6년 임기로 2년마다 1/3씩 선출한다.

3) County를 군으로 해석했으나, 한국의 군(郡)과는 그 특성에서 많은 차이가 있다. 지방자치단체라기보다는 주정부의 법과 정책을 시행하기 위한 행정구역으로 시정부보다 상위의 행정구역이다.

4) 시민의견을 선거용지를 통해 직접묻는 방법과 절차는 직접민주주의를 자주 사용하는 캘리포니아 주가 가장 잘 발달되어 있다(Lebert, 1998).

연결된다. 이를 통해 지역 통치에 있어 주민의 가치관이 직접 반영될 수 있고, 지역마다 발전 형태 및 속도가 매우 다양하게 실현될 수 있다. 지방채 발행까지 주민의견을 묻는 이유 역시 채권상환의 최종적인 책임자로서 납세자의 개인적 의사를 직접적으로 확인하는 것이라 할 수 있다.

투표가 미국의 사회규범 및 질서 확립에 있어 중추적인 역할을 맡고 있기 때문에 선거제도에 대한 이해는 매우 중요하다. 하지만, 이를 이해하는 데 있어 미국이 아닌 한국 시각에서 접근한다면 복잡하게 느껴질 수 있다. 특히, 대선의 경우 국민투표(popular vote)로 결정되는 한국과 달리 선거인단제도(Electoral College System)라는 독특한 방식이 운영되고 있다. 그리고 미국의 연방제도에 따라 주정부는 자신의 주에 적용되는 선거제도를 자체적으로 규율할 수 있기 때문에 각 주마다 다양한 선거방식이 존재하는 것 또한 중앙집권적 선거가 이뤄지는 한국과 큰 차이점이다.

이 글에서는 미국 선거제도를 파악하기 위해 대선을 중심으로 관련 제도를 설명하고, 이번 선거 결과가 가져올 영향력 및 시사점을 검토한다. 한 사회의 리더십 변화는 그 직책의 영향력 하에 있는 다양한 정책의 변화, 나아가 사회의 변화를 의미한다. 따라서 미국 선거과정에 대한 심층적인 이해는 향후 미국 사회의 변화를 예측하는데 도움을 줄 것이다. 또한 미국과 정치적·경제적으로 밀접한 연관이 있는 우리나라와의 비교 및 분석으로 우리나라의 정치 및 선거관리 체제의 발전에도 시사점을 제공할 수 있을 것이다.

2. 각 정당의 대통령 후보 선출

미국의 대선 절차는 양대 정당의 후보자들을 선발하는 각 주별 예비선거(Primariy)와 당원대회(Caucus)[5]를 시작으로, 선거운동, 선거인단(Electoral College) 투표를 통해 이듬해 1월 20일에 대통령 취임식으로 끝나게 된다.[6] 미국은 한국과 같이

5) Primary와 Caucus 차이는 투표를 누가 운영하는가이다. 주(州)·지역정부가 투표를 운영하면 Primary이고, 주(州)·지역정부와 별개로 운영되는 정당기관이 운영하면 Caucus이다.

6) Ginsberg, B., Lowi, T. J., Weir, M., Tolbert, C. J., & Campbell, A. L.(2019). *We the People: An*

별도의 선거운동 기간이 정해져 있지 않기 때문에, 각 정당의 후보자를 선출하기 위한 과정부터 이미 선거전은 시작된다고 볼 수 있다.

미국은 전통적으로 공화당과 민주당으로 구성된 두 대정당들의 경쟁구조로 틀이 잡혀 있기에 2명의 후보가 다투는 본선에 비해, 여러 명의 후보가 경쟁하는 정당 내 경쟁이 더욱 치열하다. 이 과정에서 정당별로 많은 후보자들이 정당을 대표하는 대통령 후보직을 얻으려 언론이 진행하는 토론에 참여하고, 주(州)마다 돌아다니며 선거활동을 개시한다. 다만, 첫 임기를 마치고 중임에 도전하는 대통령은 이러한 과정을 거치지 않고, 경쟁없이 정당의 후보지명을 받는 것이 관례이다.

정당후보 선출 경쟁은 2월 초 아이오와 주 당원대회를 시작으로 주(state)별 경선이 이뤄진다. 각 주의 예비선거와 당원대회에서 승리한 후보는 뒤에서 설명할 선거인단 제도와 유사하게 해당 주의 대의원을 확보하게 되며, 최종적으로 전체 대의원 중 과반을 확보한 후보가 8월 말 전당대회에서 대선후보로 선출된다.

예비선거 · 당원대회는 초기에 초점이 집중된다. 이유는 초기에 선두를 달리는 후보들이 차후 예비선거 · 당원대회에 유리하기 때문이다.[7] 초기에 선두대열에 오른 후보는 언론의 주목을 많이 받으면서 인지도가 상승하게 된다.[8] 이로 인해, 선거후원금 모금이 쉬워지고 이러한 자금력를 활용해 다음 예비선거 · 당원대회를 위한 광고를 많이 함으로써 표를 더 모을 수 있기 때문이다. 초기에 열리는 아이오와 정당대회와 뉴햄프셔 예비선거가 가장 잘 알려져 있으며, 둘 중 후자가 더 큰 효과를 가져다 준다는 연구가 있다.[9] 초기 예비선거 · 당원대회의 연쇄효과로 인해서 이 두 선거에 선두대열에 오르지 못하는 후보자들은 자진사퇴를 선언하는 경우가 일반적이다.

지지층이 얇은 후보자들은 아이오와와 뉴햄프셔 정당선거 · 집회 이후 대선 경주에서 빠지지만 조금 더 경쟁력이 있는 후보들은 몇몇 주요 정당선거 결과를 기다린

Introduction to American Politics(12th ed.). New York: W. W. Norton & Company.

7) Christenson, D. P., & Smidt, C. D.(2012). Polls and Elections: Still Part of the Conversation: Iowa and New Hampshire's Say within the Invisible Primary. *Presidential Studies Quarterly*, 42(3): 597-621.

8) Donovan, T., & Hunsaker, R.(2009). Beyond Expectations: Effects of Early Elections in U.S. Presidential Nominations. *PS: Political Science and Politics*, 42(1): 45-52.

9) Adkins, R. E., & Dowdle, A. J.(2001). How Important Are Iowa and New Hampshire to Winning Post-Reform Presidential Nominations? *Political Research Quarterly*, 54(2): 431-444.

다. 아이오와와 뉴햄프셔 자체가 백인이 다수인 주이기 때문에, 유색 인종 유권자들의 후보 지지를 가늠하기 어렵기 때문이다. 따라서 흑인 유권자의 지지를 확인할 수 있는 네 번째 사우스캐롤라이나 정당선거가 다음 이정표라 할 수 있다.

정당후보 선출에 있어 3월 초에 열리는 슈퍼화요일(Super Tuesday)의 결과는 결정적이라 할 수 있다. "슈퍼"라는 수식어가 붙는 이유는 이 날에 14개의 주가 정당선거를 열기 때문이다. 슈퍼화요일 결과가 후보자들의 대선후보 가능성을 잘 알려주기 때문에 결과 발표 이후 많은 후보자들이 사퇴한다. 민주당의 경우, 이때 전체 3,979개의 선거인단표 중 34%인 1,357개의 선거인단표가 결정되며, 이는 대의원 수의 과반수인 1,991명을 모으는 데 매우 중요한 역할을 한다. 올해는 버몬트 상원의원인 샌더스(Bernie Sanders)가 슈퍼화요일에 바이든 후보에게 뒤지는 결과를 받았음에도 마지막까지 남아 있었지만, 이후에 이를 뒤집을 만한 승리를 보여주지 못하면서 4월에 후보대열에서 하차하여 바이든 전 부통령이 민주당 대선후보가 되었다.

공화당도 비슷한 방식을 따르며 총 2,551개의 선거인단표가 있으며, 이 중 절반인 1,276표를 후보자가 모아야 한다. 만일 올해 대선이 현직 대통령의 중임선거가 아니었다면 후보자들이 줄여지는 방식은 앞서 민주당의 절차와 유사하게 진행되었을 것이다. 하지만, 올해는 트럼프의 연임이 가능한 대선이라 치열한 경쟁은 발생하지 않았다. 이례적으로 매사추세츠 주지사였던 빌 웰드(Bill Weld)가 후보 경쟁에 참여했지만 선거인단에서 단 1표만 얻으면서 3월 중 사퇴하였다. 정당의 후보자가 일찍 결정되는 경우 유리한 점은 정당 내부에서 더 일찍 통일된 목소리로 후보자를 지원할 수 있다는 것이다. 따라서 재임이 가능한 대선에서는 일찍 대선후보를 정하여 활동한다. 상대 정당도 이를 선호하기에 길게 끄는 정당후보 경쟁구조를 원치 않는다.

절차의 공정함을 중요시하는 미국에서는 대선후보자가 3월에 가려지더라도 모든 주들이 예비선거 · 당원대회를 소화하는 것을 기다리며, 공식적인 후보 호명은 이 절차가 다 마무리된 8월에 이뤄진다. 따라서 이때부터 후보자들은 11월 초 선거당일날까지 본격적으로 유세활동에 박차를 가한다.

3. 선거관리 절차

미국의 선거를 이해하기 위해서는 단지 정치적 과정뿐만 아니라 선거관리 과정을 이해하는 것도 중요하다. 미국은 헌법 제1조 제4절에 따라 각 주(州)가 자체적으로 선거 절차를 결정하도록 하고 있다. 즉, 선거일은 모든 주에서 동일하지만, 투표자등록, 조기 투표 및 우편를 통한 투표, 그리고 투표소 장소 지정 및 투표소가 열려 있는 시간 등 이외의 중요한 절차들은 각 주에서 정한다.[10)]

주(州)마다 다른 선거제도를 <표 11-1>에서 볼 수 있다. 나열한 바와 같이 주별로 투표자등록 마감일이 제각각이다. 우리나라의 경우, 지방자치단체가 선거인명부를 작성하기 때문에, 유권자가 직접 투표자등록을 해야 하는 미국의 제도가 이색적으로 느껴질 것이다. 다만, 일부 주의 경우 투표일 당일에도 투표자등록을 허용하고 있으며,[11)] 유타(Utah) 주 같은 경우 당일날 투표자등록을 하면 임시투표지(provisional ballot)를 받게 되어, 투표일 이후 투표자의 자격을 확인하게 된다(vote.org, n.d.).

미국에서는 투표용지에 무엇이 기재되는가도 주(州)정부의 국무부(Secretary of State) 산하 선거부서(Election Divison)에서 관리한다. 즉, 투표용지에 기재될 후보자의 자격요건을 주에서 규율할 수 있다. 그래서 잘 알려진 공화당과 민주당 대선주자 외에도 주 선거부서에서 제시한 조건을 충족한 기타 대선주자들이 기재된다. 흥미로운 것은 그 자격요건이 각 주(州)에 따라 다르기 때문에, 주(州)투표용지에 기재된 대선주자들의 명단이 전국적으로 일치하지 않는다는 점이다. 모든 주(州)의 조건을 채울 수 있는 대선주자들은 공화당, 민주당과 같이 모든 주에서 보편적으로 지지자를 확보하고 있는 대정당의 소속이다.[12)]

10) Barbour, C., & Wright, G. C.(2017). *Keeping the Republic: Power and Citizenship in American Politics*(7th ed.). Thousand Oaks, CA: CQ Press.

11) 이번 선거에서는 50개 주와 워싱턴 D.C. 중 12개 주와 워싱턴 D.C.에서 당일 투표자등록을 허용하고 있다.

12) 1992년 대선에 로스 페로(Ross Perot)가 정당소속없이 모든 주(州) 대선투표용지에 올라 예외도 있다.

■ 표 11-1 주마다 다른 선거제도

주[1]	투표자등록 마감일 (총선거)[23]	조기방문투표 허용기간	우편투표 가능	투표소 운영시간 (당일)
네바다	10월 6일	10월 17일~10월 30일	해명 불필요	7am~7pm
네브래스카	10월 16일	10월 5일~11월 2일	해명 불필요	7am~7pm
노스다코타	불필요	10월 19일~11월 2일	해명 불필요	7am~7pm
노스캐롤라이나	10월 9일	10월 15일~10월 31일	해명 불필요	6:30am~7:30pm
뉴멕시코	10월 6일	10월 6일~10월 31일	해명 불필요	7am~7pm
뉴욕	10월 9일	10월 24일~11월 1일	조건부	6am~9pm
뉴저지	10월 13일	허용하지 않음	해명 불필요	6am~8pm
뉴햄프셔	10월 20일	허용하지 않음	조건부	6am~7pm
델라웨어	10월 10일	허용하지 않음	조건부	7am~8pm
로드아일랜드	10월 4일	10월 14일~11월 2일	해명 불필요	7am~8pm
루이지애나	10월 5일	10월 16일~10월 27일	조건부	6am~8pm
매사추세츠	10월 24일	10월 17일~10월 30일	해명 불필요	7am~8pm
메릴랜드	10월 13일	10월 26일~11월 2일	해명 불필요	7am~8pm
메인	10월 19일	10월 5일~10월 30일	해명 불필요	6am~8pm
몬태나	10월 26일	10월 5일~11월 2일	해명 불필요	7am~8pm
미네소타	10월 13일	9월 18일~11월 2일	해명 불필요	7am~8pm
미시간	10월 19일	9월 24일~11월 2일	해명 불필요	7am~8pm
미시시피	9월 15일	허용하지 않음	조건부	7am~7pm
미주리	10월 7일	9월 22일~11월 2일	조건부	6am~7pm
버몬트	11월 3일	9월 21일~11월 2일	해명 불필요	5am~7pm
버지니아	10월 13일	9월 18일~10월 31일	해명 불필요	6am~7pm
사우스다코타	10월 19일	9월 18일~11월 2일	해명 불필요	7am~7pm
사우스캐롤라이나	10월 2일	10월 5일~11월 2일	조건부	7am~7pm
아이다호	10월 9일	10월 19일~10월 30일	해명 불필요	8am~8pm
아이오와	10월 24일	10월 5일~11월 2일	해명 불필요	7am~9pm
아칸소	10월 5일	10월 19일~11월 2일	조건부	7:30am~7:30pm
알래스카	10월 4일	10월 19일~11월 3일	해명 불필요	7am~8pm
애리조나	10월 5일	10월 7일~10월 30일	해명 불필요	6am~7pm
앨라배마	10월 19일	허용하지 않음	조건부	7am~7pm
오레곤[4]	10월 13일	11월 3일 8pm까지	해명 불필요	운영 안함
오클라호마	10월 9일	10월 29일~10월 31일	해명 불필요	7am~7pm

오하이오	10월 5일	10월 6일~11월 2일	해명 불필요	6:30am~7:30pm
와이오밍	10월 19일	9월 18일~11월 2일	해명 불필요	7am~7pm
워싱턴[4]	10월 26일	10월 16일~11월 3일	해명 불필요	운영 안함
워싱턴 DC(특별구)	10월 13일	10월 27일~11월 2일	해명 불필요	7am~8pm
웨스트버지니아	10월 13일	10월 21일~10월 31일	조건부	6:30am~7:30pm
위스콘신	10월 14일	10월 20일~11월 1일	해명 불필요	7am~8pm
유타	10월 23일	10월 20일~10월 30일	해명 불필요	7am~8pm
인디애나	10월 5일	10월 6일~11월 2일	조건부	6am~6pm
일리노이	10월 18일	9월 24일~11월 2일	해명 불필요	6am~7pm
조지아	10월 5일	10월 12일~10월 30일	해명 불필요	7am~7pm
캔자스	10월 13일	10월 14일~11월 2일	해명 불필요	7am~7pm
캘리포니아	10월 19일	10월 5일~11월 2일	해명 불필요	7am~8pm
켄터키	10월 5일	10월 13일~11월 2일	조건부	6am~6pm
코네티컷	10월 27일	허용하지 않음	조건부	6am~8pm
콜로라도	10월 26일	10월 19일~11월2일	해명 불필요	7am~7pm
테네시	10월 5일	10월 14일~10월 29일	조건부	7am~7pm
텍사스	10월 5일	10월 13일~10월 30일	조건부	7am~7pm
펜실베이니아	10월 19일	11월 3일 8pm까지	해명 불필요	7am~8pm
플로리다	10월 6일	10월 24일~10월 31일	해명 불필요	7am~7pm
하와이	10월 5일	10월 20일~11월 2일	해명 불필요	7am~7pm

주: 1. 워싱턴DC(특별구)는 주가 아니지만 1961년 23번째 헌법 개정으로 인해 선거인단 3표를 얻었기에 이 명단에 포함시켰다(Barbour & Wright, 2017: 399).

2. 가장 이른 마감일을 기재하고 있다. 몇몇 주들은 온라인등록, 우편등록, 방문등록 마감일이 일치하지 않는다. 해당주들은: 네바다, 네브래스카, 노스캐롤라이나, 뉴멕시코, 뉴햄프셔, 루이지애나, 메릴랜드, 메인, 몬테나, 미네소타, 미시간, 사우스캐롤라이나, 아이다호, 아이오와, 와이오밍, 일리노이, 워싱턴, 워싱턴DC(특별구), 위스콘신, 유타, 캘리포니아, 코네티컷, 콜로라도, 하와이.

3. 선거당일날 투표소에서 등록을 허락하는 주들은 다음과 같다: 네바다, 뉴햄프셔, 메릴랜드, 메인, 몬태나, 미네소타, 미시간, 버몬트, 아이다호, 아이오와, 와이오밍, 워싱턴, 워싱턴DC(특별구), 위스콘신, 일리노이, 유타, 캘리포니아, 코네티컷, 콜로라도, 하와이.

4. 오레건 주과 워싱턴 주는 등록된 모두에게 투표용지를 보내서 선거당일날 저녁 8시까지 우편으로 받거나 투표소에 위치한 우편물 투입함에 넣는 방식을 채택하였다.

출처: The League of Women Voters(n.d.). Vote411.org. Retrieved on October 8, 2020 from vote411.org; Vote.org.(2020). Vote.org. Retrieved on October 8, 2020 from vote.org.

공식적으로 선거는 11월 3일 투표로 마감된다. 그러나 우편을 통한 투표가 허용되기 때문에 선거당일에 명백한 결과를 얻지 못하는 경우가 종종 발생한다. 그 이유 중

하나는 <표 11-2>에 제시된 것처럼 17개 주와 워싱턴 DC에서 선거날 이후에 도착한 투표용지도 집계되어야 한다고 주법으로 정하고 있기 때문이다. 나머지 주들은 선거날까지 모든 우편투표용지들이 도착해야 한다고 규정한다. 따라서 지연없이 투표용지가 유권자들에게 보내지고 선거위원회로 돌아오는 데 중추적인 역할을 하는 우체국의 역할이 중요하므로, 우체국장이 2020년 8월에 상원·하원 위원회 공청회에 참여하였다.

표 11-2 주마다 다른 표 집계 절차

주[1]	소인된 투표용지를 선거날 이후에 받아도 세는 것을 허용	선거당일 전에 우편선거용지 개봉·집계준비 가능	선거당일 전에 우편선거용지 표 집계 가능
네바다	선거날소인 있으면 허용	가능	불가능
네브래스카	허가하지 않음	가능	가능
노스다코타	선거하루전날소인까지만 허용	가능	불가능
노스캐롤라이나	선거날소인 있으면 허용	가능	가능
뉴멕시코	허가하지 않음	가능	불가능
뉴욕	선거날소인 있으면 허용	불가능	불가능
뉴저지	선거날소인 있으면 허용	가능	불가능
뉴햄프셔	허가하지 않음	불가능	불가능
델라웨어	허가하지 않음	가능	가능
로드아일랜드	허가하지 않음	가능	불가능
루이지애나	허가하지 않음	불가능	가능
매사추세츠	허가하지 않음	가능	불가능
메릴랜드	선거날소인 있으면 허용	가능	불가능
메인	허가하지 않음	가능	불가능
몬태나	허가하지 않음	가능	가능
미네소타	허가하지 않음	가능	불가능
미시간	허가하지 않음	불가능	불가능
미시시피	선거날소인 있으면 허용	불가능	불가능
미주리	허가하지 않음	가능	불가능
버몬트	허가하지 않음	가능	불가능
버지니아	선거날소인 있으면 허용	가능	불가능
사우스다코타	허가하지 않음	가능	불가능

사우스캐롤라이나	허가하지 않음	가능	불가능
아이다호	허가하지 않음	가능	불가능
아이오와	선거하루전날소인까지만 허용	가능	불가능
아칸소	허가하지 않음	가능	불가능
알래스카	선거날소인 있으면 허용	가능	불가능
애리조나	허가하지 않음	가능	가능
앨라배마	허가하지 않음	불가능	불가능
오레곤[4]	허가하지 않음	가능	가능
오클라호마	허가하지 않음	가능	가능
오하이오	선거하루전날소인까지만 허용	가능	가능
와이오밍	허가하지 않음	가능	불가능
워싱턴[4]	선거날소인 있으면 허용	가능	불가능
워싱턴 DC(특별구)	선거날소인 있으면 허용	가능	불가능
웨스트버지니아	선거날소인 있으면 허용	가능	불가능
위스콘신	허가하지 않음	불가능	불가능
유타	선거하루전날소인까지만 허용	가능	가능
인디애나	허가하지 않음	불가능	불가능
일리노이	선거날까지 허용	가능	불가능
조지아	허가하지 않음	가능	불가능
캔자스	선거날소인 있으면 허용	가능	가능
캘리포니아	선거날소인 있으면 허용	가능	불가능
켄터키	허가하지 않음	불가능	가능
코네티컷	허가하지 않음	가능	가능
콜로라도	허가하지 않음	가능	가능
테네시	허가하지 않음	가능	불가능
텍사스	선거날소인 있으면 허용	가능	불가능
펜실베이니아	허가하지 않음	불가능	불가능
플로리다	허가하지 않음	가능	가능
하와이	허가하지 않음	가능	가능

출처: National Conference of State Legislatures(2020, September 29). VOPP: Table 11: Receipt and Postmark Deadlines for Absentee Ballots. Retrieved from https://www.ncsl.org/research/elections-and-campaigns/vopp-table-11-receipt-and-postmark-deadlines-for-absentee-ballots.aspx; National Conference of State Legislatures(2020, October 1). VOPP Table 16: When Absentee/Mail Ballot Processing and Counting Can Begin. Retrieved from https://www.ncsl.org/research/elections-and-campaigns/vopp-table-16-when-absentee-mail-ballot-processing-and-counting-can-begin.aspx

선거당일에 명백한 결과를 얻지 못하는 또 다른 이유는 각 주마다 선거관리자가 우편투표용지를 개봉해서 집계준비를 개시할 수 있는 날짜가 다르기 때문이다. 집계준비가 필요한 이유는 투표용지가 제대로 기재되어 있지 않으면 표 집계에 포함할 수 없기 때문이다. 10개의 주에서는 이 집계준비과정을 선거당일 전에 개시할 수 없다. 집계준비과정을 허용하는 많은 주들도 준비는 허용해도 결과를 알 수 있는 표 집계는 선거당일 전에 시작하는 것은 불법이다. 35개 주에서 선거당일 전에 표 집계를 개시하는 것을 법으로 금지하고 있다.

투표 결과가 발표되는 데는 한국에 비해 오랜 시간이 걸린다. 한국의 경우, 빠르면 당일, 늦어도 다음날이면 개표가 완료되어 결과를 알 수 있지만, 미국은 그보다 훨씬 많은 시간이 요구된다. 11월 3일 선거 직후 언론이 출구조사에 기반하여 결과를 예측하여 발표하지만, 압도적인 차이가 아닌 이상 예측이 맞는지를 확인하는 데는 더 많은 시간이 필요하다. 이는 앞서 언급했듯이 우편투표에 대한 규정이 주마다 달라 개표가 완료되는 것 역시 제각각이기 때문이다. 다만, 각 주(州)는 <표 11-3>과 같이 주법으로 공식적인 선거 결과를 발표해야 하는 시한을 정하고 있다. 각 주의 공식 결과가 발표되면 그 후 미국만의 독특한 선거인단의 투표 절차로 넘어간다.

표 11-3 주(州)법에 의한 주정부의 공식선거 결과 발표 시한

주(州)법적 마감일	주(州)
없음	뉴햄프셔, 로드아일랜드, 테네시, 하와이
11월 5일	델라웨어
11월 10일	루이지애나, 버몬트, 버지니아, 사우스다코타, 오클라호마
11월 11일	사우스캐롤라이나, 와이오밍
11월 13일	미시시피
11월 17일	플로리다
11월 18일	매사추세츠, 아이다호, 아칸소
11월 20일	노스다코타, 조지아
11월 23일	메인, 미시간, 유타, 켄터키, 펜실베이니아
11월 24일	노스캐롤라이나, 뉴멕시코, 미네소타, 오하이오, 워싱턴 DC(특별구), 인디애나
11월 25일	알래스카, 앨라배마
11월 30일	네브래스카, 몬태나, 아이오와, 애리조나, 콜로라도

12월 1일	네바다, 위스콘신, 캔자스
12월 3일	오레곤, 워싱턴, 웨스트버지니아, 코네티컷, 텍사스
12월 4일	일리노이
12월 7일	뉴욕
12월 8일	뉴저지, 메릴랜드, 미주리
12월 11일	캘리포니아

출처: Ballotpedia(2020). *Election results certification dates, 2020*. Retrieved from Ballotpedia: https://ballotpedia.org/Election_results_certification_dates,_2020

4. 미국의 독특한 대통령 선거제도: 선거인단

대통령 선거는 다른 나라의 선거와 구별되는 특징이 있다. 유권자가 대통령을 직접 선출하는 것이 아니라 헌법 제2조 제1항 제2조와 제12조, 제23조 헌법수정조항에 근거하여 선거인단(Electoral College)이 대통령을 선출하는 것이다. 미국민 투표가 대통령을 선출하는 과정을 구체적으로 설명하면 다음과 같다. 먼저, 유권자들은 선거일에 대통령 후보에게 투표하는 것이 아니라 특정 대통령 후보를 지지하는 각 주의 선거인단에게 투표한다. 각 주의 선거 결과에서 승리한 후보 측의 선거인단은 12월 둘째주 수요일 다음에 오는 월요일에 주정부청사에 모여 자신들이 대표하는 후보자에게 해당 주의 유권자들을 대신하여 표를 제출한다.

미국 총 50개 주의 선거인단 수는 상원의원 100명 하원의원 435명과 워싱턴 DC 3명[13]을 포함한 538표이며, 이 중 과반인 270표를 얻는 후보가 최종적으로 승리하게 된다.[14] 각 주의 하원의원 숫자는 10년 주기로 시행되는 인구조사(census)에 의거하여 주별 인구 수에 따라 435석이 배분되므로 각 주마다 다르지만, 상원의원은 헌법에 따라 각 주의 인구에 관계없이 2명씩 배정하도록 되어있다. 이로써 각 주는 [그림

13) 워싱턴 DC는 주(state)의 지위를 갖지 않기에 선거인단이 없었으나, 1961년 비준된 수정헌법 제23조에 따라 대통령 선거인단이 배정되었다.

14) 만일 어떤 후보도 270표를 얻지 못하는 경우가 발생하면, 최상위 득표자 2명에 대해서 하원에서 대표단 투표(contingent election)를 거치게 된다. 의원 수에 관계없이 각 주가 1표씩을 행사해 과반을 얻는 후보가 대통령으로 선출된다. 1800년, 1824년 대선에서 이러한 과정을 거쳤다.

그림 11-1 선거인단표 분포도

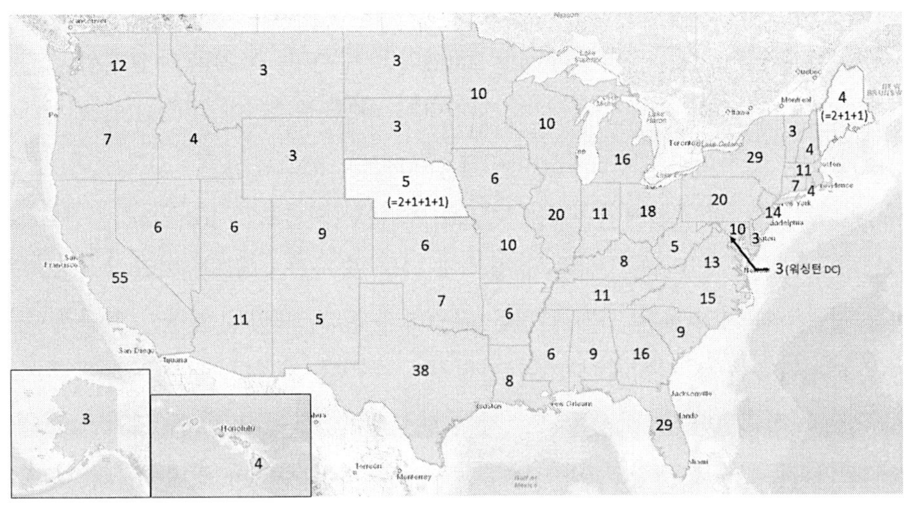

출처: National Conference of State Legislatures(2020, October 28). The Electoral College. Retrieved from https://www.ncsl.org/research/elections-and-campaigns/the-electoral-college.aspx

11-1]에 나타난 것과 같이 적게는 3표, 많게는 55표를 배정받고 있다. 참고로, 선거인단은 상·하원의원이 아니며 주의 정당지도층에서 선출된다.

선거인단제도는 대부분의 주에서 승자독식(winner-takes-all)제도를 채용하고 있다. 예외적으로 네브래스카 주와 메인 주는 주선거의 승자가 상원의원 몫의 2표를 가져가고, 나머지 선거인단표는 각 하원의원 선거구의 승자가 가져간다. 이러한 승자독식제도로 인해 전국적으로 국민들의 표를 더 많이 받았음에도 불구하고 대통령으로 선출되지 않는 경우가 있다. 이러한 사례는 미국 역사에서 5번이 있었으며, 가장 최근 사례는 2016년 대선이었다. 민주당 힐러리 클린턴(Hillary Clinton) 후보는 공화당 도널드 트럼프 후보보다 국민들에게 약 300만 표를 더 받았지만, 선거인단에게 232표를 받아 302표를 받은 트럼프가 최종적으로 대통령이 되었다. 즉, 미국 내에서 전체적으로 많은 득표를 받는 것보다 개별 주에서 승리하는 것이 중요한 것이다. 이러한 특징으로 인해 후보자들은 자신들이 이길 것이 확실시되는 주에서는 선거활동을 하지 않고, 경쟁이 치열한 경합주(swing state)에 유세활동을 집중한다.

대부분의 주들은 안정적으로 특정 정당을 지지한다. 예를 들어, 캘리포니아 주는

1988년 대선 이후 민주당을 계속 지지하고 있으며, 텍사스 주는 1976년 대선 이후에는 공화당 후보만을 지지하고 있다. 반면, 일부 주들은 지지하는 정당이 자주 변하는 경우가 있다. 이러한 주를 경합주(swing state)라고 부른다. 2020년 대선에서 경합주들은 2012년 대선에서 2016년 대선 때 지지당이 바뀐 플로리다 주(29표), 펜실베이니아 주(20표), 오하이오 주(18표), 미시간 주(16표), 위스콘신 주(10표), 아이오와 주(6표)이다. 이들 주의 선거인단표는 99표로 총 선거인단표의 18%를 차지한다. 지금까지 미국 대선은 이러한 경합주의 결과에 따라 승자가 갈렸다. 따라서 후보자들은 이들 경합주에 거의 모든 선거 역량을 집중하게 된다. 재임을 겨냥한 트럼프 대통령의 첫 대선활동은, 자신에게 2016년 결정적인 승리를 가져다 준 플로리다 주에서 상징적으로 시작되었다.15) 바이든 후보자는 펜실베이니아의 가장 큰 도시인 필라델피아에 선거활동본부를 세웠고, 바이든 후보를 지지하는 오바마 전대통령의 첫 지지연설도 같은 도시에서 열렸다.16)

5. 미국 선거의 여파

미(美) 선거 결과 여파는 사회 전반에서 상당할 것으로 예상된다. 공화당의 트럼프 대통령・팬스(Mike Pence) 부통령이 연임하게 되면 첫 임기 때 시작한 여러 정책들을 지속할 것으로 보인다. 특히, 대외 강경책에 주목할 필요가 있다. 트럼프 정부는 미국은 남부 국경에서의 강경 이민정책뿐만 아니라 국제사회에서의 고립주의(isolationism) 정책을 계속 펼쳐갈 것이다. 트럼트 대통령은 첫 임기 때 중국의 경제영향력 확대를 견제하기 위해 환태평양경제동반자협정과 기후변화 파리협정에서,

---

15) Pramuk, J.(2019, June 18). *Trump to launch his 2020 White House bid in Florida as polls show him trailing his Democratic rivals.* Retrieved from https://www. cnbc.com/2019/06/18/trump-launches-2020-election-campaign-with-orlando-florida-rally.html

16) Jansen, B.(2020, October 21). *Obama says Trump couldn't 'protect himself' from COVID, has failed to protect the nation.* Retrieved from USA Today: https://www.usatoday. com/story/news/politics/elections/2020/10/21/obama-blasts-trump-philadelphia-speech-supporting-biden/6004110002/

COVID-19 전염병 확산 시 세계보건기구를 탈퇴하였다. 북대서양조약기구에서는 다른 가입국들의 기금기여도를 높이기 위한 압력을 이어갈 것으로 예상된다. 대외 강경책을 통해 내부 경제상황에 우선순위를 둔 경제정책을 추진했지만, 선거가 있는 올해 COVID-19 전염병 확산에 따라 경제가 침체되면서 임기 초기의 경제부흥 효과가 지워지고 말았다.

트럼트 대통령 연임 때는 COVID-19 전염병 확대를 차단하여 상황을 종료시키고, 경제살리기에 노력을 기울여야 하지만, 첫 임기 때 고수한 입장을 포기하지 않고는 어려움이 있을 것으로 예상된다. 이유는 마스크 착용을 정치적 논쟁으로 덮었고, 보건학자의 조언을 개인적 의견으로 치부하였기 때문이다. 한국과 같이 전염병 확산을 막는 마스크 효과를 보려면 앞서 두 부분에 대한 입장을 바꾸어야 하는데, 당선을 자신의 기존 행동에 대해 국민들의 지지를 얻은 것으로 해석하여 고수하던 입장과 행동을 이어갈 것으로 예측된다.

또한 트럼프 연임 후에는 인종차별대항운동(Black Lives Matter)으로 악화된 미국 내 상황이 회복되기 어려울 것으로 보인다. 백인우월주의 주장에 탄력을 실어줄 것으로 보이며, 이는 경찰공권력 강화와 추가적인 보수 성향 법관 임명을 통해 제도적으로 뒷받침할 것으로 예상된다.

만일 바이든 후보가 대통령이 된다면 이전과 달리 많은 변화가 있을 것으로 예상된다. 트럼트 대통령 임기와 다르게 국제사회에 미국의 적극적 참여가 예상된다. 기후변화 파리협정과 세계보건기구에 재가입과 남쪽 국경 이민・난민 강경정책 완화를 현재 공약으로 제시하였다. 내부적으로는 COVID-19 전염병 확대를 막기 위한 봉쇄에 초점을 둘 것이며, 마스크 사용를 격려하거나 위중한 지역에서는 의무화할 것이다. 인종차별 문제는 흑인 민주당 지지자들과 아시아(인도)계 흑인 카말라(Kamala Harris) 부통령을 통해 풀어갈 것으로 본다. 또한 트럼프 임기 때 위협받은 미행정부지원 의료보험체계인, 속칭 오바마케어(저가의료보험법, Affordable Care Act)에 힘을 실어줄 것으로 본다.[17)]

대선의 결과는 동시에 치뤄지는 의회 선거의 결과와 서로 관련될 가능성이 크다. 현재 여론조사에 따르면, 바이든 후보가 우세할 뿐만 아니라, 상원의원 선거에서도

---

17) 2020년 말에 지불 가능한 돌봄법 관련 사건이 대법원에 오를 것이다.

민주당이 과반을 차지할 가능성이 높은 상황이다. 2020년 선거 이전에 상원의원은 53대 47로 공화당이 우위에 있었다. 2020년 선거는 이중 공화당 23석과 민주당 12석을 다시 선출하게 되는데, 공화당 23석 중 9석을 민주당이 빼앗을 가능성이 있는 것으로 예측되고 있다. 반면, 공화당은 민주당 12석 중 1석만을 위협하고 있다. 특히, 기존에 공화당이 항상 우위를 차지하고 있던 애리조나 주[상원의원 마사 맥샐리(Martha McSally)], 콜로라도 주[상원의원 코리 가드너(Cory Gardner)]의 경우, 최근 민주당으로 정치성향이 변한 것으로 평가되어 연임이 어려운 것으로 평가되며, 메인 주의 경우 투표 방식이 최다득표제에서 순위투표제(Ranked Order Voting)[18]로 변하면서 4선의 수잔 콜린스(Susan Collins) 후보의 5선을 확신할 수 없었다. 하원의원 선거의 경우 2018년 선거와 유사하게 민주당이 우세할 것으로 예측되고 있다. 2018 중간선거에서 민주당은 235석(54%)을 차지하면서 하원에서 과반 의석을 확보한 바 있다.

트럼프 대통령 재임의 지난 2년은 하원과 상원의 다수당이 갈려서 의회 간의 의견 충돌이 있었으며, 이것으로 몇몇 정책들이 추진되지 못하였다. 2차 COVID-19 지원 법안이 대표적인 예이다. 지원금액과 범위에 있어 하원과 상원 간 의견 조율이 되지 않아서 대선 이전에 통과되지 못했다. 하지만, 이번 선거로 인해 상원과 하원의 다수당이 민주당으로 일치하게 된다면, 하원의원에서 시작되었으나 상원의원에서 막혔던 정책 및 개혁들이 많이 진행될 것으로 예측된다. 우선, 2차 COVID-19 지원 법안이 신속하게 통과될 것이다. 그 외에도 각 주의 선거법에 대한 개혁을 요구하는 2020년 하원법안 1호와 4호가 상원에 통과될 가능성이 높다. 선거법 개혁은 투표활동에 접근성과 투명성을 높이는 데 초점을 두고 있다. 이 법안들은 선거위원회가 주정부 산하가 아닌 독립적 지위를 확보하고, 투표관리와 관련된 사항의 변경을 공개적으로 진행할 것을 요구하며, 대통령 후보는 지난 10년의 소득신고서를 공개할 것을 의무화하는 것을 포함한다.

투표의 편의성을 향상시키는 제도적 변화는 접근성 문제로 투표소를 찾지 않는 미국 내 유색 인종의 투표를 촉진할 것이며, 이는 장기적으로 민주당에게 유리하게 작

18) 후보자 1인에게 투표하는 일반적인 최다득표제와 달리 후보자들에게 우선순위를 매기는 방식으로 투표한다. 미국 일부 주에서 이를 도입하고 있다.

용할 것으로 예상된다. 기존의 어렵고 복잡한 투표자등록은 공화당에게 유리하게 작용하는 것으로 널리 알려져 있다.[19] 이러한 문제점이 있음에도 개혁이 이뤄지지 않았던 이유는 대법원이 헌법에 따라 이를 규율하는 것은 각 주의 고유 권한이기에 중앙정부의 개입을 제한하였기 때문이다. 그래서 위 법안들은 상·하원에 통과되더라도 공화당이나 주정부에 의해 대법원에서 다시 위헌 여부를 다툴 가능성이 높다.

2020년 미국 선거의 여파는 중앙정부 외에 주정부 및 지역정부에도 미칠 것이다. 세부적으로는 각 지역 투표용지에 시민의 결정을 묻는 것이 무엇인지에 따라 다르다. 미국에서는 지방정부가 재산세에 기반하여 세입분권 정도가 높기 때문에 지역예산관련 결정이 지방정부 내에서 이뤄진다. 이로 인해, 지방정부 리더십이 행사할 수 있는 결정권의 폭이 넓고 이러한 여러 기관의 리더들을 주민들이 직접 투표한다. 즉, 지역사회에 적용되는 지역법, 규제, 예산, 보안, 법원에 주민의 목소리가 직접 반영된다. 다만, 이러한 결과물은 각 지역마다 다르기 때문에 지면 제약상 다루지 않기로 한다.

6. 미국 선거제도가 주는 시사점

미국의 투표자등록제도는 미국의 현재 사회복지 정책 및 서비스 이행하는 과정과 비슷한 점이 있다. 권리를 보유한 사람이 그것의 행사를 적극적으로 주장해야만 그 권한을 행사할 수 있다는 점이 매우 비슷하다. 정부나 공공기관은 신청 이후의 절차적 평등을 보장할 법적의무가 있지만, 신청과 같은 시민들의 명백한 의사표명 없이는 그 절차를 시작할 수는 없다. 미국의 개인주의(individualism)라는 사회적 가치관 틀 안에서 어떠한 권리를 주장할지 말지 역시 선택의 권리로 존중받아야 하는 것이다. 자유지상주의(libertarianism)가 사회에 녹아 있어 정부의 영향을 받지 않고 남에게 해가 되지 않는 범위 내에서 개인선택은 존중받아야 하기 때문이다. 이와 관련하여 많은 논란이 현재 진행 중이며, 이러한 논쟁의 핵심은 과연 개인이 이러한 선택권

19) Barbour, C., & Wright, G. C.(2017). *Keeping the Republic: Power and Citizenship in American Politics*(7th ed.). Thousand Oaks, CA: CQ Press.

을 충분히 활용하는 것인지, 아니면 개인의 환경이나 제도로 인해 무응답 선택이 강요되는 것인지이다.

선거와 관련하여 논란이 되는 것은 주에 따라 이르면 선거일부터 한달 반 전에 투표자등록을 마무리하여야 시민의 가장 기본적인 권리라 할 수 있는 투표권을 행사할 수 있다는 것이다. 이는 앞에서 설명했듯이, 투표권이 국가에서 보장하는 권리라기보다는 시민이 적극적인 행동으로 스스로 쟁취 및 보존해야 할 권리로 이해되는 것이다. 즉, 미국 시민이라도 투표자등록을 하지 않는다면, 해당 주가 당일 투표소 투표자등록을 허용하지 않는 한, 투표에 참여하지 못하게 된다.

이외에도 미국의 절반 이상인 네바다 주, 노스타코타 주, 뉴욕 주, 뉴저지 주, 로드아일랜드 주, 매사추세츠 주, 메인 주, 몬태나 주, 미시간 주, 미시시피 주, 사우스다코타 주, 애리조나 주, 오레건 주, 오하이오 주, 워싱턴 주, 웨스트버지니아 주, 유타 주, 인디애나 주, 일리노이주, 조지아 주, 캔자스 주, 캘리포니아 주, 콜로라도 주, 테네시 주, 텍사스 주, 플로리다 주, 하와이 주에서는 우편투표용지에 기재된 서명이 선거위원회에 투표자등록 시 기재된 서명과 일치해야 하는 조건이 있다(일치하지 않는다면, 해당 표는 집계되지 않는다). 이러한 조건들은 현재 우편투표에 따른 부정투표와 관련되어 논란의 대상이 되고 있다. 2016년과 2018년 선거에서는 늦게 도착하거나, 서명불일치 등으로 인한 우편투표 무효표가 75만 표를 넘는 것으로 조사되었다.[20] 2020년의 경우, 팬데믹으로 인해 우편투표가 크게 증가할 것으로 예상되고 있으며, 트럼프 대통령은 우편투표로 인한 부정선거의 가능성을 지속적으로 문제삼고 있다. 다만, 10월에 경합주인 펜실베이니아 주에서는 주대법원이 서명불일치로 인해 도착한 투표용지를 무효 처리하는 것을 금하는 판결을 내렸다.[21]

투표권 행사가 결과에 미치는 영향력이 모든 표에서 일치하지 않는 것도 중요한 논점이다. 즉, 어느 지역에서 무슨 선거에 투표를 하느냐에 따라 표 하나의 가치가

---

20) Nichols, M., Kim, S. R., Pereira, I.(2020, October 19). 750,000 mail-in ballots were rejected in 2016 and 2018. Here's why that matters. Retrieved from ABC News: https://abcnews.go.com/Politics/750000-mail-ballots-rejected-2016-2018-matters/story?id=73645323

21) Hudak, Z.(2020, October 23). *Pennsylvania high court says ballots can't be rejected for signature mismatches*. Retrieved from CBS News: https://www.cbsnews.com/news/pennsylvania-high-court-says-ballots-cant-be-rejected-for-signature-mismatches/

달라진다. 우선, 대선에서는 경합주의 표가 그렇지 않은 지역보다 더 높은 가치를 가지게 된다. 또한 특정 지역에서는 다양한 기관이나 정책에 영향력을 행사할 수 있는 반면, 그렇지 못한 지역도 존재한다. 이와 같이 표가 갖는 가치의 차이를 보다 분명히 이해하기 위해서는 무엇이 투표용지에 기재될지를 정하고, 누가 어떻게 투표를 할 수 있는지를 정하는 지방정부의 의제설정활동을 먼저 이해해야 한다.

미국 시민이라도 지역에 따라 투표용지 내 선택의 폭이 다양하며 이는 지방정부활동에 대한 이해 없이는 설명할 수 없다. 주정부별로 제도의 다양함과 복잡성에 대해 "왜 중앙(연방)정부에서 이 부분을 정리해주지 않는가?"라는 의문도 있을 수 있다. 이는 2020년 선거에서 민주당이 상 · 하원에 우위를 차지하여 주정부의 선거법을 일부 통제하는 2020년 H.R.1와 H.R.4가 통과된다면 다소 정리가 이뤄질 수도 있다. 하지만, 연방의회에서 위 법을 통과시키더라도 대법원에서 다시 논의될 가능성이 높으며, 특히 2020년 10월 26일 연방대법관에 임명된 에이미 코니 배럿(Amy C. Barrett)의 정치적 성향이 보수주의자라는 점에서 위 법은 헌법에 어긋난다고 판결이 날 가능성이 더 높아진다. 이를 막기 위해서는 헌법개정이 필요한데, 2020년 선거 때 민주당이 상 · 하원에서 개헌이 가능한 2/3의 의석을 확보할 가능성은 매우 적다. 또한 만약 연방 상 · 하원에서 개헌안이 통과된다 하더라도 3/4의 주에서 개헌안이 비준되어야 하는 어려움이 남아 있다. 그러므로 새로운 선거법은 헌법에 어긋나지 않게 주정부에 주도권을 주되 연방정부에서 예산을 지원하는 방식을 통해 집행될 가능성이 높다고 할 수 있겠다. 물론 이는 민주당 바이든 후보가 대통령이 된다는 전제 하에서이다.

혹자는 헌법적으로 권력의 분산을 추구하는 미국에서 권력분배가 왜 두 정당 사이에서만 이루어지는지 궁금해할 수도 있을 것이다. 비록 실제 투표용지에는 대중에 익히 알려진 공화당, 민주당 외의 선택 가능성이 분명히 존재하지만, 선거구조로 인해 미국에서는 뒤베르제의 법칙(Duverger's Law)[22]이 아직 유효하게 작용된다고 보면된다. 미국의 선거제도는 최다 득표자 소선거구제(first past the post single-member district)를 채택하고 있기 때문에, 유권자 및 정치가의 전략에 의해 기득권이 있는 정당이 아닌 제3정당의 생존 가능성이 낮다.[23][24] 이러한 이유는 합리적으로

22) 단순다수대표제는 양당제를, 비례대표제는 다당제를 가져온다는 법칙이다(William, 1982).
23) Blais, A., & Carty, R. K.(1991). The Psychological Impact of Electoral Laws: Measuring

무지한(rationally ignorant) 유권자는 언론이 제공하는 후보자들에 대한 공짜 정보 외에 추가적 정보를 더 자세히 알아보려 하지 않기 때문이다.[25] 이 또한 유권자들이 자신의 정치적 성향(policy position)보다는 여론조사의 변동에 더 관심을 둔다는 연구가 뒷받침해준다.[26] 또한 유권자들이 표를 던지는 패턴이 후보자와 유권자 자신의 정책 거리보다는 정당에 대한 몰입으로 계속해서 더 잘 설명되기 때문이다.[27] 따라서 앞으로도 미국의 권력은 민주당과 공화당 사이에 나누어질 것으로 예상된다.

7. 나오며

미국 선거제도는 후보자의 선거활동 과정과 그에 따른 결과를 통해 이해할 수 있을 것이다. 그리고 행동을 취하는 주체(agency)의 역할이 중요하지만, 그들이 선택할 수 있는 행동전략이 제도적 변수(institutional parameters)의 영향을 받는다는 것 또한 확인할 수 있다. 이는 미국 사회가 법에 의한 통치(rule by law)보다는 법의 통치(rule of law) 이념[28]이 통용되고 있다는 것을 보여준다. 지도층이 법의 통치를 받아들이고 대원법의 독립성과 행정부가 이에 따른 판결을 존중하는 것이 미국이 민주주의를 오랜 기간 동안 지속해 올 수 있었던 밑거름이 되지 않았나 사료된다.[29]

미 선거제도에 대한 이해는 선거 결과로 인해 변하는 정책방향을 이해하는 데 있어 중추적이다. 정책방향을 당선된 정치가가 제안하고 입법부에서 법과 예산을 통과・승인하면, 다시 행정부에서 이를 이행하기 위한 법해석과 세부 규율로 뒷받침해

Duvergers' Elusive Factor. *British Journal of Political Science*, 21: 79-93.

24) Cox, G. W.(1997). *Making Votes Count*. New York: Cambridge University Press.

25) Downs, A.(1957). *An Economic Theory of Democracy*. New York: Harper and Row.

26) Iyengar, S., Norpoth, H., & Hahn, K. S.(2004). Consumer Demand for Election News: The Horserace Sells. *The Journal of Politics*, 66(1): 157-175.

27) Achen, C. H., & Bartels, L. M.(2016). *Democracy for Realists: Why elections do not produce responsive government*. Princeton: Princeton University Press.

28) World Bank(2017). *World Development Report 2017: Governance and the Law*. Washington, DC: International Bank for Reconstruction and Development.

29) 미국이 가장 오래 지속된 민주주의라는 결과는 Boix, Miller, & Rosato의 연구에 의거한 발언이다(2013).

주는데 정치의 영향력을 배제할 수 없다. 이는 미국 행정학의 창시자 윌슨(Woodrow Wilson)의 정치 · 행정 양분화의 논의가 1950년대에 와서 왈도(D. Waldo)와 사이먼(H. A. Simon) 학자들에게 도전을 받아 그 후 후자의견에 힘이 실린 것처럼,[30] [31] 미국에서는 정치와 행정이 태생적으로 맞물려 있다는 것을 각 주의 제각기 다른 투표제도 및 투표내용을 통해 볼 수가 있다. 이는 거버너스 논의에서도 정책이행의 정부도구선택 또한 정치를 배제할 수 없기에[32] 이 과정에 대한 제도적 변수의 이해가 중요하다.

사회지도층을 선발하는 모든 선거가 중요하지만, 미국의 2020년 연말 선거는 후보자들의 미국 사회에 제시한 전혀 다른 정책방향 때문에 영향력이 더 크다고 할 수 있겠다. 미 선거를 주목하는 국제사회는 2020년 선거를 통해, 미국 시민이 국제사회에서 미국이 추구했으면 하는 리더십이 무엇인지를 가늠해 볼 수 있다. 이는 미국 우선주의의 고립적 국제외교정책이 계속될지, 아니면 방향을 되돌려 국제사회의무를 중시하는 미국으로 돌아갈지 그 방향이 결정된다고 할 수 있겠다. 미국 내부로는 COVID-19 확산 방지에 대한 연방정부의 정책과 인종 간 갈등 완화를 겨냥한 사회 및 이민 정책들 또한 달라질 수 있다. 또한 예상과 일치하여 민주당이 상 · 하원의 다수를 차지하게 되면 그동안 갈라진 의회로 통과되지 못한 많은 법안들이 통과될 것이며, 이는 연방정부-주정부 간 갈등으로 이어질 수 있어, 법원의 역할 또한 커질 수 있다. 행정학자로서 선거를 통해 선출된 지도층에 의해 제시되고 이행될 법과 정책, 그리고 미래의 그 변화들이 현재 정책에 어떻게 영향을 주는지를 주목할 필요가 있다. 나아가 민주당이 집권하면 복구되거나 추가적인 규제의 가능성이 높아져 고전적 논쟁인 일선관료(street-level bureaucracy)[33]와 비재정지원명령(unfunded mandates)[34]에 대한 논의에도 영향을 미칠 수 있다는 점도 주목해야 할 것이다.

---

30) Henry, N.(2007). *Public Administration and Public Affairs*(10th ed.). Upper Saddle River: Prentice-Hall.

31) Frederickson, H. G., Smith, K. B., Larimer, C. W., & Licari, M. J.(2016). *The Public Administration Theory Primer*(3rd ed.). Boulder, CO: Westview Press.

32) Salamon, L. M.(ed.)(2002). *The Tools of Government: A Guide to the New Governance*. New York: Oxford University Press.

33) Lipsky, M.(2010). *Street-Level Bureaucracy: Dilemmas of the Individual In Public Services*(30th Anniversary Edition ed.). New York: Russell Sage Foundation.

34) Posner, P. L.(1998). *The Politics of Unfunded Mandates*. Washington, DC: Georgetown University Press.

찾아보기

ㅇ

저자 소개

이원희

서울대 경제학과
서울대 행정학 석사, 박사
한국정부회계학회 회장(2012)
서울행정학회 회장(2014)
한국행정학회 회장(2020)
현) 한경대학교 행정학과 교수

고길곤

연세대 응용통계학과
서울대 행정학 석사
미국 피츠버그대학교 박사
싱가포르 국립대학교 조교수
현) 서울대학교 행정대학원 교수

김태희

건국대학교 영어영문학 & 행정학 학사
건국대학교 일반대학원 행정학 석사
미국 뉴저지주립대학(럿거스 대학: SPAA, Rutgers University) 행정학 박사
전) 미국 하와이대학 행정학과 조교수
현) 서울과학기술대학교 행정학과 조교수

김도형

연세대 행정학 학사, 석사
미국 노스캐롤라이나 주립대 도시계획학 박사
전) 미국 듀크대 선임연구원
현) 미국 텍사스주립대 달라스 경제정치정책대학원 교수 및 부학장
현) 미국행정학회 한국행정학섹션(SKPA) 회장

김윤희

고려대 사회학 학사
성균관대 행정학 석사
미국 뉴욕주립대 올바니(Albany) 행정학 석사
미국 뉴저지주립대학(럿거스 대학: SPAA, Rutgers University) 행정학 박사
현) 미국 펜실베이니아주립대 행정대학 부교수

나종민

경찰대 행정학 학사
서울대 행정학 석사
미국 플로리다주립대 범죄학 및 형사사법학 석사
미국 메릴랜드대 범죄학 및 형사사법학 박사
전) 미국 뉴욕시립대 존제이칼리지 형사사법학과 교수
현) 서울대학교 행정대학원 행정학과 교수

노은주

고려대 불어불문학 학사
고려대 행정학 석사
미국 Texas A&M University 행정학 석사
미국 조지아대 행정학 박사
현) 미국 북일리노이대 행정학과 조교수

류신규

미국 워싱턴대학 Saint Louis 경제학 학사
영국 런던대 Queen Mary & Westfield College 공공정책학 석사
미국 워싱턴대학 Saint Louis 정치경제학 & 공공정책학 석사
미국 조지메이슨대학 행정학 박사(행정학 & 비교정치)
현) 미국 아이다호주립대 정치학과 행정학 조교수

박성호

성균관대학교 행정학 학사, 석사
미국 네브라스카주립대 행정학 박사
현) 미국 앨라배마주립대 정치학과 조교수
현) 미국 네브라스카주립대 지방재정연구소 참여연구위원

여정원

한동대 경영학 & 경제학 학사
성균관대 행정학 석사
미국 피츠버그대 Public & International Affairs 박사(행정학 & 정책학 전공)
현) 미국 센트럴플로리다대학교 행정학과 조교수

윤정아

서울대 불어불문학 학사
서울대 사회학 석사
미국 뉴저지주립대학(럿거스 대학: SPAA, Rutgers University) 행정학 석사 & 박사
현) 미국 뉴저지 Kean대학 행정학과 조교수

이주호

한국외국어대 폴란드어과
한국외국어대 행정학 석사
미국 시라큐스대학 정보관리학 석사
미국 시라큐스대학 행정학 박사
전) 미국행정학회 한국행정학섹션(SKPA) 회장(2018~2019)
현) 미국 네브라스카주립대 행정학과 부교수

정복교

서울대 사회복지학 & 외교학 학사
서울대 행정학 석사(정책학 전공)
미국 피츠버그대 국제행정대학원 박사(행정학 & 국제개발학)
현) 미국행정학회 비영리섹션 회장
현) 아시아행정학회 미국지부 대표
현) 미국 뉴저지 Kean대학 행정학과 조교수

허형조

부경대 행정학과
서울대 행정학 석사
미국 뉴욕대 행정학 석사
미국 시라큐스대학 경제학 석사
미국 오하이오주립대 행정학 박사
전) 미국 퍼듀대학 Northwest 조교수(2019~2020)
현) 단국대학교 행정학과 조교수

현지교수가 전하는
미국행정 풀어쓰기

펴낸날 제1판 제1쇄 2020년 12월 7일
지은이 이원희 · 고길곤 · 김태희 · 김도형
김윤희 · 나종민 · 노은주 · 류신규 · 박성호
여정원 · 윤정아 · 이주호 · 정복교 · 허형조
펴낸이 임춘환
펴낸곳 도서출판 **대영문화사**
주소 (본사) 사무실: 경기도 고양시 일산서구 주화로 70
우신프라자 307호 (㊇ 10387)
(본사) 물류센터: 경기도 고양시 일산서구 덕산로
107번길 68-50 (㊇ 10205)
등록 1975년 12월 26일 제3-16호
전화 (031) 913-3062, (031) 914-3884~5
팩스 (031) 913-3839
홈페이지 http://www.dymbook.co.kr

ISBN 978-89-7644-770-8
값 19,000원